よみがえる荘園

景観に刻まれた中世の記憶

海老澤衷［編］

勉誠出版

荘園の景観をよみがえらせるには――本書のねらいと構成

高木徳郎

荘園とは、日本中世の社会をあらゆる側面で支えた基盤的なシステムである。辞書的な狭義の意味では、それは王家・貴族・寺社・武家などによって所有された領地を指すが、例えば荘園から徴収された年貢・公事といった租税が、国家の安穏を祈願する法会の費用や内裏・御願寺の造営など公的な費用に使われたりすることなどからすれば、それは単に領主の私的な領地というにとどまらず、中世の国家体制・軍事制度・地域秩序・身分制度・社会経済などのあらゆる仕組みを支える基盤的なシステムと言って過言ではないだろう。さらに言えば、列島各地に存在した個々の荘園には、必ずと言っていいほど荘園鎮守と呼ばれる神社があり、住民たちによる祭礼が営まれ、そうしたものの一部が現代に至るまで継承されて、地域文化を彩る伝統的な行事となっていることを考えれば、荘園は中世の宗教や民俗、さらには文化にも大きな影響をもたらしたと言ってもよい。

そうした荘園のあり方を解明する研究には、長い歴史の積み重ねがあった。戦後歴史学誕生の一翼を担った石母田正が、伊賀国黒田荘を題材に、古代から中世への時代の転換を、荘園領主・在地領主・国衙・武士・悪党・住民たちそれぞれの葛藤と蹉跌の歴史として描いた『中世的世界の形成』を世に送り出したのが一九四六年。その後、一九五〇・六〇年代に中世史研究全体が日本における封建制・領主制の成立過程の解明に向かうと、多くの個別荘園の史料の具体的な分析が始まった。やがて一九七〇年代に農民闘争論・階級闘争論がさかんになると、荘園は悪党事件や荘家の一揆・土一揆の舞台として注目され、一九八〇年代に社会史が隆盛となると、多くの荘園絵図の解読が進展した。そうした中で、一九八〇年代半ばから九〇年代にかけては、地域における伝統的な農村景観の急速な変貌という事態を受けて、列島の各地で荘園調査が盛んに行われ、その景観の記録保存が進められた。そして、そうした動きに積極的に携わった人たちの中から、現在に続く景観論・環境史・生業論や、検注帳のデータ分析などから荘園の在地の実態に迫る帳簿論といった新しい分野の研究が切り拓かれていったのである。荘園の研究は、まさに戦後から現在に至る中世史研究の歩みとともに進展してきたと言ってもよい。

その一方、歴史教育の現場などでは、長らく荘園は最も教えにくい単元の一つだと言われ続けてきた。歴史の愛好家やマニアと呼ばれる人たちの間でも、荘園が話題の中心となることはまずなく、「荘園のことはからっきし分からない」という言葉を今でもよく耳にする。それには様々な要因があると思われるが、荘園と同じような社会の仕組みなり制度が現代の社会にはなく、人物や建造物などと違って具体的なイメージをもってとらえにくいのも、ひとつの要因であろうと思われる。

では、荘園についての具体的なイメージを掴むにはどうしたらよいのだろうか。その最も手っ取り早い方法は、荘園の故地を自分の足で歩いてみることである。いわゆるフィールドワークである。こうした営みは、単に史料に名前の出てくる寺社や城跡、中世の紀年銘がある石造文化財などの位置を現地に確認し、個々の荘園の具体的なイメージを掴むということ以上に、大きな意義があると考えられる。例えば、やや抽象的な言い方になるが、文献史料はある瞬間瞬間の出来事を、時間の流れから切り取った形で読む者の前に提示されているため、史料に書かれている以上のことを読み取ることは原則、禁じ手である。もちろん、そうした弱点を克服するために、関連する史料を組み合わせて読み解くことでより深い解釈を試みたり、類似する史料を多く集めて当時の人々の心性や習俗、物事の深層に迫った研究が多く生み出されてきたのも確かで、そのことの意義を否定するものではない。しかしそれでもやはり、史料に書かれていない部分に踏み込むためには、推測・推論・想像の助けを借りなければならない。

一方、それに対し、その史料の舞台となった現地の地理的空間には、歴史的情報に限定しても、一人の研究者では扱いきれないほどの、ほぼ無限の情報が詰め込まれており、なおかつその空間は広く外部の世界と連続している。例えば地名、地形、土地利用、生業、慣行、灌漑体系、寺社、祭礼、信仰圏、石造物、婚姻圏、交通路、伝承、方言、文化財などなど、例を挙げればきりがない有形無形の様々な情報が現地にはある。もちろんそれらの情報がすべて特定の文献史料と関連しているわけではないが、フィールドワークの経験がある人であれば、史料を読んでいるだけでは分からなかったある事柄とある事柄が、現地で得た情報を介して接続したというような経験をしたことがある人は少なくないだろう。すなわち、文献史料だけでは埋められなかった事実と事実の「襞」をうめてくれるのがフィールドワークなのである。それだけ、フィールドワークから得られる情報は多く、より時間をかけた現地調査を行えば、かけた時間に比例して、得られる情報は膨大なものにふくれあがっていく。そのようにして現地調査を重ねていった時、最初に現地に立った時には、何の変哲もない、どこにでもある光景に見えた目の前の風景が、歴史的に意味のある景観に変わり、かつての荘園の姿がまざまざとよみがえってくる瞬間に立ち会うことになるだろう。

本書は、そうしたフィールドワークや現地調査をふまえた荘園研究の醍醐味、面白さを伝えるべく、十四編の論文を、東国・畿内近国・西国の三編に分け、ほぼ北から順に配列した論文集である。収録した荘園は、末尾の地図に示した通り、下野国から豊後国までに及び、日本列島各地の特色ある荘園を網羅することが出来たと自負している。また、各論文の末尾には、現地を歩くための簡単な現地ガイドを付したので、これを手がかりに現地のフィールドワークをおこなって、目の前に荘園の景観がよみがえってくることを実体験していただければと思っている。

それでは各論文の内容を簡単に紹介しよう。まず、第Ⅰ部「東国――もののふの記憶――」には四編の論文を収めた。下野国足利荘における荘域の展開と交通路の変化との関係を追究した田中奈保「下野国足利荘の開発と交通」では、鎌倉幕府の成立が地域の交通環境に大きな変容をもたらし、戦国期の城下町成立を準備していく様相を論じている。その隣の上野国新田荘における水田景観の復原に取り組んだ髙橋傑「上野国新田荘の水田景観と新田氏」では、地籍図（地引絵図）や迅速図などの地図資料の読図をからめた文献史料の再検討を通じて、新田荘開発の基幹水路である新田堀用水の開削時期や用水をめぐる新田一族の相論、新田本宗家の拠点について考察している。また、鎌倉府の御料所として知られながら、史料の分散によりこれまで体系的な検討がなされてこなかった安房国柴原子郷の史料を整理した植田真平「安房国長狭郡柴原子郷と鎌倉府」では、同郷がその時々の状況により惣政所・代官・奉行人・守護など様々な人々の手を介して鎌倉府の支配を受け、室町期にその御料所としての枠組みが失われると、鎌倉府の崩壊と軌を一にするかのように解体されていく様相が明らかにされている。さらに越中国砺波郡の般若山薬勝寺と般若野荘に関わる一事件の謎解きから、薬勝寺に伝わる勧進状を読み解いた黒田智「薬勝寺大般若会と越中国般若野荘」では、薬勝寺の再興戦略としての大般若会復興を検討し、その支援者と中世般若野荘域との関係を追究する。

続く第Ⅱ部「畿内近国——領主と向き合う人々——」には、五編の論文を収めた。中世後期の政治・社会・文化のみならず、民衆生活の様相を知る史料としても活用されてきた『看聞日記』から、記主が住んだ山城国伏見荘の景観復原に取り組んだのが、清水克行「『看聞日記』に描かれた中世村落——山城国伏見荘の村々——」である。同記の記載から同荘の荘域、名、荘鎮守のあり方や、同荘を構成する村落の立地や特徴について整理した上で、平野部・丘陵部それぞれでの農業の特色について考察している。つづいて大和国河上荘における地名調査の成果をふまえて、地域社会における顕密寺院の位置づけを明らかにするという課題に取り組んだ西尾知己「地名からみる東大寺領大和国河上荘」では、東大寺による三斗米の賦課・収納の実態やその増減の分析から、荘域の拡張や未進による実効支配の低下について考察する。また、近衛家および奈良県五條市の栄山寺に残る「栄山寺々中弁山林絵図」の精緻な読解を進めた下村周太郎「大和国栄山寺領墓山と『栄山寺々中弁山林絵図』——小島村との関係を中心に——」では、栄山寺とその膝下の寺領栄山荘や、そのうちの一部である小島村を存立基盤として中世後期に成長してきた在地領主・栄山氏、さらには近世に至り、栄山寺の境内から独立して一村を形成した小島村の動向を追究している。さらに、王家領として立券された紀伊国神野・真国荘に関する新出文書の差出人と著名な同荘絵図の裏書の署判の一致を糸口に、同荘の立荘における在地の動向を検討した高木徳郎「紀伊国神野・真国荘の立券と在地の動向」では、領域型荘園の立荘における荘域の確定には、現地を支配基盤とする在庁官人の生業やその領域支配の動向が大いに影響したことを論じる。そして、鎌倉時代を通じて太良保とも呼ばれ、公領的性格を強く有していた東寺領若狭国太良荘を、府中を中心とする地域社会の構造の中に位置づけようと試みた大澤泉「鎌倉期における若狭国府中域の構造と太良荘」では、在庁名や在庁官人たちの給田が多く存在する府中の様相や、太良荘が、府中からの手工業者・富裕者の流入、荘民の府中との往来により、府中を中心とする地域構造の中に内包されていく様相を明らかにしている。

最後の第Ⅲ部「西国――切り拓かれる大地――」には、五編の論文を収めた。近年の下地中分研究の進展をふまえ、播磨国矢野荘における下地中分後の名の動向について検討した赤松秀亮「播磨国矢野荘における下地中分と名体制」では、名の分断という側面から下地中分の在地社会への影響を検討するとともに、中分の結果、領家方・地頭方に両属することになったいくつかの名の実態を追究している。次に備中国新見荘の検注に際して作成される検注帳の「反復記載」を検討した似鳥雄一「検注帳の反復記載と開発・景観――備中国新見荘の帳簿と現地――」では、こうした同じ地名・地目・名・作人に属する耕地が何筆も繰り返される反復記載は、現地の開発や景観の状況とどの程度一致するのかを検証した。また、中世善通寺領の在地の実態を描いたものと知られながら、従来、その基礎的研究が不足していた讃岐国善通寺領絵図について、精緻な原本調査をふまえてその作成契機や歴史的な位置づけについて検討したのが守田逸人「『讃岐国善通寺領絵図』調査ノート」である。ここでは、院政期以来の国衙と善通寺の間で繰り広げられてきた国役賦課をめぐる相論に着目すべきことが提起されている。つづいて近年の、史料上に表記される「村」と生活共同体としての村との関係に関する議論の進展をふまえ、筑後国水田荘を事例に荘園制下の「村」の歴史的意義を考察した貴田潔「筑後国水田荘の開発と「村」の枠組み」では、水利と勧農をめぐるイニシアティブの形成と解体から「村」の歴史的な役割について論じている。そして最後に、豊後国田染荘の調査と景観保全の取り組みの歴史を概観し、その困難な道のりの克服と達成の意義を論じた海老澤衷「重要文化的景観と豊後国田染荘」では、見えない人為の積み重ねの上に可能となった、鎌倉時代から変化しない景観の尊さを改めて訴えかけている。

以上、本書は、それぞれの地域でフィールドワークを重ねた十四人の執筆者が、それぞれの視点と方法でよみがえらせた荘園の景観のアンソロジーである。その試みがどれだけ成功し、どれだけ多くの読者をかつての荘園の世界にいざなえるか――。今はその答えが届くのを多くの期待とともに待ちたいと思う。

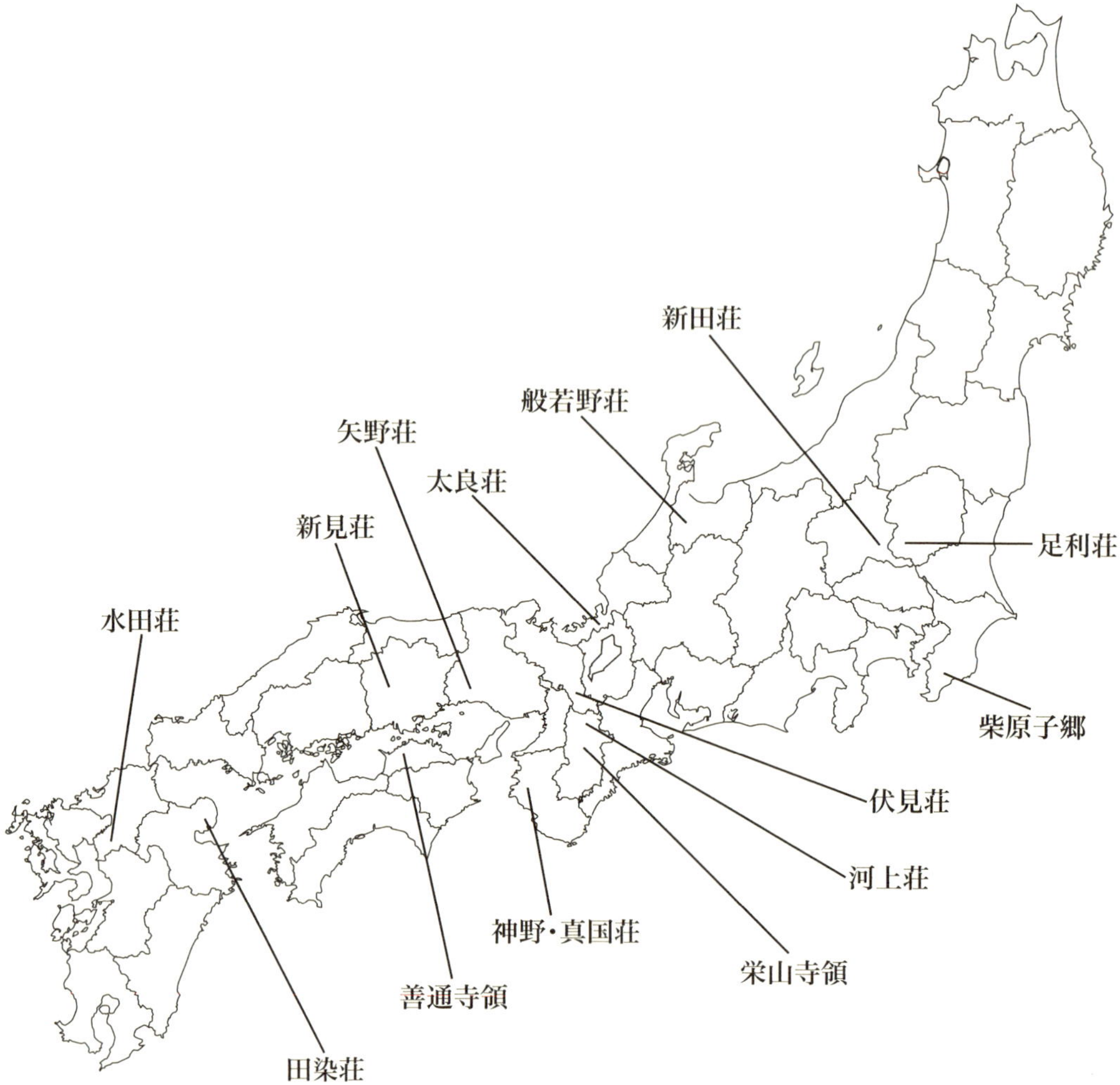

本書で取り上げた荘園

目次

第Ⅲ部　西国——切り拓かれる大地——

第Ⅰ部　東国

――もののふの記憶――

下野国足利荘の開発と交通

田中奈保

はじめに

足利荘は下野国南西部に位置し、その領域は足利郡および梁田郡にわたる。東は旗川、西は上野と下野の国境、南は矢場川、北は赤雪山・仙人ヶ岳など足尾山地に連なる峰々を境とする、ほぼ現在の足利市域に展開した荘園である。(1)

この荘園の支配に関しては、藤姓足利氏と源姓足利氏との競合関係が知られている。最終的に勝利を収めたのは源姓足利氏であるが、彼らは同じ義国流源氏にして隣り合わせの荘園に拠って立つ新田氏と比較して、在地性が濃い領主であるとは言いがたい。そうした中で彼らの在地領主としての側面に光を当てた貴重な研究成果もあるが、その数は決して多くはない。(2) 史料的制約もあって家政機構の全貌が明らかにされているわけではなく、全国に多数の散在所領を持っていた割には支配のあり方が未解明であり、苗字の地である足利荘についても例外ではないことが、その原因であろう。

しかし、彼らが荘内に残した足跡を辿ることによって史料を見直し、在地の具体相を考察する余地はある。源姓足利氏は、治承・寿永の内乱以前は京武者として在京し、鎌倉幕府成立以後はその有力御家人として鎌倉に常住した。このため、当主またはその被官の京あるいは鎌倉と足利荘との往来が在地の交通環境の形成に大きく影響し、開発の進展とも密接に関わり合ったと推測される。このような視点から、本稿は足利荘内外の交通の様相に着目し、その推移を明らかにすることによって在地の開発の具体相に迫ることを目的としたい。

一　足利荘における交通環境の推移

1　鎌倉時代以前の足利荘の開発と交通

足利荘成立のきっかけは、他の北関東の諸荘園と同様に、天仁元年（一一〇八）の浅間山噴火にあったと考えられている。(3) 荒廃した田地の再開発に参入した東国武士団の中核となったのが秀郷流藤原氏であり、中でも藤姓足利氏は上野と下野の国衙在庁の地位に基づき、両毛各地に開発私領を広げて一大勢力を築き上げた。(4) 足利郡衙跡と推定されている国府野《こうの》遺跡（現足利市伊勢町。以下、現在地比定が足利市内の場合は町名以下を掲げる）やその東方の助戸・勧農遺跡（現常盤町）は古代足利郡の政治的中心地と見なされており、(5) 在庁官人であった藤姓足利氏がここを開発拠点としていた可能性は高いといえる。付近の岩井山に文正元年（一四六六）長尾景人（関東管領山内上杉房顕の被官）が勧農城を築いていることから、(6) 中世の足利支配においても、この周辺が重要な地域であり続けたと推察される。

足利荘は、河内源氏である源義国の安楽寿院への寄進によって、康治元年（一一四二）に立券された。安楽寿院の寺領支配の記録を含む「寺中日記　寺領等事」によれば、足利荘の所済は「国絹七十一疋四丈油五石代／四丈白布二百端」とされ、「田九十八丁七反百八十歩／畠百六丁二反六十歩」と併記されている。(7) この田畠約二〇〇町は、国府野遺跡や勧農地域に隣接する「五閑《ごか》」（「空閑地」に由来する地名で、現足利市の中心市街地である通一～七丁目辺りに比定されている）の開発によって生まれたものと考えられている。(8)

足利荘の開発と立券は当初藤姓足利氏と源姓足利氏との提携関係のもとに進められたが、源姓足利氏が積極的に在地経営に乗り出すようになると、その提携関係は破綻する。(9) ただし『尊卑分脈』によれば足利義康（源義国二男）は鳥羽上皇の北面であり、後白河方として保元の乱で戦った翌年に病没した。その子義兼も、八条院蔵人であったため治承・寿永の内乱以前は在京していたと見るべきであろう。(10) 代わって在地の開発や経営に携わっていたのは、主に根本被官高氏の一族であったと考えられる。

高氏の中でも、たとえば足利義康の家宰であった高惟長は「滝口」と号し寿永二年（一一八三）十一月に水島合戦で討死しており、源姓足利氏の家宰は主と共に在京していたようである。惟長の兄弟に泉五郎惟俊、田中左衛門尉惟業がおり、彼らの苗字の地はそれぞれ足利市南部の和泉（現福居町）、田中（現田中町）に比定されている。(11) このことは、十二世紀後半に彼らが足利南部の開発あるいは経営に携わっていたことを示すであろう。

現田中町の北部で朝倉の集落との境辺りにある田中条里跡は、平安時代から存在し浅間山噴火後に再開発された水田の典型例ということができる。(12) 足利市内における高氏の足跡といえば、南北朝時代に活躍した南宗継ゆかりの名草清源寺や金蔵院などがある北部が有名であるが、これに先立つ開発地域として、右に挙げた和泉・田中などの南部も重要である。

以上のような足利郡衙周辺や五閑（五箇）の地域、田中条里跡など、足利荘成立に重要な役割を果たしたと見られる中核的な地域を貫くように東山道が通っていることに注目したい。足利市内では、東山道駅路と推定される遺構の発掘事例は未報告である。古くは、現在の通七丁目の切り通しを抜けて助戸に続く大通り（県道六七号桐生岩舟線）が東山道に当たり、通五〜七丁目から緑町の辺りに足利駅があったと推定されていた[13]。後に峰岸純夫氏が足利公園の南麓（緑町二丁目）から浅間山の北と岩井山の北を通り勧農に抜けて行く筋が東山道で、足利駅は岩井山付近にあった可能性があると論じて以降はその見解が踏襲され、これをふまえて東山道のルートがより具体的に検討されていった[14]。

近年、群馬県太田市北部の大道西遺跡で推定東山道駅路が発掘され、この道筋を東に延ばすと足利市南部の浅間山丘陵と八幡山との間（鬼越坂）に至ることが明らかになり、大澤伸啓氏は、七世紀後半から八世紀初頭にかけての東山道駅路は鬼越坂を越えた後、岩井山の北に向かって直進したと推定した[15]。この推定東山道と、国府野遺跡・勧農・五箇・田中などの諸地域との位置関係を示すと、【地図】のようになる。

足利荘の開発は、律令制下に整備された東山道沿いに進められ、古代以来の足利郡衙とその周辺地域を包摂しながら荘域を広げていったということができる。その過程での藤姓足利氏と源姓足利氏との競合関係は治承・寿永内乱と関連しつつ複雑に展開したが、最終的には、源頼朝室政子の妹を娶り頼朝の門葉として鎌倉幕府有力御家人の地位を手に入れた足利義兼に荘園支配が委ねられる結果となった[16]。この変化によって、荘内では従来の東山道に加え、新たな交通環境が形成されることとなる。次節で詳しく述べよう。

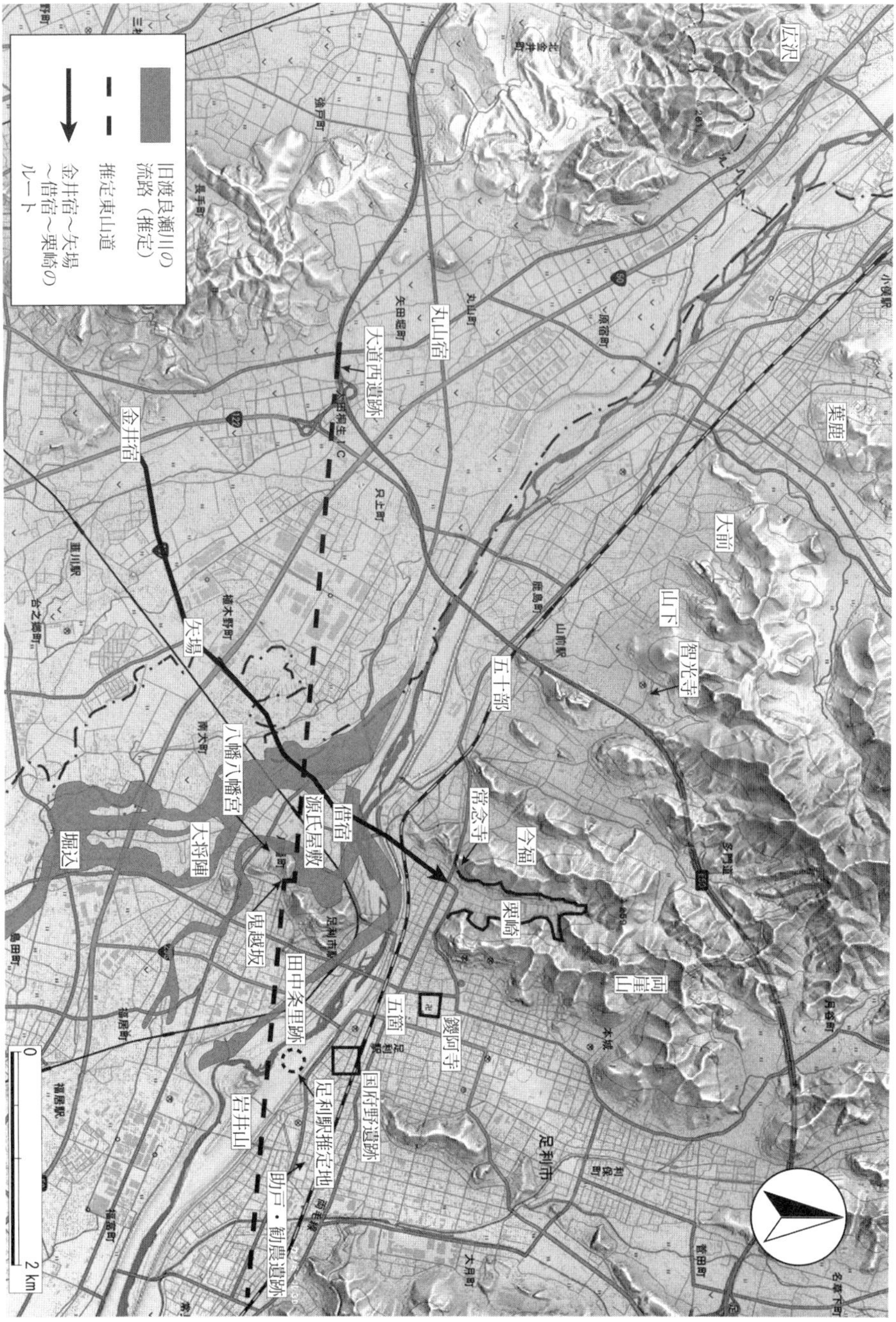

【地図】　旧渡良瀬川流路の推定と足利荘の交通（大澤伸啓〈注5〉231頁地図、同〈注15〉154頁地図をもとにカシミール3Dで作成）

2　中世の足利荘における交通環境

鎌倉時代、源姓足利氏（以下、足利氏と記す）当主は鎌倉に常住したと考えられている。その一方で、義兼の曾孫頼氏の代までは足利荘に菩提寺を建立していた。[17]『徒然草』第二一六段は、北条時頼が鶴岡八幡宮参詣の帰途に足利義氏亭を訪れた時、義氏が「足利の染物」を時頼の前で小袖に仕立てさせ、送らせたという話を記している。[18]都市鎌倉と足利荘との間では、染物だけでなく日常的に様々な物品や人の往来が行われていたはずである。

鎌倉から足利へは、いわゆる鎌倉街道を通って複数のルートがあったようである。[19]ただし鎌倉時代の状況については史料に恵まれず、室町から戦国時代にかけての例を参考にすると、鎌倉街道上道を利用して足利へ向かうには、現在の埼玉・群馬の県境で、赤岩もしくは古戸まで北上して利根川を渡河していたようである。[20]

赤岩で渡河した場合、小泉（現群馬県邑楽《おうら》郡大泉町）―龍舞（現群馬県太田市龍舞町）―県（現県町）を通って足利へ入ることができる。古戸で渡河した場合、新田（現太田市）を経由して足利に至るルートがある。この道程は鎌倉街道上道下野線の一つであり、小山義政の乱や享徳の乱の際、鎌倉公方や上杉氏の軍勢が下野に向かうにあたり用いられた。[21]

【史料一】　年未詳五月三十日　上杉謙信書状（「田中文書」）。[22]（適宜傍線を付す）

（前略）如啓先段、①赤石・新田・足利迄誠ニ奇麗ニ田畠共ニ七尺返候、はや〱弱もの落来申分者、地下人ハ不及申、給人迄利根南へ妻子を引連落由申候、関東越山数年ニ候得共、如今般之敵々詰候時分ハ無之由各申候、取分丹後守父子（北条高広・景広）慶申候、②渡瀬ヨリ新田・足利へ懸ル用水候、是ヲ切落候得者、新田・足利迄成亡郷由申候間、足利・新田之間、金井宿之際ニ陣取、堰四ツ切落、昨日広沢へ引返候、今日ハ桐生之田畠為返候、

（後略）

右は、天正二年（一五七四）と推定される五月三十日、上杉謙信が由良国繁を攻めた時の状況を直江景綱に書き送ったものである。この時の上杉勢の動きは、厩橋から南下して赤石（現群馬県伊勢崎市）に入り、奥大道を東進し丸山宿で折れ新田・足利へ進撃したものと分析されている。[23] 謙信は赤石・新田・足利の田畑を掘り返し（傍線部①）、さらに足利と新田の間に位置する金井宿（現太田市東金井町）に陣取り、渡良瀬川から引いた用水の堰を切り落として広沢（現桐生市広沢町）に戻り、桐生の田畑を掘り返した（傍線部②）。

このように金井宿に陣を取った謙信の動きをふまえて、金井宿から足利に至るまでの宿地名を拾うと、矢場（新宿・上宿・下宿・宿通）、次いで借宿《かりやど》が確認される。明治時代の迅速測図に太田から「至足利町道」として記されている道も東金井—矢場—借宿を通っており、近代以降も借宿を北進して足利の中心部に至るルートが整備されていたことがわかる。

また、借宿へは金井宿よりさらに北方の丸山宿から東進してもアクセスが可能であり、その場合は、東山道の後身とされる東道が利用されたものであろう。大澤伸啓氏は、前節で掲げた推定東山道のルートが鑁阿寺蔵「足利城古絵図」の中で鬼越坂を通る「東海道《あずまかいどう》」とほぼ同じであることから、古代東山道を踏襲して中世の東道が造られたと論じた。[24] この東道と鎌倉街道上道下野線との交点に借宿が位置しており（【地図】）、借宿は、中世の足利荘の交通において最たる要衝と言うべき地であったと意義づけられよう。

借宿という地名は、遅くとも十三世紀後半には使われていたようである。[25] 奥州へ下る源義家軍がこの地に宿営したという伝承があり、戦勝を祈願して石清水八幡宮を勧請した八幡八幡宮（現八幡町。以下、八幡宮と称す）が東山道沿いに建てられ、その南方には「大将陣」（現堀込町）、西北には「源氏屋敷」（現借宿町）という地名が残っている。『足利市史』は、義家の子義国もこの八幡宮の近辺に拠点を置いたという見解を示している。[26]

源氏屋敷周辺の発掘調査では近世以前の遺構・遺物を確認できず伝承を裏付けることはできないが、発見されない理由には中世の渡良瀬川の氾濫も関係していよう。永禄（一五五八～一五六九）より以前の渡良瀬川（以後、旧渡良瀬川と称す）は現在の流路よりも南東を流れ、矢場から借宿の辺りで度々氾濫による流路変更を繰り返していた。一方、現渡良瀬川の流路には比較的小規模な河川が流れ清水川（冷水川）と呼ばれていたが、ここに永禄の大洪水によって旧渡良瀬川が流入し、現在の流路を形成したと考えられている。(27)

源氏屋敷の発掘調査地点には河川の氾濫によると思しい砂層や礫層が厚く堆積しており、この近辺が旧渡良瀬川の氾濫原であったことを物語っている。(28)したがって、もし本当に源氏屋敷の地に館が築かれていたとしても、洪水で流されたのであれば確認は困難である。

ただし八幡宮の神宮寺跡地（現山辺小学校）から平安末～鎌倉初期の三鈷杵文軒平瓦が出土したといわれているので、借宿・八幡宮周辺に源氏の拠点が置かれたという伝承を確かめるための手がかりは皆無というわけではない。(29)本当に居館があったのであれば、その理由は主に在京していた源氏が京と足利を往来する上で、東山道沿いであるという交通上の利便性を、洪水の影響を受けやすい不安定な立地よりも重視したためであろう。

鎌倉幕府が開かれると、足利荘の交通においては鎌倉との往来が頻繁になり、その結果、古代以来の東山道の系譜を引く東道と、鎌倉街道経由で足利に至るルートとの交点に当たる借宿が、交通の要衝として以前に増して脚光を浴びるようになったと考えられる。このような交通環境の変化は、中世を通じて、荘園の開発にどのような影響を及ぼしたであろうか。次章で論じることにする。

二　交通の要衝が荘園開発に果たした役割

1　中世の足利荘における「駅」の問題

鎌倉時代、足利義兼の居館に設けられた持仏堂を前身として建立された鑁阿寺（現家富町）は、足利荘において新たに強い求心性を発揮する場となった。また荘内には公文所が置かれ、その位置を示す史料は見つかっていないが、勧農城跡付近が有力視されている。(30)

鎌倉時代の足利氏は幕府有力御家人としての威容を整えるに足る大規模な家政機構を運営しており、(31)足利荘以下全国に散在する所領群においては、次の【史料二】からもわかるように、必要に応じて被官たちに対する給田が設定されていた。

【史料二】　正和四年（一三一五）十二月二十日　長幸連譲状写（「能登長伝書」。(32)適宜傍線を付す）

譲渡　　長七季連

濃〔能〕登国（羽咋郡）土田庄上村半分

足利御庄給田壱町在巣迫駅

相模国（愛甲郡）愛甲船子屋敷・東野畠弐段

同給田壱町在直〔土〕器作

参河国（設楽郡）富永保内助吉名但譲洩者可為長七分

右、所々所領・屋敷・給田・給畠等、存日所譲与如件、

正和四年十二月廿日　　沙弥了甲（長幸連）（花押影）

右の傍線部の「巣迫駅」に注目したい。今日の足利においてこれにそのまま当てはまる地名は見出せないが、長幸連の遺領相論を裁決した下知状の中に手がかりがある。

【史料三】　元亨二年（一三二二）五月二三日　高師重下知状（「得田文書」。[33]　適宜傍線を付す）

長彦三郎幸康本名康連与継母尼観阿幷子息七郎師連本名季連相論、父長木工左衛門尉幸連法師法名了甲遺領能登国土田村（羽咋郡）上村・参河国富永保（設楽郡）内助吉名・同久延名内田在家・相模国愛甲（愛甲郡）土器作田畠屋敷・上総国西谷郷（市西郡）内田在家・同富永内田地・下野国足利庄冷水河田畠屋敷事、（後略）

末尾の傍線部「下野国足利庄冷水河田畠屋敷」が、【史料二】傍線部「足利御庄給田壱町在巣迫駅」に相当する。冷水河は清水川に同じで、永禄の大洪水以前に現在の渡良瀬川の流路を流れていた小河川を指す。[34]つまり「巣迫駅」が何を指すかは明らかでないものの、これが現在の渡良瀬川の流路に沿う位置にあったことがわかる。

峰岸純夫氏は、「巣迫」を「すさこ」もしくは「すざく」と読んで南方の守護を司る「朱雀」の音通であると解し、足利郡衙の南方に配置された東山道足利駅の別称であるとした。[35]この解釈はその後の研究においても受け継がれ、東山道のルートに関する研究が進展する中で、足利駅は今では渡良瀬川の下になっているが、国府野遺跡の南方で勧農城跡の付近にあったとする比定が通説的位置を占めた。[36]発掘成果で裏付けられた足利郡衙と東山道との位置関係に鑑みれば、足利駅の所在はたしかにそう理解できる。ただし、「巣迫駅」が「足利駅」を指すものであるかという問題については、なお検討の余地を残すであろう。

【史料二】では「能登国」を「濃登国」と記したり、相模国愛甲（愛甲郡愛甲荘）の地名である「土器作」を「直器作」と記したり、写であるがゆえの誤写あるいは誤字と見られる箇所があるため、「巣迫駅」も同様である可能性をふまえて検討する必要がある。これに関して、既に小谷俊彦氏が『近代足利市史』の中で「巣」を「栗」の誤写と見て、「巣迫駅」は「栗迫駅」のことでその位置は足利荘内の「栗崎」に当たるのではないかと述べている（ただし小谷氏自身はこのような指摘をしたものの、峰岸氏の解釈に関する意見は発表していない）。(37) 文書の正文ではなく写しか参照できない状況下では踏み込んだ検討をしようとしても限界があるが、鎌倉時代の栗崎に宿駅としての特性を見出すことができるのであれば、小谷氏の解釈に妥当性があるものと考える。

古代から中世にかけての栗崎は、現足利市西宮町を中心に、その周辺の緑町・栄町・通五〜七丁目をも包含する広い範囲にわたる地域を指して使われていた地名であったと考えられている。(38) 律令制下の駅名に「栗崎駅」は見出せないが、古代駅制において確認できなくとも、中世に宿駅の体をなしたことによって「駅」と呼ばれた可能性はある。小谷氏は、西宮町の地形が三方を山に囲まれた袋状であるため、馬を放牧し駅《うまや》とするのに適していたであろうとの見解を提示している。(39) この他、栗崎に中世の宿駅としての機能をどのような点で見出せるか、以下で論じたい。

【史料二】【史料三】を振り返り、足利氏被官の長氏に与えられた「給田壱町」の所在が「巣迫駅」であり「冷水河」（清水川）であったことに今一度目を留めておこう。現在、通七丁目の常念寺から天狗山・両崖山へ登って行く坂の上に観音堂が建っており、「清水川観音堂」または「坂の観音堂」と称されている。享保・元文年間（一七一六〜一七四〇）の伝承によると、これは建久元年（一一九〇）に鑁阿寺開山理真が建立し、足利義兼が室時子（北条時政女）の安産を祈願して作らせた観音像を納めた堂であるという。(40)

江戸時代初期の成立と見られている鑁阿寺蔵「足利城古絵図」にこの観音堂は描かれておらず、(41) その建立が所伝のとおり中世に遡るかどうかを確かめるには他に裏付けが必要であるが、現在この観音堂が建っている坂を登ると、現渡良瀬川だけではなく、川向こうの借宿、(42)浅間山丘陵も見渡すことができる。借宿から北進して清水川を越え足利の中心部に至る場合にはこの堂を目印にできるため、ランドマークとしての役割を見出せる。(43)したがって清水川観音堂は、少なくとも江戸中期以降の足利において、この場所が交通の要衝であるという認識が成立していたことを前提に存在するものであったと見なしうる。

このような交通環境を鎌倉時代に遡らせることができるのであれば、【史料二】の「巣迫駅」が栗崎を指す可能性は高いであろう。次節では、中世の栗崎及びその周辺について、鎌倉時代の鑁阿寺や戦国時代の足利城など地域支配の中核となった場所との関係を考察しながら、その具体的な様相に迫ることを試みる。

2　中世の足利荘における栗崎地域の役割

現西宮町の三方を囲むようにして聳え立つ両崖山（標高二五〇メートル）は「要害山」の転訛ともいわれ、山内上杉氏被官の長尾氏によって足利城（両崖山城、小屋城、飯塚山城、栗崎城等の別称がある）が築かれた。元来は天喜二年（一〇五四）に藤姓足利氏が築いたものと伝わるが、具体的にその存在を確かめうるのは戦国時代以降である。(44)

前章でも述べたとおり、長尾景人は、文正元年（一四六六）足利荘に入部するとまず岩井山（標高五四メートル）に勧農城を築いた。この山は、国府野遺跡の付近にあって東山道沿いに位置する古代以来の要衝であった。しかし景人の弟でその跡目を継いだ景長は本拠を足利城に移し、その麓には長尾氏の居館や菩提寺（長林寺）が築かれた。城下町は「本町」と呼ばれ、これと鑁阿寺門前の「とをり町」（鑁阿寺蔵「一山十二坊図」）との間には「新町」が作られ、城下から鑁阿寺門前までの範囲に商業地域が広がっていった。(45)

時代を遡ってその前提を考察するならば、永享四年（一四三二）五月九日　大勧進昌珍等作事用途下行状（「鑁阿寺文書〕において、鑁阿寺本堂修造のため「栗崎町」から人夫を出していることが記され(46)、足利城築城以前に栗崎に町が成立していたことがわかる。戦国時代の長尾氏による足利城の築城は、両崖山が要害として優れていたことだけではなく、借宿を経由して足利荘中心部に至るルートを抑えられること、またそのような交通環境をふまえて栗崎に町が発展していたことを理由として行われたものであったといえる。また、鑁阿寺蔵「足利城古絵図」には足利城の麓にいくつかの町並が描かれており、この内「八日町」（現緑町一丁目）については次に掲げる【史料四】にも見える。

【史料四】 永享五年（一四三三）四月五日 珍誉譲状（「相承院文書」(47)。適宜傍線を付す）

譲与

金堂聖天像一体号押手

料所下野国足利庄①赤見郷内田畠・同庄②八日町在家一宇幷同庄五百部郷内名草給田壱町等事

権少僧都弘俊

右、任代々相伝之旨、相副③浄妙寺殿（足利貞氏）御下文・手継証文幷名草給新御寄進状等所譲与也、就中彼名草給事者、自鶴岡別当坊御方、為毎月御供料所、去永享三年十月三日所有御寄進也、然間一日・十五日御供等、努々不可有懈怠者也、此外寄進之不知行数箇所在之、連々可有申沙汰之状如件、

永享五年四月五日　　法印珍誉（花押）

右によれば、足利貞氏は聖天供料所として「赤見郷内田畠」（傍線部①）と「八日町在家一宇」（傍線部②）を鶴岡八幡宮寺相承院に寄進した。「浄妙寺殿御下文」（傍線部③）そのものの文面を知ることはできないので同じ場所に異なる呼び方を用いていたかもしれないが、「八日町」の存在が貞氏の時代（鎌倉後期）に遡る可能性があるこ

とに注目しておきたい。

鎌倉期の栗崎について、鑁阿寺との位置関係からもう少し踏み込んで検討を加えたい。借宿を北進し旧渡良瀬川・清水川を越えた地点が栗崎となり、そこから東進すれば鑁阿寺へ辿り着く。足利義氏が父義兼の持仏堂を基に建立した鑁阿寺とその周辺は、足利荘において宗教面でも経済面でも強い求心性を発揮し、足利氏による荘園支配の要となっていた。

たとえば、宝治二年（一二四八）七月六日　足利義氏置文（「鑁阿寺文書」）では鑁阿寺（当時は堀内御堂といった）の敷地内に「市人往反」を禁じており、(48)その門前が早くから足利荘の経済的発展を支える地域となっていたことが示唆されている。また、同文書仁治二年（一二四一）二月日　足利義氏下文において鑁阿寺に六齋日湯の実施が命じられており、このように地域住人を対象とした法会を開くことで、足利氏は鑁阿寺を地域の公共的な寺院に位置づけようとしたと考えられている。(49)後に整備される鑁阿寺一切経会についても、武士による地域社会の公的秩序の創出を意図して行われたものと評価されている。(50)

足利義氏の子泰氏は、三六歳にして自由出家騒動を起こして下総国埴生荘を没収され、(51)以後約二十年にわたる余生を足利荘で過ごした。このため、父以上に足利荘で過ごした年月は長かった。その子頼氏は早世し、孫の家時以降は鎌倉に菩提寺を持ち鎌倉を出る機会は少なかったと推測されるので、足利氏当主の中では、泰氏が最も長く足利荘で過ごしていたことになる。泰氏は父同様鑁阿寺の保護に意を尽くす一方、平石（現山下町）に拠点を構えて足利荘西部の開発に力を注ぎ、文永二年（一二六五）に智光寺を建てた。(52)

かくして足利荘西部に新たな開発の重点が置かれるにともない、鎌倉街道上道下野線上の借宿と、鑁阿寺や平石等、足利氏の荘園支配と密接に関わる各拠点とを結ぶ位置にある栗崎の交通量は一層増加して宿駅の様相を呈するようになった結果、鎌倉末期には「栗崎駅」とも呼ばれ、室町中期までに「栗崎町」の登場を見るに至ったのではないだろうか。

以上、中世の足利荘を取り巻く交通環境と開発とを関連付ける視点から、鎌倉街道上道下野線ならびに借宿や栗崎の重要性を指摘したが、東山道や勧農地域の重要性が失われたと主張したいわけではない。郡衙跡や足利駅も中世の足利荘支配に不可欠であったことは勧農城の築城が物語っており、足利氏の公文所がこの付近に置かれたとする見解について本稿では裏付けができなかったが、稿を改めて論じるべきと考えている。この他、桐生郷本宿から小俣・足利へ至る道が存在した可能性もあり、[53]足利義兼が法界寺を建てた樺崎は佐野方面へ通じる要地であったように、[54]多様な交通環境が足利荘の開発を支えていたのである。

また、交通と開発との関係という視点からは、道路だけではなく河川にも目を向ける必要がある。いま詳述できるだけの準備がなく見通しに止めざるを得ないが、最後に水運における河川の有用性について言及しておきたい。

【史料五】　鑁阿寺一切経会等記録（「鑁阿寺文書」）[55]

（前略）

一　大御堂造営事

正応五年壬辰卯月廿八日己丑杣取始、仏坂杉一本切テ柱二本作之、同年七月七日丙寅出大洪水、大木等流寄事、広沢・葉鹿・大前・山下・伊予部・今福・八幡・借宿之河原ニ大木等流留事、不知其数、折節南風吹テ流木一支モ不寄他領、剰渡瀬・清水河ヘ付テ、大木等寄置事有其便、仍以彼木御堂柱・足堅下桁・飛額・梟柄・虹梁・臥行桁・大垂木・大斗・小斗・組物共、大底以此木被造立者也、（後略）

正応五年（一二九二）、洪水によって広沢―借宿間の河原へ打ち寄せられた大木が、鑁阿寺大御堂の用材として活用された。これは意図して行った木材流送ではなく、洪水がもたらした思いがけない結果として記されているのであるが、他にたとえば足利市菅田町の光得寺にある十九基の五輪塔群の部材に使われている凝灰岩の産地は天神山（現群馬県みどり市笠懸）であり、(56) その運搬に旧渡良瀬川・清水川が利用された可能性は大きいであろう。

おわりに

本稿で目指したのは、足利荘における交通と開発との関わりを、時代の推移にともなう変化をとらえつつ具体的に論じることであった。論旨をまとめて以下に掲げる。下野国足利荘は、東山道に沿って古代以来の足利郡衙とその周辺地域を包摂しながら開発を展開し、荘域を広げていった。鎌倉期には、足利氏の氏寺である鑁阿寺が荘園支配に新たな求心力を発揮するようになった結果、鎌倉街道上道下野線を通って借宿を経由し鑁阿寺に至るまでの中継点として栗崎が大きな役割を担うようになり、郡衙に付随した足利駅と共に交通の要衝として機能し、戦国期に足利城とその城下町が繁栄する前提を用意した。

本稿で注目したこのような交通環境の変化は、鎌倉幕府の成立という政治史上の一大画期によってもたらされたものであり、中央政治の動向が地域社会に及ぼした影響の一端を具体的に指摘することができた。しかし史料的制約を乗り越えられず推測に推測を重ね導き出した結論であり、さらなる裏付けが必要である。また、足利荘内全域の交通環境を総体的に論じることはできなかったが、これについては、佐野・桐生と接続するルートや河川利用も交えた多様な交通網の検討を進めることで、足利荘の開発と地域社会の様相を明らかにして行くことが可能であろう。いずれも今後の課題としたい。

注

（1）「足利庄」（『日本歴史地名大系第九巻　栃木県の地名』平凡社、一九八八年）。

（2）たとえば近年では、山本隆志「東国における武士と法会・祭礼との関係」（『歴史人類』三九、二〇一一年）、田中大喜「総論」（同編著『下野足利氏』戎光祥出版、二〇一三年〈以下『下野足利氏』〉）などがある。

（3）峰岸純夫「浅間山の噴火と荘園の成立」（『人文学報』一六七、一九八四年）。

（4）須藤聡「下野国中世武士団の成立」（橋本澄朗・千田孝明編『知られざる下野の中世』随想舎、二〇〇五年）六十～六五頁。

（5）大澤伸啓「中世足利の都市的空間」（『下野足利氏』、初出二〇〇三年）二四一～二四三頁。

（6）峰岸純夫「鎌倉公方と足利荘」（『近代足利市史　第一巻』足利市、一九七七年。以下『近代足利市史』）二七七～二八〇頁。

（7）東京大学史料編纂所蔵「安楽寿院文書」。この史料は、十三世紀後半に成立したと見られている（田中大喜前掲注（2）「総論」一三・四一頁）。

（8）峰岸純夫氏は現伊勢町から通一～七丁目・緑町にかけての範囲を五閑（箇）と見ており（同「藤原姓足利氏の興亡」〈『近代足利市史』〉一三七～一三八頁）、柳田貞夫氏は栗崎・飯塚・国府野に囲まれた現在の通一～四丁目・柳原町・家富町・旭町・大橋町・大町・永楽町・相生町等を五箇の範囲としている（同『足利氏の世界』〈私家版、一九八〇年〉九〇～九二頁）。

（9）須藤聡前掲注（4）「下野国中世武士団の成立」六六～七六頁、田中大喜前掲注（2）「総論」十一頁。

（10）『尊卑分脈』（『新訂増補国史大系』、以下同）「清和源氏第一義家長子義親幷二男義国流」。

（11）『尊卑分脈』「高階氏高」、「清源寺本高階系図」（『近代足利市史　第三巻』〈足利市、一九七九年〉）、小谷俊彦「源姓足利氏の発展」（『近代足利市史』）二二七頁。

（12）田中条里跡から浅間Bテフラで埋没した水田遺構が発掘され、その地割が昭和まで残っていた地割とほぼ一致したため、天仁の浅間山噴火以前まで遡る条里制の地割が、近代以降も踏襲されていたことが明らかになった（市橋一郎、大澤伸啓、足立佳代「田中・朝倉条里跡立会調査」〈『平成五年度埋蔵文化財発掘調査年報』足利市教育委員会、一九九三年〉）。

(13) 日下部高明「足利における条里遺構について」(『足利市史研究』三、一九七四年)。
(14) 峰岸純夫「律令制の実施」(『近代足利市史』)一二〇～一二二頁。柏瀬順一「下野国足利駅及び周辺の東山道の駅路に関する一考察」(『毛野』一、一九八三年)、梅澤重昭「矢場、植木野の歴史」(『矢場川村植木野区誌抄』梅澤瞭一、二〇〇六年)。
(15) 大澤伸啓「国府野遺跡と東山道」(大金宣亮氏追悼論文集刊行会編『古代東国の考古学』慶友社、二〇〇五年)。
(16) 小谷俊彦前掲注(11)「源姓足利氏の発展」(『近代足利市史』)一五一～一五六頁。
(17) 清水克行『足利尊氏と関東』吉川弘文館、二〇一三年。
(18) 『新日本古典文学大系三九　方丈記　徒然草』(岩波書店、一九八九年)。
(19) 柳田貞夫前掲注(8)『足利氏の世界』一五〇～一六八頁。
(20) 齋藤慎一「鎌倉街道上道と北関東」(同『中世東国の道と城館』東京大学出版会、二〇一〇年)、久保田順一「中世上野の交通路と宿」(同『中世前期上野の地域社会』岩田書院、二〇〇九年)。
(21) 齋藤慎一前掲注(20)「鎌倉街道上道と北関東」。
(22) 『群馬県史　資料編七』二七七三。
(23) 久保田順一前掲注(20)「中世上野の交通路と宿」四一三頁。
(24) 大澤伸啓前掲注(5)「中世足利の都市的空間」二三九～二四〇頁。鑁阿寺蔵「足利城古絵図」について、天正年間(一五七三～一五九一)の足利城とその周辺の様子を江戸時代初期に描いた絵図であるとする。
(25) 文永～永仁(一二六四～一二九八)の間の鑁阿寺における寺内文書等に基づき作成されたと考えられている「郷々寺役記」(永村眞「鎌倉時代の鑁阿寺経営」〈『下野足利氏』、初出一九八三年〉)に、「借宿」および「借宿郷」の記載がある。
(26) 足利市編『足利市史　上』(永倉活版所、一九二八年)。
(27) 峰岸純夫前掲注(14)「律令制の実施」一二一～一二二頁、同「長尾氏の治世」(『近代足利市史』)三〇五～三〇八頁。
(28) 足利市遺跡調査団編『足利市埋蔵文化財調査報告第一三集　八幡山古墳群山辺小学校裏四号墳発掘調査報告書』(足利市教育委員会、一九八六年)。

（29）大正時代の考古学者丸山瓦全が編集した『足利考古図集』第十九版に紹介されており、三鈷杵文軒平瓦は全国的にも希少な瓦であるという（大澤伸啓前掲注（5）「中世足利の都市的空間」二三三～二三五頁）。ただし現在は実物の所在が不明なため、写真でしか確認できない。
（30）清水克行前掲注（17）『足利尊氏と関東』一四六頁。
（31）小谷俊彦前掲注（11）「源姓足利氏の発展」一八四～二〇〇頁。
（32）『松雲公採集遺編類纂』一三六（『加能史料　鎌倉Ⅱ』石川県、一九九四年）。
（33）『加能史料　鎌倉Ⅱ』石川県、一九九四年。能登長氏の遺領相論が足利氏家政機関で裁定されたことについては、拙稿「高氏と上杉氏」（『下野足利氏』、初出二〇〇五年）三三〇～三三五頁。
（34）峰岸純夫前掲注（14）「律令制の実施」一二一～一二二頁。
（35）峰岸純夫前掲注（14）「律令制の実施」一二〇～一二二頁。
（36）前掲注（14）・（15）各論文。
（37）小谷俊彦前掲注（11）「源姓足利氏の発展」二三八頁。
（38）柳田貞夫前掲注（8）『足利氏の世界』一四九頁。
（39）小谷俊彦前掲注（11）「源姓足利氏の発展」二三八頁。
（40）『足利市史』一一九九～一二〇一頁、足利市緑町福厳寺蔵『清水川子安観音御縁起』（奥書によれば享保二一年〈一七三六〉四月の成立）。
（41）大澤伸啓・高橋伴幸・大森哲也編『鑁阿寺の宝物』（足利市教育委員会、二〇〇四年）八八頁。細部は東京大学史料編纂所で模写（保-二九ならびに仁-四八）を確認した。
（42）青山宏夫「地名「カリヤド」と渡河の景観」（金田章裕編『景観史と歴史地理学』吉川弘文館、二〇一八年）一二〇～一二三頁では、借宿が旧渡良瀬川と清水川の渡河点であり、交通の要衝であったことが指摘されている。
（43）先行研究では、港や陸路の目立つ場所に建つ石塔にランドマークとしての機能を見出している（古田土俊一「中世鎌倉のみちと造塔」〈中世都市研究会編『鎌倉研究の未来』山川出版社、二〇一四年〉一八一頁）。同様の機能が堂の場合も当てはまるものと考えられる。
（44）峰岸純夫前掲注（27）「長尾氏の治世」二八一～三〇二頁。

(45) 峰岸純夫前掲注(27)「長尾氏の治世」三〇九～三一一頁。
(46) 「鑁阿寺文書」一六三(『栃木県史史料編　中世一』栃木県、一九七三年、以下同)。
(47) 「相承院文書」六(『栃木県史史料編　中世二』)。
(48) 「鑁阿寺文書」七二。
(49) 「鑁阿寺文書」七十、田中大喜前掲注(2)「総論」三三～三五頁。
(50) 山本隆志前掲注(2)「東国における武士と法会・祭礼との関係」四四頁。
(51) 『吾妻鏡』(新訂増補国史大系)建長三年(一二五一)十二月二日条・同七日条。
(52) 建長三年三月八日　足利泰氏置文(「鑁阿寺文書」一)、清水克行前掲注(17)『足利尊氏と関東』。
(53) 久保田順一前掲注(20)「中世上野の交通路と宿」四一五頁。
(54) 山本隆志前掲注(2)「東国における武士と法会・祭礼との関係」十頁。
(55) 「鑁阿寺文書」一二。
(56) 光得寺境内、足利市教育委員会の解説板による。部材には凝灰岩と安山岩が使われている。足利氏当主や被官高氏の供養塔と考えられており、もとは樺崎法界寺にあった。

附記　【地図】ならびに現地ガイド【図1】の作成にあたり、古田土俊一氏のお力添えを頂いた。記して謝意を表したい。

【現地ガイド】

下野国足利荘を歩く

下野国足利荘の範囲は、現在の栃木県足利市一帯である。この辺りは市街化が進み、市内で唯一現存していた田中条里跡の条里制地割も団地造成によって消滅してしまい、荘園であった頃の昔を偲ばせる景観には恵まれない。しかし足利市内には、紹介しきれないほど数多くの史跡がある。

ここでは、本論で取り上げた場所に焦点を絞り、中世の足利荘を想像しながら歩くルートを提案する。紙幅の都合上、それぞれの項目で解説すべきことを充分に論じ尽くせなかったが、峰岸純夫氏『歴史の旅 太平記の里 新田・足利を歩く』（吉川弘文館、二〇一一年）や清水克行氏『足利尊氏と関東』（吉川弘文館、二〇一三年）を、巡見の手引きとしてぜひ参照されたい。

なお、移動手段に車を選べるのであれば、本論で示したように、鎌倉街道を通る幕府御家人になった気分で国道四〇七号線（東国文化歴史街道）を北進し、長井（埼玉県熊谷市）→古戸（群馬県太田市）→東金井（太田市）を経由して足利へ至るルートをおすすめしたい。

【八幡八幡宮（下野国一社八幡宮）】 八幡八幡宮（八幡町三八七）は、源頼義・義家父子が奥州への途次、石清水八幡宮を勧請して建てたといわれている。南方の堀込町の「大将陣」、西北の借宿町の「源氏屋敷」と合わせて、この一帯は、古くから源氏との所縁が言い伝えられてきた地域である。

また、本論で述べたように、現在提示されている推定東山道ルートとして、八幡宮の背後に聳える八幡山と浅間山との間の鬼越坂を通ると考える説がある。この坂は、現在は自動車が行き交う舗装道路が通っているが、その直線的な道筋に古道の面影が認められる。

【清水川観音堂（坂の観音堂）】 借宿から県道四〇号線に入り、緑橋を渡って現渡良瀬川を越えると、前方

【写真1】　鬼越坂を抜けると、渡良瀬川方面に向けて直線的な道筋が続く。

左側に清水川観音堂が見えてくる。建っている場所は、「足利城古絵図」にも見える常念寺（通七丁目三〇九四）のすぐ左手、天狗山へと続く坂道を少し登った所である。この地点からは、現渡良瀬川だけでなく、借宿・八幡山方面も一望のもとに見渡せる。天狗山は現在ハイキングコースが整備されており、これを歩いて行くと両崖山の足利城跡（本城一丁目）へ辿り着く。

【写真2】　清水川観音堂から借宿方面を望む。渡良瀬川の向こうに浅間山や八幡山を見渡すことができる。

足利城跡は、平安時代に藤姓足利氏が築城したとの

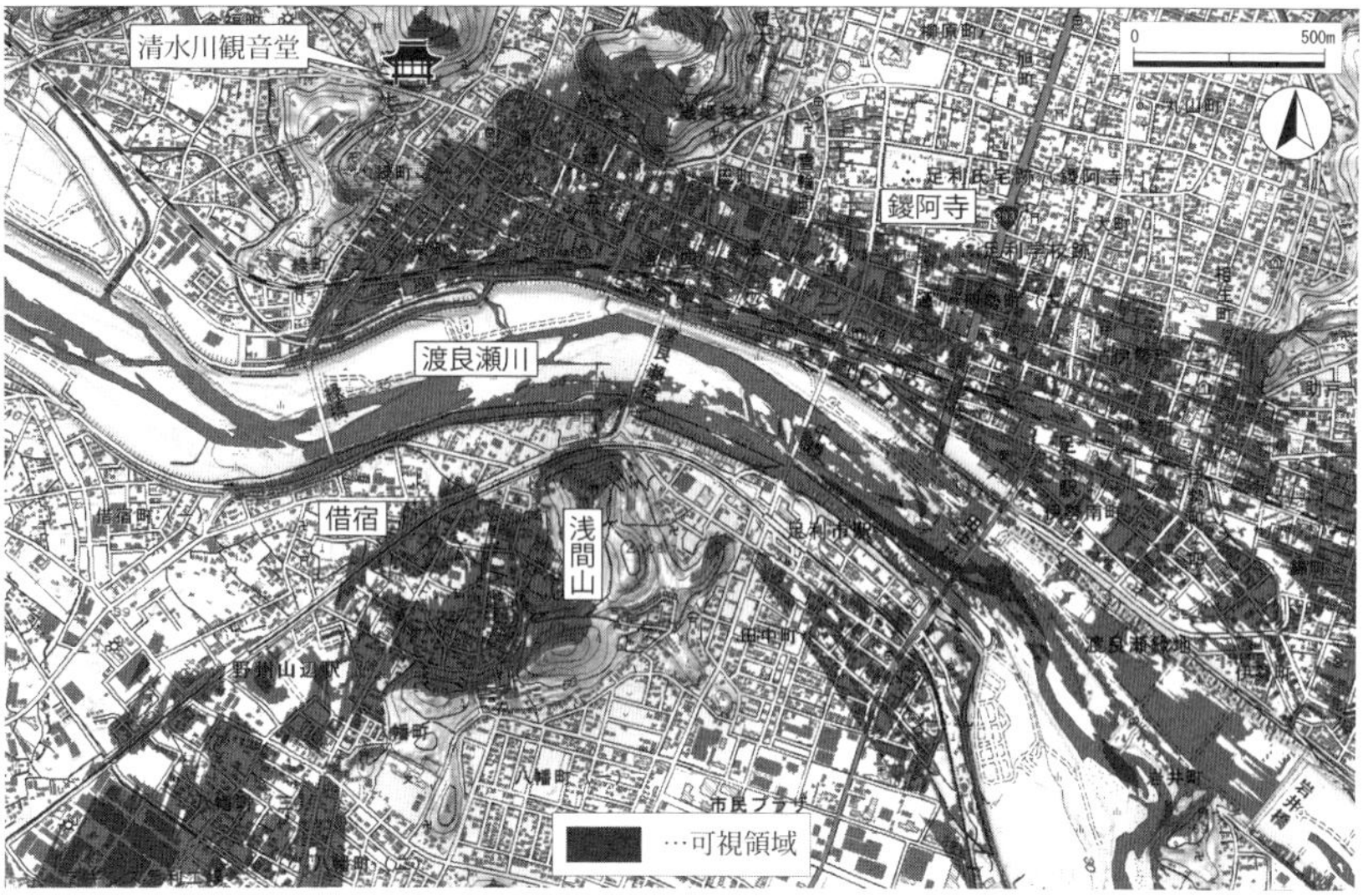

【図1】　清水川観音堂の可視領域（カシミール3Dで作成）

伝承が残るが、その具体的様相が史料上に現れるのは、戦国時代に長尾氏の拠点となってからである。本丸跡の下に武者走りを備え、物見櫓や塹壕を設け、両崖山の山裾のみならず天狗山にも、塁郭の跡が残る。

【鑁阿寺】　金剛山鑁阿寺（家富町二二二〇）は真言宗大日派の総本山であり、市民からは「大日さま」と称され親しまれている。その起源は足利義兼の持仏堂「堀内御堂」であり、これを義兼の子義氏が寺院化した。境内は、足利氏宅跡として国指定史跡になっている。平成二五年に国宝に指定された大御堂は、足利義氏が天福二年（一二三四）に建立したものが焼失した後、正安元年（一二九九）に足利貞氏（尊氏の父）が禅宗様建築を取り入れて再建したものである。大御堂は、室町時代にさらに大修造が行われている。

また、鐘楼や経堂も中世の建築であり、鐘楼は鎌倉時代、経堂は応永十四年（一四〇七）と江戸時代の宝永五年（一七〇八）の二度にわたって修築された。南側の楼門は、戦国時代の唐様建築である。

鑁阿寺蔵「一山十二坊図」（鎌倉時代）は、堀と土塁に囲まれた境内の周囲に千手院以下の十二院を配し、南には門前町（「とをり町」）を描き、中世鑁阿寺の繁栄の様子を良く伝えている。本論で言及したように、同寺は源姓足利氏の氏寺としてだけでなく、地域社会においても強い求心力を発揮していたと考えられる。鎌倉幕府倒壊以後は、室町幕府歴代の将軍家ならびに関東公方からの尊崇を受け、さらなる発展の時を迎えた。

【樺崎寺跡（樺崎八幡宮）】　樺崎寺は足利義兼の創建であり、鑁阿寺の「奥の院」として位置付けられる。樺崎寺跡（樺崎町一七二三）に現存する建物は、明治時代の神仏分離後に残った樺崎八幡宮の本殿（天和年間の再建）である。この場所にはもともと、義兼の廟である赤御堂があったという。本殿北側で石段が発掘されていることから、その赤御堂は、本殿よりやや北寄りに建てられていたのではないかと考えられている。

同寺では、広大な浄土庭園を中心とした伽藍や、周辺の僧坊施設等の存在が確認されている。現在は園池が整備され、州浜の復元が行われている。源姓足利氏の経済力や政治的地位の高さが推し量られる三鈷杵文軒平瓦、舶載磁器等の希少で高級な出土品の数々は、郷土資料展示室（東砂原後町一〇五五）で見学できる。

【光得寺】　菅田山光得寺（菅田町八九二）は、足利義氏を開基として建立されたと伝わる臨済宗寺院である。境内西側の覆屋の中に、樺崎寺から移された鎌倉～室町時代の五輪塔十九基が並んでいる。全般的に大型のものが天神山（群馬県みどり市笠懸）産の凝灰岩製で、中型のものが安山岩製になっている。中には部材が混在しているものもあり、移動の際に部材を取り違えた可能性が指摘されている。「浄妙寺殿」（足利貞氏）、「長□寺殿」（長寿寺殿＝足利尊氏か）、「前武州太守道常大禅定門」（高師直）、「月海円公大禅定門」（南宗継）など、それぞれの銘文から供養された人物の名がわかるものもあり、足利氏当主及び被官高氏の供養のために造られたと考えられている。

【智光寺跡（平石八幡宮）】　足利泰氏（義氏の子で義兼

の孫）が平石郷に創建した菩提寺跡（山下町二〇九七）。現在は道路を挟んで南側に県立清風高校が建つ。ここは浄土庭園を持つ中世寺院跡が足利市内で初めて発掘された例として有名であり、出土瓦に「智光寺　文永二年三月日」と刻印されていることから、創建年代も文永二年（一二六五）頃に比定されている。発掘調査によって、北の「ドーヤマ（堂山）」を背に建つ平石八幡宮社殿のすぐ東隣が阿弥陀堂跡で、その南側（高校の敷地内）に園池が広がっていたと推定された。

歴代足利氏当主の中でもとくに長い年月を足利荘で過ごした泰氏が荘内に残した足跡は多く、また、西部地域に集中している。智光寺の他、最勝寺（大岩町二六四）には泰氏が父義氏のために造立したと考えられている供養塔（建長八年〈一二五六〉銘を持ち、県内最古の石造層塔）、鶏足寺（小俣町二七四八）には弘長三年（一二六三）に泰氏が寄進した梵鐘が伝わっている。

【勧農城跡】　勧農城（岩井山城）跡は、岩井山（岩井町七五二）という高さ約二十メートル、東西約一六〇メートル、南北約二〇〇メートルの独立小丘に築かれた城跡である。文正元年（一四六六）に長尾景人がここを拠点としたといい、長尾氏による足利支配の要の一つであったとされる。丘頂部には周囲を土塁で囲んだ本丸址が残り、その南から東にかけての緩やかな斜面には、階段状に二の丸址、三の丸址が続いている。山の西から南は東南流する現渡良瀬川に囲まれ、崖になっている。眼下に渡良瀬川を見下ろし、市内南部の浅間山から八幡山にかけての峰々までも一望できる。

近くの国府野遺跡（推定足利郡衙跡）や助戸・勧農遺跡（官衙周辺の主要集落跡）、古代瓦が出土した字「十念寺」、足利学校の前身があったとされる「学校地先」など、古代から中世にかけて、この一帯が律令に基づく地方支配やその後の開発の拠点として果たした役割の大きさは夙に指摘されている所であるが、現在の市街地の中にその面影を認めることは困難である。

上野国新田荘の水田景観と新田氏

髙橋　傑

はじめに

上野国新田荘は、古代新田郡の領域に立荘された荘園で、現在の太田市・みどり市・伊勢崎市にまたがる広大な荘域をもっていた。ここを舞台に、中世前期には新田一族が、後期には岩松氏・由良氏が活動した。岩松氏は正木文書を、荘内の世良田にある長楽寺は長楽寺文書をそれぞれ今に伝えたため、比較的文字史料に恵まれていることもあって、東国の著名な荘園の一つとなっている。(1)

新田荘の研究は詳細かつ多岐にわたるが、(2)いくつかの不明な点も残されている。たとえば、新田氏のなかで初めて下司に任じられた義重から義貞までの、新田本宗家の拠点はどこにあったのか、基幹水路である新田堀用水の開削はいつ、誰によって行われたのか、といった点があげられよう。

本稿は、これらの点を全面的に解決するものではない。それでも、これまで点として捉えられてきた荘内の郷村について、近代村の境界を地図に落とすことによって面として捉え、これらの課題の解決に近づくことを企図したものである。中世段階において、郷村は島のように存在していたはずであり、近代村のような明確な境界が意識されていたかどうかはわからないものの、境界内の集落や耕地の帰属は、中世の郷村に遡りうるものであろう。中世史料に見える地名なども参考にしながら、平安・鎌倉期の新田荘の様相と一族の展開について明らかにしていきたい。

一　新田荘地域の自然環境と近代村

1　新田荘地域の地形環境

まず、新田荘地域の地形環境について概観しておきたい（【図1】）。[3] 新田荘地域は、渡良瀬川によって形成された鹿田山を扇頂とする大間々扇状地と、その南の利根川との間に挟まれた地域から成り立っている。東側には八王子丘陵、金山といった丘陵地があり、なかでも金山は室町期に城が築かれ、この地域の支配拠点となった。

この大間々扇状地は、中世には「笠懸野」とよばれ、近世になってから耕地として開発された。そのため、新田荘成立段階においては、荘民の主な生活の場とはならず、主な耕地は扇状地の扇端よりも南に広がっていた。

この扇端から南に広がる地域も、扇状地が形成される以前から存在していた木崎・由良といった台地（洪積台地）、その間に挟まれた扇端低地、そしてさらに南に広がる利根川の自然堤防など、さまざまな地形から形成されている。

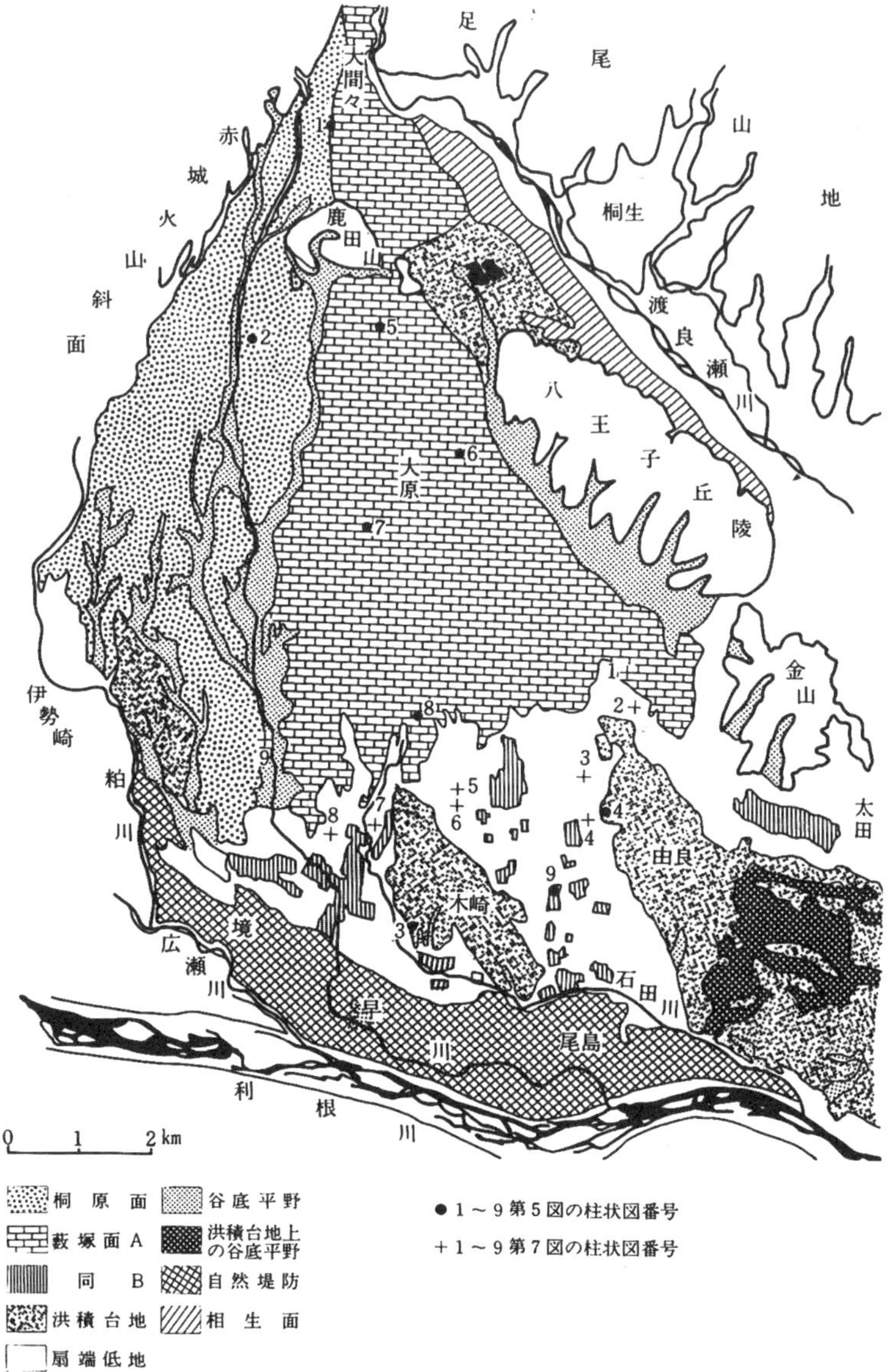

【図1】 新田荘地域の地形環境

2　新田郡域の近代村

次に、新田荘地域の近代村の領域復原を行いたい。

新田荘地域では、旧版地形図が正式図として作成されず、明治二九年（一八九六）の迅速図・仮製図しか残されていない。そのため、近代初頭の村落の境界が地図に示されていない。また、陸軍参謀本部によって明治時代初期から中期にかけて作成された迅速測図にも境界は示されていない。(4)

そこで、この地域で「壬申地券地引絵図」（以下、地引絵図）とよばれる旧公図・地籍図を利用する。このうち、旧新田町域については新田町誌基礎資料第8号の『村々の沿革と絵図』(5)にまとめられている。この資料は村ごとに地引絵図のトレース図を載せ、現行の地形図に村の領域を落とし、湿田の位置まで示している。これにより、旧新田町域に関しては、近代村の境界についてかなりの部分が明らかになっている。

本稿では、他の旧太田市・尾島町・薮塚本町・笠懸村などの領域に関して、空中写真や迅速測図などを参考に、地引絵図にみえる近代村の境界を確定する作業をおこなった。群馬県域の地引絵図は、群馬県立文書館にまとまったかたちで保存されているため、閲覧しやすい。(6)その結果を示したのが、【図2】である(7)（点線が近代村界、近世に開発された笠懸野の村落は省略している。）。

この図から、村界に地形分類や河川の流路がある程度反映されていることがわかる。現在、石田川が東西方向に流れている南側、徳川・大館・亀岡・堀口・押切などの集落の村界は、利根川の旧河道を反映しており、地形的には自然堤防上となっている。人々の開発行為と利根川の旧流路は深く関わっており、地形を活かして耕地が開発され、村が形成されていったと言えよう。

また、大間々扇状地の扇端付近の村落、村田・小金井・鳥山などの周辺村は、南北方向に長い領域を持っている。これは扇端付近で湧き出る湧水と、そこから流れ出る南への水路が、人々の生活空間を規定していたからであろう。つまり、空間的な遠近よりも、水の流れが人々の生活をつないでいたのである。

さらに、八王子丘陵周辺、菅塩・西長岡・薮塚などでは、八王子丘陵に切れ込んだ谷を囲むように村界が設定されている。この周辺では、一つ一つの谷戸が人々の生活空間となっていたことを物語っていよう。

3　近代初頭における新田荘地域の用水体系と水田

次に、近代初頭における水田の景観を、迅速測図から復原してみたい（【図2】）。二〇〇〇〇分の一で製図された迅速測図には、図郭によって表現にばらつきがあるが、土地利用の状況が示されている。(8) 迅速測図には、「水」や「水田」と書かれている場所と、「田及畑」と書かれた場所があるが、【図2】においては、畑が混在している後者は除いた。

第一に用水の体系についてみていきたい。この地域の基幹的な用水路は、渡良瀬川から取水している新田堀用水（長堀用水）(9)である。八王子丘陵と金山の間を通って新田荘地域に入った用水は、扇端を西南西方向に流れて市野井に至っている。ただし、開削時期は明確ではなく、史料的には戦国期に存在していたことが確認できるのみである。この点については、後に考察したい。

この他の大規模用水としては、明治の初頭に通水した岡登用水がある。この用水は、扇頂の鹿田山付近で東西に分岐し、一方が八王子丘陵の西側を、もう一方が新田荘域の西側を南下している。

さらに、荘域の西部を流れる自然河川の早川や、大根矢大神沼を水源とする石田川をはじめとした、扇端部の湧水群からの用水が挙げられる。これらの用水は、地形に規定されつつおおよそ南方向へと流れている。

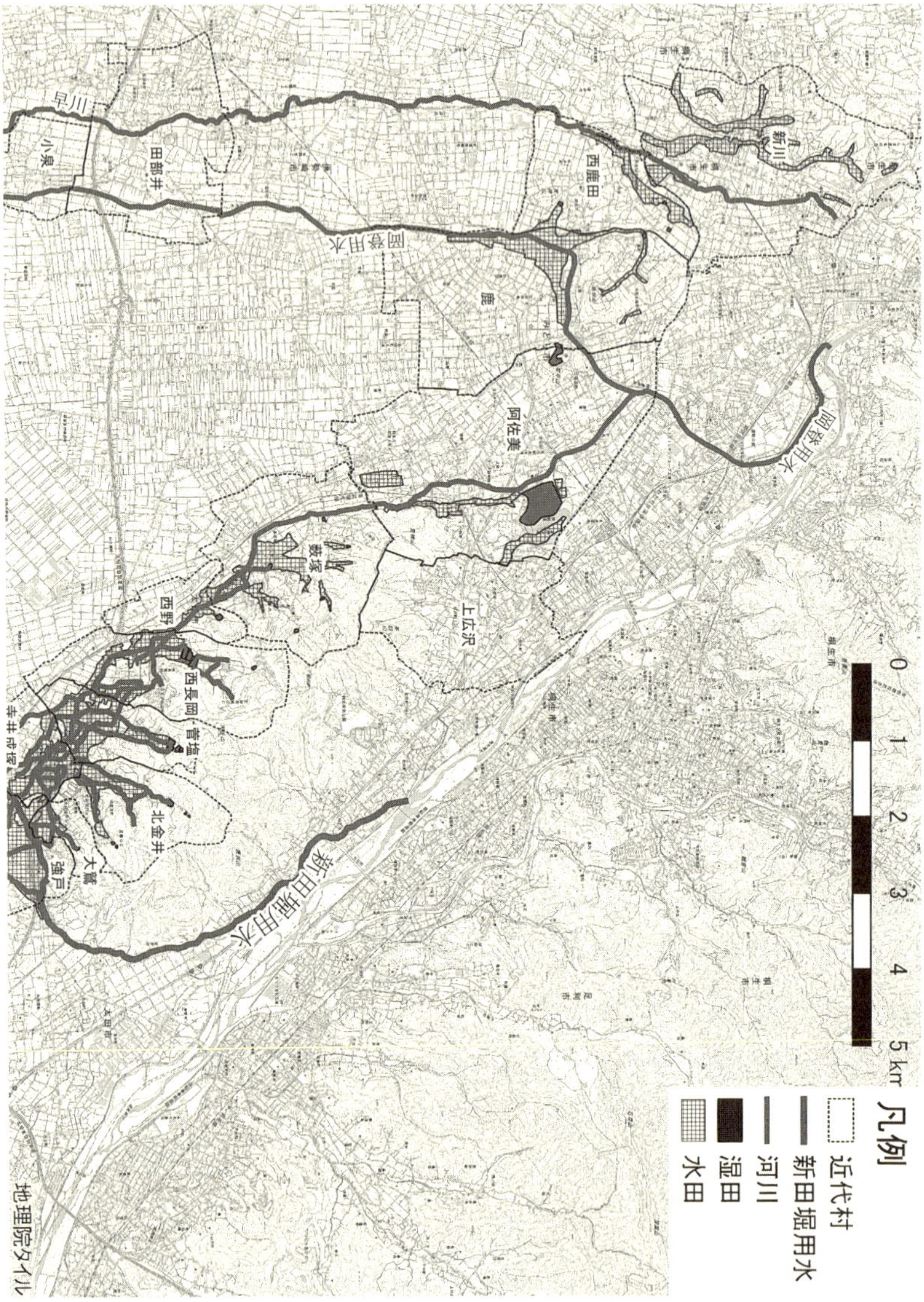

【図2】 新田荘地域の用水体系と近代の水田・湿田（北部）

【図2】 新田荘地域の用水体系と近代の水田・湿田(南部)

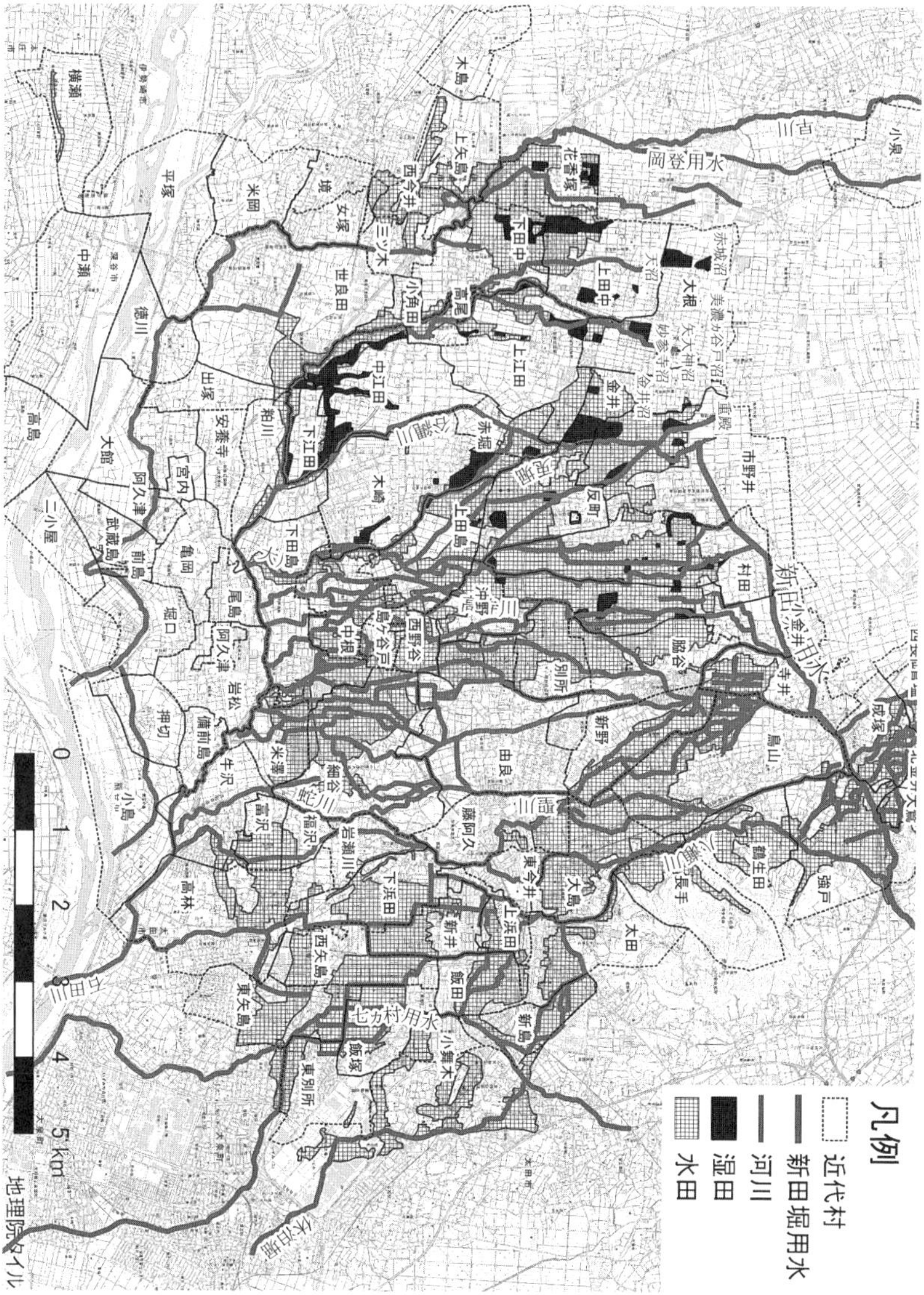

第二に水田の分布について見ていきたい。【図2】に網掛けで示したのが迅速測図に示された水田である。その分布を見てみると、古代条里制跡が検出されている八瀬川[10]、蛇川流域[11]、由良台地と木崎台地の間の高寺川[12]、大川流域[13]、そして石田川[14]の流域と早川[15]の流域にまとまった水田が分布している。また、八王子丘陵の谷戸やその出口の周辺にも水田が分布している。これらの分布からは、いくつかの特徴を読み取ることができる。

まず、台地上には水田が見られないということである。飯塚周辺の条里制水田は、台地上の谷底平野だが、それ以外の水田はいずれも台地の周辺部に分布しており、台地上は集落や畑、楢や松の林が広がっている。近代以前においては、台地上で水を得ることは難しかったのであろう。

次に、利根川の自然堤防上の村には水田が存在しないということである。西の女塚から東の押切にかけての一帯には、水田が見られない。微高地であるが故に、水利に恵まれなかったということであろう。これらの地域では、畠作中心の生活が営まれていたと考えられる。

さらに、木崎台地の東側と西側で、水田の広がりが異なっているという点にも注目したい。木崎台地の東側は新田堀用水の灌漑範囲であり、西側は主に矢大神沼を水田とする石田川である。水田の分布を見ると、木崎台地の東側には多くの水田が開かれているのに比べ、西側の水田面積は少なくなっている。これは、新田堀用水がこの地域の水田耕作に与える影響が大きいことを示している。扇端の湧水はこの地域にとって重要な水源ではあるが、扇状地の状態に多くの影響を受けるため、湧出量が安定しない[16]。渡良瀬川からの安定した用水に比べると、灌漑面積が限られるのであろう。現在、新田堀用水を利用している扇端地域では、新田堀用水の開削前と後では、水田の面積が大きく異なっていたことが予想できる。

他方、八王子丘陵周辺は、明治期の岡登用水の開削によって水田面積が広がったことが予想できる一方、丘陵に入りこむ谷戸の水田面積は大きな変化が無いことが予想される。これは鹿田山周辺でも同じことが言えよう。

二　近代村と中世村落

1　中世史料上に見える地名と近代村

前章の検討によって、近代村の領域や近代初頭の用水体系、水田の分布が明らかになった。これらの要素のなかに中世にさかのぼりうるものがあるだろうか。

新田荘に関わる地名史料に、①仁安三年六月二十日「新田義重譲状」[17]、②同「新田義重置文」[18]、③享徳四年閏四月吉日「新田荘田畠在家目録」[19]がある。これらの三通の史料を巡って、新田荘成立史に関する研究が積み重ねられてきた[20]。これまで長らく①、②に見える「こかんのかうく」は、新田義重や父義国が浅間山の火山災害からの復旧を目指した再開発地とされてきた[21]。そしてここがまず新田荘として立荘され、それが③の原形が形作られた嘉応三年（一一七〇）に、新田郡全域に拡大したと解釈されてきた[22]。しかし、近年久保田順一氏が立荘論の立場から再考し、新田荘ははじめから新田郡全域に成立していて、空閑の郷々は正式な公事負担がない義重の私領であったとした[23]。本稿でもこの考え方を支持したい。そこで、久保田氏の見解を今一度まとめておくと、おおよそ以下のとおりとなる。

（1）従来同一視されていた「新田御荘」と「こかんのかうく」は別の存在である。
（2）①は、「こせん」＝らいおうこせん＝新田義季への空閑六郷の譲状である。
（3）②は、新田御荘がらいおうこせんの母に譲られ、空閑の郷々（十九郷）も、らいおうこせんの母に次第に

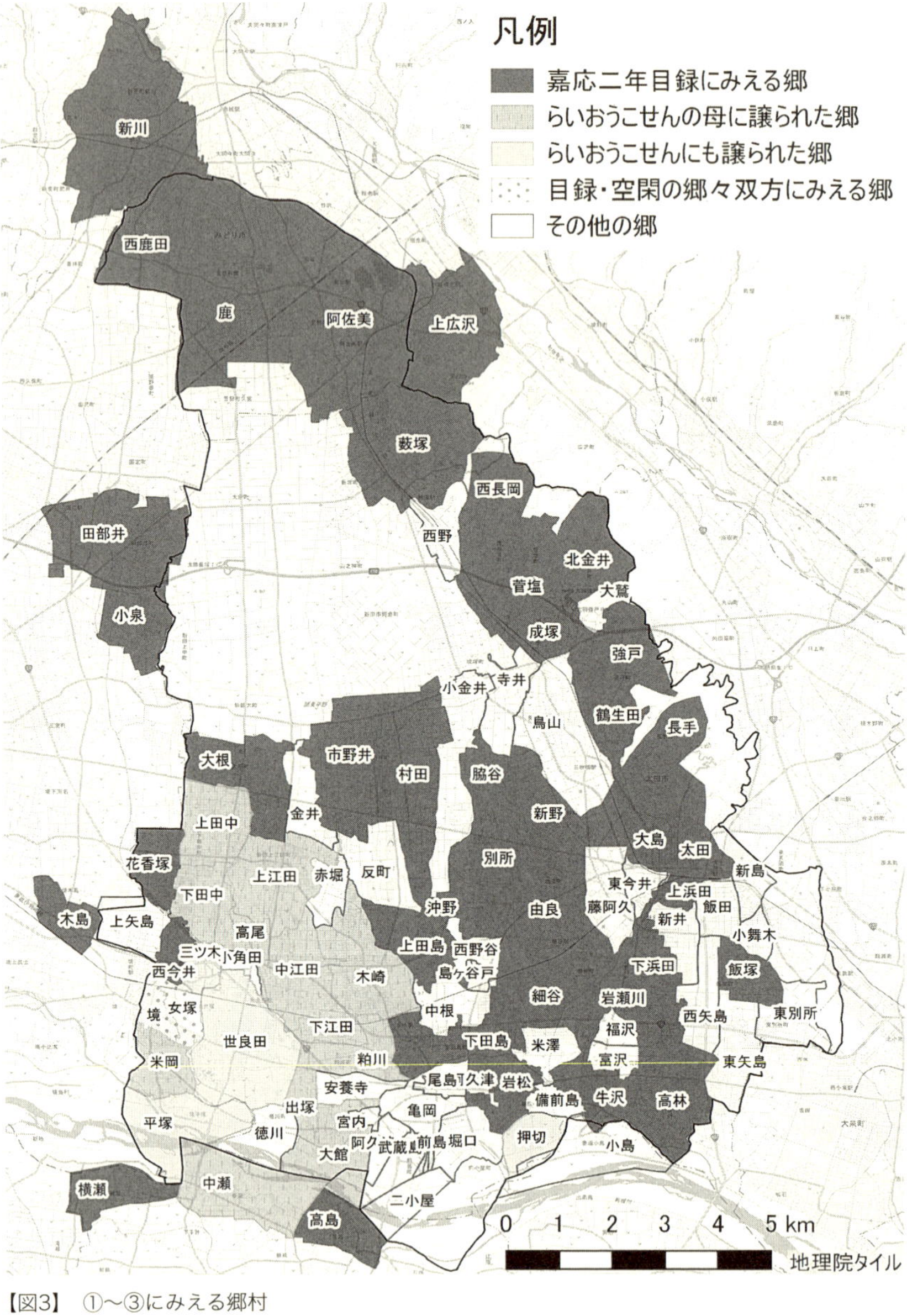
凡例
嘉応二年目録にみえる郷
らいおうこせんの母に譲られた郷
らいおうこせんにも譲られた郷
目録・空閑の郷々双方にみえる郷
その他の郷
新川
西鹿田
鹿
阿佐美
上広沢
薮塚
西長岡
西野
田部井
北金井
菅塩
大鷲
小泉
成塚
強戸
小金井
寺井
鳥山
鶴生田
長手
大根
市野井
村田
脇谷
新野
金井
上田中
大島
太田
花香塚
上江田
赤堀
反町
別所
東今井
新島
上浜田
下田中
藤阿久
飯田
木島
上矢島
沖野
由良
新井
高尾
小舞木
三ツ木
小角田
上田島
西野谷
西今井
中江田
木崎
島ケ谷戸
下浜田
飯塚
細谷
岩瀬川
境
女塚
中根
西矢島
東別所
世良田
下江田
福沢
下田島
米澤
米岡
粕川
富沢
東矢島
尾島
久津
岩松
安養寺
備前島
牛沢
高林
出塚
亀岡
平塚
宮内
徳川
阿久
武蔵島
前島
堀口
押切
小島
大館
中瀬
横瀬
二小屋
高島
0　1　2　3　4　5 km
地理院タイル

【図3】　①～③にみえる郷村

譲られることが約束されたものである。

（4）③は、嘉応二年（一一七〇）段階で行われた新田御荘の検注帳を基に作成されたもので、ここに示された地域が新田御荘の内、公的な負担を負う地域である。

まとめると、新田御荘＋空閑の十九郷が「らいおうこせんの母」へ、空閑十九郷に包摂され譲りとしては重複するが、空閑六郷が新田義季に譲られたことになる。

後の新田一族の所領形成のあり方を考えると久保田氏の見解は妥当であろう。義重は、嫡子義兼と義季の母である「らいおうこせんの母」にほとんどの所領を譲与し、この女性を通じて息子である義兼と義季は所領の再分配を得たことになる。

『新田岩松系図』[24]によれば、義兼と義季の母は、共に豊島下野権守源親弘の娘であり、空閑に関する所有権が重複しても問題にはならないだろう。義重から義兼への譲状は承安二年（一一七二）に作成されているが、[25]これは、母からの再分配を追認したものということになろう。

2　嘉応二年目録に見える水田景観

嘉応二年目録（③）に記された新田荘の耕地景観は、水田や畑の面積が当時の状況を正確に写し取っているかどうかは定かではないものの、この段階における一つの指標とすることは許されよう。

そこで、③に記された水田面積と『村々の沿革と絵図』にみえる、近代の湿田の面積・分布に着目したい。この資料では、聞き取りによって湿田の分布を調査しているが、新田町誌編纂の一環として作成されたため、データは旧新田町内のみとなっている。これを入力した前掲【図2】を参照されたい。

湿田面積（㎡）	1170水田／湿田	郡村誌水田面積	備考
151798	1.321631379	111町5反17歩	
237595	1.021111555	89町7反194歩	
42680	1.585074977	96町5反186歩	『郡村誌』によれば、中根村も合わせて3村に分村、鳥谷戸村は枝村。
88360	0.422419647	26町1反199歩	大根村のうち、大字本村以東。
122943	0.521802787		大根村のうち、大慶寺より西の地域。
89525	0.156347389	60町2反41歩	

さらに、『村々の沿革と地図』では、中世文書に見える地名と湿田の関係も調査し、ほとんどの中世水田地名は、湿田地帯で見いだせるとしている。そこで、③の水田面積とGIS上で計測した湿田面積を集計した【表1】を掲げ、【図2】と【表1】を比較してみよう。

【表1】の「1170水田／湿田」の数値は、1に近ければ同じ面積に近く、1を超えると③の面積の方が広く、1を下回ると湿田面積の方が広くなる。これを比較して検討してきたい。

【表1】において、もっとも数値が1に近いのが、市野井である（【図5】）。中世市野井郷は、おそらく南の反町村を近世初頭に分村していたと考えられる。中世段階では反町村の開発が進んでいなかったことを意味しよう。近代においては、反町村にも湿田が存在しているが、ここでは市野井村の分のみを考えておきたい。市野井における湿田は、重殿湧水近くの開析谷と、その下流の沖積低地にある。扇端地域の水田開発は、このような場所から始まったと言えよう。

このほか、村田も比較的数値が1に近い。中世村田郷も小金井村を中世後期には分村していると考えられる。(26) 反町村よりは早くに開発が進んだのであろう。村田の湿田も、城殿や八の字池の開析谷に分布している。市野井・村田の事例からは、平安期の扇端地域の水田開発は、湧水とその下流のわずかな湿田に限られていたということがわかる。湧水による灌漑能力は、下流地域に広く水田を開くほ

【表1】　嘉応二年目録と湿田

近代村	中世前期地名	嘉応二(1170)年目録			
		水田	水田(㎡)反まで	畠	在家
村田	村田	17町2反20代	200621	3町2反20代	13宇
市野井	市野井	20町8反10代	242611	2町	11宇
上田島	上田島	5町8反20代	67651		6宇
大根	大根(青根)	3町2反45代	37325	8反	1宇
	綿打	5町5反5代	64152	2反30代	3宇
花香塚	花香塚	1町2反20代	13997		

どではなかったのである。

一方、この両郷は嘉応二年目録において、南西部の条里制水田地帯、北西部の谷戸田地帯と並んで水田面積が多い郷である。このことは、平安期新田荘の水田開発が、この三つのあり方を中心に展開していたことを表している。市野井・村田は、平安期に最も水田開発が進んだ地域の一つだったのである。同時に、湧水地帯の湿田を中心とした水田開発は、ある程度限界を迎えていた。

上田島も比較的数値が1に近い。上田島は扇端湧水地帯に立地していないが、木崎台地に接しているため、この台地下から湧き出た水が湿田を形成していたのであろう。

他方、花香塚・大根・綿打[27]で嘉応二年に把握されていた水田は、湿田の面積よりも狭い。とくに大根・綿打は、水田のほぼすべてが湿田である。湿田の開発には大規模な用水路の開削を必要としないことから、これらの地域では水田開発そのものが、平安期には進行途中であったことがわかる。

以上、湿田面積と平安期の水田面積の比較から、市野井や村田のような場所では、現在把握されている扇端湧水の影響が強い湿田が、おおよそ平安期からの水田景観と一致していることがわかった。他方、湿田以外の水田開発は、平安期には容易ではなかったこともわかった。少なくとも平安期において、市野井や村田の湿田以外の水田開発を助けたであろう新田堀用水は、未だ通水していなかった

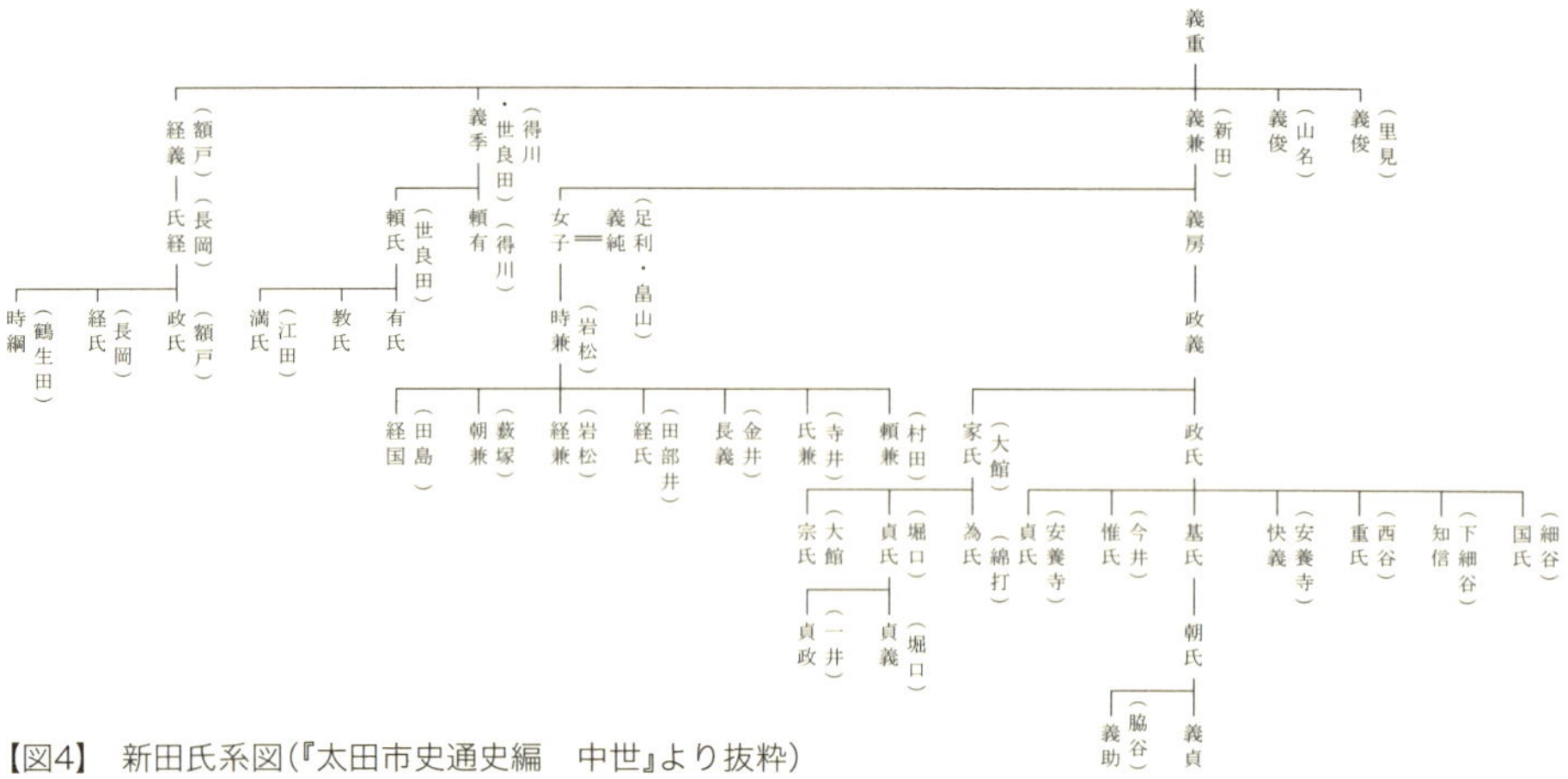

【図4】　新田氏系図（『太田市史通史編　中世』より抜粋）

【図5】　市野井周辺の水田・湧水

ことになる。

他方、大根や綿打のように、平安期の水田よりも湿田が広い地域は、平安期に水田開発が進行途中であったことがわかる。この大根の矢大神沼を水源とするのが石田川であり、この流域には新田堀用水は通水していない。そして、石田川の流域に展開しているのが、上・中・下江田、上・下田中、そして高尾といった「こかんの郷々」であり、その流域では、湿田が多く分布している。「こかんの郷々」の平安期の水田面積は不明だが、大規模な用水が通水しなかったこの地域の水田開発は、(28)平安期以後、湿田開発を中心に展開して行くことになったであろう。

三　新田一族の新田荘分割状況

次に、鎌倉期に行われた新田一族の所領分割の形態について考えてみたい。

新田荘における所領分割は、おおよそ義重の子息への分割と、岩松氏の成立という二段階を経ている。それぞれの所領の分割形態と地理的な環境はどのように関連しているのだろうか。また、その結果として新田一族間にどのような関係が生まれたのだろうか。

1　義重の子供への分割

義重の子には、長男里見義俊、次男山名義範、三男新田義兼、四男徳川（世良田）義季、五男額戸経義等がいた。このうち、新田荘内の所領を譲与されたのは、義俊、義兼、義季、経義であった。彼らへの譲与の形態を、各種史料から復原したのが、【図6】である。【図6】を見ると里見系は荘域の南東部のおおよそ八瀬川・蛇川流域に、本宗系は荘域の中央部の高寺川・大川流域を中心に、世良田系は荘域の南西部の空閑六郷を中心に石田川をさかのぼった一帯を、額戸系は八王子丘陵の一部を所領として保持していたことがわかる。

他方、由良台地・木崎台地の一帯や利根川の自然堤防東部は空白地帯となっているが、これらも本宗系に相伝されたと考えられる。【図6】は岩松系に伝えられた正木文書を基とした復原であり、後に岩松氏にかかわりをもたない本宗系の所領については、関連史料が残されなかったのである。

実際、空白地帯の由良台地の別所には義兼の孫、政義が開いたと伝えられる円福寺があり、ここには本宗系の墓地が存在している。また、新田義貞の弟、義助は脇屋姓を名乗っている。さらに、木崎台地にも義貞の法名を冠した安養寺があり、ここは木崎の一部と伝えられている。(29) 自然堤防上の大館は、本宗系の有力庶子の拠点となっている。

このように考えると、空白の部分もおおよそ本宗系に伝えられたと考えてまちがいないだろう。義重から新田御荘を譲与された義兼は、一族を代表するにふさわしい所領を保有していたのである。

2　岩松氏の成立

岩松氏は、足利義純と新田義兼の娘の間に生まれた岩松時兼を祖とする。本宗家が義兼の孫、政義の代に所領を没収されると、(30) 世良田氏とともに、新田一族を代表する存在となった。その成立の特殊事情から、(31) 岩松氏には義兼の妻を経由して多くの所領が譲られた。【図7】を見ると、沖積低地の大部分と扇端湧水地帯の村田、北西部谷戸田地域の成塚・薮塚などが岩松氏の所領となり、世良田氏も一部の所領を岩松氏に譲った。(32) 沖積低地の水

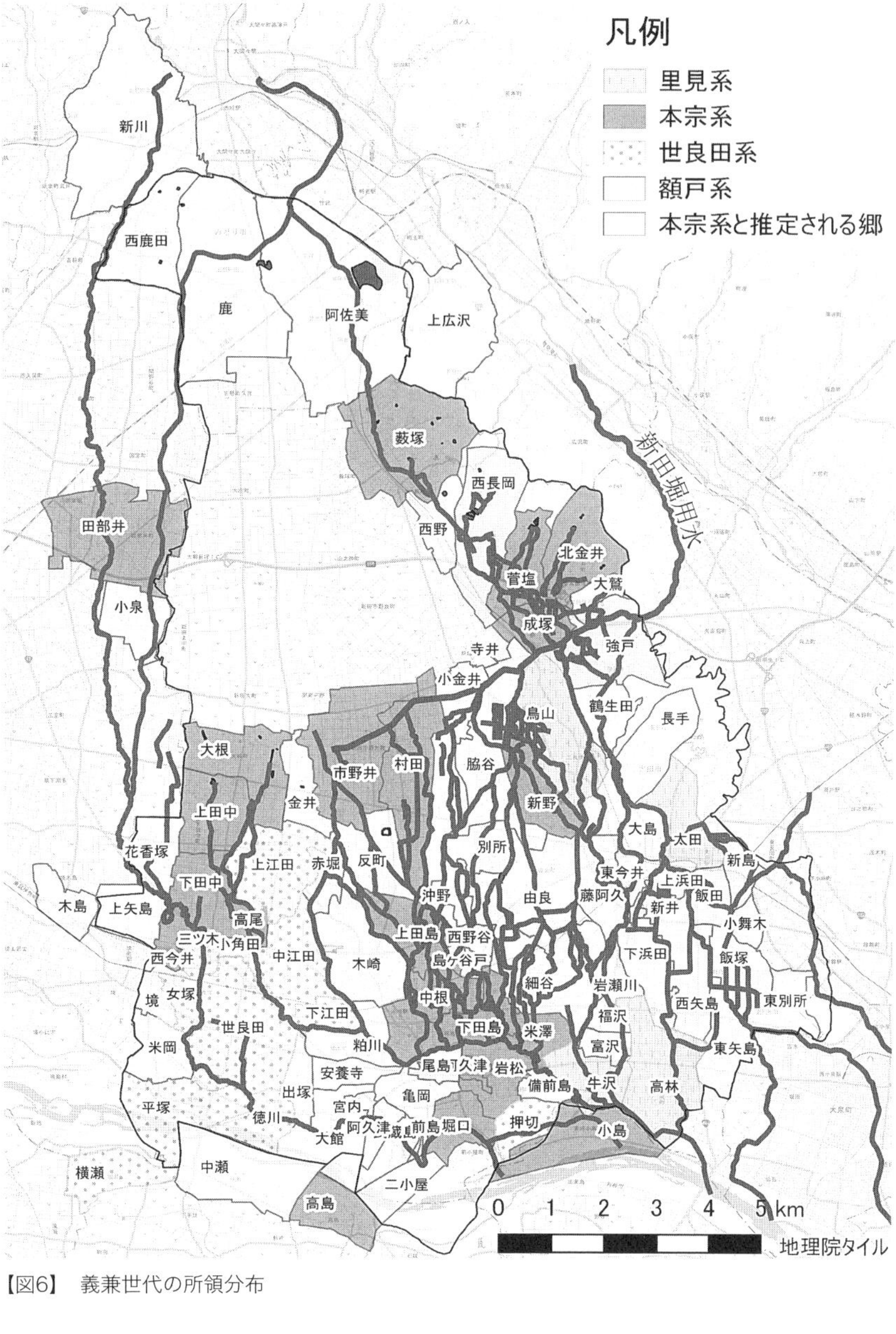

【図6】　義兼世代の所領分布

田開発が進むと、岩松氏の経済基盤は大きなものとなったであろう。

他方、本宗家の所領は、市野井・大根・綿打といった扇端湧水地帯と由良台地・木崎台地といった台地、利根川の自然堤防に分布している。湧水地帯のうち市野井にはある程度まとまった水田が存在しているが、台地上や自然堤防には水田が非常に少ない。北部・北西部の郷が確実に領有できていれば、ある程度の水田面積が確保できたと思われるが、新川・西鹿田・小泉・花香塚などは十五世紀半ばには新田荘地域を支配していた岩松氏の手を離れていた。[33] 鎌倉期の支配も順調であったかどうかは不明である。これらのことを考え合わせれば、岩松氏成立後の本宗家は、以前に比べてやや厳しい状況におかれていたことは容易に想像できる。

3　新田荘の用水と新田一族

このような本宗家の一族統制の緩みとしてこれまでしばしば取り上げられてきたのが、次の史料である。

【史料】関東下知状写[34]

新田下野太郎入道々定代尭海申、上野国新田庄田嶋郷用水事、

右件用水者、受新田二郎宗氏所領一井郷沼水、令耕作田嶋郷之條、往古例也、而宗氏打塞彼用水堀之由申之處、宗氏如陳状者、打塞所見何事哉、宗氏全不違乱云々、為向後可成給御下知之旨尭海申之、此上者不及異儀、任先例可引通之状、依鎌倉殿仰、下知如件、

元亨二年十月廿七日

相模守平朝臣(北條高時)(花押)

修理権大夫平朝臣(金澤貞顕)(花押)

この史料は、元亨二年(一三二二)に、岩松政経と大館宗氏の間で起こった一族内の用水相論を、鎌倉幕府が

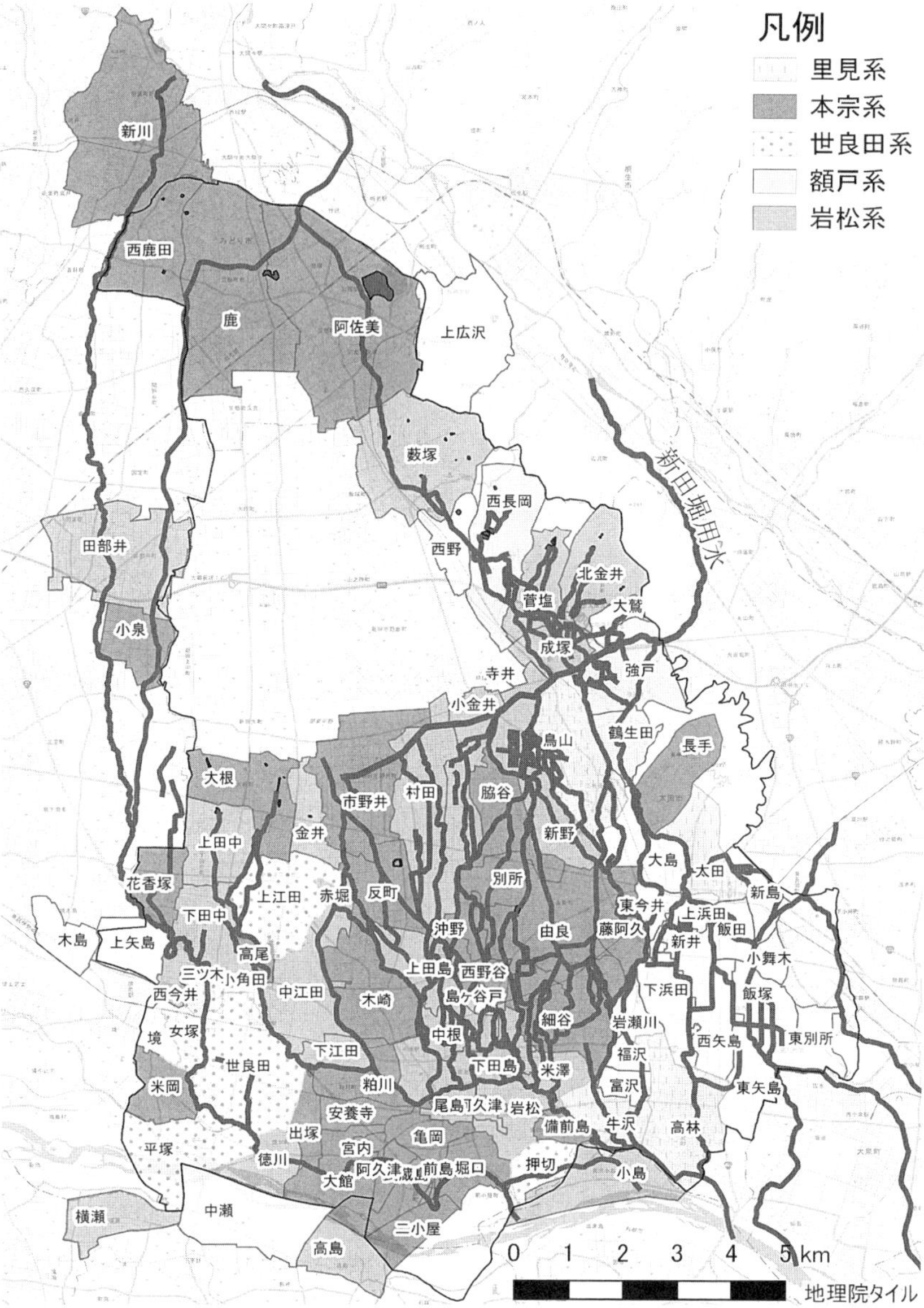

【図7】 岩松氏成立後の所領分布(政義世代)

裁許したものである。この相論は岩松政経の勝訴となったが、従来このような相論が幕府法廷にもち込まれたこと自体が、本宗家の一族統制力が弱まっていることのあらわれととらえられてきた。(35)

しかし、前章の考察を踏まえると、別の見方もできよう。先述したように、この相論の現場となった市野井郷は、湧水地帯ではあるが、その湧水によって灌漑された水田は湿田に限られた状況であった。ところが、この相論では、田島郷の水田が市野井郷からの用水によってまかなわれている状況が生まれている。平安期から鎌倉後期にかけて、市野井郷の用水状況がかなり改善されていたと考えられる。市野井郷の用水状況を改善させる要因があるとすれば、それは新田堀（長堀）用水の存在である。この新田堀用水の開削年代は不明で、史料的には戦国期の開削とされている。(36) しかし、村田郷から市野井郷にかけて、水路が直線的になっている部分は、古代東山道（牛堀・矢ノ原ルート）の側溝を利用したことがわかっている。(37) とすると、少なくともこの部分の水路は、東山道の側溝が消えてしまう前に水路化されていなければならない。

これらを考え合わせると、市野井郷の用水状況を改善するために、市野井郷の大館氏と、村田郷の岩松氏の間で話し合いが持たれ、村田郷を通過する用水を市野井郷に引き込んだ可能性が指摘できる。そしてこの水路の開削条件として、市野井郷から岩松氏の田島郷へ用水を供給することも含まれていたとすれば、約束を反故にされた岩松氏が提訴に踏み切ったとも理解できよう。

4　新田本宗家の拠点について

新田本宗家の拠点はどこにあったのだろうか。新田本宗家拠点の研究史については、近年、須田茂氏がまとめているので、(38) 詳細はそちらに譲る。ここでは、荘内の拠点候補地をまとめてみたい。

まず義重の拠点について、『吾妻鏡』には二つの場所が登場している。一つは頼朝に帰順する前に籠もっていた寺尾城、もう一つは頼朝が立ち寄ったとされる新田館である。前者は高崎市寺尾とする説が有力となっているが、後者は大館説(39)、世良田説(40)が併存している。

大館説について、ここが本宗系に相伝されたことはまちがいなく、「大館」という地名からも拠点の候補地となりうる。大館には、伝新田義重の墓も存在している。しかし、義重の譲状の段階ですでに「大館」と呼称されていたことを考えると、義重の父義国の拠点だったのではないかと考えられる(41)。また、大館説では、世良田説を批判する根拠として、後に世良田氏が拠点とする場所に、本宗家が拠点をおくことは考えられないとするが、義季は当初は世良田の隣郷徳川に拠点を置き、徳川姓を名乗っていた。

これらを考え合わせると、義重は義兼に新田荘の大部分を譲った後、世良田を拠点に空閑十九郷の開発にあたったと考えられる。この開発が一段落した後に義季に拠点世良田を譲って、父義国が晩年を過ごした大館に隠棲したのではないか。

次に、義兼の拠点を考えてみよう。世良田が義季に譲られた以上、それ以外の場所となる。別所の円福寺が隠棲した政義によって開かれた寺であることを考えると、その周辺でもありえない。とすると、近年久保田順一氏が提唱した市野井説が有力と考えられる。市野井は、本宗家によって平安期から開発が進められ、まとまった水田が存在していた場所である。また、義貞が鎌倉幕府倒幕の際に挙兵の地として選んだ生品神社があるのも市野井である。ここは、本宗家ゆかりの地と言えよう。

義兼の後、政義は別所周辺に隠棲したと考えられる。別所円福寺には、政義以降のものと考えられる新田氏累代の墓もある。政義の隠棲をきっかけに、本宗家は由良周辺に拠点を移したと考えられよう。政義の孫、基氏のころには、西谷、細谷など由良周辺の地名を苗字とする氏が多く分立していたことも、本宗家の拠点がこの周辺にあったことを想起させる。また、由良の台源氏館には、義貞・義助兄弟が生まれた場所とする伝承があり、本宗家とつながりの深い場所であった。

最後に義貞の拠点である。『太平記』のなかで義貞は、世良田のことを「我館の辺」としていることから、世良田を拠点としたという説がある。(42)他方、世良田氏の拠点である以上、本宗家の拠点ではありえないという説もある。(43)これらを折衷する案として、世良田に二つの館跡（総持寺と世良田氏館）を想定する説もあるが、(44)須田茂氏は総持寺以外に館跡は想定できないとしてこれを否定している。(45)

ここで想起されるのは、鎌倉後期に世良田をめぐって起きたさまざまな不幸な出来事である。世良田氏は、新田政義の没落後、新田一族を代表して鎌倉で活動していたが、文永九年（一二七二）に二月騒動に連坐して佐渡に配流となった。これ以降、世良田の中心的な寺院で、新田一族の崇敬を集めていた長楽寺に対する世良田氏の寄進行為は、減少して行く。

そして、長楽寺は正和二年（一三一三）頃に焼失した。義貞とその父朝兼は、長楽寺の再建事業のために、多くの所領を長楽寺に対して売却、寄進した。このことは、世良田氏の没落後、本宗家が世良田に対しての関与を強めたことを示している。世良田には、新田本宗家の家宰であった、船田氏の館と伝わる場所もある。世良田の商業的発展と世良田氏の没落を契機として、本宗家は世良田に拠点を移したのではないか。

以上をまとめると、義重は当初世良田に拠点を置き、後に大館へ移った。その子義兼は市野井に、政義は市野井から、隠棲後に由良の別所へ拠点を移した。その後数代にわたって別所周辺に拠点をおいたが、朝兼あるいは義貞の時代に再び世良田に拠点を移したと考えておきたい。

おわりに

本稿では、新田一族の水田開発や所領分割について、近代村の境界を地図におとすことによって、新たな視角から捉えることを目指した。

扇端湧水群の東側、市野井や村田は、条里制水田や谷戸田と並んで、平安期における水田開発の中心地であった。他方、現状湿田ではない水田の多くは、平安期には水田化していなかった。湧水は、その周辺のわずかなエリアしか灌漑できなかったのである。湿田でない水田の開発は、用水状況の大幅な改善が必要で、この地域では新田堀用水の開削以外には考えられない。

では、新田堀用水の開削はいつなのであろうか。それを示すのが鎌倉末に起きた本宗系大館氏と、岩松氏の間に起きた一族間相論であろう。沖積低地に所領を形成した岩松氏にとって、用水状況の改善は急務であった。現に沖積低地に立地する上田島郷の平安期の水田面積は決して広くない（【表1】）。用水路の開削段階においては、本宗家との連携も図られた。新田堀用水の構想が義重段階からあったかどうか定かではないが、こうして一族の連携の下、新田堀用水は開削されていった。

ところが、通水後の本宗家、岩松家のそれぞれの水田開発が、その連携を難しいものとしたのであろう。鎌倉末の相論は、用水状況の改善によって発生した新たな問題だったのである。

また、義重の私領であった「こかんの郷々」については、様相を異にすることもわかった。扇端湧水群のなかでも西に位置する大根や綿打は嘉応二年段階で水田開発が進んでおらず、ここを水源とする石田川下流に位置する「こかんの郷々」に関しても状況は同じであったろう。義重は先に水田開発が進んだ荘域東側を嫡子義兼に譲ると共に、義季と「こかんの郷々」の開発を進めたが、構想した女堀の開削が未完に終わったことでこの地域の用水状況は改善せず、湿田中心の水田開発が進められて行くことになった。

しかしながら、「こかんの郷々」地域は、都市としての世良田の発展と共に鎌倉後期には一族内で注目を集め、義貞はここを拠点に選んで鎌倉幕府の倒幕を決意し、かつての本宗家の拠点であった市野井の生品神社で挙兵に踏み切ったのである。

本稿の課題としては、地引絵図に示された土地利用や、小字名を活用しきれていない点である。中世後期諸史料の活用も含めて、至らない点は今後の課題として多くのご批判を仰ぎたいと思う。

注

（1）新田荘の研究で代表的なものは、『新田町誌　第四巻　特集編新田荘と新田氏』（新田町、一九八四年）、『太田市史　通史編　中世』（太田市、一九九七年）、峰岸純夫『新田義貞』（吉川弘文館、二〇〇五年）、山本隆志『新田義貞』（ミネルヴァ書房、二〇〇五年）、田中大喜編『上野新田氏』（中世武士選書一八、戎光祥出版、二〇一三年）、久保田順一『中世前期上野の地域社会』（岩田書院、二〇〇九年）など。

（2）田中大喜『新田一族の中世』（吉川歴史文化ライブラリー四〇八、吉川弘文館、二〇一五年）が、新田氏や新田荘に関するこれまでの研究をわかりやすくまとめている。

（3）澤口宏「新田荘の自然環境」（『新田町誌第四巻特集編新田荘と新田氏』新田町、一九八四年）。本稿の基本的な地形理解もこれに拠っている。大間々扇状地に関しては、大間々扇状地研究会『群馬県大間々扇状地の地域と景観』（二〇一〇年）の諸論考も参照した。

（4）本稿において、迅速測図の利用は、農研機構農業環境変動研究センターが提供している「歴史的農業環境閲覧システム」を利用した。

（5）新田町誌基礎資料第八号『村々の沿革と絵図』（新田町、一九九一年）。

（6）これらの絵図の閲覧にあたっては、群馬県立文書館の小高哲茂氏より多大なご支援を賜った。謝して記したい。

（7）背景は国土地理院二五〇〇〇分の一地形図。地理院タイルを利用した。

（8）地引絵図を利用する方がより正確な土地利用が復原できるが、本論においては対象地域が広いため、おおよその傾向を知るという目的で迅速測図を利用した。

（9）現在、新田堀用水幹線は待・矢場堰から美女木分水まで、そこから先の市野井に至る用水は長堀用水というが、本稿では渡良瀬川の待・矢場堰から市野井に至る用水路を新田堀用水と略称する。

（10）八瀬川は、強戸で新田堀用水から分かれ、鶴生田・大島・太田・上浜田・新井・下浜田・高林と南下して行く水路である。

（11）蛇川は、寺井で新田堀用水から分かれ、新野・藤阿久・岩瀬川・福沢・富沢・牛沢と南下する水路である。

（12）高寺川は、寺井で新田堀用水から分かれ、小金井・沖野・上田島・中根・下田島と南下して行く水路である。

（13）大川は、市野井の重殿を水源とし、市野井・反町・上田島・中根・下田島と南東に流れる水路である。

（14）石田川は、大根の矢大神沼を水源とし、大根・上江田・高尾・中江田・下江田・粕川・下田島・米沢・牛沢へと流れる水路である。

（15）早川は、桐生市新里町奥沢付近を水源とし、おおよそ新田荘の西堺を南下し、花香塚・西今井・三ツ木・世良田・徳川・大館・堀口・押切と流れる水路である。世良田より下流は利根川の旧流路を流れている部分も見受けられる。

（16）近世の岡登用水の開削の結果、扇状地にしみこんだ水が先端付近で湧出して農業被害をもたらした。近年でも大雨の影響で農地から水が湧出することがあり、新田溜池町にはこのような被害を軽減する目的で溜池が造成されている。

（17）「長楽寺文書」（以下長）一二二。史料番号は『群馬県史』史料編五（群馬県、一九七八年）に拠った。

（18）長一二三。

（19）「正木文書」（以下正）八三。史料番号は『群馬県史』史料編五（群馬県、一九七八）に拠った。

（20）久保田順一「新田荘の成立をめぐって」（初出二〇〇三年、のち同『中世前期上野の地域社会』（岩田書院、二〇〇九年）所収）がこれまでの研究史を整理している。
(21) 能登健・峰岸純夫『浅間火山灰と中世の東国』（よみがえる中世5、平凡社、一九八九年）、前掲注（1）諸論文など。
(22) 黒田日出男「中世成立期の郷・在家史料――「新田御荘嘉応二年目録」について――」（竹内理三編『体系日本史叢書6土地制度史』Ⅰ月報、山川出版社、一九八四年）。他、峰岸氏諸論文など。
(23) 前掲注（20）久保田論文。また、田中大喜氏もその見解を支持している。前掲注（2）田中著書。
(24)「新田岩松系図」（新田陽子氏所蔵）。本稿では『太田市史史料編中世』（太田市、一九八六年）に拠った。
(25) 岩松満親文書注文写（正五七）。
(26) 応永十一年（一四〇四）新田荘惣領知行分注文写（正二六三）に「村田郷内金井村」とある。
(27) 綿打は、近代村として存在していないため、地図上には示すことができていないが、近代大根村の西半分が綿打村である。
(28) 従来、佐井郡における、天仁元年（一一〇八）の浅間山噴火からの復興を目指して開削が企図され、未完に終わったとされた女堀に関して、近年、新田荘地域への引水をも目指した可能性があると指摘されている。田中氏注（2）著書、須藤聡「北関東の武士団」（初出二〇〇二年、田中大喜編著『上野新田氏』中世関東武士の研究第三巻、戎光祥出版、二〇一一年）、同「下野統制足利一族と清和源氏」（初出二〇一〇年、田中大喜編著『下野足利氏』中世関東武士の研究第九巻、戎光祥出版、二〇一三年）、同「新田荘成立試論」（大間々扇状地研究会『群馬県大間々扇状地の地域と景観』、二〇一〇年）。とすると、新田荘の水田開発において、東は渡良瀬川からの新田堀用水、西は利根川からの女堀によって灌漑を行うという、壮大な計画が存在していたことになる。
(29) 観応元年（一三五〇）足利尊氏袖判下文写（正二六）に「木崎村安養寺義貞跡」とある。
(30) 寛元二年（一二四四）に京都大番役中に自由出家した罪により、所領を没収された。
(31) 足利義純と婚姻した新田義兼の娘は、義純が畠山家再興のため、畠山重忠の後家と婚姻した際に、子供と共に新田に戻ったとされ、その境遇に対して義兼の母は岩松氏を厚遇したとされている。
(32) 文永五年（一二六八）得川頼有は娘の子である岩松政経に所領を譲っている。（得川頼有譲状、正一五）。
(33) 年月日未詳　新田荘知行分目録（正九八）。
(34) 正一八。

（35）峰岸純夫「東国武士の基盤」（稲垣靖彦編『荘園の世界』東京大学出版会、一九七三年）。
（36）澤口宏氏は、美女木分水から市野井に到る長堀（新田堀用水の末端部）は、天和三年（一六八三）に開削されたとしているが、残念ながら根拠が示されていない。澤口宏「大間々扇状地――社会基盤としての自然環境――」（大間々扇状地研究会、二〇一〇年）。
（37）坂爪久純「上野国の古代道路」（『古代文化』四七巻四号、一九九五年）、久保田順一「中世上野の東西交通路について――古代東山道駅路「牛堀・矢ノ原ルート」との関わり――」（同『中世前期上野の地域社会』岩田書院、二〇〇九年）、高島英之「上野国内の東山道駅路」（同『東国地域史と出土文字資料』東京堂出版、二〇〇六年）。など。この他、主に考古学的な知見に関して、太田市教育委員会教育部参事文化財課長小宮俊久氏には様々なご教示を頂いた。謝して記したい。
（38）須田茂「新田本宗家の館と氏寺――新田義重の「寺尾城」と「新田館」そして、安養寺の実像を求めて――」（『群馬文化』三三〇、二〇一七年）。
（39）須田茂氏前掲注（38）論文。
（40）前掲山本隆志氏注（1）著書、久保田順一『新田義重』（戎光祥出版、二〇一三年）、田中大喜氏前掲注（1）著書など。
（41）義国は『尊卑分脈』では足利に籠居したとされるが、大般若経巻不明断簡裏書（『日本古写経現存目録』）では「為供養　上野国新田庄式部大夫加賀介従五位下義国」とあり、新田荘で没したと読める。岩松には義国を祀る神社がある。
（42）近年では田中大喜氏注（2）著書で主張されている。
（43）峰岸純夫氏の諸論文、須田茂氏前掲注（38）論文など。
（44）田中大喜氏注（2）著書など。
（45）須田茂氏前掲注（38）論文。

【現地ガイド】

上野国新田荘を歩く

上野国新田荘は、古代新田郡をもとに成立した広大な荘園で、二〇〇〇年に「新田荘遺跡」として荘内十一ヶ所が指定されている。ここを歩くには、峰岸純夫『歴史の旅　太平記の里新田・足利を歩く』（吉川弘文館、二〇一一年）が詳細で便利だ。まずはこれを参照していただくことを前提に、ここでは本論に関係した場所の巡り方を紹介したい。なお、荘園の規模から公共交通機関のみでの移動は難しい。ここでは自家用車での移動を前提としたい。

【世良田】　最初に訪れたいのは、世良田である。世良田は、新田荘南西部にあり、新田義国・義重父子による「空閑一九郷」の開発拠点として、そして長楽寺の門前町として発展した。まずは太田市立新田荘歴史資料館を訪ねたい。（駐車場あり。）ここは新田荘のビジターセンター的な施設で、新田荘を代表する史料のレプリカが展示されている。ホームページでは、新田荘遺跡のパンフレットを手に入れることもできる。

世良田の長楽寺を訪れた後、北に向かって歩き、県道一四二号線に出る。ここは、かつての世良田宿のメインストリートである。かつて行き交った人々に思いを馳せながら三〇〇m少し西に向かうと、早川を渡る橋の手前左手に総持寺が見えてくる。ここは別名「館ノ坊」と呼ばれる寺で、方二町の館跡であった。本論では、義重の新田館、世良田氏の居館、そして新田義貞の居館に推定した。

【徳川・大館】　総持寺から東南に直線距離で二kmほど行くと徳川である。満徳寺は徳川氏の館跡と伝えられ、その北方一〇〇mほどの畑の中には、伝新田義重の墓もある。この徳川を東から西へ取り囲んでいる畑には、明瞭に旧河道を読みとることができる。徳川を後にしたら、東に八〇〇mほど、大館には大館館跡がある。東楊寺のほぼ真北、約二〇〇mほどの畑の中に説明板がある。ややわかりにくく、車を停めるのは難しいので注意したい。本論ではここを義国、義重の隠棲地と推定した。

【別所】 大館から北東に六㎞ほど、新田荘遺跡に指定されている別所円福寺、十二所神社がある。円福寺はここに隠棲した政義によって建てられ、政義以後の新田氏の墓がある。裏山は茶臼山古墳で、ここに十二所神社がある。円福寺の北東一角は峰岸純夫氏によって館跡に想定されていた。円福寺の山門から四三〇mほど東に進むと、義貞の生誕地伝承が残る台源氏館跡がある。峰岸氏は戦国期由良氏の館と推定するが、政義の館跡とも考えられよう。本論では、別所の館を政義〜朝兼期の居館に比定した。

この円福寺のある場所は、本論でも紹介した由良台地の西端にあたる。円福寺の東側や西側は一段下がっており、ここでは台地の高低差を体感することができる。また、ここから北東に四㎞ほど行くと、戦国期の山城として名高い金山城がある。

【市野井】 別所から北西に三㎞ほど行くと、市野井である。市野井では、新田義貞挙兵地として知られる生品神社にまず行きたい。（駐車場あり。）境内を流れる新田堀用水（境内地は暗渠となっているが）を見ると、市

【写真1】 円福寺と由良台地

野井に拠点をおいた義兼の思惑を感じることができる。市野井は湧水地帯で、堀を巡らした屋敷地もいくつか見られる。ここでは、峰岸氏の前掲著書でもあげられた蛇屋敷を紹介しておきたい。「蛇」は「兵部」の転訛とされ、本宗系の庶家一井氏の館跡と伝えられている。蛇屋敷は、生品神社から、南へ二〇〇mほど行った、(有)石原テクノ一帯に比定される。その北側道路脇には、一の字池と呼ばれる、館跡北側堀と推定される湧水地がある。北に生品神社・新田堀用水、西に福蔵院（現在は一kmほど北に移転）を控えたこの一帯が、館跡の第一候補である。福蔵院の旧地には、中世に遡りうる石造物もみられる。

市野井には、本論で触れた重殿もある。重殿は生品神社から西北西に一kmほど、群馬河西（株）太田工場の西隣にある。（駐車場は一五〇mほど南にある。）本論で触れた用水相論も、ここを水源の一つとした用水系で起こっている。本論で触れた平安期に遡りうる水田跡を探したいところだが、残念ながら圃場整備で面影すら感じることはできない。開析谷の水田は別の場所で見ることにしたい。

重殿から南東に二・五kmほどのところに、反町館跡・照明寺がある。反町は鎌倉期には市野井郷の一部であったと考えられ、新田義貞の館跡との伝承もある。金山城の出城として戦国期の改修を受けているが、館跡は主郭として利用されている。

【大根・綿打】重殿の南西一kmほどのところに、石田川の水源、大根の矢大神沼がある。矢大神沼一帯は、ほたるの里公園として整備されており、沼の底からは湧水が湧き出ている様子がよくわかる。（駐車場あり。）扇端湧水のあり方を感じられる絶好の場所である。ここから西北西に一kmほど行くと、東山道公園がある。古代の東山道の道幅を復原した場所で、余裕があれば立ち寄りたい。公園の北にある遊水池は、この一帯の農地から水が湧き出ないために作られた池である。湧水は夏場には十分な湧出量を得られなかったりと、人々に恵みをもたらすだけではないのである。

矢大神沼の西、七〇〇mほどの場所に、本宗系庶家の綿内氏館跡と伝えられる大慶寺がある。寺と北隣の新田暁高校との間には、土塁を見てとることもできる。

【江田】　大慶寺から南南東に一・九kmほど、県道三一一号線沿いに、江田館跡がある。ここは中世上江田の地で、館は新田義貞の挙兵に従った江田行義の館跡と伝えられる。反町館と同様、戦国時代に金山城の出城として、館跡を主郭とした大改修を受けているが、鎌倉時代の新田一族の庶子の館を偲ぶ遺跡として、重要である。

この江田館は、本論で触れた木崎台地の西端にあたる。ここでも台地の高低差を感じていただきたい。江田館はこの高低差を上手に利用してつくられている。台地下には水田が広がり、台地上には屋地・畑地が広がっている様子がよくわかる。

江田館から南南東に二kmほど、国道三五四線のすぐ南（(株)松澤板金工業の西隣）に江田の池がある。ここは中世中江田の地で、江田の池は扇端湧水群の一番南の池である。この南東には江田行義の館があったという伝承があり、中江田本郷会館の道路向かいには、江田行義の五輪塔と伝えられる石造物もある。

この江田の池から流れ出る湧水は、ほぼ南に向かっ

【写真2】　江田館と木崎台地

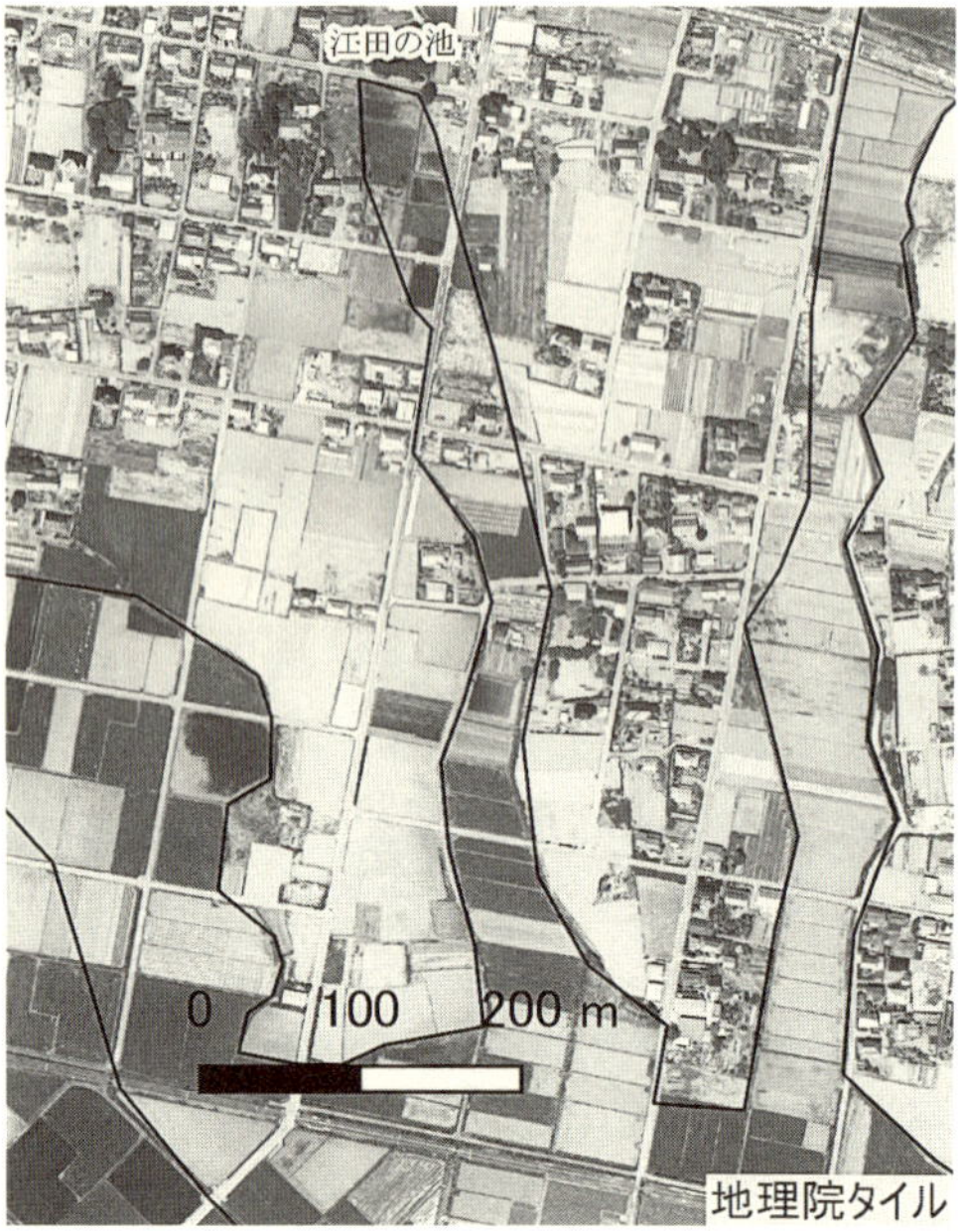

【写真3】　江田池と開析谷（「地理院タイル」より）

て開析谷を形成し、そこは湿田であった。圃場整備は完了しているが、現在でも開析谷の様子は見てとることができる。円福寺や江田館で台地の高低差を感じて目が慣れてきているはず。微妙な高低差を感じて、開析谷を体感して頂きたい。

観察しながら歩くと、開析谷は水田、その周囲は畑、さらに高いところは屋地になっていることがよくわかる。市野井では平安期以来の水田跡を感じることはできなかったが、ここでは平安期以来の耕地景観を感じることができるのではないだろうか。是非歩いてみることをおすすめしたい。

随分と強行軍になってしまったであろうが、ここから南西に二kmほど行くと、出発地の世良田である。再び歴史資料館に戻れば、『太田市史』や『新田町誌』、『尾島町誌』を買うこともできる。おみやげは、国道一七号線と県道一四二号線が交わる少し北、道の駅にいけば一通りのものはそろう。上州名物焼きまんじゅうはいかがだろうか。

安房国長狭郡柴原子郷と鎌倉府

植田真平

はじめに

安房国の北東端に位置する長狭郡《ながさぐん》は、現在の千葉県鴨川市域にほぼ相当する。東西に長い丁字形の、北を上総国境の上総丘陵（清澄山系）、南西を安房丘陵（嶺岡山系）に囲まれて、南東面は太平洋に面し、中央部を貫流する加茂川沿いに長狭平野が広がっている。

中世初頭には、郡名を名字とする長狭氏が勢力をもったが、源頼朝に対抗して滅亡した。その後は、沿岸部を中心に東条御厨や白浜御厨（阿摩津御厨とも）、東北荘といった荘園が東部に成立した。これらの地域はまた日蓮ゆかりの地としても知られ、出生地や開宗の地のほか、当地の地頭の襲撃を受けた、いわゆる小松原の法難もこの地のできごとであった。

一方、西部の内陸部はというと、中世前期の様子は判然としないものの、中世後期になると最奥の加茂川上流域に位置する郷が突如として史料に登場する。本稿の主題、柴原子郷《しばはらこごう》である。柴原子郷は、南北朝期に足利氏の直轄領、鎌倉府の御料所としてあらわれ[1]、さまざまな人物の足跡を残しながら、室町期にかけて断続的にその名をとどめている。

それゆえ、当然ながら先行研究でもすでに注目され、関説されてきた。端緒となったのは、伊藤一美氏による「安田家文書」の紹介である[2]。「安田家文書」は、現・鴨川市平塚の大山寺（中世には柴原子郷上村）の別当家に伝来した文書群で、伊藤氏は、その中世文書の概要を示しつつ、中世段階の大山寺と柴原子郷のあり方などを論じた。それをふまえて湯山学氏は、安房国内の荘郷を検出するなかで柴原子郷も取り上げ[3]、佐藤博信氏は、「安田家文書」ほかに見える鎌倉府奉行人の活動に注目して御料所支配と奉行人とのかかわりを検証した[4]。『千葉県の歴史通史編 中世』でも、鎌倉府による柴原子郷の御料所化や郷内寺社の再編が見とおされている[5]。

しかしながら、関連史料が分散的で前後関係の不明なものが多いためか、先行研究での言及は部分的なものにとどまっており、柴原子郷の全容の解明には至っていない。南北朝・室町期を通じて史料にあらわれる柴原子郷が、鎌倉府御料所の推移を観察するうえで格好の素材であるにもかかわらず、その支配がいかなる実態をもち、どのように展開したのかについては、いまなお十分な検討も評価もなされていないのである。本稿では、鎌倉府御料所支配の構造を理解する糸口として、南北朝・室町期における柴原子郷支配のあり方を史料から描出したい。

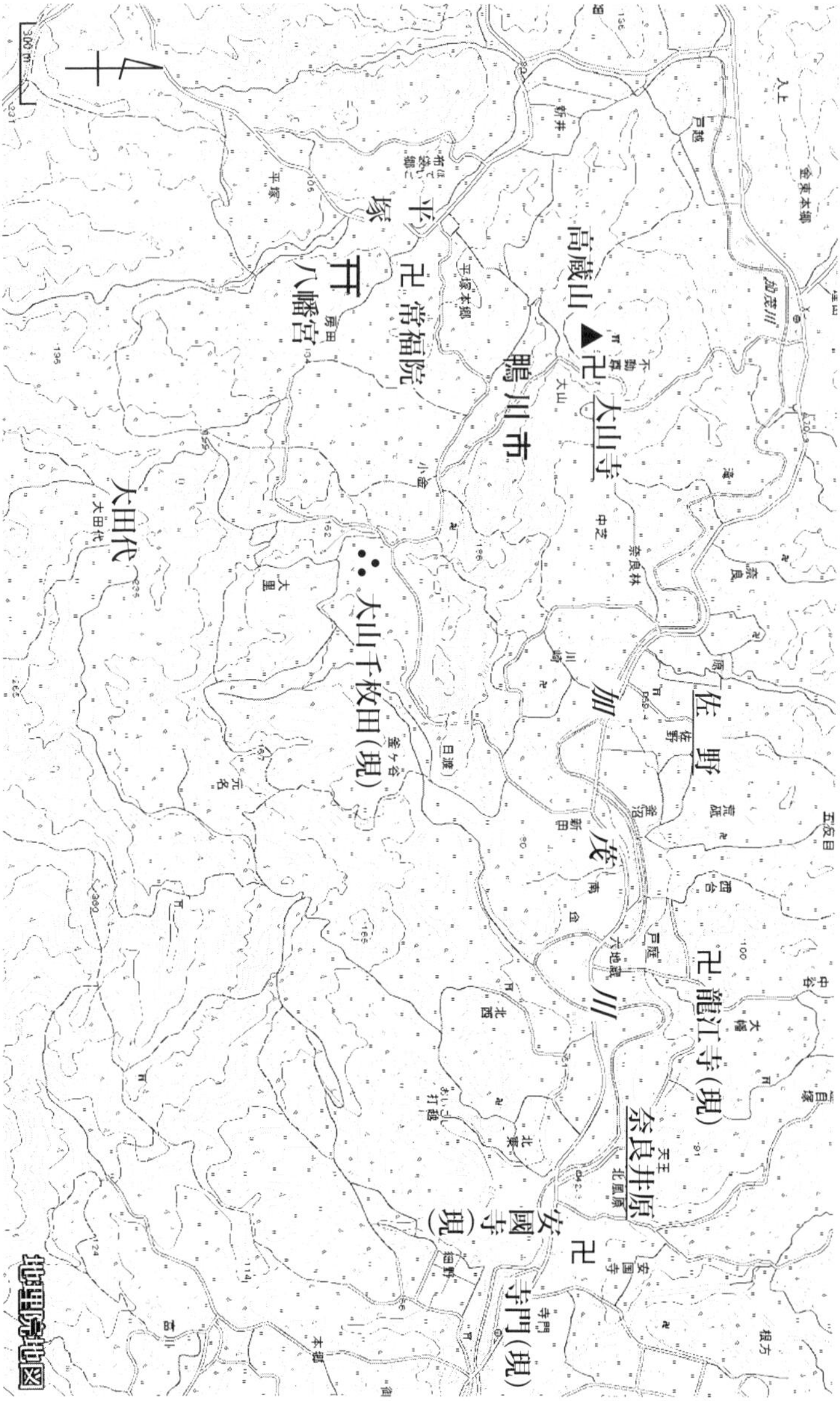

【図1】 安房国長狭郡柴原子郷略図(地理院地図に加筆、下線は上村内の地名、下村は比定地不詳、(現)は現在の場所)

文書群名	刊本	本文
安田家文書	千歴3安田家1、南関886	史料1
安田家文書	千歴3安田家2、南関1626	
安田家文書	千歴3安田家3、南関1627	
安田家文書	千歴3安田家4、南関1817	史料2
安田家文書	千歴3安田家5、南関2551	
安田家文書	千歴3安田家6、南関2794	
現存せず、No.26文中		
現存せず、No.22文中		
安田家文書	千歴3安田家7、南関3536	
安田家文書	千歴3安田家8、南関3920	
宮内庁書陵部所蔵所領関係文書	（未紹介）	史料3
安田家文書	千歴3安田家9、南関4155	
成就院文書	千歴3成就院1、南関4156	
宮内庁書陵部所蔵所領関係文書	（注16拙稿）	史料4
常福院文書	千歴3常福院1、南関4210	
保阪潤治氏所蔵文書	千歴4保阪2、南関4280	
安田家文書	千歴3安田家10、南関4454	
常福院文書	千歴3常福院2、南関4506	
成就院文書	千歴3成就院2、南関4594	史料5
常福院文書	千歴3常福院3	
安田家文書	千歴3安田家11	
保阪潤治氏所蔵文書	千歴4保阪3	
安田家文書	千歴3安田家12	
「後鑑」所収諸家文書纂	国史大系35巻632頁	史料6
「後鑑」所収諸家文書纂	国史大系35巻634～635頁	
安田家文書	千歴3安田家13	
安田家文書	千歴3安田家13	
安田家文書	千歴3安田家14	
保阪潤治氏所蔵文書	千歴4保阪4	
安田家文書	千歴3安田家15	
安田家文書	千歴3安田家16	史料7

【表】 南北朝・室町期 安房国長狭郡柴原子郷関係文書一覧

No.	年	西暦	月	日	文書名	宛所
1	建武5	1338	10	11	大炊助源某寄進状	大山寺
2	貞和2	1346	6	13	大炊助源某寄進状	新大山寺
3	貞和2	1346	6	13	大炊助源某禁制	
4	貞和5	1349	3	19	惣政所源某渡状	
5	文和3	1354	5	19	虚海寄進状	新大山寺
6	延文3	1358	2	10	但馬守泰親ヵ安堵状	大山寺
①	貞治2	1363	6	20	御介錯殿如寛ヵ寄進状	龍興寺
②	貞治3	1364	3	17	足利基氏寄進状	龍興寺
7	応安3	1370	6	1	上総介氏広安堵状	大山寺供僧等
8	永和5	1379	4	15	定範譲状	幸松
9	永徳元	1381	12	21	結城直光安堵状	龍興寺
10	永徳3	1383	8	7	山名智兼・治部丞奉政連署安堵状	澄賢(大山寺供僧)
11	永徳3	1383	8	7	山名智兼・治部丞奉政連署安堵状	賢祐(佐野寺別当)
12	永徳3	1383	9	12	山名智兼・治部丞奉政連署打渡状	龍興寺
13	至徳元	1384	8	15	山名智兼・某有嗣連署寄進状写	祐実ヵ(新八幡宮別当)
14	至徳2	1385	11	10	足利氏満御判御教書	龍興寺長老
15	康応元	1389	5	2	某兼経田畠注文	
16	明徳元	1390	8	15	左近蔵人信定寄進状写	祐実ヵ(八幡宮)
17	明徳4	1393	2	19	町野浄善奉書	賢祐(佐野寺別当)
18	応永12	1405	10	16	遠江守義胤・上総守光秀連署安堵状写	祐実(八幡宮)
19	応永12	1405	11	20	遠江守義胤・上総守光秀連署安堵状	大山寺
20	応永22	1415	12	19	足利満隆書下	龍興寺長老
21	応永24	1417	7	4	木内胤継・慧超連署安堵状	大山寺別当供僧
22	応永24	1417	11	25	千葉兼胤安堵状写	龍興寺長老
23	応永24	1417	12	24	恵超・木内胤継連署奉書写	龍興寺方丈
24	応永26	1419	2	1	大山寺中道坊澄慶譲状	民部卿阿闍梨
-	応永26	1419	3	27	恵超・木内胤継連署裏書(No.24裏書)	
25	応永27	1420	2	27	木内胤継安堵状	民部卿阿闍梨
26	応永28	1421	12	29	足利持氏寄進状	龍興寺
27	永享12	1440	5	13	大山寺中道坊証融譲状	若松童子
28	嘉吉3	1443	2	28	某泰家・某貞景・某胤清連署寄進状	大山寺別当助律師

注:刊本欄、「千歴3」は『千葉県の歴史 資料編 中世3(県内文書2)』、「千歴4」は『同 中世4(県外文書1)』、「南関」は『南北朝遺文 関東編』の略。

一　惣政所と代官

柴原子郷の分析が立ち後れた要因はなにより、関連文書の所在が分散的で全体像が見えづらいということである。それを解消するために、管見に触れた限りの南北朝・室町期の柴原子郷関係文書の一覧を表にして前頁に示した。この二八通のほか、現存が確認されない二通の存在が、史料文中よりうかがえる（表中No.①・②、No.xは表中No.欄に対応）。以下、編年順に見て行くこととしたい。

表のNo.1が次の【史料一】である。柴原子郷の初見史料なので、全文を掲げておこう。

【史料一】　大炊助源某寄進状（No.1、「安田家文書」）

奉寄進　長狭郡大山寺、当郡柴原子郷上村内田地壱町奈良井原事、

右、毎日為奉転読大般若経一袟〔帙〕宛、寄進之状如件、

建武五年十月十一日　源朝臣（大炊助某）（花押）

建武五年（一三三八）に「源朝臣」某が、柴原子郷上村奈良井原（現・鴨川市北風原《ならいはら》）の田地を、大山寺に寄進したものである。ついで見えるのが、貞和二年（一三四六）六月に新大山寺の敷地として大田代（現・同市平塚ほか）の土地を同寺に寄進した大炊助源某寄進状（No.2）と、同日付の同寺境内での殺生禁断を命じる禁制（No.3）で、すでに指摘されているように、【史料一】の「源朝臣」の花押とNo.2の「大炊助源」某の花押、およびNo.3の某の袖判は一致し、同一人物であることが判明する。相次ぐ寄進とそれにともなう禁制の発給により、この大炊助源某が建武～貞和年間における大山寺周辺の実質的な支配者であったことがわかる。伊藤氏はこれを足利一門と

見、湯山氏は足利氏の有力被官かとしているが[6]、名字や実名は明らかでなく、その属性を正確に見きわめることはできない。

なお、史料上には「大山寺」と「新大山寺」の両様が見られるが、先学がすでに指摘しているように、両者は同一の寺院を指すと考えられる。たとえば、No.2・6はほぼ同文であるが、寄進先の「新」の有無に異同がある。これは、寺院に一度寄進した土地を別の寺院に寄進しなおしたと見るより、同一の寺院に安堵の意味で重ねて寄進状を発給したと理解すべきだろう。また、No.7では、「大山寺供僧等」に「新大山寺」の寺領・敷地を安堵しており、やはり両寺が同一の寺院と解さなければなるまい。一般的に「○○寺」と「新○○寺」は別の寺院だが、ここでは「新」の有無に特段の区別はなく、同一の寺院と考えるほかない[7]。

この南北朝初期については、柴原子郷内に安国寺と利生塔が設置されたらしいことも注目される。安国寺・利生塔とは、言うまでもなく初期室町幕府の主導で各国に一つずつ設置された寺院と仏塔のことで、松尾剛次氏によれば、いずれも足利方の勢力圏内や戦局上の要地に設置されたという[8]。たしかな史料ではないものの、安国寺は現在の鴨川市北風原の安國寺（かつてはすぐ東隣の寺門に所在か）にその寺伝が残り、利生塔は大山寺にその伝承がある[9]。事実とすれば、柴原子郷が南北朝初期から足利氏の強い影響下におかれており、足利氏によって郷内寺院の興隆がなされたことをうかがわせる。柴原子郷は、安房国内における足利方の重要な基盤だったのである。

大炊助源某の活動の三年後には、次の文書が見える。

【史料二】惣政所源某渡状（No.4、「安田家文書」）

新大山寺滝本湯屋敷地并湯那相節〔折〕新田畠□〔事、カ〕

東限四郎検校跡田并佐野寺美作房雑役免田、南限滝本宗守入道田■〔畠〕、西限平塚越□□〔井出水〕、北限滝本明王神

田弁番匠免堀田沢・二本桜沢・榎沢梨子木也、此内田畠坪之事、
一所　田三十歩代弐百文　作人四郎検校跡
一所　田六十歩代参百文　作人佐野美作房雑役免
一ヽ　畠代百文　作人仲三郎入道分
　已上、今福孫三郎之給内也、
一所　斤田代三百文　作人　宗守入道分
一ヽ　畠代百文　同人
一ヽ　船免田《畠》代百文
　已上、上野殿給内也、
一ヽ　代替内田代五十文　番匠免
一ヽ　古不作畠　元道仏跡、今源三郎給内也、
右、依被仰下、四至境内田畠注文如此、任此旨令領掌、急速可被遂造営也、仍渡状如件、
　貞和五年三月十九日　惣政所源（花押）

【史料二】は、「惣政所源」某が新大山寺の滝本湯屋敷地と湯那相折の新田畠を作人とともに書き上げたもので、これらを給分としていた「今福孫三郎」「上野殿」はそれぞれ、足利氏の被官・一門と推測されている。大山寺周辺には、足利氏の一族・被官の給地が配置されていたのである。

そして、これらの差配を行っていたのが、「惣政所」であった。末尾に「依被仰下」とあるように、惣政所は上位権力の意を奉じて所領経営の実務を担う代官であった。足利氏の直轄領には郡荘ごとに惣政所が設置され、

一門や被官がその職に任じられて支配に当たっており、柴原子郷もそのひとつとされている。(10)

その後、延文三年(一三五八)二月に但馬守泰親ヵ(「親」字は欠損、残画による推定)が、大山寺宛安堵状(No.6)を発給している。この安堵状は、先述のとおりNo.2とほぼ同文であり、但馬守泰親ヵは大炊助源某の地位や立場を引き継ぐ人物であったと考えられるが、やはりその素性は明らかでない。(11)

続いて応安三年(一三七〇)六月には、上総介氏広が「大山寺供僧等」に「新大山寺々領壱町并敷地等」を安堵したNo.7が出されている。この上総介氏広も、やはり名字や系譜関係などは明らかでない。寄進・安堵の行為者という点で、大炊助源某・但馬守泰親ヵの地位や立場を継承する者であったことはまちがいなかろう。彼らこそが柴原子郷全体を統轄する惣政所である、というのが先行研究の見解の一致するところである。(12)

しかし、それぞれの活動を整理すると、大炊助源某・但馬守泰親ヵ・上総介氏広が、郷内寺社への寄進・安堵を行っている一方で、惣政所源某は、上位者の命に従って寺領の注文を作成し、造営を命じたのみ(【史料二】)で、寄進や安堵は行っていない。また、前三者が官途名を名乗っている一方で、惣政所源某はそれが見られず、身分差もうかがわせる。さらに、惣政所源某が現地の状況を詳しく伝える【史料二】を作成しているのに対して、但馬守泰親ヵのNo.6も上総介氏広のNo.7も寄進地の記述は具体性に乏しく、現地の実態をふまえたものとは考えがたい。こうしたことから両者の活動場所の違いも想像される。

これらの点をふまえると、大炊助源某・但馬守泰親ヵ・上総介氏広の立場を惣政所源某と同一視することには、やや慎重になるべきだろう。両者の立場には何かしらの差違があったと考えざるをえない。

ひとつの仮説として、大炊助源某・但馬守泰親ヵ・上総介氏広は、【史料二】に見られる今福・上野氏のような、郷内に給分・給地を有する給人だったのではないだろうか。寄進や安堵も、給地の領主としての活動と見ても不思議ではない。そして、それらの給分を含めた柴原子郷全体を現地で統轄していたのが、惣政所だったのではないだろうか。

もうひとつの仮説として、内乱の過程で郷内の土地が足利一門・被官に分与され、一時的に郷全体を統轄する惣政所が設置されたが、足利家領が鎌倉府御料所として再編されるにあたって在国の惣政所制が廃止され、在国(を原則と)しない代官が任命された、ということも推測できる。№6ののち、すなわち如上の代官制に移行してほどなく、郷内寺院へ鎌倉公方や公方御所の女房の寄進が行われていること(№①・②)も、この前後に鎌倉府による柴原子郷の再編が行われたことをうかがわせる。

目下、結論は出せないが、ともかく、南北朝初期より柴原子郷には足利氏の権力が強く及び、その一門・被官と思しい惣政所や代官、給人による支配が行われたのであった。そこでは、足利氏権力のてこ入れによる郷内寺社の改編も進められながら、支配方法の模索と支配の再編、強化が図られていたのである。

二　鎌倉府の奉行人と祈願所龍興寺

南北朝期も終盤にさしかかった永徳年間になると、柴原子郷の支配に変化が見られるようになる。

【史料三】結城直光安堵状(№9、宮内庁書陵部図書寮文庫所蔵「所領関係文書」)[13]

(正筆書)「結城殿聖朝」

奉寄　龍興寺

安房国長狭郡内寺家本知行分事、

右以地永代所令寄附当庵〔寺〕也者、子孫累代不可違失之状如件、

永徳元年十二月廿一日　聖朝（結城直光）（花押）

【史料三】は、これまで紹介されたことのない史料で、永徳元年（一三八一）末に龍興寺が結城直光から「本知行分」の「寄附」＝安堵を受けたことを示すものである。安堵を受けた龍興寺は郷内の寺院で、現・鴨川市大幡の龍江寺の前身とされている。先述した貞治年間の鎌倉公方らによる寄進（No.①・②）もこの龍興寺宛であり、足利氏の強い庇護下におかれていた寺院であったと考えられる。

安堵を行った結城直光は下総の大名結城氏の当主で、鎌倉府ととくに密接な関係を築いていた。それによりそれまで鎌倉府の直轄支配下にあった安房国の守護に起用され、応安二年（一三六九）五月〜至徳二年（一三八五）十月に在職の徴証を残している。[14]【史料三】は、永徳元年末の時点で柴原子郷が守護結城氏の支配下に入っていたことを示している。

では、結城氏はいかなる権限に基づいて安堵状を発給したのだろうか。柴原子郷は御料所から守護領となったのか、それとも御料所のまま守護の管轄下に移ったのか。この点を考えるには、続くNo.10〜13の史料を読み解かなければならない。

No.10・11は、永徳三年（一三八三）八月、沙弥智兼・治部丞奉政が権律師澄賢・上総公賢祐宛にそれぞれ大山寺供僧職・佐野寺（現・鴨川市佐野にあった寺院と思われるが未詳）別当職と寺領を安堵したものである。同年のNo.12は知られていない史料であるので、全文を掲げておこう。

【史料四】山名智兼・治部丞奉政連署打渡状（No.12、宮内庁書陵部図書寮文庫所蔵「所領関係文書」[15]）

（正筆書）「多々良殿奉政朝臣」

安房国長狭郡柴原子郷藤八内田畠在家事、如元沙汰付下地於龍興寺雑掌候畢、仍渡状如件、

永徳三年九月十二日　治部丞奉政（花押）

沙弥智兼（山名）（花押）

No.10・11と同じ沙弥智兼・治部丞奉政が、郷内の田畠在家を龍興寺に沙汰し付けた打渡状で、「如元」とあるように、寺領安堵にともなう打ち渡しと理解される。翌年のNo.13は、智兼・有嗣が「御料所安房国長狭郡紫〔柴〕原子郷平塚村内山畑田」（傍点筆者）を「新八幡宮」に寄進したものであり、これらの沙弥智兼が、鎌倉府奉行人山名智兼に比定されることで[16]、柴原子郷が鎌倉府の「御料所」であったことが明らかとなる。

この間、結城氏は依然として安房守護に在職中であった。にもかかわらず、柴原子郷が「御料所」とされ、鎌倉府奉行人の文書が発給されているということは、【史料三】の時点でも、柴原子郷は御料所のまま一時的に守護結城氏の支配を受けたということになる。柴原子郷は守護領にはならず、一貫して鎌倉府御料所であり、その管轄者を惣政所や代官から守護、そして鎌倉府奉行人と転々と代えていたのである。

No.10～13の四通とも山名智兼が奥に署判しており、彼が発給の主体であった。その立場はおそらく「預方」というものではなかったかと推測される。同じ頃、鎌倉府奉行人壱岐希広が、下総国下河辺荘高柳郷地頭職半分の「預方」となっている事例がある（南関四〇七二）[17]。これは、永徳二年に小山義政の乱の闕所地として収公されてから、鎌倉鶴岡八幡宮に寄進されるまでの間の臨時的な措置であった。柴原子郷は闕所地ではないものの、何らかの支配方法の転換時における臨時措置として、山名智兼の「預方」となったという類推も許されよう。短期間に一斉に安堵状が発給されているのも、まさしくこの頃に奉行人「預方」への転換がなされたことをうかがわせる。

では、もうひとりの署判者の「治部丞奉政」「有嗣」は何者だろうか。前者については、佐藤氏が鎌倉府奉行人

安富氏と推測しているが、[18]【史料四】の正筆書（極札の類）には、「多々良」氏とある。[19]後代に付されたもので根拠はたしかでないものの、もしこれに信を置くならば、多々良氏は安房国多々良荘（現・南房総市富浦町）を名字の地とする安房の国人と見るべきだろう。預方の奉行人とともに安房国人が御料所支配に起用されたのであり、在鎌倉の奉行人と近隣国人による共同経営という鎌倉府の御料所支配の一形態がここに見いだせるのである。

一方、No.13の「有嗣」は、手がかりがまったくなく、なお不詳とせざるをえない。治部丞奉政ののちにその立場を引き継いだ人物であろうか。

さて、郷内寺社のなかでもとりわけ鎌倉公方の保護が厚かった龍興寺は、至徳二年（一三八五）十一月、二代公方足利氏満の直状によって「祈願所」に指定される（No.14）。公方直状による祈願所の指定は、このほか三代満兼による相模国大住郡田村郷（現・神奈川県平塚市）の妙楽寺、四代持氏による下総国大方郡今里郷（現・茨城県結城郡八千代町）の円福寺、武蔵国足立郡上内野郷（現・さいたま市西区）の清河寺、同国六浦荘六浦郷瀬崎（現・横浜市金沢区）の勝福寺、五代成氏による同国荏原郡南品川（現・品川区）の妙国寺の五例が知られる。[20]いずれも大規模な寺院ではないながら、足利氏にまつわる開基や再興の寺伝を持つものが多く、[21]所在地はみな鎌倉府御料所や公方直臣の所領であった。[22]龍興寺は管見の限りその初例に位置付けられるのであり、鎌倉府の御料所支配における柴原子郷と龍興寺の優先度の高さがうかがえよう。鎌倉府は、御料所内の寺院を祈願所に指定することで、当該地域との接続の回路を新たにひとつ確保し、支配の強化を狙ったのではないだろうか。[23]

その後、柴原子郷では、康応元年（一三八九）五月に田畠注文が作成されている（No.15）。前段を欠いており、いかなる性格の注文かは判じがたいが、署判している「兼経」が現地にあって鎌倉府支配の末端に連なる人物だということはまちがいないだろう。

翌明徳元年（一三九〇）の八月には、「左近蔵人信定」が柴原子郷平塚村の八幡宮に「公方御祈禱」のため「下地田小屋敷等」を寄進している（No.16）。この信定もまた素性は明らかでないが[24]、寄進に際して公方の祈禱を命じており、鎌倉公方の直臣層と思われる。この頃には奉行人山名智兼の文書も見られないことから、預方の奉行人による支配は再び転換し、別途公方直臣による支配が行われたと考えられる。形を変えながらも鎌倉府の直接的な支配が続いたことは、次の【史料五】に端的に表れている。

【史料五】町野浄善奉書（No.17、「成就院文書」）

（端裏書）「町野信州（浄善）」

安房国長狭郡柴原子郷内佐野寺別当職事、不可有相違之由、上裁落居之上者、可令致天下安全御祈禱之状、

依仰執達如件、

明徳四年二月十九日　沙弥（町野浄善）（花押）

上総公御房（賢祐カ）

書き止め文言以下からわかるとおり、【史料五】は奉書であり、奉者は鎌倉府の問注所執事の町野浄善[25]、つまり、「上裁落居」の主体は鎌倉公方足利氏満であった。佐野寺の別当職をめぐっていかなる相論があったのか、また問注所がなにゆえその相論を担当したのかは不明だが、郷内寺社所職の相論に鎌倉府の「上裁」が必要とされたことは、これまで見てきた鎌倉府による御料所の直轄支配を跡付けるものと評価される。

三　鎌倉公方御連枝から千葉氏へ

その後、しばらく柴原子郷は史料上にあらわれないが、応永十二年（一四〇五）になると上総守光秀と遠江守義胤の連署状が二通見いだせる。一通は、「先例に任」せて式部阿闍梨祐実に「安房国長狭郡平塚村」を「補任」したもの（No.18）で、実質的には平塚村八幡宮別当職および同社領の安堵状と言えよう。もう一通は、同じく「先例に任」せて大山寺に田地を「補任」したもの（No.19）で、やはり寺領の安堵状と言える。

発給者の上総守光秀・遠江守義胤は、これまたこの二通以外に所見がなく、何者かを明らかにすることはできないが、安堵の行使者であることから、No.16の左近蔵人信定に代わる柴原子郷の支配者、もしくはその代行者と考えられる。

それから十年後の応永二二年十二月、鎌倉公方御連枝足利満隆によって龍興寺が再び祈願所に指定されている（No.20）。足利満隆は二代公方氏満の三男で、兄の三代公方満兼の没後、甥の四代公方幸王丸（持氏）の後見人として、関東管領犬懸上杉禅秀（氏憲）とともに鎌倉府の政務を主導した人物である。(26) その後、成長した持氏と対立し、応永二三年十月、禅秀と組んで持氏を急襲し、三か月にわたって鎌倉を征圧したことは、室町東国史上の一大事件、上杉禅秀の乱としてよく知られている。翌二四年正月、満隆は持氏方に敗れて禅秀らと鎌倉で自害した。

満隆が龍興寺を祈願所に再指定した応永二二年末は、持氏と対立した上杉禅秀が関東管領を辞した後であり、満隆と禅秀が失脚していた時期にあたる。したがって、判始を済ませていた公方持氏に代わって、満隆が後見人として公方の祈願所再指定を代行したとは考えられない。そもそも、公方祈願所の二重指定の例も管見に触れない。とすると、満隆が指定した祈願所は、鎌倉公方のものではなく満隆個人のものということになるだろう。龍興寺は、鎌倉公方の祈願所を経て、公方御連枝の祈願所となったのである。

郷内寺院が満隆の祈願所となったということは、このとき柴原子郷が満隆の所領であった、ということを物語っている。鎌倉公方家の各人には個別に料所が設置されており(27)、鎌倉府御料所のうちより公方御連枝の所領が分割されても不思議ではない。柴原子郷もいずれかの段階で、御連枝満隆の所領となったのである。この推測が正しいならば、柴原子郷は現在確認できる唯一の満隆の所領となる。そして、柴原子郷を含む満隆領の形成が、応永初年頃と推定される満隆の元服前後だとすると、№18・19の上総守光秀・遠江守義胤による安堵も、そうした知行者の交代にともなうものであり、光秀・義胤は満隆の被官ということになるだろう。

上杉禅秀の乱後、柴原子郷は謀叛人の所領として闕所となり、再び鎌倉府御料所に戻ったと考えられる。そして、新たな支配者として現れるのが、下総千葉氏である。禅秀の乱における下総千葉氏の動向は明らかでないが、終盤には持氏方にあったものと思われる(28)。

柴原子郷における千葉氏の活動の初見が、禅秀の乱終結から半年後の№21である。左衛門尉胤継と沙弥慧超が「先例に任」せて大山寺に田地を「補任」したもので、実質的には安堵状と理解されよう。左衛門尉胤継は、伊藤・湯山両氏の指摘のとおり、千葉家奏者木内胤継に比定され(29)、千葉氏の勢力が柴原子郷に及んでいたことが明らかとなる。同年十一月には、次のとおり当主千葉兼胤の直状も出されている。

【史料六】千葉兼胤安堵状写（№22、『後鑑』所収「諸家文書纂」）

任去貞治三年三月十七日瑞泉寺殿（足利基氏）御寄進之状、幷去至徳二年十一月十日永安寺殿（足利氏満）御祈願所之御判之旨、知行

不可有相違之状如件、

応永廿四年十一月廿五日　　　　修理大夫（千葉兼胤）判

龍興寺長老

【史料六】は、千葉兼胤が貞治三年の足利基氏の寄進（No.②）と、至徳二年の同氏満の祈願所指定（No.14）に基づき、龍興寺に知行の安堵を行ったもので、千葉氏の柴原子郷支配が、それ以前の鎌倉公方による支配に強く規定されたものであることがわかる。こののち、慧超（恵超）・木内胤継による奉書形式の安堵状（No.23）や大山寺供僧の譲状の裏書安堵（No.24）、胤継単独の安堵状（No.25）が、応永二七年二月まで確認される。

ここでも、千葉氏がいかなる権限で柴原子郷の支配にかかわったのかが問題となろう。闕所地となった柴原子郷が千葉氏に与えられた可能性は、後述する公方持氏のNo.26によって否定されるが、さらに考えるうえで手がかりとなるのはやはりNo.9【史料三】の安房守護結城直光である。結城氏とほぼ同格（外様大名）の千葉氏が、同じく守護として御料所柴原子郷の支配にかかわることは、決して不自然なことではあるまい。千葉氏の安房国内における活動が柴原子郷以外に見られないため判断は躊躇われるが、ここでは禅秀の乱後の論功行賞で千葉氏が安房守護職を得て、守護として御料所柴原子郷の支配にもかかわったと見ておきたい。

千葉氏の活動の終息とともにあらわれるのが、応永二八年末の公方持氏のNo.26である。南北朝期の公方家女房による寄進をもとに「安房国長狭郡（柴原子郷）上村内・下村内等」を龍興寺に寄進したもので、鎌倉公方が引き続き柴原子郷の最上位の領主であったこと、すなわち柴原子郷が依然として鎌倉府御料所であったことや、龍興寺が変わらず鎌倉公方の保護を受けていたことがわかる。また、この頃には公方近臣の小山田上杉定頼が安房守護職に就いていたと思しく[30]、守護の交替とともに千葉氏による柴原子郷支配も終焉したと考えられる。

しかしながら、このNo.26は鎌倉府と柴原子郷とのかかわりを示す終見文書でもある。周知のとおりこののち東国社会は、鎌倉府内外の相克によって、鎌倉府体制の動揺、崩壊という変革期へ向かって行く。その渦のなかで御料所柴原子郷のゆくえは杳として知れない。

おわりに

いささか冗長で通史的な叙述に終始してしまったが、鎌倉府の御料所であった柴原子郷が、一時は公方御連枝の料所となりつつ、惣政所や代官、奉行人、守護など、実に様々な人の手を介して、鎌倉府の支配を受けていたことを見とおせたと思う。鎌倉府の御料所支配・経営において、惣政所制などの固定的なあり方や完成形というべきものはなく、その時々の状況によって支配形態は変化を続けていたのであった。一方で、御料所内の特定の寺社が一貫して鎌倉府の保護を受け、興隆が進められたことも、ひとつの特徴といえよう。最後に、流動的な支配が行われていた御料所が鎌倉府体制の動揺、崩壊時にいかなる変貌を遂げたのか、という問題を考えなければならないだろう。それについて、次の【史料七】を見ておきたい。

【史料七】某泰家・某貞景・某胤清連署寄進状（No.28、「安田家文書」）

安房国長挟郡大山寺衆徒・大衆幷山野滝下竹木等事、募修造之功可被支配之旨、被仰出者也、

一、同郡平塚郷正作田数弐段事、為少所之上、為土貢之外間、不及上達、以私之連署先奉寄畢、

右条々、守其之旨、弥可被致精誠之状如件、

嘉吉三年二月廿八日　　胤清（花押）

貞景（花押）

泰家（花押）

大山寺別当助律師御房

【史料七】には、大山寺の修造にあたって山野資源の分配が領主より命じられていたことや、平塚郷内の田地が泰家らの裁量で寄進されたことが記されている。

永享の乱で公方持氏が滅亡し、【史料七】のとき鎌倉公方は空位であった。また、公方と対立した関東管領上杉氏も、憲実が隠退して弟の清方に代わったが、このころにはどちらも活動は見えない(31)。このように鎌倉府の機能が著しく低下していた時期だったとすると、【史料七】の「仰出」の主体や「上達」の対象は、具体的に誰になるのだろうか。

最も有力な候補と思われるのが、このとき安房守護であったと思しい扇谷上杉氏である。扇谷上杉氏は、家督名代の小山田上杉定頼以降、安房守護職を相伝したとされ、宝徳年間まで安房国での活動が確認される(32)。たびたび守護支配に委ねられてきたという柴原子郷の歴史からすると、この混乱期にも守護扇谷上杉氏の支配下にあったと推測しても、あながち的外れではあるまい。連署者の泰家・貞景・胤清とも他に所見はないが、このとき扇谷上杉氏を領主と仰いで柴原子郷を支配していた人物と見ておきたい。【史料七】を写真で確認すると、三人の花押も小鳥型をした上杉様のように見える。

鎌倉府体制の動揺期に、御料所は守護職を掌握した上杉氏の支配下に入った。結城合戦に象徴されるような公方方と上杉方の紛争や、それにともなう混乱は、柴原子郷内にも安房国内にも見えない。扇谷上杉氏による支配は比較的安定していたかに見えるが、しかし、その勢力が安房国内に根付くことはなかった。周知のとおり、享徳の乱の頃に古河公方方の里見氏が安房国に入部し、戦国期に至って長狭郡は正木氏、次いで里見氏の勢力圏となった。この間、鎌倉府体制の崩壊によって庇護者を失った大山寺や龍興寺（龍江寺）は、一時廃絶の憂き目に遭ったと伝えられている。

　こうした支配の動揺、再編と軌を一にして柴原子郷の解体も進んだと考えられる。【史料七】の「平塚郷」はもと柴原子郷内の平塚村であり、同村が柴原子郷から分立し、独立の郷と認識されるに至ったことをうかがわせる。一方で、「柴原子郷」の地名の終見は、天正四年（一五七六）の灯籠銘の「安房州長狭郡柴原《ママ》郷高蔵山大山寺」[33]であるが、史料の性格からして古い地名を懐古的に用いたもので、郷の実体を示すものとは言えないだろう。これを除けば、終見は応永二四年のNo.23となり、今日には遺称地も伝わらない。郷内の上村は永禄年間まで見える[34]ものの、下村は同じく応永後期のNo.26を終見とする。柴原子郷は鎌倉府体制の崩壊によって御料所という枠組みを失い、さらに各村の自立や再編が進んだことで、解体、消滅したのである[35]。柴原子郷は、室町期的な秩序と戦国期的な状況との断絶をまざまざと示していると言えよう。

注

（1）ただし、鎌倉府御料所の網羅的に検出した山田邦明「鎌倉府の直轄領」（『鎌倉府と関東――中世の政治秩序と在地社会――』校倉書房、一九九五年、初出一九八七年）には、長狭郡柴原子郷は取り上げられていない。

（2）伊藤一美a「安房国安田家文書と大山寺」（『古文書研究』一七、一九八一年）。以下、とくに断らない限り、伊藤氏の指摘はすべて同論文による。なお、同b「《史料調査報告》安房国安田家文書目録」（『史游』六、一九八一年）、同c「〈史料翻刻〉安房安田家文書（その一・二）」（『同』七・八、一九八一・八二年）にも、調査の成果や翻刻がまとめられている。

（3）湯山学「安房国の庄園・公領について」（『中世南関東の武士と時衆』岩田書院、二〇一二年、初出一九八五年）。以下、とくに断らない限り、湯山氏の指摘はすべて同論文による。

（4）佐藤博信「鎌倉府奉行人山名氏・安富氏について――特に房総との関係を中心として――」（『中世東国政治史論』塙書房、二〇〇六年、初出二〇〇一年）。

（5）『千葉県の歴史 通史編 中世』（千葉県、二〇〇七年）第二編第四章第三節、盛本昌広氏執筆分。

（6）湯山氏は、小松寺（現・千葉県南房総市千倉町）蔵大般若経の応永初年の奥書（『室町遺文 関東編』七二～七五号）に、大山寺の名とともに「伊賀大炊助源仲助」等とあることに注目している。これをうけてのものか、『日本歴史地名大系 千葉県の地名』「柴原子郷」項は大炊助源某を「足利氏の有力被官伊賀氏の一族」と推測している。ただし、足利一門に伊賀氏は見当たらない。谷口雄太「足利一門再考――「足利的秩序」とその崩壊――」（『史学雑誌』一二二―一二、二〇一三年）等参照。

（7）「新」が付された理由として、伊藤氏は大山寺の退転と復興（№1・2の間）の結果と推測しているが、鎌倉期から崇敬を集めていた相模大山寺との区別のためである可能性も考えられよう。戦国期の『大山寺縁起・御堂造営誌』（前掲注（2）伊藤成果c一八号）には、長狭郡大山寺の本尊は「相州大山寺之本尊与一本之木ノ本末ト云々」とあり、相模大山寺との「本末」の関係が記されている。

（8）松尾剛次「安国寺・利生塔再考」（『日本中世の禅と律』吉川弘文館、二〇〇三年、初出二〇〇〇年）。

（9）『大日本国誌』三（内務省地理局、一八八六年）、『角川日本地名大辞典 千葉県』「大山」項。

（10）湯山学「足利領と上杉氏の関係――上杉氏小考――」（『関東上杉氏の研究』岩田書院、二〇〇九年、初出一九七七年）、前掲注（3）湯山論文。

（11）明徳三年（一三九二）八月の相国寺供養において、先陣随兵五番の今川貞秋の床子役をつとめた「寺嶋但馬守藤原泰行」なる者がいる（『迎陽記』のうち『相国寺供養記』）。系譜的につながる人物とも考えられるが、即断は避けけたい。

（12）足利家領、鎌倉府御料所の範囲を、長狭郡全体と見るか、そのうちの柴原子郷のみとするかは検討の余地を残している。本稿では、関係史料に柴原子郷内しか見えないことから、ひとまず同郷をその範囲とした。ただし、管見の限り当該期の長狭郡所見史料がすべて柴原子郷関係史料であることから、長狭郡内の郷が柴原子郷一郷のみであった可能性も考えられる。

(13) 函架番号：谷-四〇五。本史料は谷森善臣旧蔵本で、【史料三・四】ほか中世文書四通を収めている。ウェブデータベース「宮内庁書陵部所蔵資料目録・画像公開システム」で画像の閲覧が可能。別稿にて史料紹介を予定している。

(14) 佐藤進一『室町幕府守護制度の研究 上――南北朝期諸国守護沿革考証編――』（東京大学出版会、一九六七年）、松本一夫「安房守護と結城氏の補任」（『東国守護の歴史的特質』岩田書院、二〇〇一年、初出一九九九年）、木下聡「足利氏満期の関東管領と守護」（黒田基樹編『足利氏満とその時代』戎光祥出版、二〇一四年）。なお、結城直光以前の安房守護は、観応の擾乱直後に足利尊氏の執事高南宗継が確認されるほかは詳らかでない。

(15) 前掲注（13）参照。

(16) 山名智兼については、小国浩寿「香取社応安訴訟事件の一背景――貞治・応安期鎌倉府の守護・国人政策――」（『鎌倉府体制と東国』吉川弘文館、二〇〇一年）、前掲注（4）佐藤論文、拙稿「氏満期の奉行人」（前掲注（14）黒田編書）。

(17) 『南北朝遺文 関東編』四〇七一号の略。以下同。

(18) 前掲注（4）佐藤論文。

(19) 【史料三・四】にはどちらも、本文に示したとおり、古筆の鑑定結果を記した正筆書が付されており、料紙・筆跡ともに同一である。前掲注（16）拙稿では【史料四】のこれを不詳としたが、【史料三】では「聖朝」を正しく結城氏と比定しており、検討に値するようにも思われる。

(20) 『神奈川県史 資料編三 古代・中世（三上）』五三四八号、『茨城県史料 中世編Ⅲ』所収「円福寺文書」八号、前掲『神奈川県史』五六五七・五六五九号、『戦国遺文 古河公方編』一七号。いずれも文書の形式は同一である。このほか、基氏が京都十住心院の円海上人に祈願寺として祈禱を命じた例もある（南関二六九八）が、文書の形式は異なる。

(21) 鎌倉府祈願所寺院の開基伝承については、祈願所となったことから遡及的に形成された可能性もあるものの、聊か興味深いので、以下に紹介しておきたい。

龍興寺は、後身とされる龍江寺所蔵の宝暦九年十一月『重盛山龍江寺縁起』（『鴨川市史 史料編一 近世』所収）に「貞治の天に当りて征夷大将軍源尊氏公の次男、鎌倉の官領左馬頭基氏卿霊験の著きを聞及させられ、宿願の事有しに、其寄験の速なるに感激して、長男氏満卿諸共に殿閣革新の催しを作し、宝殿の結構往時に倍し、実に房陽の荘観となれり」とあり、公方基氏・氏満による再興を伝えている。

相模田村の妙楽寺は、公方基氏開基の伝承をもち（『新編相模国風土記稿』）、下総今里の円福寺は、早世した尊氏の兄高義の廟所として、公方氏満の命により再興されたという（『八千代町史 通史編』）。また、武蔵上内野の清河寺は、基氏が兄竹若（元弘の乱で落命した尊氏の長男）の供養のために創建したとの寺伝がある（『日本歴史地名大系 埼玉県の地名』「清河寺」項）。武蔵瀬崎の勝福寺および同南品川の妙国寺の、開基と足利氏の関係は不詳。

(22) 前掲注（1）山田論文。

(23) なお、先行研究では、この龍興寺の祈願所指定をもって、郷内寺社がおしなべて鎌倉府の祈願所となったと理解しているが、公方の直状で指定されている以上、限定的に解すべきだろう。

(24) 貞治六年正月付 円覚寺蔵大般若経巻百二十九の刊記に「富部左近蔵人信兼」という名が見られ、左近蔵人信定との系譜的な関係が類推される。この富部信兼は、鎌倉幕府奉行人・引付衆、建武政権の雑訴決断所・武者所・窪所などで活躍した富部信連の一族であろうか。円覚寺蔵大般若経刊記については、貫達人「円覚寺蔵大般若経刊記に就て」（『金沢文庫研究』八-一二～一一、一九六二年）参照。

(25) 町野浄善については、湯山学「鎌倉府奉行小考――町野浄善と清原繁隆――」（『鎌倉府の研究』岩田書院、二〇一一年、初出二〇〇三）、木下聡「町野氏」（『室町幕府の外様衆と奉公衆』同成社、二〇一八年、初出二〇一二年）参照。

(26) 江田郁夫「鎌倉公方連枝足利満隆の立場」（『室町幕府東国支配の研究』高志書院、二〇〇八年、初出二〇〇五年）。なお、江田氏によれば、このNo.20足利満隆書下は現存唯一の満隆の発給文書とされる。

(27) 前掲『神奈川県史』五三一四号の「若御前（のちの持氏）料所」など。

(28) 石橋一展「室町期下総千葉氏の動向――兼胤・胤直・胤将――」（『千葉史学』六六、二〇一五年）、拙稿「上杉禅秀の乱の実像と意義」（『鎌倉府の支配と権力』校倉書房、二〇一八年、初出二〇一〇年）。

(29) 前掲注（4）佐藤論文は、前章で見た鎌倉府奉行人の活動などから、木内胤継を千葉氏被官から鎌倉府奉行人に転身した人物とみなしているが、本章で述べたとおり、変わらず千葉家奉行人だったと考えられる。あわせて、拙稿「持氏期の奉行人」（黒田基樹編『足利持氏とその時代』戎光祥出版、二〇一六年）も参照されたい。
（30）黒田基樹「持氏期の上杉氏」（前掲注（29）同編書）。
（31）黒田基樹「上杉清方の基礎的研究」（同編『関東管領上杉氏』戎光祥出版、二〇一三年）。
（32）黒田基樹「扇谷上杉氏の政治的位置」（同編『扇谷上杉氏』戎光祥出版、二〇一二年）、木下聡「成氏期の関東管領と守護」（黒田編『足利成氏とその時代』戎光祥出版、二〇一八年）。
（33）『戦国遺文 房総編』一五七八号。
（34）『戦国遺文 房総編』一一二三号。
（35）戦国期に柴原子郷域に存在したであろう村の名は、上村以外に確認できないが、慶長二年（一五九七）の安房国四郡御検地高目録帳写（『戦国遺文 房総編』付編一七号）には、平塚村・金束村・釜沼村・奈良林村・古畑村・佐野村などが見える。このうち南北朝・室町期にさかのぼる地名は平塚村と佐野村のみであり、戦国期を通じて多くの新たな村が成立したことがうかがえる。

附記　文書の写真確認にあたっては、鴨川市教育委員会よりご高配を賜った。記して感謝申し上げる。また、宮内庁書陵部所蔵の未紹介資料の翻刻掲載にあたっては、同部の許可を得ている。
なお、観応三年（一三五二）に足利尊氏が大山寺に奉納したとされる大般若経が、近年、長野県上田市別所温泉の常楽寺にて発見されたとのニュースがあった（『房日新聞』二〇一七年五月一七日、http://www.bonichi.com/News/item.htm?iid=11590&TXSID=9sm6bifklvvmkrqcflq0402r10〈二〇一八年一一月二一日アクセス〉）。大山寺所蔵の大般若経（注（2）伊藤論文a参照）とともに、今後のさらなる調査が待たれる。

【現地ガイド】

安房国柴原子郷を歩く

千葉県鴨川市の内陸最奥部、長狭地域は、ゆるやかな房総丘陵の合間に棚田や畠が広がるのどかな田園地帯だ。ここが、中世の安房国長狭郡柴原子郷の故地である。現代の再開発の波はさほど及んでおらず、丹念に調査をすれば、中世の郷の姿がより一層明らかになるかもしれない。

中央部には保田（安房郡鋸南町）と鴨川市街をつなぐ県道三四号、通称長狭街道が走っており、交通量も少なくない。これを見ると、柴原子郷は内房と外房を結ぶ陸上交通の要衝であった、と位置づけたくなるところだが、長狭街道の開通年代は明らかでなく、評価は慎重を要するだろう。なお、現在長狭地域へ公共交通機関を用いて赴く場合、この長狭街道を通る路線バス（鴨川日東バス金谷・長狭線、以下停留所はすべて同路線のもの）を利用することとなるが、日中の運行数が少ないため、十分注意されたい。

【大山寺】　このエリアの中心となるのが、独立峰の高蔵山（標高二一九ｍ）の山頂付近にある大山寺だ。その中世の歴史は本論で述べたとおりだが、古くは山岳信仰の拠点だったとされ、現在は真言宗智山派に属している。山号は山の名と同じく高蔵山と言い、大山不動とも通称されている。古くは一帯を「鴻ノ森」ともいったらしい。

境内は東方の太平洋を向いており、大山橋停留所から西に進むのが本来の参道のようだが、その少し先の金束停留所から南下する道がやや近い。本堂の不動堂（県指定有形文化財）は、十九世紀初頭の再建（屋根のみ戦後の修復）で、「波の伊八」と呼ばれた初代伊八（武志伊八郎信由）の彫刻が堂宇を飾っている。それ以前の天正十四年（一五八六）の棟札も残されているが、公開されていない。本尊の木造不動明王像（県指定有形文化財）は鎌倉中後期の作と推定されるもので、節分会

【写真1】　大山寺不動堂

のときのみ公開される。鐘楼（市指定有形文化財）は不動堂よりも古く、江戸中期の建築とされている。

不動堂裏手の鬱蒼とした高蔵山の山頂には、高蔵神社が鎮座する。大山寺境内脇から山頂へ登る参道の途中には、文和二年（一三五三）のものとされる宝篋印塔（市指定有形文化財）があるが、銘文を肉眼で確認することはできない。山頂は木々が茂って眺望が開けていないものの、境内横の車道から長狭平野とその先の太平洋を一望することができる。その景色を見れば、この山と平野との位置関係がよくわかり、ここが信仰の対象となるのも十分うなずける。

【大山千枚田】　大山寺から南東へ一・五㎞ほど坂道を下り、田園風景のなかを進むと、大山千枚田（県指定名勝）の眺望ポイントに出る。標高差六〇ｍほどの南向きの斜面に、三七〇枚余の水田が広がっている。その景観はみごとであり、この地域の田園風景を象徴するものと言えよう。この辺りは、江戸時代を通じて収穫高が大きく変わっておらず、江戸時代初頭、あるいはそれ以前から棚田の耕作が行われていたと推測されている。また、明治の大嘗祭でも利用されたという特産品の長狭米は、美味このうえなく、眺望ポイント近くのレストランで食べられるので、ぜひおすすめしたい。

【写真2】　大山千枚田

【常福院・八幡神社】　平塚本郷停留所より徒歩数分のところに常福院があり、その向かいに八幡神社が見える。この八幡神社が、「常福院文書」に現れる平塚村の八幡宮で、明治頃まで文書を伝来した常福院は、同社の別当寺にあたる。

八幡神社の正面にも棚田の斜面が広がっており、谷を挟んで正面に高蔵山がそびえている。ここから大山千枚田、大山寺どちらも一・五㎞ほどの距離であり、徒歩でじゅうぶんに巡ることができる。また、南北朝

【写真3】　八幡神社前の棚田と高蔵山

期に大山寺に寄進された「大田代」の遺称地も、八幡神社から一・五㎞ほど南東の位置にある。

【龍江寺】　大山エリアの東側、六地蔵停留所より北側の脇道へそれて五分ほど、水田に囲まれた尾根先の小高いところにある。鎌倉公方の祈願所であった龍興寺の後身とされているのが、この龍江寺である。同寺伝来の『重盛山龍江寺縁起』（宝暦九年）によれば、平重盛が建礼門院徳子の安産祈願のために運慶に命じて地蔵菩薩像を作らせ、この地に寺を建てて安置し、龍興寺あるいは龍光寺と名付けたという。その後、本論で述べたとおり鎌倉公方によって堂舎の再建がなされ、戦国期には兵火に遭って廃れたが、続翁宗伝（文禄三年〈一五九四〉没）によって再興され、龍江寺と称された、という。重盛による創建はともかく、室町期の再興についてはその事実を裏づけるかのように、同寺の木造地蔵菩薩像（県指定有形文化財、非公開）には、応永八年（一四〇一）五月二十日彩色との墨書銘があり、像容からも南北朝末～室町初期に鎌倉の仏師のもとで製作されたものと推測されている。

また、龍江寺の南東一㎞強のところに、安房国安国寺の後身とされる安國寺があるが、創建当初はさらに東の寺門の地にあったという。

鴨川といえば、シーワールドはともかくとして、海岸部の市街地から天津・小湊方面にかけて、日蓮の小松原法難の由緒がある鏡忍寺や、源頼朝が妻政子の安産祈願に奉幣使を送った天津神明宮（「安房東条庤」、『吾妻鏡』寿永元年〈一一八二〉八月十一日条）、日蓮生家跡の誕生寺など、見ておきたい名所・史跡は数多い。しかし、長狭平野の内陸部にも見るべきところや名産が少なくないということは、もっと知られてもよさそうだ。遥かな水平線を眺めて浜辺を散策するのも、旅情を誘うものではあるが、ときには海から離れて山間の田園風景のなかを散策するのも悪くはあるまい——荘園調査と言えば得てして田園風景を歩くことになり、本書の読者の多くはむしろ（たまには海も……）と思うかもしれないが——。棚田に水が入り、新緑の合間を涼しい風が吹き抜ける初夏の頃は、一層清々しい。

なお、巡見の友には、鴨川市史編さん委員会編『大山のあゆみ』（同市教育委員会、二〇〇二年）と鴨川市教育委員会編『鴨川市の指定文化財』（二〇一〇年）をおすすめしておこう。本稿執筆においても大いに参照した。地域の歴史や文化財がコンパクトにまとめられており、どちらも鴨川市郷土資料館で購入できる。

薬勝寺大般若会と越中国般若野荘

黒田　智

一　親王塚の誕生——だれが徳大寺実通を殺害したのか——

1　徳大寺実通

天文十四年（一五四五）四月八日未明、越中国砺波郡般若野荘（富山県砺波市）に下向していた権大納言右近衛大将徳大寺実通とその家人十数名が何者かによって殺害された(1)。殺害の一報が京都にいる山科言継のもとに届いたのは、四月十六日のことであった。八日暁天に実通以下十三名がことごとく生害、かろうじて逃げのびた一人が上洛して伝えたという。言継は、「先代未聞」「言語道断」「分別あたはざる題目也」と記し、驚愕と無念の思いをにじませている。

徳大寺家では、家領荘園の中核をなす越中へしばしば下向していた。文明六年（一四七四）九月には実通の祖父大納言実淳が下向、明応三年（一四九四）にも再下向した形跡がある。実通自身も、天文三年（一五三四）三月から八月まで約五ヶ月間にわたって越中に滞在しており、今回は十年ぶり二度目の下向であった。

実通の母は、越中・河内・紀伊の守護畠山尚順の娘であった。また、実通下向中の天文三年（一五三四）四月二二日には、越中守護代神保氏の家臣轡田某が三条西実隆邸を訪れ、徳大寺家に伝状していたことが知られる。徳大寺家は、畠山氏や神保氏といった越中の武家勢力を頼って領国経営の立て直しをはかっていたと見られる。

それにしても、実通一行を襲撃し、殺害したのはだれなのだろうか。犯人は杳として知れない。『砺波市史』は、①石黒氏、②神保氏、③一向宗徒化していた在地荘民をあげるものの、不明としている。

2　長尾為景

ところが、この殺害事件は、越後守護代長尾氏の侵攻の記憶とともに、長く人びとの間に語り継がれることとなった。

『続史愚抄』には「これ武士為景〈長尾孫九郎〉の所為と云」とあり、長尾為景によって殺害されたと推測している。また、近世初頭の成立とみられる『続応仁後記』巻三によれば、京都の兵乱を避けて下向した徳大寺実通は越中で威勢をふるい、長尾為景軍と般若野で合戦したが敗北し、九人の公卿たちとともに殺されたという。そののち為景もまた悪行のために敗退し、一揆の郷民たちによって首をはねられたという。さらに、寛政十年（一七九八）の自序をもつ富田景周『越登賀三州志』によれば、天文十四年（一五四五）四月九日に長尾為景が放生津城へ攻め入ったとき、この城にいた徳大寺実通ら九名が討ち死にした。十一日の栴檀野合戦では為景も苦戦を強いられ、陣中で没したという。

ただし、長尾為景は天文五年（一五三六）に春日山城で病死した可能性が高い。為景の死去には諸説が濫立しており、天文十四年（一五四五）戦死説はこれら数ある風説のひとつにすぎないのである。(2)

実際に般若野荘で討ち死にしたのは、為景の父能景であった。永正三年（一五〇六）九月、越中芹谷・般若野において神保氏との間に激しい戦闘がくり広げられ、長尾能景が討ち死にしたことは『本土寺過去帳』ほかによって確かめることができる。

神保氏の拠点であった増山城にほど近い頼成新村には、「為景塚」とよばれる墳墓が今も残っている。また、近くの永田又六屋敷（宝念寺）跡には「能景塚」の伝承地も残る。『越中志徴』によれば、これらの長尾氏をまつる墳墓は、宝永元年（一七〇五）の書上を初見とするという。この為景塚にほど近い千光寺の過去帳には「真光院殿高岳正等大居士」の記載があり、同寺が能景の菩提を弔っていたこともわかる。

越後守護代であった長尾能景や為景、さらにその子息の景虎（上杉謙信）らは、しばしば越中守護代である神保氏と対立し、越中侵攻をくり返していた。(3) 徳大寺実通殺害の長尾為景犯人説は、こうした長尾氏によるあいつぐ侵攻の記憶のなかで十七世紀に醸成されたものと考えてよさそうである。

3 稲増親王

さらに、殺害された徳大寺実通は、後花園天皇の皇子稲増親王、さらには淳良親王と名をかえて語り継がれることとなる。

般若山薬勝寺は、砺波市安川字天皇にある臨済宗寺院である。延文三年（一三五九）に京都建仁寺の桂岩運芳を開山に招いて創建されたという。同じ臨済宗法燈派に属した高岡国泰寺とは関係が深く、薬勝寺は近世初頭まで国泰寺歴代住持の隠居寺であった。(4)

同寺には、「徳大院殿天景英宗尊祇」の位牌があり、底面に「神代村　坪野　貞享元年（一六八四）八月日」の銘がある。

十七世紀末には実通に対して「徳大院」なる法号が付せられ、供養が行なわれていた可能性がある。[5] ついで、宝暦十四年（一七六四）二月の砺波郡古城跡寺社古跡書上申帳に「後花園院之皇子徳太院殿之御廟」と「供奉之公卿塚」がはじめて明記される。天明三年（一七八三）の『越中旧事記』には、文明のはじめころに後花園院の皇子「稲増親王」あるいは「徳大寺院殿」が増山城主佐々成政によって殺害されたとする。さらに、安永・天明年間ころの成立とされる『越の下草』では、文明三年（一四七一）五月十三日に増山城主神保良衡なる者が淳良親王を殺害したと記されるようになる。

現在、薬勝寺の裏山に「親王塚」とよばれる宝篋印塔がある。また薬勝寺から旧井波街道沿いを二〇〇ｍほど南へ向かうと、「公卿塚」とよばれる中世墓石群がある。これらは、殺害された親王と供奉の公卿たちの墓と伝えられている。薬勝寺では、今でも毎年六月十三日に親王塚の慰霊のために大般若会が執行されている。

徳大寺実通殺害事件は、十八世紀半ばに稲増親王・淳良親王という皇族の名をまとって、親王塚という新しい説を生み出していたのである。

4　勧進状

親王塚は、いつだれがどのようにして創り出したものなのだろうか。

親王塚を明記する史料は、宝暦年間から天明年間までにまとまって存在する。その情報ソースは、薬勝寺で作成された親王塚の由緒を記した勧進状である。薬勝寺には①巻数装「親王御陵由来」、②巻数装墨刷「親王御廟之来由兼祭礼之略記」の二点が現存している。また、先にふれた③『越の下草』には「勧進の意趣略記」が書写されている。加えて、薬勝寺には、④文化三年（一八〇六）三月の般若山薬勝寺由来、⑤明治十二年（一八七九）

十二月二七日の薬勝寺書上が伝存している。薬勝寺の勧進状の内容を①をもとに要約しよう。

Ⓐ応仁・文明の乱により王法衰え、武威盛んにして天下が乱れた。

Ⓑ後花園院の皇子が越中に下向し、郷民の尊崇を受ける。

ⓒ文明三年（一四七一）五月十三日、亀山城主が皇子と供奉の公卿らを殺害する。

Ⓓ翌朝、薬勝寺文坡和尚が徳大院天景英宗尊祇の法号を与えて、般若塔南丘に御陵を築く。

Ⓔ京都の天皇に逆鱗あり、皇后は哀しみ憤り、呪詛によって般若郷五穀の出来が他郷に劣るようになる。

Ⓕ亀山城主は滅亡し、亀山の地名は増山と改められる。

Ⓖ十七世紀末ころ、公卿塚に怪異により、薬勝寺陽室和尚が親王・公卿を鎮魂する。

Ⓗ七十年余後の十八世紀半ばころ、九輪の石塔と玉垣を造立し、追善仏事を供養する。

Ⓘ大般若経の利益によって般若講式の大会を執行し、老若に帰依を勧める。

薬勝寺勧進状とは、殺害された領主の慰霊とともに、これによって引き起こされた郷内の悪作を解消するため、大般若経という経典を介して地域社会の安穏と繁栄を祈願することへの帰依と志納を勧めたものであった。

あらためて、徳大寺実通殺害事件が薬勝寺によって改変された点をあげておこう。すなわち、❶天文十四年（一五四五）を文明三年（一四七一）に変更（Ⓐ）、❷徳大寺実通を後花園天皇皇子（稲増親王、のちに淳良親王）に変更（Ⓑ）、❸殺害事件を般若郷の不作の原因として位置づけた（Ⓔ）点である。

❸の背景にあるのは、治世者の安穏と仁政（徳政）が村落の平和と繁栄をもたらすとするイデオロギーであろう[6]。村の勧農と平和の維持という中世領主権を体現するには、❷徳大寺実通という公家よりも親王を冠する皇子のほうがより説得力をもったはずである。とくに「稲増親王」という名は、❸五穀豊穣を祈念するにふさわしい

名前と言えるだろう。

では、なぜ❶文明三年（一四七一）に変更したのだろうか。「淳良親王」という名が徳大寺実淳の一字からとったとすれば、文明六年（一四七四）の越中下向と関連付けたとも推測できる。文明年間の般若野荘で何があったのだろうか。

ともあれ親王塚を創り出したのは、十八世紀後半にⒽやⒾを行ない、薬勝寺勧進状を作成した人物にほかならない。それは、当該期に薬勝寺住持であった古仙宗古その人である。

二　大般若会の信仰圏――薬勝寺の再興戦略――

1　古仙宗古

古仙宗古は、能登の生まれで、宝暦十四年（一七六四）に二六歳で薬勝寺へ入寺し、翌年に二二世住持となった。(7) 以来、文化十五年（一八一八）に八十歳で死去するまで、五五年間もの長きにわたって薬勝寺に在住した。親王塚の由来を記した①から④までの勧進状や由緒書は、すべて古仙が作成したものと見てまちがいない。

住持となった古仙は、次々と薬勝寺の再興事業に着手して行く。

安永三年（一七七四）には開山桂岩雲芳の四〇〇回遠忌を挙行し、同六年（一七七七）には大門、寛政九年（一七九八）に大鐘、享和元年（一八〇一）には土蔵を再建している。文化二年（一八〇五）の般若山薬勝寺什物帳によれば、古仙は、本尊釈迦如来像をはじめとする仏像七点、絵画三点、経典類六点、そのほか法具など、九四点にもおよぶ寺宝を整備している。(8) 天明八年（一七八八）には、黄檗僧高泉性敦筆の寺号扁額を作成している。このほか明和八年（一七七一）の銅鉢、安永四年（一七七五）の中野村庚申石仏など、数多くの石造物や仏具類が現存している。

こうした古仙の再興事業のなかでもいち早く、かつ基幹をなしたのが、大般若経の施入と大般若会の興行であった。薬勝寺大般若経は、古仙が住持となって四年目の明和五年（一七六八）、三十歳のときに施入された。これと前後する時期に「釈迦十六善神像」が制作され、大般若会を執行するために志納米・志納銭を募る勧進状が作成されたものと思われる。

この大般若会の主たる目的こそが、親王塚・公卿塚に眠る皇子と従者たちの鎮魂であった。現在、公卿塚には表面に菊花紋を印刻した柱状石塔があり、右側面に「施主射水郡六ヶ邑」、左側面には「古仙建焉」と刻まれている。造立年代は未詳ながら、古仙が親王塚や公卿塚の整備に中心的な役割をはたした可能性はきわめて高い。親王塚とは、こうした古仙による薬勝寺再興事業のひとつとして創り出された伝承だったのである。

2　大般若経

薬勝寺には大般若経六〇〇巻が欠巻なく現存している。[9] いわゆる鉄眼版と称される折本の経典である。[10]

第六〇〇巻の奥書には、「明和五年（一七六八）戊子五月日」の日付がある。また一二六巻分の表紙見返しに注記があり、「薬勝禅寺什物　現住　古仙代」につづいて施主の名が記されている。もっとも多いのは、一巻から三〇〇巻までに五七箇所にのぼる「円池新村　作右衛門」で、四〇一巻から四九一巻までに九箇所の「中田組中」、三〇一巻から三四一巻までに五箇所の「円池新村　弥右衛門」、三六一巻から三六六巻までに五箇所の「西田　伝法院」がつづく。薬勝寺大般若経は、どうやら複数の施主たちによって施入されたものであったと思われる。

【図1】　大般若経寄進者の分布

施主たちが属した村には、中世般若野荘域にあたる中田村、宮森新村、三合新村、栃上新村が見えるものの、円池新村や中野村といった荘域外の施主も見られる（【図1】）。加えて、能登半島の付け根にあたる西田や下田子村、下余川村といった高岡市や氷見市周辺の地名が頻出し、これらが国泰寺周辺の地名である点は見逃せない。[11] さらに、三八一巻裏書にも「前国泰寺十一世覚間大和尚常物」と注記されている。

明和五年（一七六八）に薬勝寺住持古仙が中心となって施入された薬勝寺大般若経は、その背後に高岡国泰寺の影響を見ることができる。

3　志納帳

ところが、実際に大般若会を執行するに際して薬勝寺が廻文によって志納米や志納銭を募った村々は、大般若経の施入にかかわった地域とは大きく異なっている。薬勝寺に所蔵される明治二三年（一八九〇）の例年開祖諱各郡廻文控簿に収載される村を記したのが図2である。中田村を北限として、西部金屋、柳瀬村、太田村を西限に、原村・孫子村・栃上村といった南東部の山間を包摂する。[12] 大般若会に志納したこれらの村々とは、近世般若郷、ひいては中世般若野荘の荘域にほぼ合致すると考えられている。

また薬勝寺には、昭和九・十・十一年（一九三四・三五・三六）の五穀成就大般若会志納牒が現存している。志納米や志納銭を拠出する村々は、明治二三年の廻文に列挙された村とほぼ重なっている。ただし、志納する米や銭の多寡はそれぞれ異なり、もっとも多額の志納米・銭を拠出しているのは、薬勝寺のある安川上・下村であった。ついで、その西に隣接して穀倉地帯をかかえる太田村や柳瀬村、鋳物業で栄えた西部金屋、東部の東保村や宮森村、東南部山間地域の原・孫子村が多い。

大般若会という儀礼は、仏神を介して地域社会の安穏と繁栄を祈願するものであった。薬勝寺は、勧進状・志納帳を介して広域の村々から志納米・志納銭を徴収して、大般若会の修法を恒例化していた。ともに安穏と繁栄を享受する信仰圏を、中世般若野荘、近世般若郷の全域にまでおよぼすことに成功していたのである。

4　過去帳

さらに、薬勝寺に残る過去帳を見てみよう。『薬勝寺過去帳』は、天明五年（一七八五）三月に古仙によって作成されたものである。歴代住持をのぞけば慶長十八年（一六一三）がもっとも古く、明治十年（一八七七）の加筆がもっとも新しい。総勢五〇四名の戒名・俗名・出身村・死亡年月日が羅列され、このうち女性は二〇六名で四十パーセント、子どもは一三一名で二五パーセントにおよぶ。【図2】には、『薬勝寺過去帳』に記載された檀家の出身村別の人数を記し、およその檀家の範囲を網掛けしてある。

もっとも多くの檀家をかかえていたのは中野村の一四六名で、薬勝寺のある安川村一四一名、安川新村三二名、宮森新村二二名とつづく。「他檀」としながらも、円池村も十五名の記載があり、大般若経の施主であった円池新村作右衛門の親族も名を連ねている。

薬勝寺の檀家は、概して庄川東岸の芹谷野段丘上に南北に長い帯状に偏在していることがわかる。それは、か

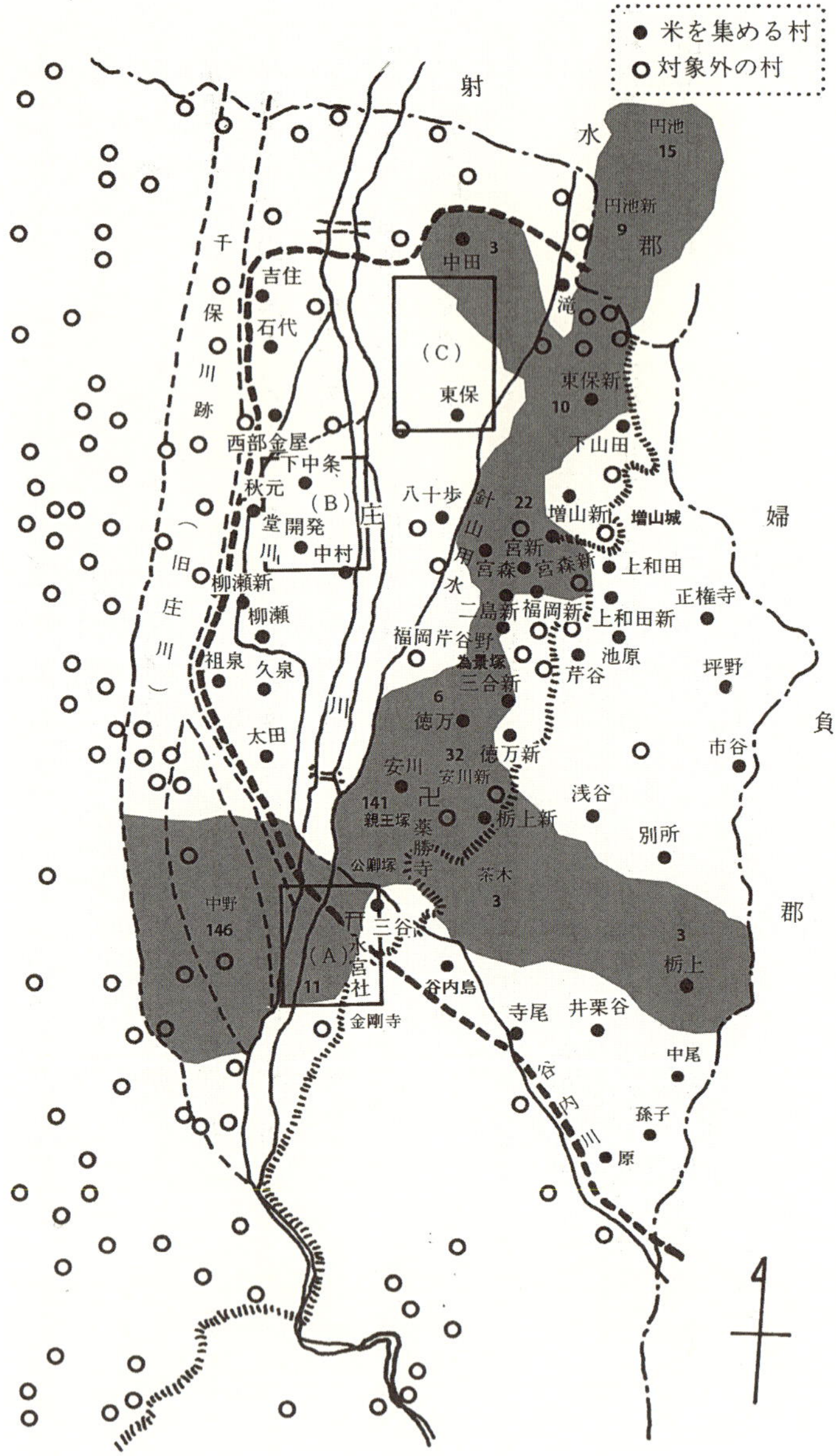

【図2】　大般若会志納の村々と過去帳の村々（『砺波市史』所収図に追記）

つての中世般若野荘の東辺の一端、荘域の一部を占めるにすぎない。薬勝寺檀家の分布は、大般若経の施主たちの分布とも、大般若会の志納の村々の分布とももまったく異なっている。

こうして大般若経・志納帳・過去帳における地域的偏差を見てみると、あらためて大般若会志納の村々の地域的広がりに驚かされる。大般若会の志納米・志納銭を徴収する地域は、檀家とはまったく別の論理によって組織化されていたことはまちがいない。一部の檀家をもつ薬勝寺が、一部の施主たちにより施入された大般若経を用いた大般若会において、中世般若野荘全域に対して志納米・志納銭を徴収できたのはなぜなのだろうか。

三　薬勝寺草創の記憶――もうひとつの親王塚伝承――

1　芹谷野用水

天正十三年（一五八五）十一月二九日、畿内から中部地方一帯を襲った巨大地震は、砺波平野を流れる最大の河川庄川の様相を一変させた。山崩れによって幾日もの間せき止められ、満水となった水が濁流となって流れ下った。それまで千保川を本流としていた庄川は、弁財天付近で東方へ向かい、それまで小川にすぎなかった中田川筋を本流とする新しい流路が形成された。

東遷した庄川は、中世般若野荘域を東西に分断することになる。同時に、中世以来の灌漑用水系の痕跡を霧消させた。「一、文禄年中迄ハ三谷谷内川は太田ノ上ヲ西へ流行、谷内川ヨリ東筋ハ般若郷也、谷内川ヨリ西ヲ庄下郷ト云フ也」（延享三年（一七四六）写の古記「中野藤井家文書」）とあるように、かつて荘域の西端を流れていた谷内川は、中世般若野荘を潤す用水の基幹となる河川であったが、このとき寸断されることになった。

新たな河道をえた庄川の両岸では、庄川から引水するいくつもの新しい用水が開発されていった。(13)

十七世紀後半の加賀藩では、千保川等への分水を遮断し、庄川の河道を中田川へ一本化するための大堤防「松川除」が築造された。ほぼ同じころ、庄川東岸の芹谷野段丘では庄川上流から取水して丘陵地帯から射水平野までを潤す全長約三十㎞におよぶ長大な用水を開削した。この芹谷野用水によって、四四〇〇石もの新田が開墾され、砺波・射水両郡にわたる二四ヶ村の新村が誕生した。

薬勝寺の檀家は、このとき生まれた新村が多くふくまれている。また円池新村は芹谷野用水の流末の村であり、公卿塚の献上塔を造立した射水六ヶ村もまた、芹谷野用水から分水した六ヶ村用水の恩恵を蒙る地域であった。薬勝寺の檀家は、この芹谷野用水の灌漑範囲、庄川東遷後に誕生した新村をとり込み、新しい灌漑秩序のもので再編されたものと考えられる。

2　地下一族共

般若野荘の分断は、庄川の東遷という自然地形上の問題だけではない。中世以来、般若野荘は武家勢力による侵蝕を余儀なくされていた。

般若野荘は、古代東大寺領荘園である伊加流伎・石粟・井山荘の系譜をくみ、立荘は大治年間（十二世紀初頭）にさかのぼるとされる。(14)しかし、文治二年（一一八六）には比企朝宗による濫妨が『吾妻鏡』に記されており、徳大寺家の所領経営は早くから困難をきわめていた。ついで、南北朝期の康永元年（一三四二）には荘域の南端にあたる三谷が鎌倉覚園寺領となっていた。

明徳四年（一三九三）五月三日の足利義満御内書案（「徳大寺家文書」）は、般若野荘への守護使不入と国役免除を命じた文書で、「領家方」の初見史料であり、このころには武家方との間で下地中分が行なわれていたと考えられている。同様の文書は足利義持、義教、さらに文正元年（一四六六）十月十三日の足利義政御教書案まで見られることから、十五世紀を通じて武家方の介入が頻発していたことをうかがわせる。

荘域の北半分を占める地頭方では、東寺造営料や造内裏段銭が課された。徳万荘が石清水八幡宮に、幕府御料所が足利義尚の菩提寺である常徳院に寄進されるなど、とりわけ幕府・室町将軍家との関係が深い。(15)

中世後期の在地社会に目を転じてみれば、しだいに土着しつつある武家・土豪層の姿を見ることができる。応永十九年（一四一二）の狩野新左衛門入道や康正二年（一四五六）の堤新二郎は、いずれも幕府奉公衆と見られる。明応六年（一四九七）に熊野旦那職を買得した「般若野廿四郷内他下《（地）》一族共」とよばれる人びとのなかには、柳瀬の近藤氏や二ヶ塚の折橋氏、横江党といった土豪たちがいた。

十五世紀後半から十六世紀前半ころの般若野荘では、これらの武家勢力が割拠し、利害を異にしながら複雑にひしめきあっていた。徳大寺家領般若野荘は、これらのはざまで安川を中心とした南部の狭小な地域にかろうじて直務支配を完遂できていた状況であった。

3　横江太郎左衛門

「金子文書」は、太田村で十村をつとめた安念次郎左衛門家の文書である。このなかに、もうひとつの親王塚伝承が伝えられていた。

【史料一】

〈宝暦十年〉（中略）

■安川村ニ公家様ノ御塚有、是付テ平家之落人ニ御座候哉、其頃増山御林ニ御城も有り、夫御存なから安川村ゟ何ン町程空ニ城ヲ俄成就す、其頃山ノ下ニ横江太郎左衛門といふ者、五千石程ノ威勢ニテかまへヲなし、其主じ増山之城江有成事ヲ注進いたす、安川村ニ住居仕筋も無御座候哉、増山ゟせめ落しけり、終ニ落されけり、夫ゟ其落人彼ノ横江ニにくミヲかけ、野中ニおへて七日のいのりをする、其いのりを以①若盤《ママ》若廿余郷其頃ゟ郷内ニかぎりて大悪作仕候、夫ゟして薬勝寺ヲ猶以五月十三日ヲ祭り、又夫ゟ以前三谷おの谷之水ヲ以盤若之郷田地ヲやしない、夫故ニ祭リ、誠ニ薬勝寺ハ大事之寺なり、又横江太郎左衛門ハ寛政年中迄も代つづき候得共、般若ノ郷よりにくミて一代〳〵ニ道具ヲうり、又禄ヲはなし、段々退転ニ及びけり。(16)

安川村にある公家様の塚は、平家の落人のものであるという。落人たちは、増山に城郭があることを知りながら、至近の安川村に城を急造してしまった。このころ威勢をふるっていた山ノ下の横江太郎左衛門が増山城主に注進して、増山から軍勢を差し向け、攻め落としてしまった。城から逃れた落人は、横江を憎んで七日七夜の祈祷を行なったので、般若郷だけが不作となってしまった。郷内の豊穣を祈念するため、薬勝寺では五月十三日に祭礼を催すようになったという。横江氏は郷内から憎まれ、しだいに家財を売り払って禄を失い、寛政年間ころまでには途絶えたという。

凡例に「■」は「万事先令之聞ツタイ書有テ写之」とあり、金子家や太田村に原本となる聞き伝え書きが存在したようである。薬勝寺古仙が創り出した親王塚の伝承とは少なからぬ異同があるものの、大般若会で多額の志納米を拠出していた太田村において伝承されたものであることは注意を要する。(17) あるいは、この聞き伝え書きこそは、親王塚伝承のより原初のかたちを示したものなのかもしれない。

横江太郎左衛門に関する別の史料も紹介しよう。

【史料二】

ロ、　安川村古城間数写

長拾八間　幅拾間程　御本丸

長拾弐間　横八間程　二ノ御丸

右、安川村ゟ道程弐拾町程御座候、②但中代迄此村名ハ、神宮、正守、安保子、宮村、遊念、二名、横江等、安川七村与申所也、元和年年《マヽ》ニ安川村与称シ、扨又横江与申ハ射水郡新用水之西ニ而作蔵弐斬外家来共罷在、但横江太郎左衛門与申者也、後寛文大川与成也、其以来不知、但シ右太郎左衛門義、文明年中迄憷成者ニ而盤若郷内之改作ニ悪心ヲ懸、則万物実ルニ難実ル也、上代より不宜聞伝有ル者也、就夫同村盤若山ニ而薬勝寺経汰ヲ祈ル、今ニ五月十三日也、(18)

安川村にあった古城に関するメモ書きで、年未詳である。横川太郎左衛門は文明年中に安川村にいた者で、般若郷内の改作に悪心をいだき、万物を不作にしてしまった。これにより、薬勝寺では五月十三日に祈祷を行なっているという。

横江なる一族は、文亀四年（一五〇四）三月二一日　盛祐旦那職売渡状（「米良文書」）に、熊野旦那職を買得した般若野荘内の土豪として「よこえとう」とあるのが初見である。また、寛永十九年（一六四二）には、太田村の走人を扶助したとされる「安川村之内横江村孫市郎」が見える。【史料二】の傍線部②によれば、安川村は元和年間以前には七ヶ村からなり、そのひとつに横江村があった（【図3】）。この横江村は薬勝寺の門前にあたる字山之下に該当し、【史料一】の横江太郎左衛門の居所と一致する。この山之下には、かつて熊野社があったことも報告されている。(19)

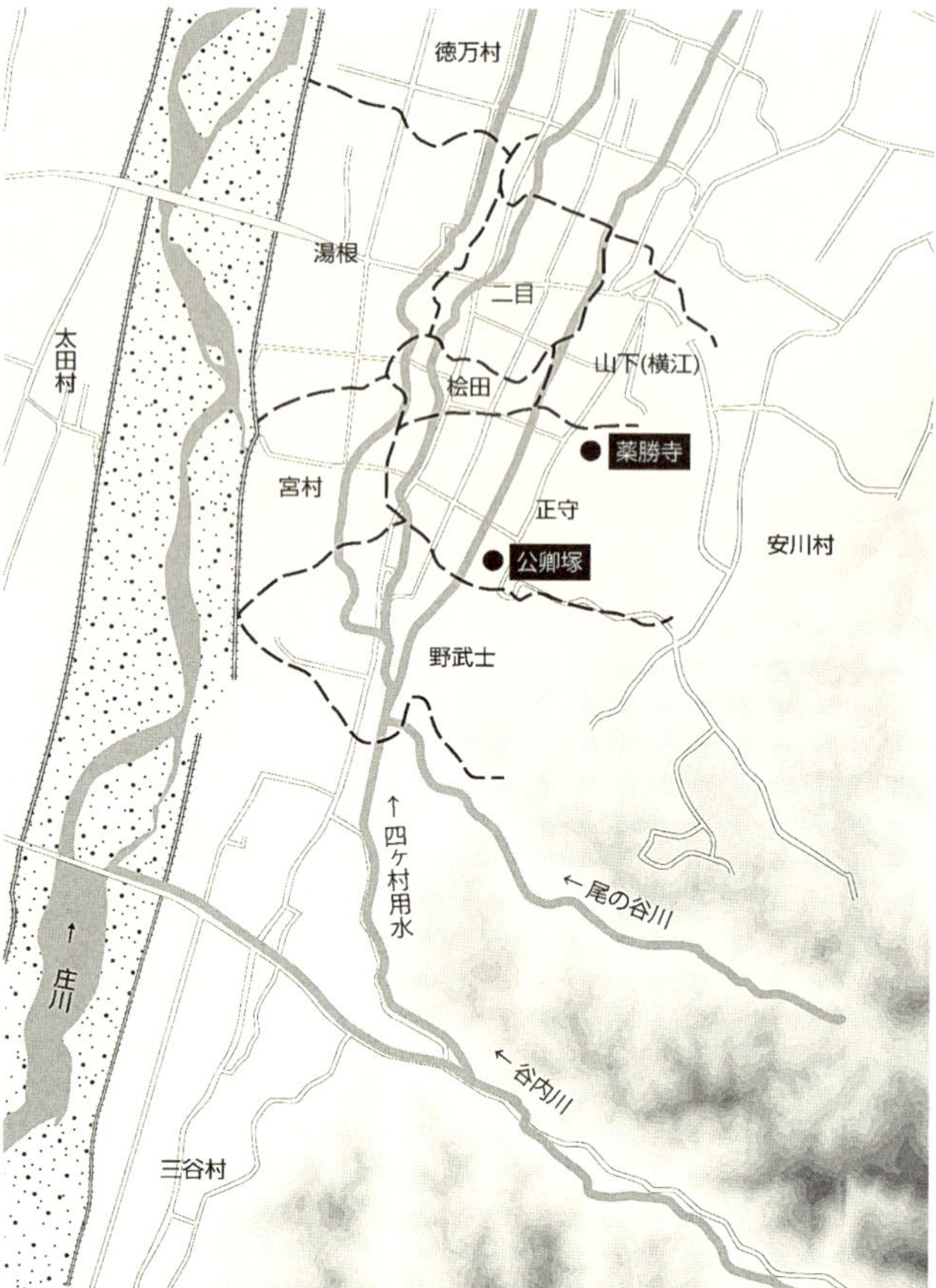

【図3】　安川七ヶ村と四ヶ村用水（作図 吉岡由哲）

【史料一】によれば、公卿塚の主を攻め滅ぼしたのは横江太郎左衛門であったという。たしかに、安川村横江（のちの山之下）を拠点としていた横江太郎左衛門こそは、徳大寺家が直務支配を遂行する上でもっとも利害の対立する勢力であったはずである。あるいは実通を殺害したのは横江太郎左衛門だったのかもしれない。

しかし、横江氏は十八世紀には姿を消してしまう。『越中古城記』では般若郷の荘官黒田太左衛門、『越の下草』

では黒田太右衛門尉なる侍が悪党をしたがえ、鬼ヶ城にたて籠もって勢威をふるったことが記されるばかりである。(20)

4 尾ノ谷用水

二点の史料は、徳大寺実通殺害事件の真犯人を示唆しているだけではない。【史料二】によれば、横江太郎左衛門は文明年中に般若郷に大悪作をもたらした張本人で、五月十三日の薬勝寺の祈祷、すなわち大般若会の濫觴ともされているのである。加えて、【史料一】の傍線部①に注目したい。「夫」の多用によって文意がとりにくいものの、意味のまとまりごとに分解して、傍線部の構造を図式化してみると以下のようになる。

其いのりを以　α 若盤若廿余郷其頃ゟ郷内ニかぎりて大悪作仕候、
　　夫　ゟして薬勝寺ヲ猶以五月十三日ヲ祭り、
又 夫　ゟ以前　β 三谷おの谷之水ヲ以盤若之郷田地ヲやしない、
　　夫　故ニ　祭り、→ 誠ニ薬勝寺ハ大事之寺なり、

これによれば、薬勝寺が「大事之寺」とされた根拠は「祭り」にあり、その「祭り」にはふたつの目的があったと解釈できる。すなわち、α（文明年間に）般若郷が大悪作となったことと、β（悪作となるより）以前に（薬勝寺

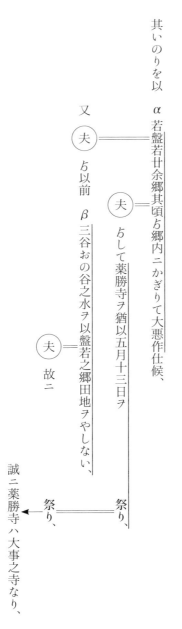

が）三谷尾ノ谷から用水を引き、郷内の田地を潤したことである。[21]

尾ノ谷は、谷内川の北に隣接する小さな谷で、現在では小さな谷川が芹谷野用水に合流している（図3）。庄川東遷以前の般若野荘の基幹用水は、谷内川をせき止め、尾ノ谷川と合流して安川村内を流れる四ヶ村用水であったと言われる。[22]文明年間、薬勝寺は尾ノ谷川からの用水開削を主導したのではないか。

薬勝寺の創建は延文三年（一三五九）とされるが、その足跡をたどれるのは薬勝寺勧進状にも登場する三世文坡祖広からである。神保一族とされる富山光厳寺二世東海宗洋の『光厳東海和尚語録』のなかに、文坡はいくつかの漢詩文を残している。[23]「村北村南不用求　欄中久有一頭牛　偶然今夜聴僧話　寺冷木犀花老秋（南や北やあちらこちらの村々からのもとめに、私は欄中の牛のごとく応じることもなかった。今夜、金木犀の花が咲く底冷えする寺で偶然にも貴僧の話を聴くことができました。）」

想像をたくましくすれば、文明年間、文坡は神保氏や徳大寺実淳らのもとめに応じて、般若野荘尾ノ谷の用水開削を主導し、郷内の悪作を解消したのではないか。そして、このことこそが、大般若会の志納米・志納銭徴収システムを支え、安寧と繁栄を願う広範な信仰圏を実現せしめた最大の理由なのではないか。薬勝寺大般若会とは、中世般若野荘の凶作と用水開削による復興という薬勝寺開創の遠い記憶の糸が在地社会にたしかに生きつづけていたことの証なのである。

注

（1）事件の詳細については史料により異同がある。たとえば、『公卿補任』によれば、殺害日は四月九日で九人の死者と伝えている。なお、殺害事件の詳細および中世般若野荘関係史料は、砺波市史編纂委員会編『砺波市史』

資料編1　考古・古代・中世（砺波市、一九九〇年）にまとめられている。

（2）元禄十一年（一六九八）成立の『北越軍談』では、天文七年（一五三八）四月十一日に越中千壇野で討ち死にしたされる。同じ元禄期の『北越軍記』では、天文九年（一五四〇）七月二四日に千段野にて伏兵のために重傷を負い、腹を掻き切って死んだともいう。

（3）久保尚文『越中中世史の研究』（桂書房、一九八三年）等参照。

（4）過去帳によれば、明応六年（一四九七）死去の三世文坡から慶長二十年（一六一五）の十三世澄月までが国泰寺住持であった。国泰寺前住とされるのは、正徳六年（一七一六）までくだる。

（5）「坪野」は、般若野荘東辺に位置する。ただし、「神代村《こうじろ》」は国泰寺にほど近い氷見郡にあった村で、位牌の制作、「徳大院」法号と国泰寺との関係をうかがわせる。

（6）勝俣鎮夫「戦国時代の村落」（『戦国時代論』岩波書店、一九九六年）。

（7）①巻数装「親王御陵由来」に「中頃当山の住持交代等の障りありて」とあり、宝暦十三年（一七六三）二月二三日　鉄山の後住に古仙を置きたく窺覚にもるように、古仙の住持就任の経緯はイレギュラーなものであり、一筋縄ではなかったようである。

（8）佐伯安一編『薬勝寺誌』（般若山薬勝寺、一九九三年）。

（9）大般若経や過去帳をふくむ薬勝寺文書の調査は、二〇一七年十二月十八・十九日に実施した。調査者は、黒田のほか、吉岡由哲・若林陵一・鳥谷武史・小口歩美・大内匠悟・北口加奈子・倉森啓介である。調査について、薬勝寺住持般林桂州氏、般林雅子氏、般林桂心氏、砺波市教育委員会中島良江氏、尾田武雄氏に深甚の謝意を申し上げる。

（10）宇治宝蔵院の黄檗宗僧鉄眼道光は、大蔵経の開板を決意して諸国を巡り、十年余の歳月を費やして延宝六年（一六七八）に版木を完成させた。

（11）このほか「越後州本達」や「五箇村次郎四郎内」なる施主名もあり、広域におよんでいたことがうかがえる。

（12）前掲注（2）『砺波市史』。南東部山間地域については、中世般若野荘域であることを裏付ける史料がなく、今後の課題としたい。ただし、薬勝寺は、もともと五谷にあったともされ、徳大寺実通の従者が別所に隠れ棲んだという伝承も残っている。

（13）庄川沿岸用水歴史冊子編さん委員会編『砺波平野疎水群　庄川沿岸用水』（二〇〇九年）のほか、佐伯安一氏の諸論考に詳しい。
（14）般若野荘については、河合久則「徳大寺家領般若野荘について」（砺波市史編纂委員会編『砺波市史』国書刊行会、一九六五年）のほか、前掲注（2）、久保尚文「般若野荘の成立」（『かんとりい』九、一九八六年）、上杉和彦「鎌倉期越中国の徳大寺家領荘園について」（鎌倉遺文研究会編『鎌倉遺文研究』Ⅰ　鎌倉時代の政治と経済　東京堂出版、一九九九年）、若林陵一「中世後期越中国般若野荘における社会の枠組」（『富山史壇』一八五、二〇一八年）。
（15）このほか、永正三年（一五〇六）には地頭方東保郷毘沙門堂に梵鐘がつくられるなど、地頭方の痕跡を示すものがある。杉崎貴英「砺波市常福寺阿弥陀如来立像の造立背景に関する一試論」（『日本宗教文化史研究』一一―二、二〇〇七年）。
（16）「太田村百姓由来跡式筋目知らべ帳」文化八年（一八一一）二月（金子文書編集委員会編『加賀藩初期十村金子文書』「金子文書」冊子二一号　砺波市、一九七六年）。
（17）尾田武雄氏によれば、金子家をふくむ太田村のかつての集落は、現在の庄川流域にあったとされる。現在よりも安川村と隣接していたことになり、谷内川や尾ノ谷川の水利権を共有していた可能性が高い。砺波市教育委員会編『柳瀬比賣神社石造物報告』（二〇一六年）。
（18）「増山村等古城間数、安川村物成定、太田村御囲之間数写」（前掲注（16）「金子文書」三五八号）。二〇一八年二月二八日に実見。四通の別々の文書を一紙に貼り付けてあり、イロハニが追記されている。宝暦の巡見使接待のためのメモ書きかもしれない。
（19）安ヵ川恵子「「安川七か村」と日吉神社・合祀前の七社について」（『土蔵』一、一九八八年）、砺波市史編纂委員会編『砺波市史』資料編5　集落（砺波市、一九九七年）。
（20）尾田武雄「別所と鬼ヶ城、製鉄伝承」（『ねんりん』一四、二〇〇六年）。
（21）同史料の寛文六年の項にも、「庄川無頃ハ庄ノ広谷ノ水ヲ用ひ、三谷ノおの谷ヲ用ひ、田地ヲやしなひ」とある。
（22）佐伯安一「四ヶ村用水と般若野荘の古水利」（『散村地域研究所研究紀要』一二、一九九五年）。
（23）『富山県史』史料編2　中世（富山県　一九七五年）。金森久一「戦国期に於ける光厳寺」（『高志人』七―三・四、一九四二年）。

【現地ガイド】

越中国般若野荘を歩く

雪もすっかり融けて、あたたかい日差しに恵まれた春の日に、和田川ダムのそばにある増山陣屋に集合しよう。歩きやすい靴に帽子、いつでも羽織れる薄手のジャケットをもって。

【増山城址】　上杉謙信をして「嶮難之地」と呼ばしめた増山城は、和田川右岸に築かれた山城である。戦国時代に数々の攻防の舞台となり、神保氏から加賀藩前田氏まで数度の大規模な改修がくり返されて現在のような巨大な城塞が誕生した。和田川ダムからやや緩やかな坂道を登ると見えてくる二の丸へつづく巨大な堀切や土塁からなる光景は、まるで戦国時代へタイムスリップしたようで、一の丸から見下ろす切岸（山の斜面を削って急峻にした城壁）は断崖絶壁。城址散策コースは広く入り組み、よく整備されていて見応え十分。秋には増山城戦国祭も開催されている。隈なく観たら日が暮れてしまう。長居は禁物、帰りは七曲の急坂を駆け下りて先を急ごう。

【千光寺と為景塚】　増山城から四十分ほど歩くと、砺波ではもっと古い真言宗の古刹千光寺に到着する。巨大な杉木立に囲まれた玉砂利の坂の向こうにたたずむ山門は、寛政九年（一七九七）に井波大工によって再建されたもの。本堂のひんやりとした空気に深呼吸、閑かな心持ちで参拝しよう。白鳳期にさかのぼる聖観音像を所蔵する一方、この寺院も戦国期に戦火で焼亡しており、謙信が戦勝祈願したという備前長船久光作の奉納刃など、長尾・上杉氏侵攻の爪痕を残している。

千光寺から十五分ほどのところにある為景塚は、田んぼの真ん中にぽっかりと浮かぶ島のよう。そこから東に一八〇mほどのところにあるのが能景塚だが、こちらは民家にあって少々わかりにくい。永正三年（一五〇六）、この地で長尾・神保両軍が激突し、長尾能景が壮絶な自刃をとげた。その凄惨な合戦場に思いをは

【写真1】　為景塚

せてみよう。

為景塚のすぐ脇で大量の水をたたえて流れているのが、芹谷野用水である。寛文三年（一六六三）から約十年の歳月をかけて開削された全長三十㎞余の灌漑用水で、実に二四の新村と四四〇〇石もの新田を生み出した。この芹谷野用水をさかのぼるようにしてまた歩きはじめよう。


【薬勝寺・親王塚・公卿塚】　途中、いのしし鍋で腹ごしらえするのもいいだろう。三十分ほど歩くと薬勝寺に到着する。五百羅漢石像とケヤキの大樹、「般若郷頭」の石塔を見ながら境内へつづく坂を登ると、本堂の左側に古仙宗古が享和元年（一八〇一）に建てた土蔵があり、このなかに大般若経六〇〇巻が収蔵されている。毎年六月十三日になると、薬勝寺では開山忌とともに、この地で殺害された淳良親王の菩提を弔って大般若経の転読が行なわれている。

本堂の右手から段丘の上に登ると親王塚が見えてくる。大きな二本の杉にはさまれるようにすえられた柵のなかに、高さ一二三㎝の、塔身が二つ重ねられた凝灰岩質の宝篋印塔がある。徳大寺実通とも、後花園天皇の皇子淳良親王のものとも伝えられているが、この石塔は南北朝期の造立と考えられていて、本当の主の名は定かではない。まわりには、歴代住持や尼僧、弟子たちの一〇〇基近い墓石がぐるりととり囲んでいる。古仙宗古の墓もさがしてみよう。

薬勝寺を出て、寺の前の道を南へほんの二、三分ほども歩くと、道は二手にわかれている。左の坂道を登って、ロイヤルホテルをかすめて、塩谷から鬼ヶ城（安川城・浅野谷城）まで足をのばしてみるのもいいだろう。まっすぐ行くと、分岐のすぐ先に公卿塚がある。公卿塚には中世後期の石造物が林立している。昭和四四年（一九六九）に改修されたときには、十基前後の五輪塔が完形で残っていたが、現在では五輪塔の残欠が散乱し、かろうじて面影をとどめているばかりである。右脇に柱状型の供養塔があり、左側面に「古仙建焉」と刻まれているのが判読できるはず。天文十四年

【写真2】 大般若会

【写真3】 公卿塚

（一五四五）四月九日未明、徳大寺実通一向は薬勝寺付近で何者かの襲撃をうけ、難を逃れた従者たちもここで殺害された。薬勝寺・親王塚から公卿塚までわずか三〇〇m。今から約五〇〇年前、この細道でくり広げられたドラマを想像してみてほしい。

【四ヶ村用水と尾ノ谷】　公卿塚から先の道は、芹谷野用水の流れる段丘直下で途切れてしまう。大通り（井波街道）に出て南へ歩いてゆくと、街道に寄り添うように流れている四ヶ村用水を見ることができる。三谷・安川・徳万・頼成の四ヶ村を潤していた四ヶ村用水は、天正十三年（一五八五）の大地震による庄川の河道変更以前における中世般若野荘の基幹用水であった可能性が指摘されている。安川地区の南にある尾ノ谷も、谷内川とともに重要な水源であったと思われる。尾ノ谷付近でもう一度、芹谷段丘に登ってみよう。段丘上を流れる芹谷野川の豊かな水流の音を聞きながら、砺波平野の散居村の風景を見晴るかすことができる。

【水の神々と松川除け】　さらに五分ほど歩くと、四ヶ村用水の取水口がある三谷の水宮神社に着く。社殿は少し高台にあって、東側にうねるいくつかの用水網を眺めることができる。もう少し元気がある人は、三十分ほど歩いて雄神神社まで行ってみよう。「オカミ」とは水をつかさどる龍の意味で、古代以来、庄川の治水神であったと考えられている。この神社は、天正十三年（一五八五）の大地震で現在の場所に遷座した。旧社殿は、雄神橋をわたった対岸の河川敷にあって弁財天社と称されている。この弁財天社付近には、「松川除け」とよばれる、全長一・五キロメートルもの巨大な堤防がある。寛文十年（一六七〇）、加賀藩は庄川の河道を一本化するためにこの築堤を計画、約半世紀におよぶ土木工事の末に完成した。ここには、庄川の豊かな恵みとともに、水災への祈りとたたかいの歴史がたしかにあるのだ。

まもなく砺波は、チューリップフェアの季節を迎え、街のそこここを赤白黄色の花畑が彩る。お土産には大門素麺をどうぞ。

第Ⅱ部　畿内近国

——領主と向き合う人々——

『看聞日記』に描かれた中世村落
――山城国伏見荘の村々――

清水克行

はじめに

伏見宮貞成親王が記した『看聞日記』は、室町時代の政治・社会・文化を語るのに不可欠の重要史料である。(1)なかでも貞成が生涯の大半を暮らした山城国伏見荘（現在の京都市伏見区桃山一帯）については、沙汰人たちの荘内運営や祭礼、近隣との相論の様子などが克明に記されており、当時の民衆生活に関する多くの知見を私たちに与えてくれる。(2)しかし、肝心の荘内の景観復原については、豊臣秀吉の伏見城築城や近代の開発で現地の景観が一変してしまっていることもあり、室町時代を代表する有名な荘園でありながら、研究は立ち遅れていると言わざるをえない。

とりわけ、二〇〇〇年に瀬田勝哉氏の論文「「伏見古図」の呪縛」が発表された衝撃は大きい。(3)これにより、それ以前の多くの研究が漠然と伏見荘の景観復原材料として依拠してきた「伏見山離宮近廻地図大概」が、近世中期以降に偽作されたものであることが明らかにされてしまったのである。そのため、瀬田論文以前の伏見荘に関する文献の荘内景観に関する記述は、すべて再検討の必要が生じることとなった。『看聞日記』についての基本文献といえる横井清氏の『看聞御記』（そしえて・一九七九年）においても、二〇〇二年の文庫化（講談社学術文庫。『室町時代の一皇族の生涯』と改題刊行）の際に、「伏見山離宮近廻地図大概」は削除され、かわりに荘内の村々の位置関係については野田只男氏の推定地を記載した略図が掲載されている。[(4)] しかし、その野田論文とても、村落の地名比定は主に「伏見山離宮近廻地図大概」に基づいており、その情報に安易に依拠するわけにはいかない。

また、近世の地誌に「伏見九郷」と伝承された九つの村々（久米・船戸・森・石井・即成院・法安寺・北内・山・北尾）についても、その名称は『看聞日記』に登場する村名と半分近くが一致しない。[(5)] 現在の研究状況では、伏見荘の景観復原については「伏見山離宮近廻地図大概」に一切頼らずに、『看聞日記』の情報を基本としながらも、それに近世の地誌やわずかな現地の伝承を慎重につき合わせるかたちでの復原が求められているといえる。実際、武蔵大学の瀬田勝哉ゼミナールの多年にわたる地道なフィールドワークにより、その成果も少しずつではあるがあげられている。[(6)] 本稿でも、それらの成果や方法論に学びながら、主に村々の位置と機能に注目して景観復原に取り組んでみたい。

一　伏見荘の姿

伏見荘のエリア　伏見荘の範囲は、おおよそ現在の京都市伏見区桃山一帯と考えられる。荘内には、後に詳しく述べるように少なくとも九ヶ村ほどの村落が存在し、人口は成人男性四～五〇〇人ほどであったとされる。[(7)]

『看聞日記』では、京都に向かった者を坂迎え（帰郷者を荘境でもてなす饗宴）するのは「松原」で、伊勢に向かった者を坂迎えするのは「権現」であったから、この二ヶ所が伏見荘の北と東の境界と考えられる。(8)なお、伏見荘民が隣郷の炭山と相論を起こしたとき、貞成は「東木戸要害」を巡見している。(9)これが一時的な施設か、恒常的な施設かは不明である。恒常的な施設だとすれば、近江国菅浦荘の要害門のように伏見荘の入口にも「木戸要害」が設置されていたと思われる。

名田　『看聞日記』からは、伏見荘内に安久名、満枝名、延光名、包守名、金松名などの名田が存在したことが確認できる。(10)これらの名田には当然ながら名主が存在し、彼らは応永の大飢饉の際には「地下名主有訴訟事、棰等献之」と記されるように、年貢減免に関する訴願を行っているようである。(11)ただ、それ以外の場面で名主の存在が『看聞日記』に記されることはほとんどなく、名田についても言及されるのは得分権をめぐる相論の話題に限られる。この時期、名田や名主は存在していたものの、荘民たちの主要な生活の舞台は次に述べるような村落にとって代わられつつあったのではないかと考えられる。

荘鎮守・御香宮　伏見荘の荘鎮守が御香宮である。御香宮は九月の祭礼の場であるほか、荘内での犯人捜しのさいの参籠起請や落書起請、湯起請の場としても機能した。(12)

御香宮については、豊臣秀吉の伏見城築城のさいに現在の古御香（大亀谷敦賀町）の場所に移され、その後、慶長八年（一六〇三）、徳川家康によって現在地に戻されたと伝わる。ただし、現在の場所が中世御香宮の場所と同じであったか否かについては、見解の相違がある。たとえば、星宮智光氏は「古図を合わせみると、室町時代には、現在の御香宮の東方高台、江戸時代古地図の「山の上天神社」、現在の桃山天満宮辺りにあったと推定することができる」としている。(13)しかし、ここで利用されている「古図」とは、瀬田勝哉氏の史料批判によって否定された「伏見山離宮近廻地図大概」のことであり、この結論を受け入れることはできない（御香宮の伝承としても、そのような伝承は確認できない(14)。むしろ、「山城国伏見御香宮縁起略記」(京都市歴史資料館写真帳)の次の記述のほうが参考になる。

文禄三年太閤当社を狼谷《大亀谷》山上え移し給ふ。し《其カ》後、其跡筑前黄門の宅地となる。然れとも此所往昔明神御垂跡の地たるにより、く《其カ》怪異数々多し。人皆是をあやしミけれは、遂に　台聴に達し、依之、慶長十年　権現様、板倉伊賀守勝重に被　仰付、狼谷山上の社お二たひ旧地今の所へ新に神殿お御造営有之。今の御社是なり。

これによれば、御香宮が秀吉によって移動させられた後、その場所は「筑前黄門」(小早川秀秋)の屋敷となったという。信用できる「伏見城下古図」(15)によれば、小早川秀秋邸は現在の御香宮の場所である。そして、けっきょく御香宮は家康によって「旧地」である「今の所」に戻されたと明記されている。本縁起は筆写年の記載がないが、字体は明らかに近世のものであり、所々に写し間違いと思われる箇所があり、原本の成立はさらに遡る可能性が高い。これに従って、本稿では中世御香宮の所在地は、現在地と変更ないものと考えたい。

二　村々の姿

では、次に日記に見える村々について、その立地や特徴を整理しよう。

石井村　「石井郷《いわい》」の名前は、すでに『和名抄』紀伊郡の八郷のなかに見え、伏見の別称として使用されている。中世伏見荘においても、石井村は中核的な村落であったと考えてよいだろう。『看聞日記』中に「抑後聞、今夜石井村黒雲聳、其辺火炎燃出云々、人々見之、御香宮巫女家辺云々」という記述があり、他にも「石井神子」という記述が見えることから、石井村は御香宮の巫女・神子が住むような御香宮門前の集落であったと考えられる。[16] その所在地は御香宮門前町付近、近世地誌では比較的成立の早い『山城名勝志』坤（一七〇五年序、『新修京都叢書』8所収）に「土人」の言として「自御香宮迄西追手筋」とある辺りでよいだろう。また、退蔵庵も御香宮近所であったことがわかることから、この庵も同村内にあった可能性が高い。[17]

　貞成は日記のなかで七月の盂蘭盆会について言及するさいに「山村拍念仏、石井ニ来」と書く一方で、「次〈石井〉風流、又山村へ行」と書いている。[18] そのほか「船津拍物風流、石井ニ来」という表現もあり、[19] しばしば『看聞日記』にその名が見える石井村・山村・船津村の三ヶ村のなかでは、石井村は最も御所に近い場所にあったことがわかる。

『看聞日記』からうかがえる荘内の村々の年中行事としては、正月十五日の風流松拍（作り物や仮装の練り行列）、七月十五日の盂蘭盆会の念仏拍物、九月九日の御香宮祭礼の風流笠と拍物がある。このうち石井村は、正月の松拍では最初の頃、つねに船津村・山村に先駆けて御所に参上している。[20] これも伏見御所との距離的な近さによる親近感の表れなものかもしれない。ただし、それは応永年間までで、なぜか永享年間に入るとさほど熱心ではなくなり、御所への参上も稀になる。

　七月の盂蘭盆会の念仏拍物も、たまに興が乗るとそのまま伏見御所に参上することがあったが、基本的には荘園領主の伏見宮家とは無関係に村ごとに自律的に執り行われていた。実際、応永三十年の盂蘭盆会では、山村の念仏拍物が石井村に来たのをうけて、石井村は即日に山村に念仏拍物を送り返す、という踊りの応酬が見られる。また永享六年の盂蘭盆会でも、石井村の人々が即成院（三木村か。後述）に踊りを掛けて、同日にこんどは即成院の人々が石井村に「還礼」に踊りを掛けている。これらは民俗学的には「掛踊り」とされる祭礼習俗だろう。[21] 村々の祭礼はかならずしも荘園領主の拠点に一元的に結節するものではなく、独自に展開を遂げ、村落間相互の互酬的な儀礼すらも存在していたのである。

宗教施設に注目しても、そのことは同様である。石井村には「新堂」とよばれる堂舎があり、貞成は新堂を「御所近所」と言っているが、七月の石井村の盂蘭盆会の主要な開催場所は、この新堂であった。(22)堂の前の「藪中」には、狐狸の化身と思われる奇女が出没するという逸話もあった。(23)七月の盂蘭盆では「新堂前」で「念仏拍物」が行われるが、応永二六年には舟津・山村等も風流を用意して新堂前に集まっている。(24)ここから、新堂は石井村にとどまらない近隣村落の信仰を集めていたことがわかる。この新堂は、そもそも荘鎮守である「御香宮御旅所」であったとされる。(25)おそらく荘民たちはここを荘鎮守とは別の、新たな村落結合の中核として転用していったのだろう。荘園領主のイデオロギー支配の拠点が換骨奪胎され、荘民たちの自治の拠点へと変貌していくのは、この時期、他地域でもまま見られるところである。

そうした堂の性格を反映してか、新堂には外部の宗教者もしばしば到来した。応永二三年や永享七年には、往来の聖や僧が寄宿し法華経などを談じ、男女が多く聴聞している。(26)また応永二七年七月には、竜山という往来知識僧が旅宿して法華経談義を行っている。(27)このときのイベントは、ちょうど荘内の法安寺で行われていた月庭という知識僧の法華経談義に対抗して十月まで行われたものだったが、貞成に言わせれば「弁説においては法安寺に及ぶべからざるか」というものだったという。それもそのはず、この竜山は翌年、談義先の京都の堂の勧進料足を盗み取ろうとし、そこの老僧を殺害、堂に放火したことが露見し、死罪となっている。時として、こうしたいかがわしい連中が到来するところも、この新堂の在地的なエネルギッシュさを表わしていると言えようか。

船津村　船津村は西船津と東船津からなり、巨椋池に面して、その名のとおり、東西それぞれに船着き場があった。(28)その所在地は近世地誌の指摘どおり、柿ノ木浜町付近と考えてよいだろう。村内には漁業を営む多くの

「猟師」(漁師)が暮らしており、水辺の葦などを「草苅舟」で伐採することも行われていたらしい。(29)『看聞日記』には荘内の「水郷家」という記述も見えるが、これは船津村付近の家々を指していると思われる。(30)

船津村には、さきに応永八年に焼失した伏見宮家の「御所旧跡」があった。(31) たまに「御所旧跡」を見物に行った貞成たちは「不動堂」で「遠見」をしており、(32)「御所旧跡」のある船津村は「不動堂」の近くでもあったことがわかる。不動堂・九体堂・愛染王堂は「三御堂」と称される荘内の重要な堂舎だが、貞成自身、御所焼失後は出かけていないと語っており、「三御堂」いずれも旧御所近辺の船津村にあった可能性が高い。(33) なかでも不動堂は、さきの石井村の新堂と同じく村人独自の結集核としての役割を果たしていたらしく、荘内の「童部雑人等」が不動堂を「会所」としているという記述も『看聞日記』には見える。(34)

その他、船津村は、正月の風流松拍では毎年御所に参上する一方、七月の盂蘭盆では石井村同様、独自に村内で風流を行っており、また、九月の御香宮祭礼にも山笠拍物を出している。(35) また、永享六年に起こった盗犯事件では、湯起請の後、嫌疑不十分として釈放された者たちは、それぞれ自身の出身村であろう船津村・山村に村預かりになっている。(36) ここからは、荘園領主の検断を支える下部組織としての役割が、各村落に与えられていたことがうかがえる。

森村　森村の場所については、『山城名跡巡行志』第五(一七五四年序。『新修京都叢書』10所収)に次のような記述がみえる(同様の記述は『伏見鑑』下にもみえる)。

大椋《オホクラ》ノ神社　旧址在二奉行所ノ内一、所レ祭、住吉三所、所レ載二延喜式ニ一、紀伊郡大椋神社是也、此地、昔ノ森村也、因テ、号二森ノ住吉ト一、文禄三年、社ヲ摂シ二御香宮ニ一、人家ヲ移二西北ニ一、今号二住吉町ト一、其跡、尚小祠存ス、これに従えば、森村は江戸時代の伏見奉行所（御香宮の南方。現在の東奉行町・西奉行町）の場所に所在したことになる。なお、同地にあった大椋社（住吉社）は、文禄三年に御香宮の摂社とされたとするが、深草大亀谷古御香町の古御香宮には摂社はなく、現在の御香宮には摂社として住吉社があるが、由来は伝わっていない。また、本史料の成立時点では、同地に「小祠」が残っているとされるが、現地調査をしたかぎり、現在、同地は団地になっており、「小祠」らしきものは残っていない。念のため住人の移転先とされる住吉町にも現地調査を行ったが、同町内に住吉神を祭る施設は存在しない。[37]ちなみに森村については、『兼見卿記』元亀元年（一五七〇）十一月十六日条に「伏見郷森大明神」とみえる。これが『山城名跡巡行志』にみえる大椋社（住吉社）の前身かもしれない。

なお、野田只夫氏は、森村の所在地を「桃陵町付近」としているが、より厳密にはもう少し北の東奉行町・西奉行町とするべきだろう。

山村　山村は、近世地誌のなかでも所在地に混乱が見られる。『伏見鑑』下（一七八〇年刊）には「今の六地蔵清水谷辺」とあるものの、『伏見大概記』（若林本、幕末・明治期写）は「谷口より広庭之間、御城山取立時分、六地蔵山引、只今六地蔵」として、もともと伏見山西側にあったものが伏見城築城により六地蔵に移されたとする。[38]これを中世史料で確認すると、天正十一年（一五八三）六〜七月に船津・久米・石井の三ヶ村が馬借の問題で山村を訴えており、豊臣政権の裁許が下されている。[39]そのさい豊臣政権は「彼近所木幡之者共」を証人として召し寄せていることから、山村はやはり中世期から木幡に近接する伏見荘の東端、六地蔵清水谷付近（字「桃山町美濃」付近）にあったのではないかと考えられる。ここは地誌としては成立の早い『伏見鑑』の伝承に信を置くべきだろう。

山村は石井村や船津村とともに、毎年正月の松拍で伏見御所に参上している。また、盂蘭盆会では、同じく石井村・船津村同様、村内で独自に念仏風流を行っている。(40)

なお、山村には「木守」（山間林業を行う職能民）がいたことが確認できる。彼らは毎年正月の伏見御所での三毬打に点火する役目を担っているが、これは彼らの生業に由来するものと思われる。(41)

三木村　三木《そうぎ》村は、近世地誌にはその名が見えない村である。永享六年の山門騒動では、伏見荘でも村々が軍事動員を受けているが、そのときの村ごとの動員数は「三木村百人」もおり、続く「船津村六十三人」と比べても、三木村の動員人数は突出している。(42)これがもし各村の人口を反映しているのだとすれば、三木村は荘内でも最大の村であった可能性が高い。『看聞日記』に頻繁に顔を出す地侍三木氏も、その名字からして、おそらくこの村を本拠地としていたのだろう。

三木村の所在地は、『看聞日記』の永享五年九月十六日条に「天明之間、三木辺有猥雑之声」とあることから、喧噪が聞こえる程度の伏見御所の近辺であったことがわかる。また、村名を名字とする三木善清の城郭は御所の東谷にあったとも記されている。(43)伏見御所が現在の字「泰長老《たいちょうろう》」付近にあったとすれば、この三木城は江戸町の谷を挟んだ東、現在の字「本田上野《ほんだこうずけ》」付近ということになる。おそらく、三木村もその周辺と考えてよいのではないか。永享五年四月二三日の炭山相論も、永享九〜十年の炭山相論も、いずれも三木村の者が張本だったが、これは村自体の規模の大きさもさることながら、比較的炭山に近い三木村の立地によるものだったのかもしれない。

なお、平安以来の歴史をもつ古刹、即成院は近世の地誌などに江戸町の東に所在したとされている。(44)だとすれば即成院も、その位置は三木村内であった可能性が高い。永享九年には「三木土民」の赦免歎願を即成院の梵祐が行っているが、(45)これも地縁に由来するものであったのかもしれない。なお、即成院のそばには行蔵庵、蔵光庵もあったとされる(46)。

ただし、近世のいわゆる「伏見九郷」の伝承では、伏見荘には三木村という村名はなく、かわりに即成院村や法安寺村という村があったとされている。たしかに『看聞日記』を見ると「法安寺・即成院地下輩大勢炭山へ入部」という記事があり、法安寺や即成院に属する荘民たちがいたことがわかる(47)。これが独自の法安寺村や即成院村をさす可能性もあるが、その立地から考えて即成院とその門前集落は三木村内にあったと考えるべきように思う。事実、このときの騒動を起こした人物は「三木兵衛四郎」と名乗る者だった(48)。おそらく「即成院地下輩」は三木村の村人を指し、三木村が近世になって「即成院村」と呼称されるようになってしまったのではないだろうか。

年中行事について言えば、三木村は応永二三年の正月松拍で伏見御所に参上して以後、二度と正月松拍に姿を見せなくなっており、石井村や船津村ほど伏見御所とのつながりは強くないようである。ただし、九月の御香宮祭礼には船津村とともに山笠拍物を出すことになっていたことがわかる(49)。

野中村　野中村は、永享六年十月四日条の山門騒動の交名を除いては、応永三二年八月二三日条にその名が登場するのみで詳細は不明である。地侍小川禅啓が管領している聞法院という小庵があり、栗拾いのできる栗林があった。

久米村　現在、伏見区鷹匠町に鎮座している金札宮は、伏見荘故地のなかでは鎮守御香宮に匹敵する古い由緒をもつ神社として知られている。とくに室町期には、当社の霊験を寿いだ「金札」という謡曲が観阿弥によって作られており、地域祭祀のうえでも重要な施設であったと考えられる。ところが、意外なことに『看聞日記』には、金札宮の名は一ヶ所も登場しない。また、金札宮は久米村にあったとされるが、久米村の名も『看聞日記』には一ヶ所（後述）しか確認することができない。同じ伏見荘域にありながら、他の寺社や村々とは異なり、金札宮や久米村は、領主伏見宮家とは関係の薄い場所だったようだ。康生元年（一四五五）十一月に伏見荘荘民らが蜂起したときも、久米村の正実なる者と政所の三木某がその中心人物となっている。(50) これも久米村の独自の政治的立場を表すものである可能性があろう。これまで十分に意識されてきたとは言いがたいが、室町期の伏見荘を考えるとき、『看聞日記』に描かれた世界が伏見荘のすべてではないことは、注意を要する点だろう。

金札宮も、御香宮と同じく秀吉によって社地を移動させられており、家康時代に現在地に戻されたとされるが、現在地が中世金札宮および久米村の所在地と同じであったかどうかは定かではない。『光明山寺誌』（西芳寺蔵）には「金札宮ノ神林及社地は一時奉行屋敷ト為リ、後尾張藩邸ト為ル」とある。(51) 尾張藩邸は、「京都絵図細見大成」(52) によれば現在の御駕籠町・下板橋町・指物町・石屋町付近であるとされる。このうち西側の御駕籠町・下板橋町付近（現在の伏見中学校・伏見板橋小学校付近）は「伏見城下古図」によれば「池」になっており、藩邸を建てるにあたり埋め立てを行った場所であることがわかる。ここから、中世金札宮の場所は、尾張藩邸敷地のうち、かつて池であった土地を除いた指物町・石屋町付近であったと考えられる。つまり、中世金札宮の場所は、現在地よりも北東に1ブロック離れた場所にあったことになる。久米村もその周辺であっただろう。

その他の村々　横井清氏や様々な地名辞典類は、後世のいわゆる「伏見九郷」（久米・舟戸・森・石井・即成院・法安寺・北内・山・北尾）に対して、『看聞日記』に確認できる荘内村落は舟津・山・森・石井・三木・野中の六ヶ村のみだとしているが、そのほか「くほ」「久目」などの村名も見える。(53) このうち「久目」は前節の久米村で問題ないが、「くほ」は不明である。該当記事は竹田との用水相論に関する記述で、船津・くほ・久米村の者が張本として指名されている。おそらく船津・久米村と同様、「くほ」も荘内西側、平野部の集落と考えられる。その他、加納として芹河村という村も荘域に含まれることがわかる。(54) これらをあわせると、中世伏見荘には後世の

「伏見九郷」とは同一ではないものの、少なくとも九ヶ村の村落があったことになる。

三　伏見荘の農業環境

荘内の景観は、伏見山周辺の丘陵部（荘域東部）と、のちに伏見城城下町となる平野部（荘域西部）に大別される。それに前章で復元した村々の所在地を当てはめれば、三木・山村などが丘陵部、石井・船津・森・久米・くほ村などが平野部ということになる（【図】参照）。ここでは、それらの地域の農業のあり方について、少ない史料をもとに少々大胆な推測も交えながら、可能な限りで考察してみよう。

平野部地域の農業　『看聞日記』を見ると、船津村で貞成が田植え風景を見物したり、カエルの異常発生が目撃されていることなどから、おそらく平野部に位置する船津村は荘内の中心的な水田地帯であったと考えられる。[55]嘉吉三年の竹田との用水相論でも、その首謀者は船津・くほ・久目の村々の者であった。[56]これは、それらの地域が他の丘陵部の村々と異なり、鴨川取水の用水路灌漑に依存し、竹田と用水をめぐって競合関係にあったため、と思われる。

田植えは、応永二九年五月二十日（グレゴリオ暦六月十八日）と永享四年五月十四日（同六月二一日）と永享五年五月二三日（同六月十九日）に行われていたことが確認できる。ただし、いずれも旧暦の五月中〜下旬（新暦六月下旬）であり、田植えのタイミングとしてはずいぶんと遅い。おそらくは晩稲を植えていたのだろう。二毛作、三毛作が進展した地域では、年貢が賦課されない裏作の栽培にしばしば百姓が精を出し、いきおい田植え時期が遅れるという傾向が見られる。[57]おそらくは伏見荘においても、荘民たちの生産活動において、同様の事態が起きて

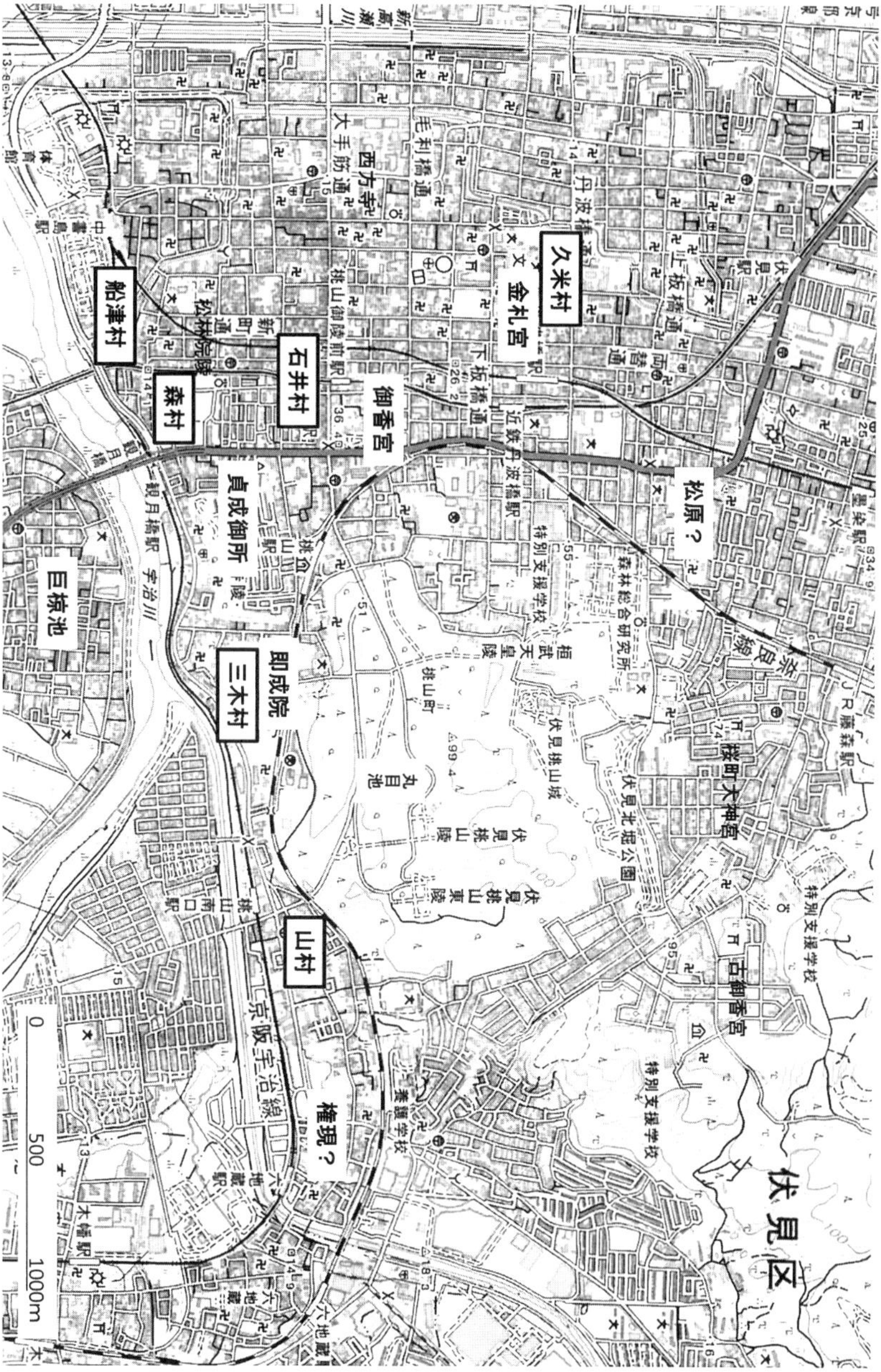

【図】伏見荘推定復原図（原図：国土地理院1:25000地形図「京都東南部」2017年）

いたのではないだろうか。

丘陵部地域の農業　『看聞日記』にみえる唯一の溜池に「丸目池」がある。[58] この池については、『鹿苑日録』慶長二年八月十六日条に、「有楽北、太閤前之御屋敷御数奇屋之門」が倒壊し、その原因は大雨により「丸目池之水」が逆流したため、との記述がある。ここで言う「有楽」（織田有楽斎長益）の屋敷は、「伏見城下古図」によれば、現在の泰長老の北部とされるため、おそらく丸目池は泰長老の北、伝増田長盛邸の郭の付近に存在したと思われる（「伏見城下古図」では伝増田郭の西に細長い堀が確認できるが、これが元丸目池ではないだろうか）。とすれば、丸目池は伏見御所の後背地の伏見山中にあったことになり、伏見山と宇治川の間の丘陵部の水田を潤す伏見荘内南部における重要な溜池だったことになる。

御所周辺で灌漑用水路の存在をうかがわせる記述としては、御所近辺の雑舎に羽蟻が多数発生し、とくに「湯之中ニ多有之」という記述がある。[59] この「湯」は「井」の転訛したもので、用水路をさすと考えられる。また具体的な用水路の固有名詞は『看聞日記』中にほとんどうかがえないものの、わずかに大光明寺の近辺に「藤井湯屋」という湯屋の存在が確認できる。[60] ここに見える「藤井」が、あるいは荘内の用水路の名称かとも思われる。『看聞日記』によれば、丸目池畔には藤が群生しており、貞成も藤見をしている。[61] 想像を逞しくすれば、この藤で知られる丸目池から流れる用水を通したのが、ことによると「藤井」という名の用水路だったのではあるまいか。

災害　『看聞日記』には荘内を襲った様々な災害記事が見えるが、なかでも洪水の記事は多く、三～四年に一回の割合で頻出する。[62] これは直接には当該期の気候条件の不安定さを反映したものではあるが、一方で人為的な活動の所産である可能性も否定できない。『看聞日記』には「今日、宇治河沙令取」と、荘民を駆使して宇治川の砂取りが行われている様子も描かれている。このとき「地下馬数十疋運之」とあるように、一回に浚渫した土砂は馬数十匹で運搬されるほどの大変な量だったという。(63) この時期、京郊山林の乱伐にともない、川に土砂が流れ込み、川床が上昇するなどの問題が生じていたのではないだろうか。だとすれば、度重なる洪水の原因も単なる気候上の問題だけではなく、この時期に進展していた山林開発の進展によって引き起こされたものと考えることができる。中世の人々の生活は決して自然と調和し、自然と共存していたわけではなかった。(64) 当時の生業と環境の問題を考えるとき、生業の拡大による環境の破壊、そしてそれがまた生業の破壊につながるという負の連鎖にも、しっかりと目を向ける必要があるだろう。

おわりに――『看聞日記』に描かれなかった世界――

以上、『看聞日記』に描かれた中世村落の様相を追跡してきたが、最後に『看聞日記』に「描かれなかった世界」にも注目して、稿を閉じたい。

『看聞日記』には、いわゆる「伏見九郷」とは別の、少なくとも合計九ヶ村が登場することは、本文中で述べたとおりである。ただし、これらの村々のうち年中行事などを通じて伏見御所に参上する村は、石井村・舟津村・山村の三ヶ村にほぼ限られている。(65) つまり、当時から伏見荘はほぼ「伏見九郷」に近い実態をもっていながら、伏見宮への直接的な接触のある村落は御所近辺に位置する三ヶ村に限定されていたのである。とくに最大の規模を保っていたと思われる三木村が、応永二三年を最後に正月松拍から離脱してしまう事実は無視できない（これは、つねに伏見宮家と微妙な距離を保った地侍三木氏の政治的立場とも関係している可能性がある）。また年中行事以外でも、永享の山門騒動のさいには、くほ村・久米村は荘域にありながら軍事動員にすら応じていない。

『看聞日記』を読んでいると、伏見宮貞成と荘民たちの微笑ましい交流ばかりが目につくが、それは決して全荘域におよぶものではなかった。本文で述べたとおり、久米村にある金札宮が当時「金札」という名の謡曲が存在していながら『看聞日記』にまったくその名が表れないのも、当時の久米村が荘域内にありながら伏見宮家の強い影響下にはなかったためと思われる。貞成の眼に映る世界は、あくまで「限られた世界」だったのである。

もちろん正月の松拍では伏見御所への参上に際して一番乗り争いも行われているから、荘民たちの荘園領主への素朴な崇敬心は否定できない。しかし、本稿で指摘した点を再度確認すると、

(一) 石井村の新堂や船津村の不動堂のように、各村内に独自の宗教的な結集核が形成されている。

(二) 正月の松拍は、すべての伏見荘の村が御所に参上していたわけではなく、参上は御所近辺の村々に限られた。

(三) 七月盂蘭盆会の拍物も、すべて御所に収斂するわけではなく、村独自で運営が行われ、村どうしの「掛踊り」や「踊りの返し」もみられた。

といった村の独自性を示す諸特徴は重要であろう。

しかも、『看聞日記』を見るかぎり、村内に独自の宗教施設や祭礼が確認されるのは石井村や船津村ぐらいだが、そうした『看聞日記』の史料的な限界を念頭に置くならば、それはたまたまその二つの村が伏見宮家との関係が深かったから記述されただけのことかもしれない。同様の施設や習俗は、当時、その名があまり『看聞日記』中に見られない荘内の他の村々にも存在していた可能性があるだろう。『看聞日記』を読む場合、そこからうかがえる在地世界の豊かな情報や貞成親王との身分差を超えた賑やかな交流に目を向けつつも、その史料的な限界性を自覚し、外延に広がる世界の存在をつねに意識して行く必要があると言える。

注

（1）『図書寮叢刊　看聞日記（一〜七）』（明治書院、二〇〇二〜一四年）所収。

（2）黒川正宏「山城国伏見荘の地侍たち」（同『中世惣村の諸問題』国書刊行会、一九八二年、初出一九六四〜六五年）、峰岸純夫「村落と土豪」（同、『日本中世の社会構成・階級と身分』校倉書房、二〇一〇年、初出一九七〇年）、黒川直則「土一揆の時代」（稲垣・戸田編『日本民衆の歴史2』三省堂、一九七五年）、市野千鶴子「伏見御所周辺の生活文化」（『書陵部紀要』三三、一九八一年）、稲葉継陽「村の侍身分と兵農分離」（同『戦国時代の荘園制と村落』校倉書房、一九九八年、初出一九九三年）、田代博志「中世後期の荘園村落における紛争解決と領主」（『熊本史学』八三〜八四、二〇〇四年）、志賀節子「室町期伏見庄の侍衆をめぐって」（同『中世荘園制社会の地域構造』校倉書房、二〇一七年、初出二〇〇五年）、田代博志「山城国伏見荘における沙汰人層の存在形態と役割」（稲葉・花岡・三澤編『中近世の領主支配と民間社会』熊本出版文化会館、二〇一四年）、植田真平「伏見の侍――『看聞日記』人名小考――」（『書陵部紀要』七〇号、二〇一九年）など。

（3）瀬田勝哉「「伏見古図」の呪縛」（『武蔵大学人文学会雑誌』三一―三、二〇〇〇年）。その後の「伏見古図」の研究は、上田長生「桓武天皇陵の治定と「伏見古図」」（『史敏』十一、二〇一三年）参照。

（4）野田只夫「城下町の歴史地理研究――築城前後の伏見――」（『西日本における都市圏の研究――昭和四三年文部省科学研究助成金による総合研究中間報告』一九六九年）。

（5）「伏見九郷」の村名・所在地は、『山州名跡志』坤（『新修京都叢書』19、一七〇二年序）、『山城名跡巡行志』（『新修京都叢書10』、一七五四年序）、『伏見鑑』（『新撰京都叢書』5、一七八〇年刊）、『都名所図会拾遺』（『新修京都叢書』12、一七八七年刊）、『伏見大概記（若林正治氏旧蔵本）』（『新撰京都叢書』5、幕末・明治期写）などにみえる。

（6）武蔵大学人文学部日本・東アジア比較文化学科日本中世史演習編『看ゼミ活動報告書』（私家版、二〇〇九年）。

（7）永享五年閏七月十九日条。この人数が男女の合計数か、男性のみの人数かは不明だが、永享六年十月の山門騒動での軍事動員数が六ヶ村で二八五人であったことを考えると、成人男性数と考えるのが妥当だろう。

（8）応永二四年六月十六日、同二四年十月十八日条。なお、伏見から伊勢に行く場合、醍醐経由で粟津に抜けるので（永享四年四月二九日条）、「権現」は荘域の東端と考えられる。

（9）永享五年四月二十日条。

（10）応永二三年十月十一日、同二四年十一月二十日、同二四年十二月二九日、同二五年五月二五日、永享三年八月七日条。他に、『守光公記』（史料纂集）永正九年九月四日、十一月十九日条には、公文名（護法院領）も見える。

（11）応永二七年十月五日条。

（12）応永二四年六月二日、同二五年十二月六日、永享三年六月五日、同五年閏七月十九日、同八年十一月二三日条など。

（13）星宮智光「伏見の歴史」（聖母女学院短期大学・伏見学研究会編『伏見学ことはじめ』思文閣出版、一九九九年）。

（14）宮司三木善則氏のご教示による。

（15）山田邦和「伏見城とその城下町の復元」（日本史研究会編『豊臣秀吉と京都』文理閣、二〇〇一年）に言う第一類型図。秀吉の伏見城の研究は、他に「特集伏見城研究の成果と課題」（『ヒストリア』二二二、二〇一〇年）、森島康雄「それでも指月伏見城はあった」（『京都府埋蔵文化財論集』六、二〇一〇年）、谷徹也「伏見城は「木幡山」にあったのか」（『日本歴史』八四七、二〇一八年）参照。

（16）応永二八年二月三十日、永享五年閏七月十九日条。

（17）応永三二年十二月十三日条。

（18）応永三十年七月十五日条。

（19）応永三一年七月十五日条。

（20）応永二九年正月十五日条。

（21）掛踊りについては、柳田国男「掛け踊」（『柳田國男全集18』ちくま文庫、一九九〇年、初出一九一六年）、藤木久志「戦場の荘園の日々」（同『戦国の村を行く』朝日選書、一九九七年、初出一九九五年）参照。

（22）応永二三年六月三日条。

（23）応永二五年二月十六日条。

（24）応永二六年七月十四日条。

（25）応永二七年七月二六日条。

（26）応永二三年六月三日、永享七年四月十二日条。

（27）応永二七年七月二六日・八月十二日・十月十九日、同二八年二月十七日条。

(28) 応永二五年正月二七日、同二七年五月二三日条など。
(29) 応永二七年四月六日、同二七年五月二三日条。
(30) 嘉吉三年五月二三日条。
(31) 応永二六年九月十一日条。
(32) 応永二四年三月二六日、同二六年九月十一日条。
(33) 応永二三年十月十日条。
(34) 永享四年十月十九日条。
(35) 応永二三年七月十五日、同二八年七月十五日条。応永二七年九月九日条。
(36) 永享三年六月五日条。
(37) 山本眞嗣『新版　京・伏見歴史の旅』(山川出版社、二〇〇三年)八八頁では、大椋社が住吉町に移されたと記しているが、それは『山城名跡巡行志』の誤読である。ついでに述べれば、本書では、本教寺の妙見像が『看聞日記』に登場する妙見堂の本尊であること(十三頁)、西岸寺の油掛地蔵が舟戸御所に安置されていたものであること(三八頁)などが指摘されているが、当該寺院に聞き取りをしたが、そうした伝承は確認できず、いずれも筆者の推論と思われる。
(38) 「谷口」は深草から大亀谷に入る入口付近、「広庭」は「伏見城下古図」によれば、字「桃山町治部少丸」付近であることから、『伏見大概記』のいう山村は伏見丘陵部の西側半分を占めることになり、他村に比べて村域が広大にすぎるため不自然である。
(39) 「三雲文書」(『大日本史料』11編4冊、天正十一年七月七日条)、「玄以法印下知状」(『続群書類従』23下)。この相論は最初六月に木幡の人々の証言により決着がつき、豊臣政権から伏見宮家に裁許が委ねられたが、何らかの理由でそれが果せなかったため、最終的に七月に直接に豊臣政権の裁定が下ったものと考えられる。
(40) 応永二六年七月十五日条。
(41) 応永二七年正月十五日、同三十年正月十五日条など。
(42) 永享六年十月四日条。
(43) 応永二三年二月二八日条。

(44) 瀬田勝哉「伏見即成院の中世」(『武蔵大学人文学会雑誌』三六―三、二〇〇五年)。
(45) 永享九年十二月十五日条。
(46) 応永二三年十月二七日条。
(47) 永享九年九月三日条。ほか永享六年七月十五日条。
(48) 永享十年三月十日条。
(49) 応永二七年九月九日、永享五年九月九日条。
(50) 『康富記』(増補史料大成)康生元年十一月十二日条。
(51) 『光明山寺誌』の閲覧では、光明山西方寺金松耕一氏に多大なお世話になった。記して感謝したい。
(52) 前掲『豊臣秀吉と京都』二四四頁所載。
(53) 嘉吉三年五月二十日条。
(54) 応永二三年六月十一日条。
(55) 応永三二年二月十四日条。
(56) 嘉吉三年五月二十日条。
(57) 藤木久志「生命維持の習俗三題」(『遥かなる中世』十四、一九九五年)。
(58) 応永二七年六月五日、同二八年三月二日、永享五年十月三十日条。
(59) 永享五年四月五日条。
(60) 応永二九年十二月二十日条。
(61) 永享五年三月二七日条。
(62) 応永二六年四月二十日・九月十一日、同三十年六月二七日・七月二三日、同三二年七月九日〜二七日・八月二日、永享三年五月二九日、同六年四月十七日、同九年六月十五日、嘉吉三年五月二三日条。
(63) 応永二九年六月二七日条。
(64) 水野章二『中世の人と自然の関係史』(吉川弘文館、二〇〇九年)、同『里山の成立――中世の環境と資源――』(吉川弘文館・二〇一五年)は示唆に富む。
(65) 前掲市野論文。

【現地ガイド】

山城国伏見荘を歩く

山城国伏見荘の荘域は、現在の京都市伏見区桃山一帯である。この地域は現在では完全に市街地化しており往時を偲ぶのは困難だが、ここでは想像力を逞しくして、伏見荘故地を半日ないし一日で歩くルートをご紹介しよう。オススメのガイドブックは、山本眞嗣『新版　京・伏見　歴史の旅』（山川出版社、二〇〇三年）だ（ただし、根拠不明な記述もあるので要注意）。

【荘鎮守・御香宮神社】　京阪本線の伏見桃山駅で降りて、大手筋通を約二〇〇m東に行くと、荘鎮守・御香宮神社がある。入り口の巨大な門は、豊臣秀吉の伏見城大手門の遺構。極彩色の拝殿・本殿も桃山時代のもの。直接に室町時代の建造物や石造物は残っていないものの、この境内で湯起請が行われたり、風流踊りが行われたり、数々の『看聞日記』の名場面が展開したのだ。この神社周辺が中世の「石井村」と考えられる。現在の宮司は、三木善《そうぎ》則氏。『看聞日記』の土豪三木氏が地元に根を張り、「善」の通字を守りながら、いまも荘鎮守の宮司家として続いているとは、なにより感慨深い。

【写真1】　御香宮

【伏見荘を眺める】　御香宮神社から国道24号線を四

【写真2】　向島より泰長老を望む

〇〇m南下すると宇治川に出る。途中の桃陵団地付近（近世の伏見奉行所跡）が中世の「森村」と考えられる。この宇治川対岸は中世は巨椋池という巨大な湖だったが、観月橋を渡って川向こうから北を望むと、かつて貞成親王が巨椋池での舟遊びで見た風景を実感できる。東に伏見山が見え、平地と思っていた伏見が意外に山がちの土地だったことがわかる。この丘陵に近世には秀吉の伏見城が築かれ、近代には明治天皇陵が築かれた。その麓の台地が字「泰長老《たいちょうろう》」で、伏見城時代に外交僧西笑承兌の屋敷があったことから、その名がついた。この台地上の団地付近が、多くの研究者から貞成親王の御所跡と推定されている場所である。『看聞日記』には、御所の東谷の向こうに土豪三木氏の城があったとあるが、あるいは江戸町の交差点付近の台地の切れ目が「東谷」で、その東の丘陵が「三木城跡」だろうか。

【貞成御所推定地】　次は宇治川を伏見側に戻って、宇治川沿いに東へ進もう。川沿いに建つ月橋禅院の山号は「指月山」。このあたりが中世の「指月森」だろう。境内の松は船津の伏見宮御所から移植したものが昭和五十年代に枯死し、現在のものは二代目である。江戸町の交差点の道を北上すると、台地の上に出られる。この台地上の団地付近（字「泰長老」）に貞成御所（宝厳院）や大光明寺、即成院などが建ち並んでいたと考えられる。まさにこの場所が、さきほど遠望した『看聞日記』の主要舞台である。将来、あるいは発掘調査などで御所跡を確定できる日が訪れるかもしれないが、この場所は秀吉の第一次伏見城（指月城）とされた場所でもあり、室町時代の仮御所の所在地を特定するのは難しいかもしれない。敷地の端に、光明天皇・崇光天皇（貞成の祖父）・治仁王（貞成の兄）の陵墓である大光明寺陵があるのが、辛うじて室町時代の痕跡である（ただし、この場所が近世に陵墓に比定された経緯は不明）。半日コースの場合は、ここの近くのＪＲ桃山駅から帰ることもできる。

【金札宮と西方寺】　時間に余裕のある人は、近鉄・京阪の反対側（西側）に出て、鷹匠町の金札宮まで足を延ばすのもいいだろう。観阿弥作の能「金札」の舞台ともなった本社が、『看聞日記』にまったくその名が見えないことの意味は、本論で述べたとおりである。かつては現在地ではなく中世の「久米村」の地（現在の指物町・石屋町付近）にあったが、近世始め、社地が奉行屋敷や尾張藩屋敷になったことで現在地の鷹匠町に移されたと伝えられている。現在、伏見板橋小学校の校内には「板橋白菊の井」という名の井戸があるが、これは一九八九年になって新造されたものである。また、金札宮の神宮寺的存在であった西方寺も同じ頃に現在の風呂屋町に移され、久米村住人も現在の久米町に移住させられたという。西方寺は貞成親王の火葬場

【写真3】　金札宮

所とも伝わり、本堂は船津の伏見宮御所を移築したものとされる。現在のご住職は金松《かなまつ》耕一氏。『看聞日記』にも出てくる伏見荘の名田金松名を苗字とされている。

【桜町大神宮と古御香宮】瀬田勝哉氏の研究（「「伏見古図」の呪縛」「伏見即成院の中世」）を追体験されたい人は、金札宮のかわりに大亀谷を訪れるのもいい。JR藤森駅の北二〇〇mの場所にある天理教山国大教会（深草大亀谷東寺町）の場所が、秀吉の伏見築城によって即成院が移された場所だ（その後、現在の泉涌寺隣に移転）。敷地内には数基の五輪塔と那須与一産湯の井戸が残る。反転して藤森駅南二〇〇m（深草大亀谷万帖敷町）には、桜町大神宮（柏原神明社）の小社がある。ここが瀬田氏が「伏見古図」の偽作の舞台と推定した神社だ。さらに西に約五〇〇mの場所（深草大亀谷古御香町）の古御香宮が、秀吉の伏見築城によって御香宮が一時移設されていた場所である。この地は桓武天皇柏原御陵の陵墓参考地ともされており、ここを桓武陵として強調しようとしたのが「伏見古図」偽作の背景ではないかと瀬田氏は推測している。秀吉死後、御香宮は徳川家康によって現在地に復し、当地は古御香と呼ばれ小社が残された。現在、御香宮神社と古御香宮は本社・末社関係にはなく、古御香宮は地元に人々により運営管理されているという。なお、瀬田氏が中世古道と推定された道（桜町大神宮の崖下を伏見桃山城模擬天守に延びていた道）は二〇一四年に分譲住宅地となってしまい、残念ながら論文掲載写真とは風景が一変してしまっている。

【松林院陵と酒蔵】伏見荘めぐりのシメは、やはり貞成親王の陵墓（松林院陵）にお参りしよう。ただし、残念ながら大光明院陵と同じく、この地が貞成の墓所である確証はないが、この周辺が中世の「船津村」にあたると考えられる。付近には、幕末の史跡として著名な旅籠寺田屋や十石船・三十石船の乗り場もある。また、月桂冠夢百衆や鳥せい本店など、オススメ酒蔵直営店もいくつかある。旅の最後は一日の疲れを癒して、『看聞日記』に乾杯！

地名からみる東大寺領大和国河上荘

西尾知己

はじめに

中世後期における京都・奈良の顕密寺院を考える際に、地域社会のなかでの位置づけは一つの課題となる。(1) この点を追求する上で注目すべきは、荘園・村落研究で進められた総合的な調査に基づいて地域社会の様相を追求する手法である。そこでは小字などの地名、水利慣行、信仰の様相などを把握し、文字史料と組み合わせて歴史像を復元する。(2) 顕密寺院の研究でもこのような調査の成果と組み合わせることで、右の課題につき新しい知見を加えられるだろう。本稿は、東大寺膝下の大和国佐保川上流域にある河上荘を素材として、主に地名調査をふまえて、東大寺とその近郊地域との関係を明らかにしようとするものである。そこで、河上荘の研究動向を整理し(3) ながら、論点をより具体化させておこう。

まず、東大寺による支配の推移について。河上荘は、十一世紀半ば頃にはまとまりのある所領と意識され、東大寺は、国衙より免田として施入された田地から反別三斗の米を徴収する権利を得ていた。しかし、その後は東大寺の支配が後退し、わずかに反別三升の米を徴収する権限が残されるにとどまった。ところが、鎌倉後期の永仁年間に東大寺で惣寺方が寺家運営の主導権を握ると、朝廷から院宣や宣旨を得て、三斗米（飯盛山以東は反別一斗五升）の収取を復活させた。その後は、室町期にいたるまで百石余の年貢を確保して寺家運営を支えた。また南北朝期以後、荘内荒地の再開発も進み、畠地や茶園が開かれた。戦国期にはいると年貢収取額は減少したが、その後も東大寺は一定の支配を維持した。

次に支配の構造について。河上荘は、永仁年間の再興以後、荘内を八名にわけて三斗米を納入させた。下司などの荘官は置かず、寺家の直接支配のもとに置き、各名には主に寺僧（八名だけは鎮守八幡宮神主の時期もある）を納所に任じて三斗米の管理にあたらせた。荘内の地主職・作主職は、大仏殿燈油料のように東大寺内の組織が保有して諸供料にあてたほか、南都やその周辺寺院の関係者、奈良の郷民も所有した。また田地の耕作者も、奈良の郷民や中川寺周辺の集落から出向く者が多かった。このほか般若寺坂下の地域を抱える同荘内には、非人・横行・猿楽師・呪師といった人びとも生活したことが知られている(4)。

以上の成果から、河上荘で活動する人びとや東大寺の支配の様相は明らかになったが、いまだ荘園現地の状況について不明な点は多い。そこで本稿では、河上荘の故地に残る地名を手がかりに考察を進めてみることにしたい。服部英雄氏は地籍図の分析や地名の聞き取りを通じて中世社会の様相を明らかにしたが(5)、同様に、河上荘でも土地証文や年貢関係の文書のなかに多くの地名を確認でき、その位置を比定していくことで東大寺とその近郊地域の関係に新しい知見を加えられるのではないか。

以下では、①明治期以後に見える小字との照合作業を通じて、河上荘内の中世文書に見える地名の位置比定を行う。その上で、②荘域の分析を通じて、永仁年間における河上荘「再興」の意味を、③名の復元を通じて、各名の性格を追求する。これらの分析によって、中世後期における東大寺と地域社会の関係の一端を明らかにしたい。

一　河上荘内の地名とその位置

まず、中世文書に現れる地名の位置を比定しよう。現在、奈良地方法務局に「旧土地台帳」と通称される帳簿がある。この帳簿では、明治期に付された地番（この地番は現在も使用されている）一筆ごとに一ページが割かれ、地権者や地目の変遷が詳細に記録されている。注目したいのは、そのなかで地番一筆ごとの小字名も記録されている点である。この地番と小字を現行の状況と照合し、小字の位置や範囲を確定した上で、その情報を中世河上荘の地名と照合すると、中世地名の位置を特定することができるのである。そこで、川上町・中ノ川町・東鳴川町における「旧土地台帳」の小字を調査したところ、川上町・中ノ川町において中世河上荘の史料でみられる地名を確認できた。その対応関係を一覧にしたものが表であり、後掲の地図では地番の記載をもとにその位置を示した。表にあるように、中世地名が明治期にそのまま確認できることもあるが、いくつかは明治期以後の小字と直接対応するわけではなく、注釈を必要とする。以下、それらを補足説明しよう。

眉間寺前　中世における眉間寺の寺地は、のちに多聞山城の本丸となった場所であり、同城の築城にあたって聖武天皇陵（佐保山南陵）付近に移築されたといわれている。(6) 近世の絵図を見ると、同寺の本堂は南側を正面としており、中世の眉間寺もその点は同様であったものと推測される。そうだとするならば、「眉間寺前」の田地は、寺の南側に接する現在の八反田あるいは多門町付近にあったものと推測される。

【表】　東大寺文書にみえる河上荘内地名と明治期の小字

中世地名	明治期該当地	典拠
眉間寺前	八反田・多門町	東大寺要録(鎌27510号)
京東一条二佐保里卅五坪	多門町	東大寺文書(鎌18517号)
手掻八反田(東大寺西里)	八反田	東大文学部所蔵
北畠(字小五三昧)	出屋敷・セト田など	東大寺文書(鎌18517号)
三間卒塔婆	出屋敷・興善院町	成77巻(大8巻673号)
北御門出口	北御門町	石崎文書
六反田	六反田	未1-8-1(大17巻848号)
地獄谷	地獄谷	未1-8-1(大17巻848号)
伴寺堂辺	地獄谷 中畑	西尾種熊氏所蔵文書(鎌5224号)
伴寺堂後		成84巻(大9巻766号)
シミツ谷	清水	未1-8-12(大17巻859号)
伴寺清水尻	清水	未3-4-109
伴寺夷畑	下畑・上ノ畑	成9巻(大6巻112号)
野上(ノカミ)	野神	未1-8-99(大17巻945号)
鳥居坪	鳥ヶ坪	未3-5-285
トリカツホ		未1-8-79(大17巻925号)
十ノツホ	十ノ坪	未1-8-97(大17巻943号)
エヒスノマエ	戎子ノ前	
エヒスノマエホソ田	細田	未3-5-229
西瓦坂	西瓦坂	未1-8-97(大17巻943号)
ヲウツカ	大塚	未1-8-12(大17巻859号)
瓦坂	瓦坂	成62巻(大7巻487号)
古京	乙京	未3-10-556
コツキウノシメ谷	〆谷	成61巻(大7巻476号)
四目谷		成61巻(大7巻473号)
石原	石原	未1-8-12(大17巻859号)
柳田	柳田	東大寺文書(鎌796号)
山田冠石	山田	成1巻(大古6巻4号) 保井芳太郎氏旧蔵文書
犂谷	スケガ谷	狩野亨吉氏蒐集文書18(平3332号)
辛鋤谷		未10-131
クリノ木谷	栗ヶ谷	未1-8-12(大17巻859号)
栗谷(栗木谷)		未3-10-563、成6巻(大7巻472号)
飯盛西脇(河上大路)	飯盛山(飯盛町)	成19巻(大6巻224号)
飯盛山前 ハタノクチノヤマサキ ハタクチ		未1-8-1(大17巻848号) 成9巻(大6巻120号) 未10-163
ナカツカ	中塚	未3-2-80(鎌19598号)
一井	一ノ井	京大所蔵(鎌補476号)

注1：明治期該当地については「川上町」「中ノ川町」の「旧土地台帳」(ともに奈良地方法務局所蔵)の小字名を参照した。

注2：典拠欄の略称は以下の通り。「平」：『平安遺文』、「鎌」：『鎌倉遺文』、「大」：『大日本古文書　家わけ18　東大寺文書』、「成」：東大寺図書館所蔵成巻文書、「未」：東大寺図書館所蔵未成巻文書

京東一条二佐保里卅五坪　平城京の京東条里は、条が北京極大路の東延長線を基準として北より南へ、里が東京極大路を基準として西より東へ設定されたと考えられている。[7] そのため、京東一条二佐保里も、現佐保山南陵付近（現多門町）と考えられている。[8]

北畠字小五三昧　北畠の小字名は、周辺地域で複数見られ、奈良北東地域でも般若寺町や法蓮町内で確認できる。しかし、般若寺町・法蓮町の北畠は、いずれも小高い場所にあるが、文明十三年（一四八一）河上荘二名三斗米結解状（「東大寺図書館所蔵未成巻文書」〔以下、「未」と略記〕一―八―九九）によると、北畠では河成が生じているので、河上荘の北畠は河川近くに位置したと思われる。よって、般若寺町・法蓮町の北畠には比定できない。位置を特定する上で注意されるのは、字内に「小五三昧」がある点である。勝田至氏は、奈良の五三昧（共同墓地）が、「大和国添上郡河上の村般若野の五三昧也、大路より東へ入る事一町余」（『保元物語』下）、「称曰般若寺、南有二死屍之墳墓一」（文永六年〔一二六九〕三月二五日　叡尊願文『鎌倉遺文』〔以下『鎌』と略記〕一〇四〇四号）といった史料から、「般若寺の近く」にあったとする。[9] また、近世の『奈良坊目拙解』[10]では、「川上出屋敷町・興善院町辺者、寛永年比不レ有二民屋一、般若野五三昧之避地乎」とある。これらの史料から、奈良の五三昧は、近世の出屋敷・興善院町を含む地域だったことになる。このあたりであれば、佐保川の近くに位置し、河川近くという条件を満たす。北畠は河上出屋敷・興善院町を含む地域だったと考えていいだろう。河成の被害が出ていた点を重視すると、より佐保川に近い「東ノ坂」「セト田」まで北畠に含まれるのではないか。

伴寺周辺　伴寺（永隆寺）については、堀池春峰氏・牛山佳幸氏・吉川真司氏らの検討[11]によって、字中畑・地獄谷のあたりに寺地が比定されており、寺地周辺や北御門東辺にまで寺領が広がっていたことが明らかにされている。このほか、中世の「伴寺清水尻」なる地名は、明治期の小字「清水」のあたりに比定できる。また、「伴寺山新畑」「伴寺夷畑」なる中世地名も、川上恵比須神社脇の斜面、毛勝山西面の地域とされており、[12]明治期の小字で言えば「下畑」「上ノ畑」あたりに比定されよう。

飯盛山周辺　中世文書では、飯盛山に関わる地名が多く見られる。一つは、「飯盛西脇」の「大路田」である。飯盛山の「西脇」との記載から、現在の飯盛町付近を指すものと思われる。もう一つは、「飯盛山前」（「山サキ」「ハタノクチノヤマサキ」）である。現在の飯盛町は飯盛山のなだらかな斜面に展開しており、まさに山の崎にあるように見える。このことからすると、これまた飯盛町あたりを指す可能性が高い。つまり、飯盛山に関わる田地は地名こそさまざまながら、位置としては現在の飯盛町あたりに集中していたものと考えられる。

中ノ川町域（飯盛山以東）　天文十年（一五四一）三月八日　河上中川八名年貢結解状（未一―八―一二一）では「河上中川第八名結解状」とあり、現中ノ川町域にも河上荘の田地があったようだ。明治期における中ノ川町域の小字のなかには「一ノ井」「中塚」が見え、この二つの場所は、河上荘内の地名として中世でも確認できる。また、河上荘田としてではないが、中世の東大寺大仏燈油料田として「鬼が辻」の地名が見られ、これも明治期の小字のなかに見える。これらの地名はいずれも、中ノ川町域のなかでも佐保川流域に位置している。このほか中世の河上荘内には「中津川」の地名が見られるが、この地は三斗米を反別一斗五升で負担することになっている。[13]これは河上荘のうち「飯盛山以東」の田地に対する処置であった。この「飯盛山以東」地域は、現在の耕地の状況からして、中ノ川町のうちの佐保川流域を指すものと考えていいだろう。このように中世の河上荘域は、現在の中ノ川町のうちの佐保川流域（飯盛山以東地域）にも及んでいた。

以上の地名比定をふまえて、河上荘の荘域と名について若干の考察を加えよう。

二　東大寺の荘域認識と永仁の「再興」

1　河上荘と鳴川地域

これまでの検討に基づいて作成した後掲の地図をみると、河上荘の耕地は、西が多門町付近、北が佐保川北岸の瓦坂、南が毛勝山・飯盛山の谷間、東が現中ノ川町佐保川流域に及んでいたことがわかる。これは安田次郎氏が示した河上荘の荘域とほぼ重なる。(14)

ただし荘域については、一方で吉川真司氏による次のような指摘もある。(15)氏は、東大寺図堺勅定文（以下、「勅定文」と略記）と東大寺山堺四至図という、ともに東大寺の四至を示し、天平勝宝八歳（七五六）の年紀を持つ史料を比較した。その結果、「勅定文」のほうが東大寺山堺四至図よりも広大な地域を四至内としていることを指摘した。そして「勅定文」は、十二世紀中期頃に東大寺が大和国衙や興福寺に対抗して東・西・北辺へ寺領を拡大させ、支配を確立する意図のもと偽作されたものであると指摘した。また、東・西・北の境界は、河上荘域と重なる点にも注意をうながした。吉川氏の指摘は、河上荘の問題が東大寺にとって寺家四至の囲い込みの問題と重なることを示した点で重要であり、その主張には大筋で首肯できる。

ただ一つ問題が残る。それは鳴川地域（現東鳴川町域、場所は後掲の地図参照）の位置づけである。吉川氏は「勅定文」の四至で鳴川が北堺の一つとされたことから、十二世紀半ばの時点で、実際に東大寺が河上荘内に鳴川を取り込んでいたとみた。たしかに、永仁六年（一二九八）八月晦日　鳴川山僧等申状（未一―一四―六二三）では「於二鳴川山外円地一、無二跡形一令レ呵二嘖負所米一」と東大寺を非難しており、永仁年間の三斗米再興時には、東大寺が鳴川地域を河上荘内に取り込もうとしていた。しかし、前章の分析をみる限り、その永仁年間の例をのぞくと、中世を通じて鳴川地域と河上荘の関係を具体的に確認することはできない。そもそも河上荘という名称は、「佐保川上流域に位置する荘園」を意味するから、流路から大きく外れている鳴川地域を河上荘内とするには不自然さが残る。

さらに、鳴川山寺と河上荘の関係を考える上で比較対象となるのは、中川寺と河上荘の関わりである。両寺は永仁年間に東大寺が河上荘を再興しようとした際に、ともにその再興に抵抗したという共通点を持っているからである。ただし、その両寺の場合も、次に示すような点から、河上荘との関わり方には差があった。たとえば、鎌倉期の河上荘では、東大寺の支配が一時後退するなかでも三升米を課しており、中川寺はその負担を受容した(16)。しかし、先述の鳴川山僧等申状では「鳴川田地者、自₂往古₁以来、三升米、尚都以無沙汰」とあり、鳴川山寺は三升米すら負担していなかった。また、中川寺僧のなかには、河上荘内の地主職を持つ者がおり(17)、中川住民も荘内田畠の耕作者として現れるが(18)、鳴川山寺の僧や周辺住人は河上荘との具体的なつながりが見出せない。

これらの点から、十二世紀の時点で、東大寺が河上荘域を寺家四至と同一視しようとする意思があったとしても、佐保川から遠く離れた鳴川地域を実際に四至のなかに取り込む具体的な行動自体はなかった、と考えるのが自然だろう。この段階で東大寺の四至との重なりを想定したのは、せいぜい眉間寺周辺から瓦坂あたりまでにとどまるのではないか。

2　永仁年間の「再興」と徳政

以上のように、鳴川地域の河上荘内への取り込みは、中世を通じて、基本的には東大寺側の主観・願望のレベルにとどまり、実態をともなうものではなかった。そのように考えた時、河上荘との関わりをまったく見出せないような鳴川地域に対して、あえて三斗米の賦課という行動をおこした永仁年間における東大寺の動向はあらためて注目されよう。鳴川地域を東大寺が河上荘内に取り込もうとする認識は、永仁年間特有のものであり、それは永仁年間の東大寺が、「勅定文」の四至をこれまで以上に原理主義的に「再興」（実質的には拡大）しようとしたことを示しているのである。そこで次に問題となるのは、この急進的な「再興」が、永仁年間という時期に強行された背景ということになろう。その背景としては、以下の二つの要素をあげることができる。

まず、弘安年間以降の公武政権で推進された寺社徳政政策との関係である。一連の政策に対して、東大寺は積極的に関わりを持とうとし、正応・永仁頃から神輿動座をともなう訴訟、本末関係の現実化、荘園支配の再興といった動向を推進した(19)。これらの動きは、いずれも本来の姿に戻すという徳政の原理に基づいており、実際に、河上荘をめぐる一連の東大寺側の動向も「再興」と表現されていた。寺社徳政のなか、伊勢神宮ではとくに膝下所領の一円支配を進めたとされているが(20)、東大寺もまた同様の動きを示していた。

またもう一つは、隣接する興福寺の混乱である。中川寺の主張によると、東大寺の三斗米再興は「御寺騒動之刻」に強行されたという(21)。この「御寺」とは、中川寺の本寺である興福寺を指し、「御寺騒動」とは、興福寺一乗院・大乗院両門跡間の抗争である「永仁の闘乱」事件を指す。安田次郎氏によると、この事件は、永仁元年（一二九三）十一月十七日の合戦に端を発し、同五年十月頃に決着がついたという(22)。たしかに、永仁五年五月二九日 東大寺惣寺河上荘上分米寄進状（成巻八巻九八号）に「自二永仁二年之比一令二再興一」とあり、三斗米賦課の動きに出たのは永仁二年以降、つまり興福寺の闘乱事件が勃発した直後であった(23)。鎌倉後期の興福寺は、大和国内において土打役の賦課を確立させるなど、大和一国支配の体制を整えており、東大寺は興福寺の攻勢の前に後退を重ねていた。そのような状況におかれていた東大寺にとって、興福寺の「永仁の闘乱」事件は、後退を挽回する千載一遇のチャンスだった。東大寺はそのチャンスを逃さなかったのである。

なお、一連の東大寺の動きに対しては、「永仁の闘乱」事件がおさまった永仁六年以降になると、以下で述べるように諸寺が抵抗を示している。まず中川寺は、本寺の興福寺一乗院と連絡を取りつつ三斗米賦課に抵抗し始めた。これに対して東大寺は、中川寺僧を殺害するなどして圧力を加えたが、それを受けて、こんどは興福寺六方衆が東大寺に発向し、東大寺僧の住坊を破却した。(24) 鳴川山寺も、先に述べたように本寺の興福寺や朝廷を通じて東大寺に抗議した。鳴川山寺に対する三斗米の賦課はこれ以後まったく確認できないから、鳴川地域を河上荘内に取り込む東大寺の試みは失敗に終わったと言わざるをえないだろう。

このように、東大寺の河上荘「再興」事業は、興福寺の混乱の終息とともに大きな抵抗を生んだ。ただ逆に言えば、抵抗の大きさは、東大寺の動きが南都社会に極めて大きな衝撃を与えたことを示している。公武政権による一連の寺社徳政政策は、各寺社内部の紛争を激化させる作用があり、東大寺もその例外ではなかった。(25) しかし、紛争は各寺社の内部抗争だけでなく、寺社間紛争というかたちでもみられたということになろう。南都でその紛争の火種の一つとなったのが、東大寺だったのである。

三　名の配置にみる荘内の地域的偏差とその背景

1　八名の配置とその特徴

次に、地名の分析をふまえた上で、河上荘の名について検討したい。河上荘の名については不明な点が多いが、土地証文類や荘務文書を通覧すると、地名と各名の関係がわかる例が少なからずある。そこでまずは、各名と地名の関係を煩をいとわず示していこう。

【一名】手掻八段田については、明徳四年（一三九三）七月二二日 室町将軍家御教書（「東京大学文学部所蔵東大寺文書」）で、「大和国添上郡西里河上庄一名内水田八段」を高嶋伊賀入道妙正が領掌するよう命じている。その後、この田地は妙正後家の慈妙によって東大寺大仏燈油料田に寄進されたが[26]、その寄進状では「川上名内手掻八段田」と記されている。ここから、手掻付近の八段田（現八反田）は一名内にあったことがわかる。

【二名】北畠については、文明十三年（一四八一）・明応五年（一四九六）の河上荘三斗米二名結解状（未一―八―九九、未一―八―一一五）で、荒地・河成発生地として同字内の田地が書き上げられている。野上も、同文書に荒地の生じた地として見える。明治期の小字「野神」をさすものと思われる[27]。六反田については、永禄十二年（一五六九）八月二八日、同九月二日 河上荘二名三斗米請取状（未三―一〇―五六六、未三―一〇―五六九）で、三斗米を負担した田地として見える。北御門東在地については、永享三年（一四三一）六月一日 権少僧都寛英去文（未一―一七―二二七）で「参斗米弐斗分二ノ名斗」之」とあるように、二名に関わりをもっていたことが記されている。

【三名】ノカミについては、永禄十二年（一五六九）九月六日 河上荘三名三斗米請取状（未三―一〇―五七〇）で、三名に三斗米を納入した地として確認できる。これも明治期の小字「野神」にあたるものと思われる。野神付近には、二名・三名両方の田地があったことになる。

【四名】西瓦坂・十ノツホ・エヒスノマエ・大ツカについては、全て文亀元年（一五〇一）十月六日 河上荘四名段銭結解状（未一―八―九七）で確認できる。このほかにも同文書には、池田・ナワ本・ツカハナ・松サカ・松ハカ・ハイアカリ・ヲニワチカフトコロ・ワチカエ・イ（テ）ノシリなど多くの地字が確認できるが、その位置は不明である。

【五名】　仏ケ作リについては、永正十六年（一五一九）四月二三日　法印秀海田地地作職売券（未一―一七―四七）で、五名に三斗米を納めたことが確認できる。ただ、その位置は不明である。

【六名】　クリノ木谷・栗谷については、永禄十二年（一五六九）十一月十二日　河上荘六名三斗米請取状（未三―一〇―五六〇・五六一・五六三）で、六名の三斗米を負担していることが確認できる。これは明治期の小字「栗ヶ谷」付近と思われる。古京についても、永禄十二年十一月十二日　河上荘六名三斗米請取状（未三―一〇―五五六）で、六名の三斗米を負担したことが確認できる。康暦二年（一三八〇）二月九日　朔丸田地売券（成巻六一巻四七六号）では、「コツキウノシメ谷」内の水田が売却されたが、この「コツキウ」も古京と同一の地字だろう。明治期の小字には「乞京」がみえ、古京はこの「乞京」に比定できる。ハタクチについては、永禄十二年十月四日　河上庄六名三斗米請取状（未一〇―一六三）で、六名に三斗米を納めているのが確認できる。飯盛山の「ハタノクチノヤマサキ」を指すのだろう。以上のほか、六名では「トモテラカイト」（未一〇―一六四）、「ケウマウツエ」（未三―一〇―五五八・五六二）、「ノホリハシノ田」（未三―一〇―五八〇）といった地字も見られるが、位置の比定には至っていない。(28)

【七名】　七名に属する地名は現在のところ見出せていない。

【八名】　『大乗院寺社雑事記』延徳元年（一四八九）十月二六日条では「仲川寺持分第八名」とある。また、先述の天文十年　河上中川八名年貢結解状では、「河上中川第八名」の記載がある。『雑事記』の記事からは、中川寺やその寺僧が地主職や作主職を持つ地を八名としたように読め、その場合はかならずしも中川寺近辺の田地と限定できない。(29)他方、結解状からは、中川寺付近の田地が八名とされたようにも見える。おそらく八名は、中川寺僧所持の田地で構成され、その中心が中川寺付近だったのだろう。なお、前章でも検討したように、ここでの「中川寺付近」とは、実態としては佐保川流域の飯盛山以東地域に限定できるものと思われる。実際、河上荘の八名は、年貢納入額が他の七名と異なり二十石に達し、[30]反銭は免除されて礼銭のみ負担したように[31]特殊な名であったが、同様に河上荘内の「飯盛山以東」も、永仁年間に三斗米が再興された後でも反別一斗五升の負担にとどまっていたように、[32]特殊な措置がとられていた。これらの点から、八名は、中川寺とその寺僧が強い影響力を持つ佐保川流域の飯盛山以東地域を中核とし、実質上、中川寺が年貢納入を請け負い、特殊な性格を持つ名だったものと考えられる。

以上、各名と名田の関係について検討を加えたが、後掲の地図では、位置が比定できる田地に名番号を付した。名田の分布状況を見てみると、名内の田地が散在することなく、各名が一定の地域的なまとまりをもっており、西から東に向かって一名から配置されていった可能性が高いことがわかる。

2　戦国期における未進の偏差とその意味

このような名の配置をふまえたとき、注目されるのは鈴木鋭彦氏の分析である。[33]鈴木氏は、三斗米結解状の分析から永仁年間以後の名ごとの収納状況をグラフで復元した。そのグラフによると、戦国期以後の三斗米収納量の減少が一名・二名と八名で顕著にみられる。これまでの分析から、この傾向は河上荘の西端（奈良町縁辺）と東端（中ノ川町域）で年貢が減少したことを示している。戦国期の河上荘では、荘内のなかで直面する状況に差が生じていたことがわかる。では、その差を生む社会状況とは何だったのだろうか。

まず一・二名では、先述の文明十三年河上荘三斗米二名結解状から、河成・不作を原因として収納額が減少したことがわかる。この河成・不作は同八年からとされ、他名の結解状を見ると三名（十三年度）・四名（九年度）でも見られる一方、五名（九年度）・六名（九年度）ではみられない。(34) よって、河上荘西部の河川の氾濫が被害をもたらしたことになろう。このように年貢の減少は一義的には自然災害をきっかけとした。ただし問題は、その後の被害の推移である。河成は南北朝期にもあったが、その後の年貢収納への影響は限定的だった。ところが、文明年間の河成・不作はその後も回復せず、やがて減額された収納額が固定化した。この点をふまえると、一時的な年貢減免は、自然災害を契機にしたとしても、長期的な年貢額の固定化には、別の理由があったにちがいない。

そこで注意したいのは、この一・二名付近がこの文明末年頃からしばしば戦場となっていた点である。その起点は、文明九年（一四七七）の興福寺衆徒古市・筒井両氏の抗争である。このときには、戦闘は回避されたものの、両勢力が付近で兵粮米を賦課した。(35) 同十二年には土一揆も奈良を襲った。防禦する興福寺衆徒は、土一揆への対応が遅れたために防衛線を下げ、これまで「城中」とした般若寺・善鐘寺を「城外」としたことで、善鐘寺が焼失した。(36) またこれ以後も、近畿での戦乱が激しさを増すなか、畠山・細川・松永の勢力がたびたび一・二名の地で対峙し、戦場になったり、陣が敷かれたり、(37) 兵粮米が賦課されたりした。(38) このように一・二名の所在地は、軍事上重要な場所であった。文明年間の被害が定着するのは、戦場となりやすい地理的性格が関係したのではないか。

次に、八名では中川寺の置かれた状況の変化が注目される。文明末年に筒井・古市の抗争が激しさを増したことはすでにふれたが、そのなかで筒井方は中川寺に拠点を置き、奈良をうかがった。(39) そのため同寺は古市方から攻撃の対象とされ、同十三年には古市方の攻撃を受けて、本堂を残して堂舎が焼失した。(40) その後も、中川寺は寺領の押領に苦しみ、明応・文亀年間に澤蔵軒宗益が奈良に侵攻した際には、中川寺の寺領は澤蔵軒の被官に与えられた。(41) このほか、笠置寺によって中川寺領への苅田狼藉も行われた。(42) このように中川寺は、応仁の乱後に寺院存亡の危機に直面していた。このことは東大寺の河上荘八名の支配にも重大な影響を与えた。澤蔵軒被官への中川寺領の宛行や笠置寺の押領の際には、中川寺の得分とともに東大寺の河上荘三斗米も差し押さえられ、東大寺では三斗米を差し押さえ分に混入しないよう求めているのである。河上荘の八名は、中川寺の請負のごとき様相を呈した。ゆえに、中川寺の寺領支配の動揺は、八名の動揺に直結したのである。

以上のように、東西に長くのびる河上荘では、戦国期に荘内西端（一・二名）と東端（八名）が、戦闘に巻き込まれるなかでいち早く動揺した。中世に奈良から伊賀・伊勢へ向かう場合、般若坂・奈良坂をのぼり、奈良豆比古神社あたりから東に折れ、平野・梅谷を通る道が街道として利用され、(43)中川寺から奈良への移動もまたこの街道が利用された。(44)このことは、中川寺と奈良の間で軍勢が往来する場合に、河上荘中央部だけが軍勢の動線からはずれることを意味する。この軍勢移動にともなう影響を直接に受けるかどうか、その点が年貢未進のあり方と対応していたのではないか。

おわりに

以上、大和国河上荘にみえる地名の位置比定を入り口として、河上荘と東大寺を取り巻く地域社会の状況について若干の知見を加えた。本稿では断片的な事実を示すにとどまり、今後は、今回明らかにした事実それぞれを南都全体の状況に位置づける必要がある。ただ少なくとも、地名の地道な位置比定が、顕密寺院を取り巻く状況を明確にする上で有効性を持つことは再確認できたのではないか。京都・奈良の寺院では、土地証文や膝下所領の年貢関係史料で多くの地名が確認できる。今後もこのような作業を積みかさねることで、単純な顕密寺院衰退論に帰納されない豊かな寺院像を提示することになるはずである。その点を強調しつつ、本稿を終えたい。

【地図】　河上荘内の小字図
（ベースマップは、10000分の１の地形図（奈良市都市計画課ホームページで公開、2007年12月測量）を使用した）

注

（1）中世後期の顕密寺院研究の課題については、拙稿「中世後期顕密寺社の構成と機能」（同『室町期顕密寺院の研究』吉川弘文館、二〇一七年、初出二〇一六年）参照。

（2）現地調査の方法論については、海老澤衷『荘園公領制と中世村落』（校倉書房、二〇〇〇年）、高木徳郎『日本中世地域環境史の研究』（校倉書房、二〇〇八年）など参照。

（3）河上荘の先行研究としては、清水三男「東大寺領大和国添上郡河上荘」（同『清水三男著作集第二巻日本中世の村落』校倉書房、一九七四年、初出一九四二年）、泉谷康夫「東大寺領大和国河上庄の構造」（赤松俊秀教授退官記念事業会編『国史論集』赤松俊秀教授退官記念事業会、一九七二年）、鈴木鋭彦『鎌倉時代畿内土地所有の研究』（吉川弘文館、一九七八年）、安田次郎「河上荘」（奈良市史編集審議会編『奈良市史通史二』奈良市、一九九四年）、同「大和国」（網野善彦ほか編『講座日本荘園史7』吉川弘文館、一九九五年）、伊藤寿和「中世後期における東大寺領大和国河上荘の焼畑経営と茶の栽培」（『日本女子大学紀要』文学部四八号、一九九九年）などをあげることができる。

（4）このような人びとに関する研究史は厚いが、ここでは特に近年のまとまった業績として服部英雄『河原ノ者・非人・秀吉』（山川出版社、二〇一二年）をあげるにとどめる。

（5）服部英雄『景観にさぐる中世』（新人物往来社、一九九五年）、同『地名の歴史学』（角川書店、二〇〇〇年）など参照。

（6）『奈良市史　社寺編』（奈良市、一九九五年）二五五～二五九頁参照。

（7）奈良県立橿原考古学研究所編『大和国条里復元図　解説』（吉川弘文館、一九八一年）。

（8）『奈良県の地名』（平凡社、一九八一年）。

（9）「文献から見た中世の共同墓地」（『日本中世の墓と葬送』吉川弘文館、二〇〇六年）。

（10）翻刻は、奈良市史編集審議会編『奈良市史編集審議会会報』1（一九六三年）参照。

（11）奈良公園史編集委員会編『奈良公園史』（奈良県、一九八二年）三六頁（堀池春峰氏執筆）、牛山佳幸『永隆寺文書』と永隆寺」（『古代文化』九、一九八六年）、吉川真司「東大寺山堺四至図」（金田章裕ほか編『日本古代荘園図』東京大学出版会、一九九六年）。

(12) 前掲注(3)伊藤論文。
(13) 永仁六年二月四日法花寺禅如房寄進田地日記(未三―二―八〇)。
(14) 前掲注(3)安田論文参照。
(15) 前掲注(11)吉川論文。
(16) 正安三年八月日成身院住侶等申状(未一―八―一三六)。
(17) 応永七年十一月七日中川十輪院舜宗房田地売券(「東大寺文書成巻文書」〔以下、成巻と略記〕七七巻六七三号)。
(18) 応永三三年九月二八日学侶米散在方納帳(未一―八―一二、未一―二五―四一九)。
(19) 拙稿「室町期東大寺の寺家運営と学侶方」(前掲注(1)拙著)など参照。
(20) 海津一朗「伊勢神宮の荘園制」(同『中世の変革と徳政』吉川弘文館、一九九四年)。
(21) 前掲注(16)成身院住侶等申状。
(22) 安田次郎「永仁の闘乱」(同『中世の興福寺と大和』山川出版社、二〇〇一年、初出一九八七年)。
(23) ただし、永仁元年の段階ですでに、東大寺別当の頼助を通じて河上荘の問題について公武の政権に訴訟を提起してはいた(永仁元年十二月日東大寺寺務条々事書〔「古文書集」四、『鎌』一八四四二〕)。
(24) 三会定一記永仁六年条(『大日本仏教全書一二三　興福寺叢書第一』名著普及会、一九八〇年)、前掲注(16)成身院住侶等申状。
(25) 前掲注(20)海津著書、稲葉伸道『中世寺院の権力構造』(岩波書店、一九九七年)。
(26) 応永四年十月十五日　尼慈妙田地作主職寄進状(成巻第三巻三三号)。
(27) なお、奈良県立橿原考古学研究所編『大和国条里復元図』(吉川弘文館、一九八一年)では、「野神」が「畔神」と記されているが、これは誤りである。
(28) このうち「トモテラカイト」は、「伴寺垣内」の字をあてるものと思われ、伴寺付近の小字である可能性があるが、そうすると他の六名田地の所在地と少し離れた場所になる。ただ、毛勝山は中世に伴寺山と呼ばれた(永和三年十二月二九日　徳太郎等連署畠地百姓職請文〔成巻九六巻八九〇号〕)から、六名の田地がある山の東斜面側に「伴寺」を冠する地名がある可能性も否定できない。よって、ここでは判断を保留したい。

（29）前掲注（17）中川十輪院舜宗房田地売券では、中川寺僧舜宗房が「三間卒塔婆」の水田を売却している。この「三間卒塔婆」は、般若野五三昧の卒塔婆である。このように中川寺僧が、中川寺から遠くはなれた河上荘西部の田地を所有することもあった。
（30）前掲注（3）鈴木著書一一八頁第十七表。
（31）『大乗院寺社雑事記』延徳元年十月二六日条。
（32）前掲注（16）成身院住侶等申状。
（33）前掲注（3）鈴木著書参照。
（34）未一―八―七三（三名）・六一（四名）・一一二（五名）・八八（六名）。
（35）『大乗院寺社雑事記』文明九年十月十七日条。
（36）『大乗院寺社雑事記』文明十二年十一月五日条。
（37）（明応八年）十一月十三日　興福寺六方衆等書状（未三―一二―三七）。
（38）たとえば、澤蔵軒宗益が南都に侵攻した際には、その被官が眉間寺あたりで兵粮米を課している（年未詳十二月六日　興福寺六方衆等書状［未一―二四―三九三］）。
（39）『大乗院寺社雑事記』文明十一年十月二五日条。
（40）『大乗院寺社雑事記』文明十三年七月二一日条。
（41）（文亀元年）十月十六日　東大寺年預五師顕円書状案（未一―八―八五）、（文亀元年）十月二四日東大寺年預五師顕円書状案（未一―二四―一一〇）。
（42）（延徳三年）八月四日　二月堂堂司某書状案（未一―二四―一九四）、『大乗院寺社雑事記』延徳三年八月二十日条。
（43）木村茂光・吉井敏幸編『街道の日本史34　奈良と伊勢街道』（吉川弘文館、二〇〇五年）。
（44）たとえば、永仁年間に東大寺僧が中川寺僧を殺害した例を示したが、この殺害現場は平野であった（前掲注（24）三会定一記　永仁六年条）。

【現地ガイド】

大和国河上荘を歩く

河上荘は奈良東大寺のすぐ北側に位置する。荘域は東西に細長く広がっており、それだけにさまざまな顔を持つ。ここではその姿を一日かけて体感するコースを紹介しよう。

【東大寺から河上荘へ】　近鉄奈良駅を出て東に向かうと、やがて左手側に東大寺が見えてくる。南大門をくぐったら、観光客を尻目に大仏殿を西側にかわして北上しよう。住宅街に入ってきたら、そこはもう中世の河上荘域である。そこから東側に目を向けると山がある。これが毛勝山（伴寺山）で、そのふもとの道を山沿いに北へ歩くと三笠霊園が見える。この霊園のあたりが伴寺（永隆寺）の跡地である。伴寺は、大和政権以来の名族大伴氏（伴氏）の氏寺とされ、平安期には東大寺の末寺となっていた。近世までには東大寺の墓所とされたようで、現在でもこの霊園の一角には、重源を供養する五輪塔のほか、東大寺僧の墓地がある。さらに北に向かい、佐保川を渡ってしばらく歩くと、河上荘の田畠が東に広がるのが確認できる。この田園風景のなかをしばらく東に歩くと、やがて遠くにきれいな山盛りご飯の形の山が見えてくる。それが飯盛山である。この飯盛山は西・北・東のどこから見てもきれいな「飯盛」形であり、ランドマークとしてはうってつけである（【写真1】）。東大寺が永仁年間に三斗米を再興した際、「飯盛山以東は一斗五升」と飯盛山を基準にしたのもよくわかる。

【中川寺】　中ノ川町内の長尾町からのびる登り坂を抜けると中ノ川の集落に行き着く。この地には、かつて中川寺があった。中川寺は、院政期に活躍した僧実範を開基とし、往時には多くの院坊があった。しかし、本論でも述べたように、文明年間に本堂を除く堂舎が失われた。さらに、明治の廃仏毀釈では本堂も失われ、現在は雑木林のなかに実範上人廟塔と呼ばれる五輪塔

【写真1】　上：ならやま浄苑からの飯盛山(右)と飯盛山以東田地(左)
下：「東大寺山堺四至図」(正倉院宝物、『奈良市史通史一』付図より転載)の飯盛山(中央の山)

が残されるだけである（【写真2】）。ただ五輪塔の周辺を見ると、平坦な区画が連なり、過去には多くの院坊があった姿を彷彿とさせる。実際「旧土地台帳」を見ると、この付近に弥勒院・星浄院・薬師・地蔵院といった院坊名が小字として残っている。集落の入り口には、永正年間作の地蔵菩薩が残され、地蔵脇の道を進むと中川寺の鎮守とされる三社神社がある。ここで一服しながら往時の中川寺をしのぶのもいいだろう。なお、中川寺については、「弥勒の道プロジェクト」というウェブサイトで寺院跡について詳細な考察がある。これを参照しつつ巡見するのもいいだろう。

【伊賀・伊勢街道から般若寺へ】　中川寺跡地をまわったら、こんどは旧伊賀・伊勢街道を通って奈良市街へもどろ

【写真2】「実範上人廟塔」と中川寺跡地

う。国道三六九号線をしばらく西に行き、そこから木津方面の道に移って、しばらく進むと左手側に浄水場がある。浄水場の前で東西にのびる道が旧街道とされる。旧街道に出たら、まずは奈良市街と逆の浄水場東側にある「ならやま浄苑」から南を眺めよう。そこにはどこかで見た形の山が。そう、飯盛山である。ここからは、飯盛山を正面に東西に長くのびる河上荘のほぼ全域を見渡せるのである。河上荘を眺めたら、浄水場を通り過ぎて旧街道を西へ進もう。浄水場を過ぎたあたりが平野である。中世には山城国からの軍勢や土一揆勢がこの地を通って奈良に侵入しようとした。さらに歩くと、道は京街道にぶつかる。現在の自動車道を越えて旧街道につきあたると、奈良豆比古神社脇の道標が迎えてくれるはずだ。その道標を左に折れてしばらく歩くと、般若寺にいたる。

【五三昧の故地と河上荘二名】　般若寺を過ぎてしばらくすると下り坂に入る。これが般若坂だ。このあたりは、中世に般若野五三昧と呼ばれる共同墓地があった場所であり、その周辺の田地こそが、本論でもふれた河上荘二名の北畠と呼ばれる地であった。般若野の共同墓地は、松永久秀が多聞山城を築く際に、石垣に利用する目的で墓石を持ち去ったため、大きく景観を変えたようで、近世になると次第に家屋が立ち並ぶようになったという（「奈良坊目拙解」川上出屋敷条）。しかし、故地をぐるぐるまわってみると、現在でも墓地が少なくとも三か所はあり、どの無縁墓にも少なくとも近世まではさかのぼりそうな墓石が見られる。このあたりに中世に五三昧であったようすがを感じることができる。

【戦場となった河上荘西端】　般若坂のあたりを散策したら、坂の西側を見てみよう。住宅の向こう側に少し小高い丘が見えるはずだ。その丘が善鐘寺の跡地である。現在は若草中学校のグラウンドとなっている。本論でも述べたように、善鐘寺は興福寺衆徒が北からの敵勢を迎え撃つ際に拠点の一つとした地である。般若坂を見下ろす立地は、たしかに防禦を固める上で重要な拠点となっただろう。そして、この善鐘寺跡をさらに西に行くと、道路を一本はさんでもう一つ丘が見える。これが松永久秀の築いた多聞山城本丸の故地であり、中世における眉間寺の跡地ということになる。現在は若草中学校の校地となっている。その多聞山を南に下ると河上荘の八反田（ただ現在は住宅地となっている）が広がり、そこから西に行き、多門町に入ると、また鬱蒼とした森を持つ小山がある。これが聖武天皇陵であり、多聞山城築城後の眉間寺跡地ということになる。このあたりの田地が河上荘一名を形成したことは本論で述べた。八反田からは、今でも遠くに大仏殿をのぞむことができる（【写真3】）。永禄年間に大仏と大仏殿が焼失する直前には、松永方が興福寺や東大寺の戒壇院・転害門に、三好三人衆や筒井勢らが大乗院

【写真3】　八反田からみた大仏殿（右端）

山・天満山・東大寺大仏殿に陣を取ったとされている（『奈良市史　通史三』）。このとき多聞山城にいた松永方の武士たちも、この方向から大仏殿を眺めつつ、かたずをのんで前線の戦況を見守ったことだろう。

このあたりから南に歩くと奈良の市街に帰ってくる。山道で疲れた足をおしゃれなカフェや茶店で休めるもよし、観光客に混じって寺や奈良の町を観光してもいいだろう。

大和国栄山寺領墓山と「栄山寺々中弁山林絵図」
――小島村との関係を中心に――

下村周太郎

はじめに

大和国宇智郡阿陀郷（奈良県五條市）の栄山寺（学晶山榮山寺）は、奈良時代に藤原南家初代武智麻呂が開創したと伝えられ、国宝の八角円堂など貴重な文化財を今に伝える古刹である(1)。その寺領の中核が、境内の背後に広がる「墓山」である。その名は、武智麻呂の墓に由来する。延喜諸陵式には、阿陀墓として藤原良継墓が、後阿陀墓として武智麻呂墓が載り、所在地・兆域・守戸数の一致から同一地点を指すと見られている。武智麻呂は『藤氏家伝』では佐保山に葬られたとあり、後に阿陀へ改葬されたらしい。その経緯は判然としないが、栄山寺文書に徴するに、十世紀には良継墓の認識は後景化し、武智麻呂墓としてのみ認知されていると思しい。

この栄山寺境内を含む墓山を描いた史料に「栄山寺々中弁山林絵図」がある。近世の絵図であり、直ちに古代・中世の景観を示していることにはならないし、前近代の絵図の常として表現上の作為性も免れない。しかし、栄山寺や墓山を描いた古代・中世の絵図がない以上、その歴史を繙く上で貴重な史料であることは疑いない。この絵図については、早く戦前に猪熊兼繁氏が、戦後間もなくに福山敏男氏が取り上げているが、ともに栄山寺の歴史を概観する中での言及にとどまる。(2)また、当該絵図は二点伝存しており、福山氏は両者に触れるものの、うち一点の図像は未だ公刊されていない。

栄山寺領全般について言えば、栄山寺文書が平安時代の所領関係文書を数多く含む稀有な史料群であるため、一九六〇～七〇年代の社会経済史・土地制度史研究において盛んに活用された。(3)その一方で、問題関心が古代中世移行期（平安時代）に集中した感も否めない。中世後期の宇智郡が南朝や興福寺一乗院、河内守護畠山氏の影響下にあったことは知られているものの、中世～近世における栄山寺や墓山については、史料的制約もあって研究が乏しい。

現地に目を向ければ、戦後に至るまで墓山の地形が著しく改変されることはなかったと思われる。しかし、一九七六年以降、山頂に大規模な柿園が造成され、現下、山麓を貫くトンネルの着工も控えている。本稿では「栄山寺々中弁山林絵図」の描写内容について、現地景観と突合しながら検討するとともに、中世の荘園・村落にさかのぼる論点の掘り起こしを試みたい。

一　「栄山寺々中弁山林絵図」の景観

1　栄山寺本と近衛家本

既述のとおり「栄山寺々中弁山林絵図」は二点存在している。

【図1】は栄山寺に伝わり、現在、市立五條文化博物館に保管されているもので、以下「栄山寺本」と呼ぶ。(4)

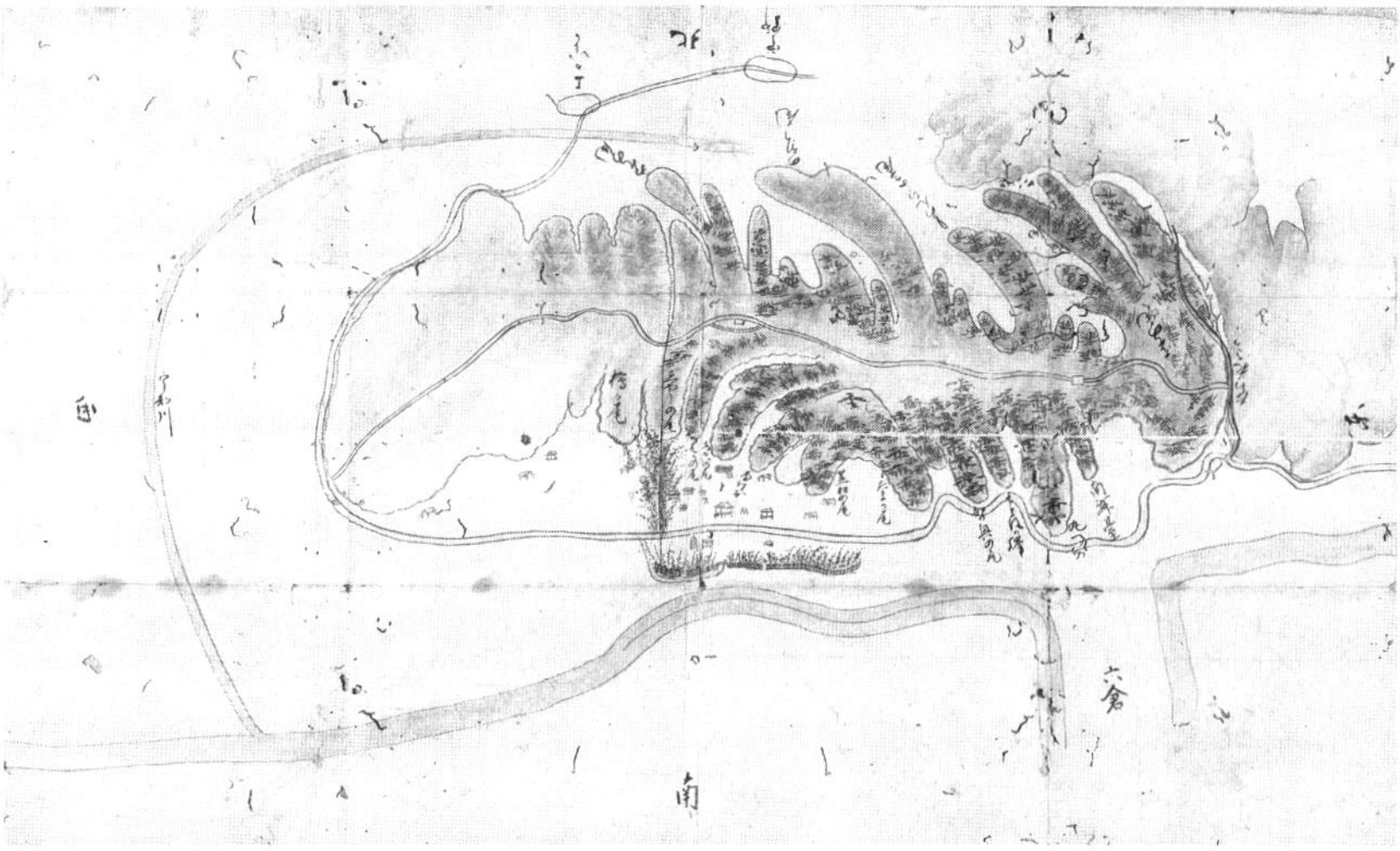

【図1】 栄山寺本「栄山寺々中弁山林絵図」（榮山寺所蔵、五條市教育委員会保管・撮影）

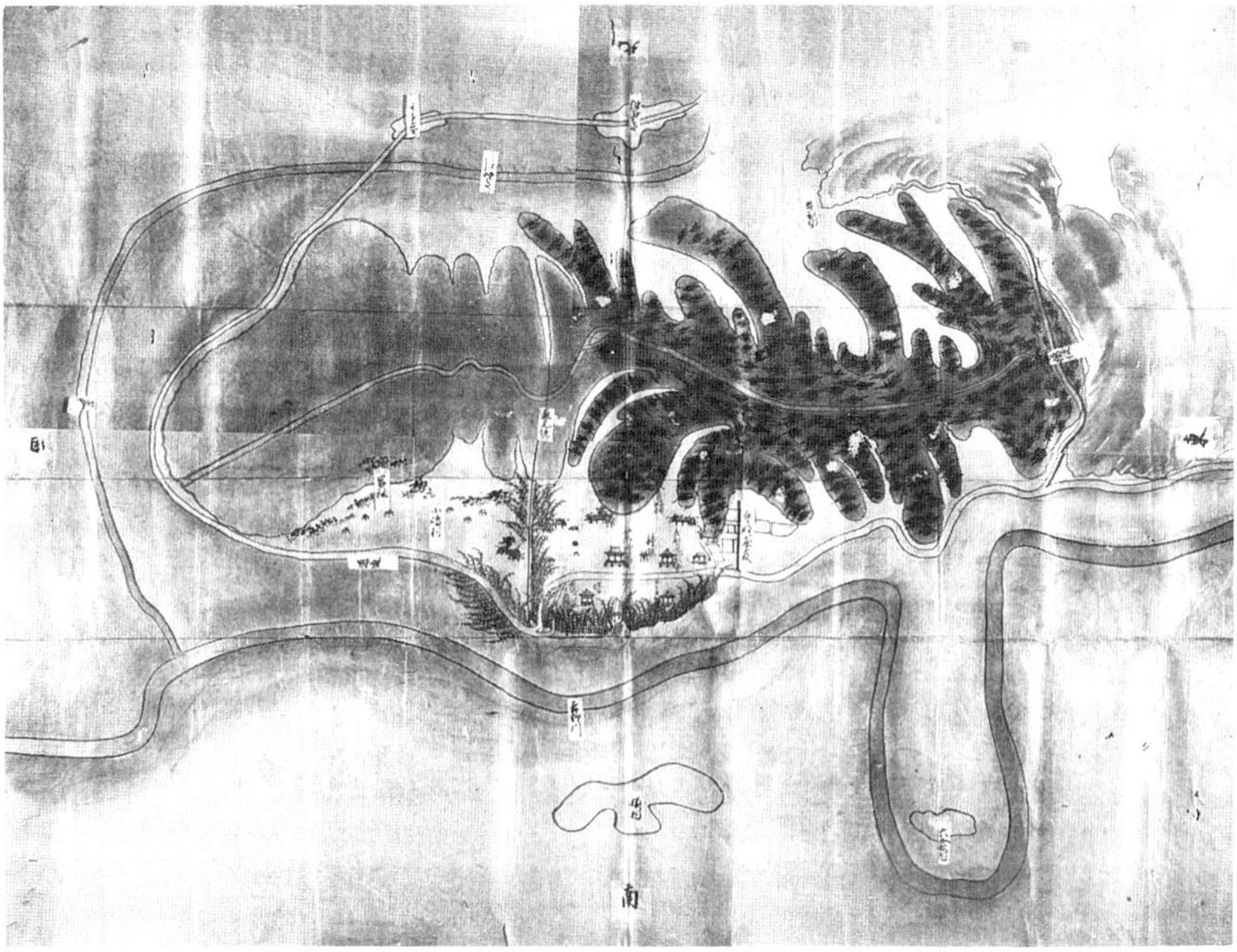

【図2】 近衛家本「栄山寺々中弁山林絵図」（陽明文庫所蔵、東京大学史料編纂所撮影）

『大和志』六―一「栄山寺特集」[5]および『栄山寺八角堂の研究』[6]に写真が掲載されているが、古い出版物で鮮明さを欠く。その後、『五條市史　史料』や市立五條文化博物館特別展図録『栄山寺十二神将展』（一九九六年）に境内部分のみ掲載されている。青（川）・緑（木）・黄（道）・白（一部の建造物）の彩色が施されている。【図2】は摂関家の近衛家に伝わり、現在、陽明文庫が所蔵するもので、以下「近衛家本」と呼ぶ。[7]こちらは、管見の限り従来公刊されていない。

一見して明らかなように、両本の構図は同一である。すなわち、中央に墓山を置き、その南部分に栄山寺の堂舎を密に描き込み、周囲には道や川を巡らす。墓山は等高線を再現するかのように山際をヒダ状に複雑に描いており、連続して細かく形成される尾根と谷の形状を忠実にトレースする志向性がうかがえる。尾根や道・川の線形は両本で酷似し、一方が一方を参照して描いたものと推察される。

他方で、最大の異同は注記・付箋の書き込みである。栄山寺本は墓山の尾根に「××の尾」などその名称を注記し、あわせて周囲の川・道・谷・村の名称も記している。対して近衛家本では、川や村などの名称は付箋で示されており、尾根の名称を記さないかわりに境内の堂舎の名称を朱書で注記している。

以下、現地景観と照合しながら絵図の内容を確認しよう。

2　墓山を織り成す尾根と谷

ヒダ状に描かれた尾根は、実際の地形をどれほど反映しているのだろうか。【図3・4】は、それぞれ栄山寺本と近衛家本に見える主要な尾根二七地点に通し番号を振ったものである。両本の尾根の配置が基本的に完全一致していることを改めて了解されたい。【図5】は地理院地図（電子国土Web）を用いて、現状の墓山の起伏を浮き彫りにしたものである。これに【図3・4】で番号を付した尾根に比定しうる場所に同一の番号を付した。絵図と現実とで尾根の数と形がほぼ合致しており、相当忠実に尾根と谷を描いていることがわかる。

栄山寺本には、これら尾根のうち十六か所に名称が注記されている。すなわち、[4]「はての尾」、[5]「ひら尾」、[7]「もろんちよか尾」、[8]「のほり尾」、[9]「ゐての尾」、[15]「檜か尾」、[16]「じやうの尾」（城尾）、[17]「はかの尾」（墓尾）、[18]「あかいの尾」（閼伽井尾）、[19]「やけお」、[20]「笠松の尾」、[21]「たまか尾」、[22]「智興の尾」、[23]「そとはの峯」（卒塔婆峯）、[24]「丸つか」（丸塚）、[25]「南舞台」である。

[16]と[18]について補足する。[16]「じやうの尾」は小字「城の尾」から「城尾」と字を充てられ、何らかの城郭（軍事的・政治的拠点）の存在が想像される。一方、[18]「閼伽井尾」については「赤井尾」の表記も見えるが、高野山にも近い栄山寺には中世後期に弘法大師信仰が及び、この尾根には空海が修行した求聞持堂と閼伽井があるとの伝承が生じる（近世栄山寺で空海は中興開山）。そこで絵図を注視すると、両本とも[18]の中腹に堂舎が二つ描かれている。このうち西側が求聞持堂に相違ない。ところで、この閼伽井尾の中腹には、南北朝期に在地領主栄山《さきやま》氏が築いた栄山《さきやま》城があったとされる。削平と堀切の不十分な単郭の小城として南北朝期城郭の特徴を示す珍しい事例とされ、聖域視されていた墓山で築城がなされたことが注目されている。(8) しかし、尾根の名称から推せば城郭があったのは城尾の方で、閼伽井尾中腹の平場には宗教施設があったと考えるのが自然であろう。本堂の裏から武智麻呂墓へと通じる登山道が主郭と目された平場を貫通しているのも、城郭跡ではなく堂舎跡と考えればさほど不審でない。

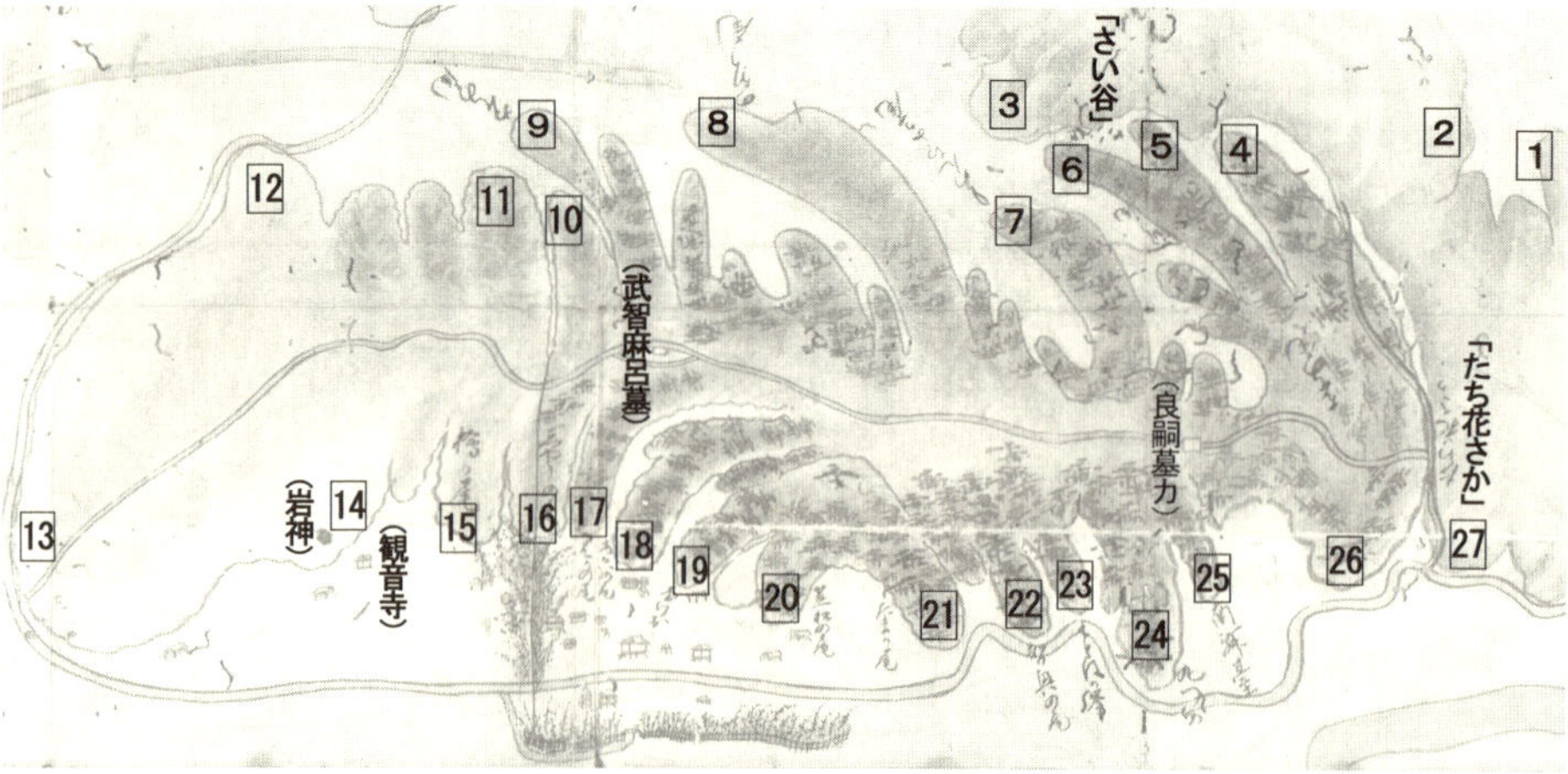

【図3】　栄山寺本「栄山寺々中并山林絵図」墓山部分に加筆
（「鍵括弧」は注記、（丸括弧）は推定、囲み数字は尾根番号）

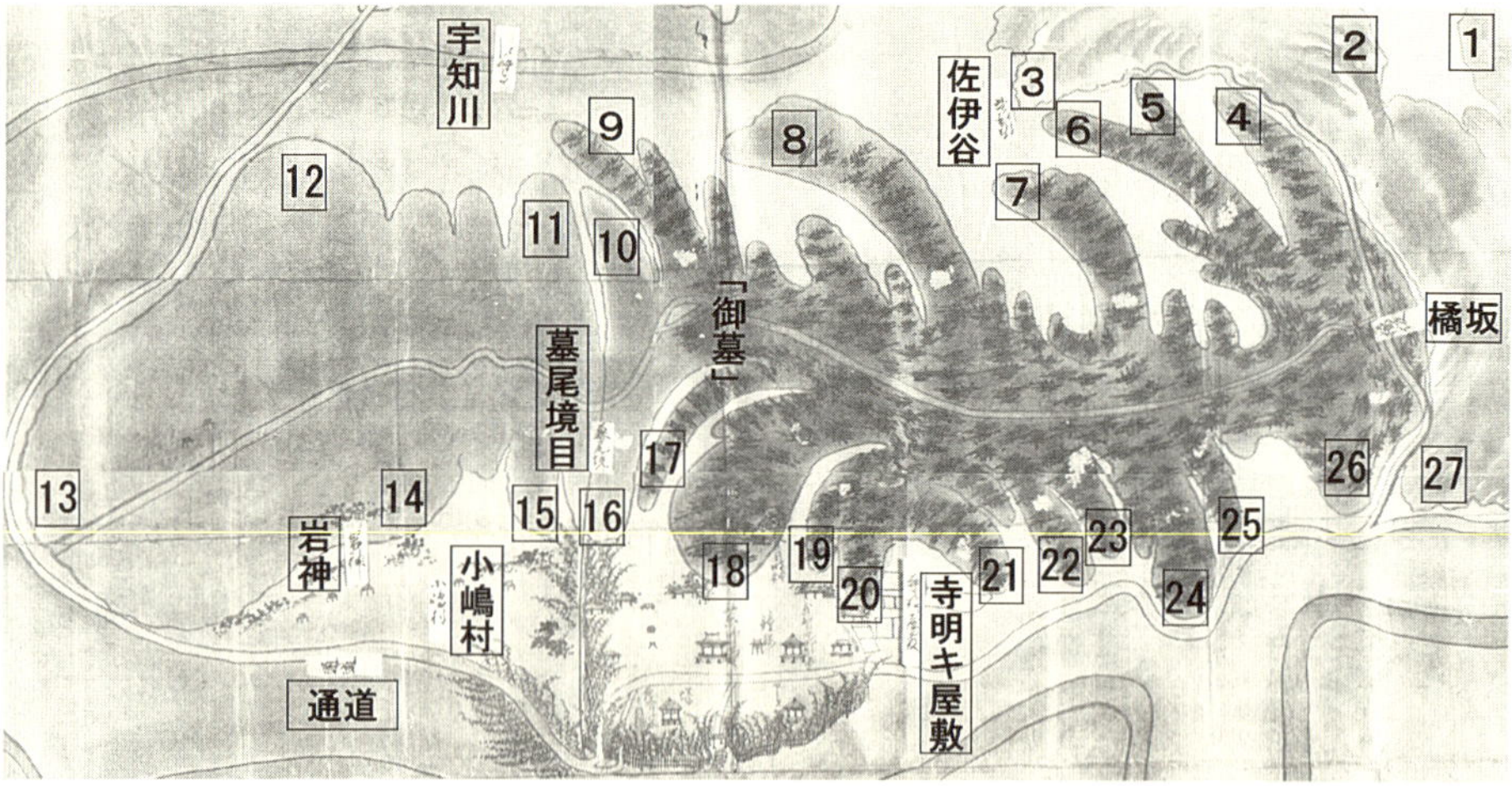

【図4】　近衛家本「栄山寺々中并山林絵図」墓山部分に加筆
（「鍵括弧」は注記、囲み文字は付箋、囲み数字は尾根番号）

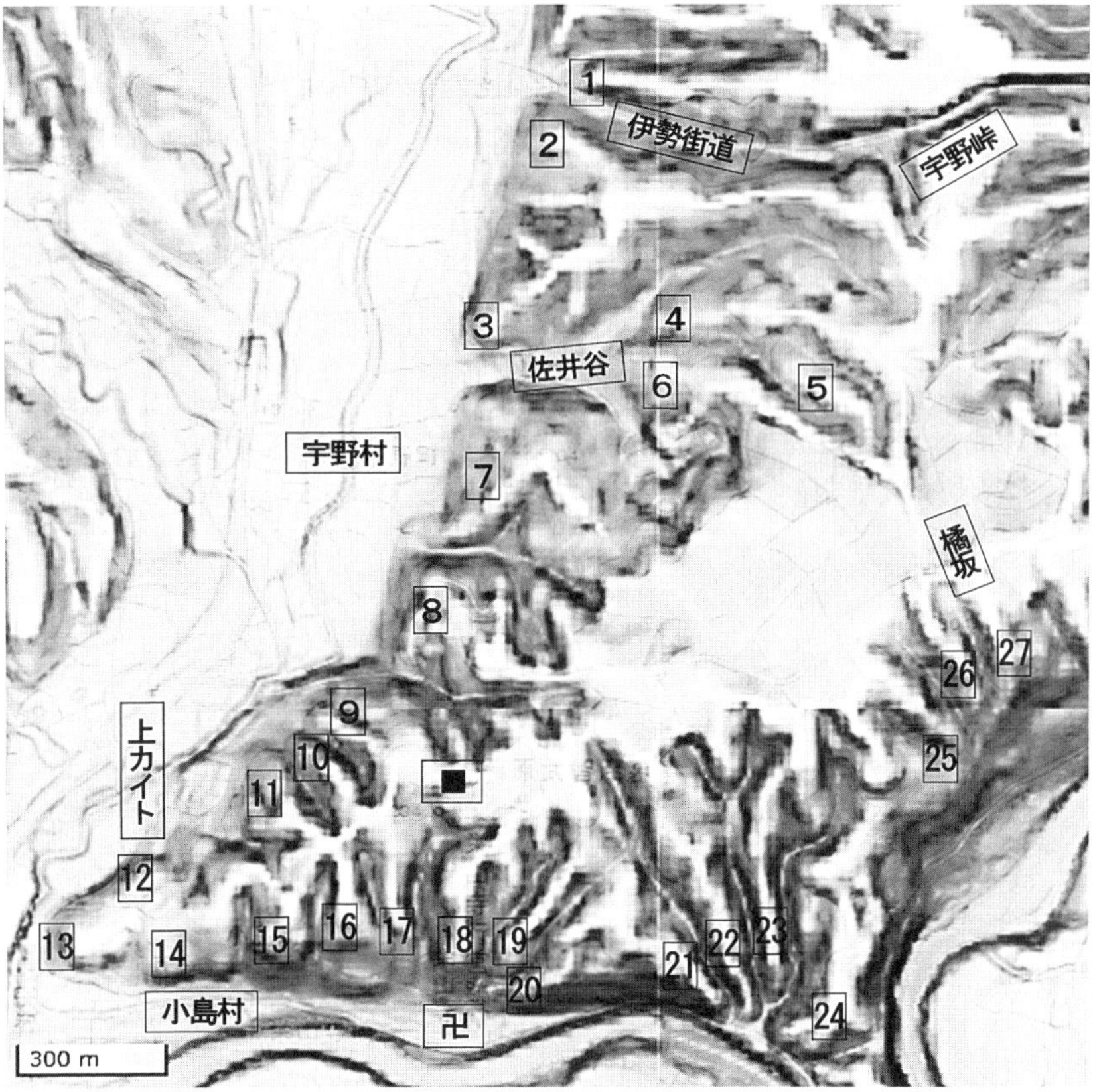

【図5】 墓山の尾根と谷

4はての尾　5ひら尾　7もろんちよか尾　8のほり尾　9ゐての尾　15檜か尾
16じやうの尾　17はかの尾　18あかいの尾　19やけお　20笠松の尾　21たまか尾
22智興の尾　23そとはの峯　24丸つか　25南舞台　卍 栄山寺　■ 藤原武智麻呂墓

※地理院地図（電子国土Web）の標準地図（地形図）に傾斜量図（透過率20％）と赤色立体地図（同30％）を重ねた上で、コントラスト等を私に調整して作成した。赤色立体地図作成手法はアジア航測株式会社の特許である（特許3670274、特許4272146）。

3　墓山を取り囲む川・道・谷・村

墓山の周囲には川や道が張り巡らされている（現地ガイド【地図1】）。

まず、川を見よう。南に吉野川が、西に宇智川、北の西半分にもやはり宇智川が巡っている。栄山寺本には西に「宇知川」が注記され、近衛家本では南に「吉野川」、北と西に「宇知川」の付箋がある。実際の宇智川は墓山の西方を、蛇行しつつもおおよそ北から南へ流れているが、絵図では九〇度の弧を描きながら墓山の北では東西方向に描かれており、現実と比べるとデフォルメがある。その宇智川と吉野川とは南西で合流しており、両者相俟って北西〜西〜南と墓山の過半を川が囲繞する。

次に、道である。近衛家本では「通道」と付箋のある道が、吉野川と宇智川と並行して描かれており、墓山の山際を緩やかに巡っている。現在、五條市街から東の南阿田方面に向かう県道39号線（栄山寺街道）が栄山寺の門前を横切るが、通道と県道とは栄山寺の門前ではほぼ一致していると考えられる。しかし、境内西隣の小島集落（近衛家本に「小嶋村」の付箋）付近では、県道よりも数十m北、標高が五mほど高い山際間近を通る道が通道にあたろう。今もこの道の北側（山側）には村の寺社や屋敷が並び、南側（川側）の河岸段丘には水田が広がっている（現地ガイド【写真1】）。両本とも尾根⑭の山腹に社殿が描かれ、近衛家本には「岩神」の付箋があるが、現在も山の急斜面を少し登ったところに岩神神社がある。その右下の山際にも建物が描かれているが、これが観音寺と思われ、位置関係は現在も変わらない。

絵図の通道は北で宇智川と交差し、間もなく「上カイト」（上垣内）の集落が記される。さらに進み「北」とあるあたりで道も川も描画が止められているが、そこには「宇野」（鵜野）の集落が描かれている。実際には、道も川もさらに先へ伸びているが、絵図作成者の意識においては、道と川とが交差し宇野村の位置を示したところで、道と川とを描く必要性が無くなった、ないしは整合性がとれなくなったことを示唆する。

この「通道」に当たる道は、小島集落から宇野集落まで今日でも辿ることができる。宇智川を渡ったところで、いったん国道24号線に吸収されるが、再び旧道が分かれ、絵図の「宇野」とあるあたりの家並みは、かつての街道筋の面影を残している。宇野の集落を抜けて東に折れ宇野峠を越える道が伊勢街道で、近世には紀州藩の参勤交代道としても利用された。前述のとおり、宇野や上垣内あたりの方位は現実とは少し歪んでおり、国道24号線は南北に走り、二つの集落は絵図にある東西ではなく実際は南北に並んでいる。このことを意識したためか、近衛家本では通道も宇智川も末端部が少し北向きに反るように描かれている。

再び、通道を栄山寺の門前まで戻ろう。栄山寺本では門前で通道が二筋に分かれており、一筋はまっすぐ境内を東進しているが、もう一筋は南に分岐し、生け垣に添って山門に至っている。後者は山門前で途切れているが、その東側に生け垣が中断している場所があり、ここにも門があった可能性が高いから、本来、道は東へ続いていたものと思われる。この山門前の道は現在の県道39号線と一致していると思われるが、境内を通り抜ける道が近道のため本道になったものと福山氏は推測している。近衛家本では三筋に分岐しており、分岐以前に道が南方向へ曲がっている。これは下り坂を意識した表現と思われるが、いずれにせよ、現在も拝観者受付があるこの辺りの道は三筋あり絵図と一致する。近衛家本では山門の東側に生け垣の中断はなく、現在もこの付近に門はない。境内付近の道筋や門の配置は近衛家本の方が現状に近い。なお、山門前で途切れている道が、東へ向かって再び開通するのは、県道が整備される昭和初年である。

絵図上で栄山寺からさらに東に進むと、北に分岐する道が描かれている。栄山寺本では「たち花坂」、近衛家本では「橘坂」とされている（以下「橘坂」で統一）。この坂道は墓山を登る道で、登り口は現在確認しえないが、尾根の描き方から26と27との間と考えられる。橘坂を登り切った地点は墓山のほぼ最高峰にあたる。【図5】から察するにかなりの急坂と推測される。橘坂はそのまま北へ直進し「佐伊谷」に向かうが、最高峰付近から武智麻呂墓に向かう東西道が分岐している。武智麻呂墓周辺は道が二股に分かれているが、近衛家本には「御墓」の注記があり、栄山寺本には四角が描かれている。栄山寺本には同様の四角が橘坂の少し西にも描かれており、良継墓の伝承地が残っていたのであろうか。武智麻呂墓の参道ともいうべき東西道は、西側では吉野川と宇智川との合流点付近へ向けて山を下り、墓山の南西（突端）で通道にぶつかる（近衛家本では通道と接していないが）。この道は明応七年（一四九八）の評定で「小嶋方ハ、依深佗事御廟ノ道ヲカキリ、キタウラヲ御アケナリ、コレハ鎌ナタマテ、マサカリハ禁制」と伐採制限区域が定められたところの「御廟の道」に他ならないだろう（市史一二二）。現在五條市浄水場のある場所の南側に登山道を推定できる。なお、山頂の橘坂と武智麻呂墓との間は、今日柿園が造成されており道筋を辿り難い。

この橘坂は北では最終的に佐伊谷（才谷）に下りる。栄山寺本では「さい谷」と注記があり、近衛家本では「佐伊谷」と付箋がある。現在（明治の迅速測図も）、橘坂は宇野峠で伊勢街道に合流しており、福山氏は佐伊谷を伊勢街道の場所に比定している。しかし、才谷という小字の存在などから、岡田隆夫氏が述べるように伊勢街道より六〇〇m南の谷に比定されよう。(9) この谷は4・5・6の尾根を含み込む幅広の谷で、実見すると墓山の北辺を成すだけの存在感がある（現地ガイド【写真2】）。絵図における尾根の並びから、橘坂の北側の下り口は佐伊谷の3と4との間と推定される。栄山寺本では、絵図の北で途切れる宇智川が、この佐伊谷へゆるやかに連続していくように見受けられる。なお、絵図には墓山の東側にも山並みが若干描き込まれており、1と2の間に小さな尾根上の突起が二つ描かれているが、これが切通し状の伊勢街道を表現したものだろう。

以上より、「栄山寺々中弁山林絵図」（とくに栄山寺本）は、栄山寺境内を含む墓山の四方を東は橘坂、南は吉野川、西は宇智川、北は宇智川〜佐伊谷で取り囲むように造形されている。このことは猪熊・福山両氏も示唆するように、栄山寺に墓山の領有を認めた天元三年（九八二）官符の四至表記すなわち東「橘坂」・南「吉野河」・西「宇智河」・北「宇智河幷佐伊谷」を視覚化したものに他ならないだろう。方位に多少デフォルメが加えられているのも、絵図のモチーフが単に墓山を描くことにあるのではなく、官符に記された墓山の四至を描出することにあったからである。天元三年官符は、これより遡る天平神護元年（七六五）官符が十一世紀初頭に偽作されたのと同じ頃に改作されたことが指摘されているが、(10) 近世の栄山寺では墓山の由緒を示す公験として改めて重宝された。平安時代の公験文書の記載を視覚化した「栄山寺々中弁山林絵図」はそれ自体が墓山にまつわる由緒の表象であり、かかる志向性のもと、墓山の形状が忠実に描出され、尾根の名称にも注記が施されたのである。

本来宇智川の左岸（東）に広がっているはずの宇野と上垣内の両集落の範囲が、絵図では宇智川の右岸（西）に限定されている。近世において右岸の街道沿いに人家が展開したのは確かだが、絵図には栄山寺門前への通道しか描かれておらず、伊勢や奈良への街道は意識されていない。あくまで両集落が墓山の四至外にあることを示そうとしたゆえだろう。

4　境内の堂舎

近衛家本には堂舎の名称が注記されている。これを参考に境内を見ていこう（【図6・7】、現地ガイド【地図2】）。堂舎の注記は「薬師堂」・「石塔婆」・「塔」・「武智丸影堂」・「鐘楼」・「アミタ《阿弥陀》堂」・「春日明神」である。このうち、前四者は、現在も同じ位置関係にある本堂（薬師堂）・七重石塔婆・塔之堂・八角円堂に該当し、現在の堂舎

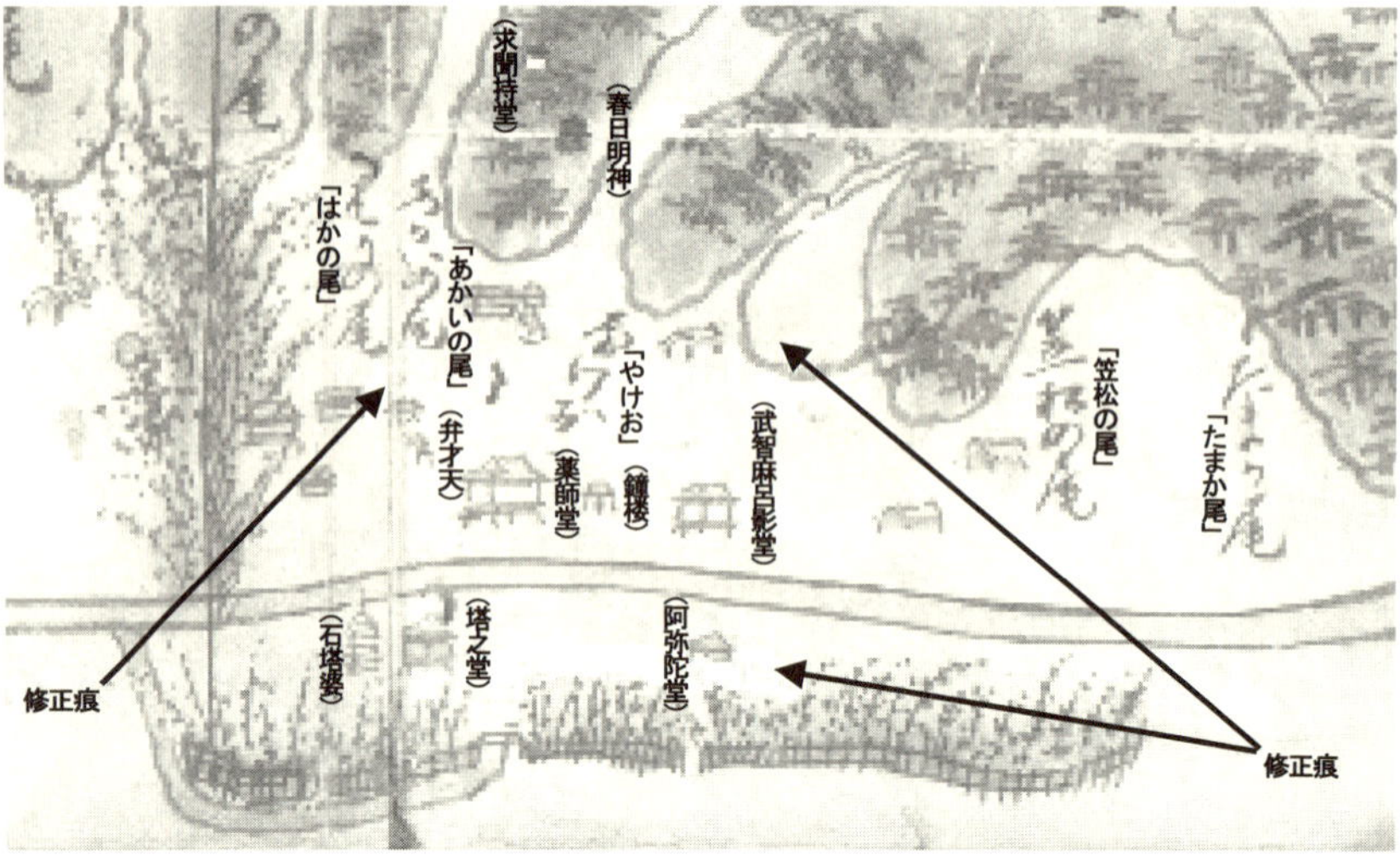

【図6】　栄山寺本「栄山寺々中并山林絵図」境内部分に加筆
（「鍵括弧」は注記、（丸括弧）は推定）

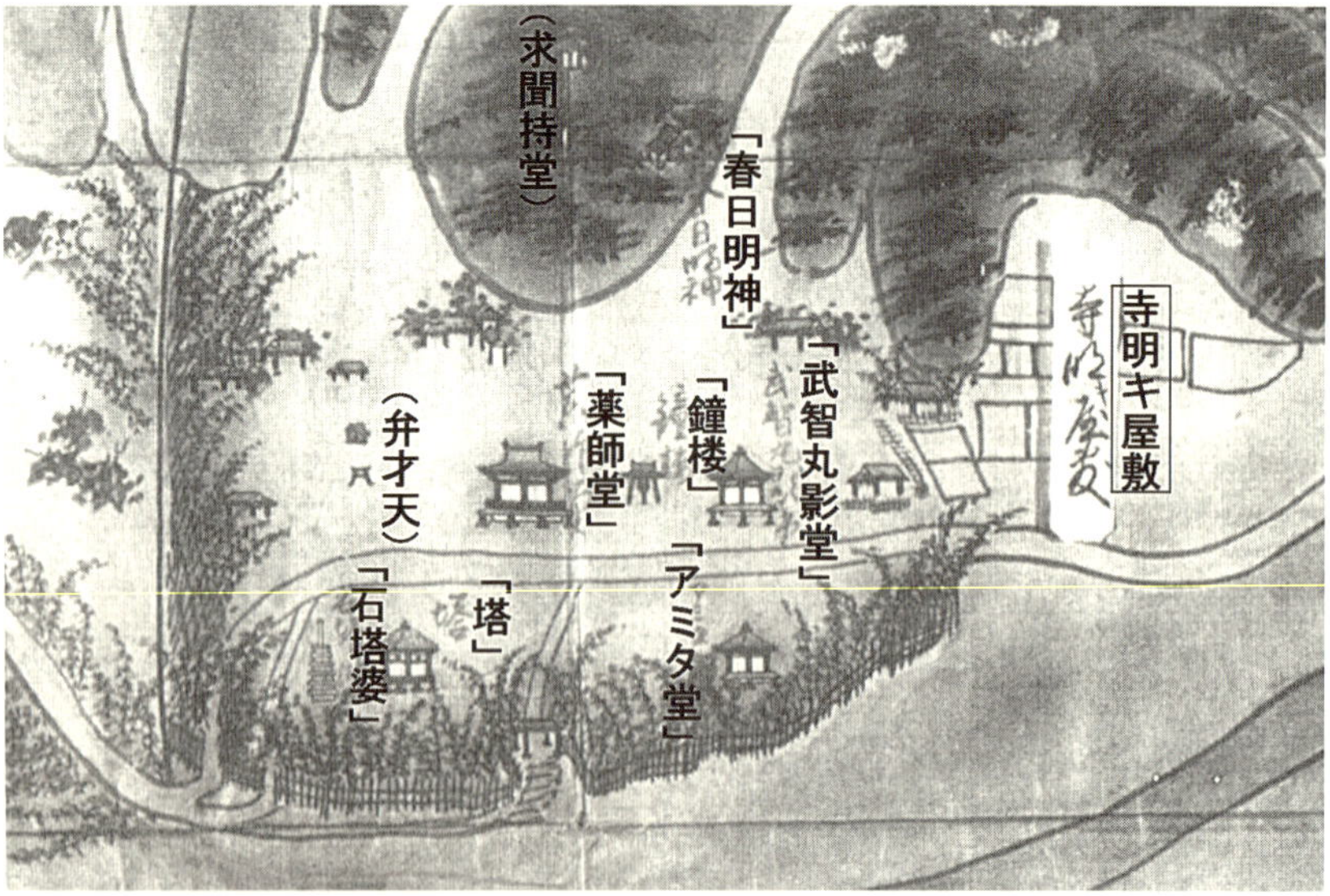

【図7】　近衛家本「栄山寺々中并山林絵図」境内部分に加筆
（「鍵括弧」は注記、囲みは付箋、（丸括弧）は推定）

の配置が近世に遡ることがわかる。金堂とも称される本堂の薬師堂は、永享三年（一四三一）二月六日 本堂造営日時勘文の存在から（市史八八）、この頃に再建されたものと見られ、同時期の造像と見られる薬師如来坐像が祀られている。塔之堂は大日堂とも呼ばれ大日如来を祀るが、「塔」という名称の由来は中世以前に見える多宝塔の後継施設だからであろうか。大日如来坐像は明治～昭和期には八角円堂に祀られていたという。その八角円堂は武智麻呂の子仲麻呂が父母の追善供養のために建立したとも伝えられる奈良時代の建築で、内部には極彩色の装飾が施されている。現在、阿弥陀如来坐像が安置されているが、元は阿弥陀堂の本尊だろう。注記の如く中近世の史料では武智麻呂影堂とされ、現在も栄山寺に伝わる武智麻呂の肖像画が掲げられていたに相違ない。近世には弘法大師の肖像画も併せて掲げられていた（現在は寺外に流出）。

後三者は現状と異同がある。山門から薬師堂へ向かう参道の東に描かれている「アミタ堂」は、右に触れた阿弥陀如来坐像を本尊としていたに相違ないが、昭和初年に撤去され現在この場所に建物はない。薬師堂のやや東に描かれている「鐘楼」も今はなく、現在は境内の西側にコンクリート製の鐘楼が新造されている。栄山寺に伝わる梵鐘は平安時代の古鐘として著名で、鐘銘によれば延喜十七年十一月三日に藤原南家の道明らが山城国紀伊郡道澄寺の鐘として鋳造したものである。栄山寺に移入された経緯は詳らかでないものの(11)、福山氏は室町後期～江戸初期に移入したと推測しており、絵図が描かれた当時の梵鐘はこの延喜のものと見て良い。また、本堂の裏山の中腹に「春日明神」が描かれている。大和国の栄山寺は中世において興福寺の末寺だったので鎮守に春日明神が勧請されていたが、現在境内に春日社はなく、該当地点には御霊神社が存する。宇智郡は井上内親王と他戸親王が配流され当地で没したため御霊信仰のメッカとなっており、近世には宇智郡内の村々に御霊社が勧請された。現在、御霊神社は栄山寺西隣の小島集落が管理しているが、近世において興福寺との本末関係が失われ春日信仰が後景化する一方で、小島村の鎮守社として再編されたと考えられる。なお、栄山寺本にも春日明神と思われる建物が描かれているが、小島村の岩神神社とともに墨塗りしているように見受けられる。

他に境内の東に「寺明キ屋敷」の付箋があり、四角の枠が複数描かれている（栄山寺本にはない）。古くは堂舎が存在していたのだろうか。近衞家本では⑳笠松の尾と㉑たまか尾の間に寺明き屋敷が広がっているように見えるが、当該地は山の尾根が吉野川に迫っている場所で平坦地は殆どない。現在、アウトドアショップがある場所が寺明き屋敷の範囲だろう。その東には墓地があり、本来の境内地の東端であると想定される。

先にも触れた明応七年の評定では「於寺家中、限地獄谷東於御アケ也、次下苅等者、タマノ尾カキリに東ヲ御アケアリ、是鎌ナタハカリ」と定めている。福山氏は下苅を地名として解釈しているようだが、下草・柢木の刈り取りの意であろう。前に引用した「小嶋方」＝境内西方の規定と並べられているので境内東方の規定であり、「地獄谷」より東は住人の山野用益を認め、それより境内側でも「タマノ尾」より東では鎌と鉈に限り下刈を認めたものと解釈できる。「地獄谷」は地名の残存から六倉の岬の手前であり、この辺りには㉓卒塔婆峯や㉔丸塚などマージナルな地名が残る。ここから東の橘坂方面へは峠道となっており、一種の境界として認識されていたのだろう。それより寺寄りの「タマノ尾」は㉑「たまか尾」に他ならないから、寺明き屋敷がたまが尾まで描かれているのは、さしあたりこのあたりが境内地の東端と認識されていたことを裏付ける。

その他、注記は無いが、薬師堂の西に鳥居が見える。現在、薬師堂の西には池があるが、明応二年の史料に所見する弁才天社が該当しよう（市史二一〇）。栄山寺本では朱で彩色されている。その他の建物は、近世に六あった坊舎と思われる。文政年間には三坊まで減少し、近代に入り梅室院一坊となった。

二　栄山寺・栄山荘と栄山氏・小島村

1　栄山寺本の作成と伝来

絵図の内容分析を踏まえ両本の先後関係を考えると、本来の主題が墓山とその四至だったとすれば、栄山寺本における尾根名称の注記はこれに符合する。他方、宇智川と佐伊谷との連絡性を重視しない点や名称注記が尾根でなく境内である点において、近衛家本は主題と整合的でない。よって、栄山寺本が先行し、近衛家本は栄山寺本を参照して二次的に作成・利用されたと想定できる。栄山寺本に⑳笠松の尾や山門、生け垣、堂舎を書き直した痕跡があることや（【図6】）、近衛家本が栄山寺本にない槇村（牧村）や六倉村を描いていることも、近衛家本が後出との見通しと矛盾しない。

では、先行する栄山寺本はいつ、なぜ作られたのだろうか。猪熊氏は、元禄四年（一六九一）の南都御番所あるいは元禄九年の小島村領主庄田氏への申告に際して作成されたと見る。一方福山氏は、寛文五年（一六六五）に小島村の墓山侵害を寺社奉行に訴えた際に作成されたとする。

結論から言えば福山説に従うべきと考える。寛文五年二月、栄山寺は「和州宇智郡栄山寺武智丸公之御墓山、小嶋村ら被切荒候」と訴えを起こす（市史一四二）。訴状は次のような三箇条からなる。

i栄山寺は役小角が草創し、本堂の薬師堂は元正天皇の勅願所として、八角円堂は大織冠の賢孫で南家始祖の武智麻呂の本願として「養老三年」に造立された。山地や水田が施入され、官符も下されて「栄山寺領」が定まった。その後、豊成が父武智麻呂の墳墓を山上に築いて以降、綸旨や院宣などの公験「数十通」が代々下され、鎮護国家の祈禱と本願の菩提を勤めてきた。このことが天聴に達し、応永二七年には後小松上皇によって武智麻呂の肖像が描かれた。よって「其影像」・「右之証文」・「山之絵図」を持参するので「一覧」していただきたい。

ⅱ天平神護元年官符や天元四年官符には墓山の面積や四至が定められている。施入以来「九百余年」、墓山については「古今之際目」は変わらず、侵害も受けていない。とくに「康和三年之長者宣」では「寺家四至之内、殺生禁断幷御墓山之樹木不可伐取」と厳格に定められている。その後、信長の世まで寺領は変わらず、秀吉の時に一度召し放たれたものの「天下一同之御検地」の時に古来同様に墓山を寄付してもらった。

ⅲしかし、寛永年中に「栄山寺近郷小嶋村之百姓共」が初めて山へ立ち入り木を伐ることが起きた。近年は「彼山ハ小嶋村進退」だと言い出し、「栄山寺ゟ切取候樹木」を差し押さえ、「御墓山のしるしに古来ゟ立置候古木」を切り倒し、墓山の「碑銘」まで破壊するなど事態がエスカレートしている。「数十通之証文」があり、「九百余年」にわたり墓は現に山上にある。弘法大師の「求聞持修法之秘所幷閼伽井」もある「霊蹤之山」を「俗家」が領有するのは甚だ不合理である。

要するに、ⅰ栄山寺と寺領の来歴を全般的に述べた上で、ⅱ中でも墓山の来歴に焦点を当て、ⅲ近年小島村に侵害されていることを訴えて、権益の保証を望む内容である。主張の根拠として、藤原氏始祖鎌足や南家始祖武智麻呂、役小角や空海など多彩な由緒が語られるが、それと同時に、公験として「数十通」の「証文」、後小松天皇宸筆（とされた）武智麻呂「影像」、そして「山之絵図」が持ち出されている。

墓山の由緒と権益を主張する際に持ち出されたこの「山の絵図」こそ、福山氏も指摘するように栄山寺本に他ならないだろう。ただし、このことを確定するには史料の伝来を考える必要がある。この時の訴訟の経過は不明だが、実際に提訴され、訴状に添えてこれら公験も提出されたとしたら、それらが「一覧」の上で栄山寺に返却されていなければ、寺に伝存することはないはずだからである。

この点を簡単に検証しよう。このの ち宝永二年(一七〇五)七月、江戸護国寺との本末関係を解消すべく、栄山寺の縁者が「御家門」近衛家に対し幕府への働きかけを懇請する(市史一五二)。寺の経営難を乗り切るため幕府が保護する江戸護国寺の末寺となったものの、栄山寺内には古来「一本寺」であったとして「辺土」の末寺になることを潔しとしない勢力があり、近衛家への陳情へと至った。この時、近衛家に公験として「文書十一通」が提出され、現在いずれも陽明文庫に伝わっているが、このうち五通の包紙には同筆で史料の名称と年代とが注記されている。たとえば、中世の殺生禁断史料として著名な康和三年(一一〇一)十二月四日　勧学院政所下文(市史四〇)には、「御墓山不可伐取幷殺生禁断之長者宣」という文書名とともに「養老三年ゟ康和三年迄ハ三百八拾三年、康和三年ゟ寛文五年迄ハ五百六拾四年」と注記がなされている。[12]注目すべきは、年代の始期を「養老三年」、終期を「寛文五年」としている点である。すなわち、これらの包紙は近衛家に接触した宝永二年とは元来関係なく、既に寛文五年にあつらえていたものが転用されたと考えられ、その作成契機は栄山寺が寺社奉行に小島村の侵害を訴えた時点に求める他ない。寛文五年の訴状では栄山寺と寺領の始点を「養老三年」に求めるとともに、以後「九百余年」にわたる存立を強調しており、右の年代注記のあり方と照応している。宝永二年に近衛家に対して公験十一通の目録も提出しているが(市史一五三)、たとえば右の勧学院政所下文の場合、目録での名称は「御墓山殺生禁断長者宣」とされ包紙の名称と異なる一方、包紙の「殺生禁断幷御墓山之樹木不可伐取」との標記は寛文五年の訴状本文の言い回しと整合性が高い。

すなわち、寛文五年にあつらえた包紙とともに文書の正文が近衛家に伝来した事実は、寛文五年に寺社奉行へ文書の正文が実際提出されていたとしても、その後、栄山寺に返却されたことを意味する。よって、寺社奉行に提出された「山之絵図」も寺に返却され、今に伝わったと見て差し支えないだろう(13)。

さて、福山氏の指摘も踏まえ改めて訴訟の内容と絵図との関係を整理しよう。この訴訟の趣旨が、ⅰ栄山寺領のなかでも、ⅱ墓山の由緒を特筆し、ⅲ小島村による侵害を除こうとするものであったとすれば、栄山寺本が墓山の形状を忠実に描き、尾根の名称も明記することは極めて当然のことと言える。墓山を取り囲む川や道を描きその名称を注記しているのも、墓山の四至を載せる天元四年官符を訴状に引用していることに対応する。そして何より、⑯城尾の突端から門前の道へ直下する線を引き、濃密に薮木を描き込んでいる、近衛家本で「境目」と付箋のある一帯は、栄山寺境内と小島村とを区切る境界線を明示的に表現したものに相違ないだろう。小島村の百姓や領主庄田氏がこれを越えて栄山寺や墓山に侵入してはならないことを図示しているのである。

さらに福山氏が指摘していない点で注目したいのは、まず、この境界線がそのまま北へと一直線に伸ばされ、⑩と⑪の尾根の間の谷へと及んでいること。さらに、栄山寺本と近衛家本とでやや筆致は異なるものの、この墓山を貫通する南北の境界線より東では山の樹木が密に描かれているのに対し、西には樹木が描かれていないことである。境目の線は、単に栄山寺と小島村との土地の境を図示しているのではない。栄山寺側では樹木が保護され墓山の静謐な環境が保たれているのに対し、小島村側では樹木が伐り尽くされいわば禿山化している、という相異なる山林環境を視覚的に演出するための補助線という意味を持つのである。このことは墓山の東方も同じで、橘坂と佐伊谷とで明確に墓山は区切られ、その先は西方の小島村側と同じく樹木が描き込まれていない。周囲の山々のなかで、墓山に限った環境の特異性、いわば神聖性・不可侵性を表象しているのである(14)。

2　「栄山寺の小島村」から「小島村の栄山寺」へ

栄山寺本が、寛文五年に隣接する小島村の墓山侵犯を訴える文脈で作成されたことを見た。ところで、現在の栄山寺の住所は五條市小島町＝旧・小島村である。最後に、中世から近世にかけての栄山寺の展開を小島村との関係から跡付けたい。

城尾を境目とする「小島村の成立」については、これを語る近世の史料が存在する。宝永二年に近衛家に提出した口上には、文禄年中に高野山の衆徒が栄山寺に乱入し「栄山寺御墓山」は「山の尾」を限り栄山寺の支配とするが、その外の「新開田」は「小嶋村」と「名付」て高野山の支配とした、という歴史認識が記されている（市史一五一）。近衛家本では小島村との境界に「墓尾境目」との付箋があり、栄山寺本では城尾とされている境目を「墓尾」と呼んでいる。近衛家本の関心が墓山の尾根にないにせよ単純な誤記とも言い切れない。右の歴史認識に鑑みれば、十八世紀には境目を「御墓山」の「山の尾」＝「墓尾」と呼ぶ新たな地理認識が生じていた可能性があるからである。

いずれにせよ、福山氏も示唆するように中世段階で小島村は史料に見えるから、その誕生を文禄年間の高野山衆徒侵攻に求めるのは適切でない。そこで、改めて古代・中世の史料に遡って見ていくと、まず、平安中期に改作されたことが指摘されている天元三年官符では「栄山寺領」の「墓山地」の在所を「宇智郡阿陀郷鵜野村」としている。現在宇野と呼ばれるエリアは栄山寺とは逆の墓山の北側だが、院政期には大和源氏の宇野氏が根拠とし、古代段階で開発が進んでいたと考えられる。一方、栄山寺のある墓山の南側は吉野川が迫っており「野」と呼べるような土地は想定しがたい。

その後、栄山寺の所領は「栄山寺領」や「栄山寺寺領」として見えるが、応永八年（一四〇一）になって「大和国宇知郡崎山庄」が所見する（市史七五）。高野山領に関わる史料なので、栄山寺文書のなかでは珍しく「栄山」でなく「崎山」と表記されているが、いずれにせよ、こののち十五世紀を通じて「栄山庄」という表記が継続的に史料に見出される（市史八五・八九・九〇・九二・九八・一〇〇など）(15)。室町時代には栄山寺の根本所領「栄山寺領」を一括して「庄」を付して「栄山荘」とする認識が定着したものと思われる。

　これと時を同じくして、「小嶋」という地名が応永二八年に初出する（市史八二）。さらに、「栄山庄」と「小嶋」が同時に所見するのが、「寺辺一村小嶋」の「新在家」の人足に関する永享二年（一四三〇）十月日　栄山寺住侶等訴状案である（市史八五）。訴状の内容は、武智麻呂が「栄山庄」を「寺領」と決め、「長者別当」を「領主」として栄山寺を建立して以来、「小嶋」が「寺中結界傍士《〔牓示〕》」の内部であることは代々の官符に明らかである。しかし、寺家が中絶している最中に実清の先祖が南朝から「長者別当」に任命され「寺・里一円」を支配し、「栄山」という名字を名乗り出した。南北朝合一後、訴訟の末に再び「長者別当」が寺家に安堵され、「寺中結界」内での人足も栄山寺の支配下にあるにもかかわらず、実清が一時的な「由緒」を楯に「領主分」として「寺中結界内」の人足を徴発している。しかも「栄山庄」は「寺」と「里」は別々に安堵を得ており、「寺中結界」内を「里分」と称して押領することは停止されねばならない、というものである。翌年の重訴状によれば実清は、自分は「小別当」で、「栄山」の名は先祖も名乗っていたと反論したようだが、栄山寺はこれを否定した上で、実清自身が「小嶋村」を「寺中結界」の内であることを認めていることを取り上げて彼の不当を改めて訴えている。

　年月日を欠くが同時期と思われる訴状には、やはり「さき山実清」が南朝から「当寺之別当」とされ「さき山庄の領主」と称して「寺・里一円」を支配し、「栄山庄」内の「寺辺」の「西新開」の字「大嶋」を勝手に知行した末に、質に流してしまったことが見える（市史八六）。大島は宇智川を挟んで小島の対岸にある。

この一連の訴訟や同時期の「栄山庄之内小嶋字かいと」（市史九二）との表記から、栄山荘の構成を分解すれば左のように整理できよう。

栄山荘
　├（内）寺分 ── 小嶋村 ── 字かいと
　│（寺中牓示）
　└（外）里分 ── 西新開 ── 字大嶋

栄山荘の内部に「村」が発生しており、それらが寺中牓示を基準に寺分と里分とに区分され、前者は広義の境内地として栄山寺の領主権が強く及ぶ範囲であったと評価できる。こうした村を基礎とした所領構成は、平安期の条里制によって表示されていた寺領のあり方と明らかに性格を異にしている。

そしてこの村や字の出現と、栄山《さきやま》氏の存在との関連にも注意したい。実清は南北朝内乱期に南朝から栄山寺の「長者別当」[16]に任じられたことを根拠に栄山荘の「領主」と主張している。『太平記』には「崎山」という武士が畿内の戦闘で南朝方として活動していることが見えるから、彼の主張がまったくの虚構とは思われない。寺側も実清の長者別当職について、南朝による補任であることからその正当性を否定しているのであって、栄山氏の支配があったこと自体を否認してはいない。

すなわち、鎌倉後期〜南北朝内乱期に栄山寺が一時衰微する最中、在地領主栄山氏が出現した。後に栄山寺と小島村の境目となる⑯城尾に城郭があったとすれば、それは栄山氏の軍事拠点に相違ない[17]。栄山氏は南朝から長者別当の名目も獲得しつつ、寺域・寺辺の実効支配を進めたものと見られる。そして、南北朝内乱が終焉し栄山寺の経営が再興され始めると、寺と栄山氏との間で紛争が惹起する。栄山寺が栄山氏を訴えた永享年間は、前述のとおり現存する本堂（薬師堂）が建立された時期に合致し、室町中期に栄山寺の大規模な再興があったと見られるが、その裏で栄山氏は境内地に隣接する小島村を重要な存立基盤と見定め、着実にその支配を深化させていったと考えられる。「小島」でなく「栄山」との名字は、当初この一族が栄山寺の近隣ではなく半ば境内地そのものに入り込む形で出現したこと、「寺辺一村」小島村への支配は後発の事態であることを示唆するが、栄山氏という在地領主が小島村を地盤としたことは、後代において小島村が「寺中牓示内」から分離独立していく可能性を高めたにちがいない。在地領主の拠点「城尾」から寺と村の境「墓尾」（墓山の尾）への変容である。

栄山氏が拠点を置いた小島は、吉野川沿いに栄山寺と隣り合って立地しているが、その地質は墓山そのものとは異なっている。墓山のある丘陵は三波川変成帯と呼ばれる岩石帯で、今日も栄山寺門前から橘坂周辺まで吉野川両岸は緑泥片岩が露出した崖となっている。一方、小島や大島は段丘堆積層で、吉野川が形成した河岸段丘上に位置し、長期にわたり数段形成された段丘のほぼ最下位の段丘面にあたる（一部は氾濫原と大差ない）(18)。あえて対比すれば、栄山寺の門前は吉野川の浸食によって縮小傾向にある一方、小島や大島は吉野川の堆積作用によって土地が拡大傾向にあるのである。名称からして小島と大島とは同時並行的に形成・拡大した陸域と思われるが、「小嶋新在家」や「西新開」大島を支配対象とする栄山氏の出現・成長は、小島や大島における陸域の拡大と連関していると見て良かろう。宝永二年の近衛家への口上でも、高野山が支配したとする小島村は「新開田」とされていた。前章で、境内を通り抜ける「通道」が本道になったことに触れたが、これも門前の浸食が進んだ結果かもしれない。

このような中世後期の動向の先に、江戸前期の小島村との争論が起こる。寛文五年の時はまだ、「栄山寺近郷小嶋村」が墓山を「小嶋村進退」と称して侵害していた。この場合、小島村はあくまで栄山寺の「近郷」にとどまる。ところが、それから十年もたたない寛文十三年、当時栄山寺を治めていた玄翁（後に末寺問題で奔走する天竜の師）が「小嶋村へ之年貢」を納めている（市史一四五）。そして元禄四年（一六九一）、小島村の領主となった庄田氏に対し、栄山寺は「小島村」の「内」であり、「居村」は「小嶋村」であるとの自己認識を表明するに至る（市史一四七）。永享二年に栄山氏による栄山寺中の小島村への人足徴発を栄山寺が訴えてから二百数十年、ここに「栄山寺の小島村」という関係性は逆転し「小島村の栄山寺」が誕生した。この後、十九世紀には墓山を「小島山」と呼ぶことも定着している。

小島村を産み落としたのは文禄年間の高野山衆徒ではなく、中世後期における吉野川・宇智川合流点付近の陸域拡大およびそこでの村落と在地領主の拠点の形成にあった。中世後期を通じて自然的・人為的な要因が相即不離に複合する中で、栄山寺の内にありながら栄山寺ではなくなっていく小島村が立ち現れてきたのである。その過程における栄山氏の勢力伸長を重視するのであれば、高野山衆徒の侵攻という歴史認識のうちに、城尾の基準とする村境が軍事力を背景に機械的に設定された、という記憶の存在を読み取ることは可能かもしれない。

おわりに

「栄山寺々中并山林絵図」の内容を検討した。紙幅の都合上、小島村や栄山氏との関係に焦点を絞ったため、近衛家本の位置づけや他の村・領主との関係、栄山寺文書の伝来や小地名との突合、荘園・村落史研究全体の中での位置づけなどは論じきれなかった。別稿を期したい。

墓山現地では開発による大規模な地形改変もさることながら、山林被覆状況の変化が調査を困難にしている。

乱伐はなくなったが、人の手が入らなくなったことで、過去の地図や空中写真で確認しうる墓山内の複数の小道が不明瞭化しつつある。柿園の造成で山頂の樹木が一掃されたのとは対照的に、山腹には樹木が繁茂する。樹木が茂る光景は陵墓が本来あるべき姿を取り戻しているとも言えるが、人々の暮らしの痕跡を記録化することも急務である。

注

（1）栄山寺および藤原武智麻呂墓の概略は、田村吉永『栄山寺』（河原書店、一九四八年）、福山敏男「栄山寺の創立と八角堂」・「栄山寺の歴史」（『栄山寺八角堂の研究』便利堂、一九五一年。のち『寺院建築の研究　中』中央公論美術出版、一九八二年に再録）、堀池春峰「藤原仲麻呂と前山寺」（『南都仏教史の研究　遺芳篇』法蔵館、二〇〇四年、初出一九五七年）、米田雄介「栄山寺の興福寺末寺化をめぐって」（『国史論集』赤松俊秀教授退官記念事業会、一九七二年）、五條市史編集委員会『五條市史　新修』（五條市役所、一九八七年）など参照。栄山寺文書の引用は、『五條市史　史料』（同右）所収「栄山寺文書」により、「市史五八」のように示す。なお『五條市史』新修・史料は同上・下（一九五八年）の再編だが、差し替えもあるので併せて参照のこと。

（2）猪熊兼繁「さきやま雑記」（『大和志』六―一、一九三九年）、福山注（1）「栄山寺の歴史」。両氏の見解は本論文による。

（3）阿部猛『日本荘園成立史の研究』（雄山閣、一九六〇年）、戸田芳実『日本領主制成立史の研究』（岩波書店、一九六七年）、坂本賞三『日本王朝国家体制論』（東京大学出版会、一九七二年）、小山靖憲『中世村落と荘園絵図』（東京大学出版会、一九八七年）、金田章裕「奈良・平安期の村落形態について」（『史林』五四―三、一九七一年）、岡田隆夫「大和国宇智郡の条里をめぐって」（『続日本古代史論集　下』吉川弘文館、一九七二年）、木村茂光『日本古代・中世畠作史の研究』（校倉書房、一九九二年）、高木徳郎「摂関期荘園の在地状況と気候変動」（『中世村落と地域社会』高志書院、二〇一六年）など。

（4）栄山寺の御許可をいただき五條市教育委員会から写真の提供を受けた。記して謝意を表します。
（5）猪熊注（2）「さきやま雑記」によれば、口絵の絵図写真は川勝政太郎氏の撮影。
（6）絵図の図版は福山注（1）『寺院建築の研究　中』にも再録。
（7）陽明文庫の御許可をいただき東京大学史料編纂所から写真の提供を受けた。
（8）村田修三「中世城郭跡」（注（1）『五條市史　新修』）。
（9）岡田隆夫「栄山寺領の形成過程」（『古代史論叢　下』吉川弘文館、一九七八年）。
（10）岡田隆夫「栄山寺文書天元三年九月十九日官符について」（『東京大学史料編纂所報』八、一九七三年）。天平神護元年官符の偽作については、喜田貞吉「栄山寺の創設と其の武智麿墳墓に関する疑問」（『歴史地理』二八―二、一九一六年）、米田雄介「栄山寺領と南家藤原氏」（『日本歴史』二三二、一九六七年）など参照。
（11）野尻忠「栄山寺鐘銘をめぐって」（『東京大学日本史学研究室紀要』四、二〇〇〇年）など参照。
（12）東京大学史料編纂所写真帳『栄山寺文書（陽明文庫所蔵）』（請求記号6171.65-30）。
（13）境内を重視する近衛家本は宝永二年以降に栄山寺そのものの由緒を表すべく、栄山寺本を参考に制作されたと見られる。別の機会に詳述したい。
（14）近衛家本では境目の茂みが通道に沿って小島村側へ少し伸びる。山林が保護されていると見ることもできるが、寺家の衰退で山林の管理が行き届いていない可能性もある。
（15）寛正～文明年間の興福寺東北院政所下文には「栄山寺庄」との表記が見える（市史一〇四など）。
（16）平安・鎌倉期の栄山寺文書では「長者」は藤原南家の長者、「別当」は栄山寺の別当を指す。
（17）近世地誌の『大和志』は⑯城尾を「小嶋村城」とし天文年間の「別所友興」の居城とする。別所氏は栄山氏の支族とされ、室町期には栄山氏と並ぶ有力者である（市史一〇〇）。天文年間の史料に別所知興が所見するが（市史一二六など）、福山氏も触れるように友興＝知興だとすれば、㉒知興の尾こそ別所氏の拠点であろう。地獄谷と同一エリアにあり、栄山寺門前の東方の境界部にあたる。中世後期の栄山寺は、西の栄山氏と東の別所氏に挟み込まれていた。
（18）注（1）『五條市史　新修』。

【現地ガイド】

栄山寺と墓山を歩く

【五条駅から宇智川磨崖碑へ】　栄山寺は奈良県五條市にある。ＪＲ和歌山線の五条駅を目指そう。市名は五條だが、駅名は五条なので検索ではお間違いなく。栄山寺までは二㎞ほどの道のりだが、途中小島村の景観も見ながら歩きたい。

駅から東へ約一㎞、今井町の交差点で県道39号線（栄山寺街道）に入ろう。宇智川を渡ると小島の集落で、そのまま県道を進めば栄山寺だが、川の手前に北へそれる道がある。その道に入るとすぐ解説板が目に入る。宇智川磨崖碑だ。急な階段で崖を降りると、宇智川の下刻で形成された渓谷に出る。市街地にいたのが嘘のように、どことなく神秘的な小空間が広がる。対岸の崖面を凝視すると、大般若経の経文と仏像が線刻されている。摩耗が甚だしいが、宝亀の年紀をもつ貴重な金石文である。墓山の突端とも言える地点に位置する。

【小島村を行く】　磨崖碑を堪能したら、県道に戻らずそのまま進んで宇智川を渡ると小島の集落に入る。一〇〇mも歩かないうちに左折する道があるので曲がると、一段高い道の曲がり角に出る。これが近衛家本「栄山寺々中弁山林絵図」に「通道」とある道だ。道筋は絵図と変わらず、右へ行くと栄山寺、左へ行くと上垣内に至る。この丁字路辺から墓山に登る「御廟の道」が始まるはずだが、現在その道筋を厳密に辿ることは難しい。

さて、右折し栄山寺に向けて小島村を進もう。道の南側は吉野川まで一〇〇mほど段丘が広がり、棚田状に水田が開かれている。逆に、北側は間近に岩石帯の墓山が迫り、山と道の合間に屋敷が列をなしている（【写真1】）。二五〇mほど進むと村の墓地がある。その手前に鳥居があり、山の急斜面を上がる階段がある。絵図にもある村鎮守の岩神神社である。岩石帯の山そのものへの信仰であろう。墓地があるのが観音寺で、

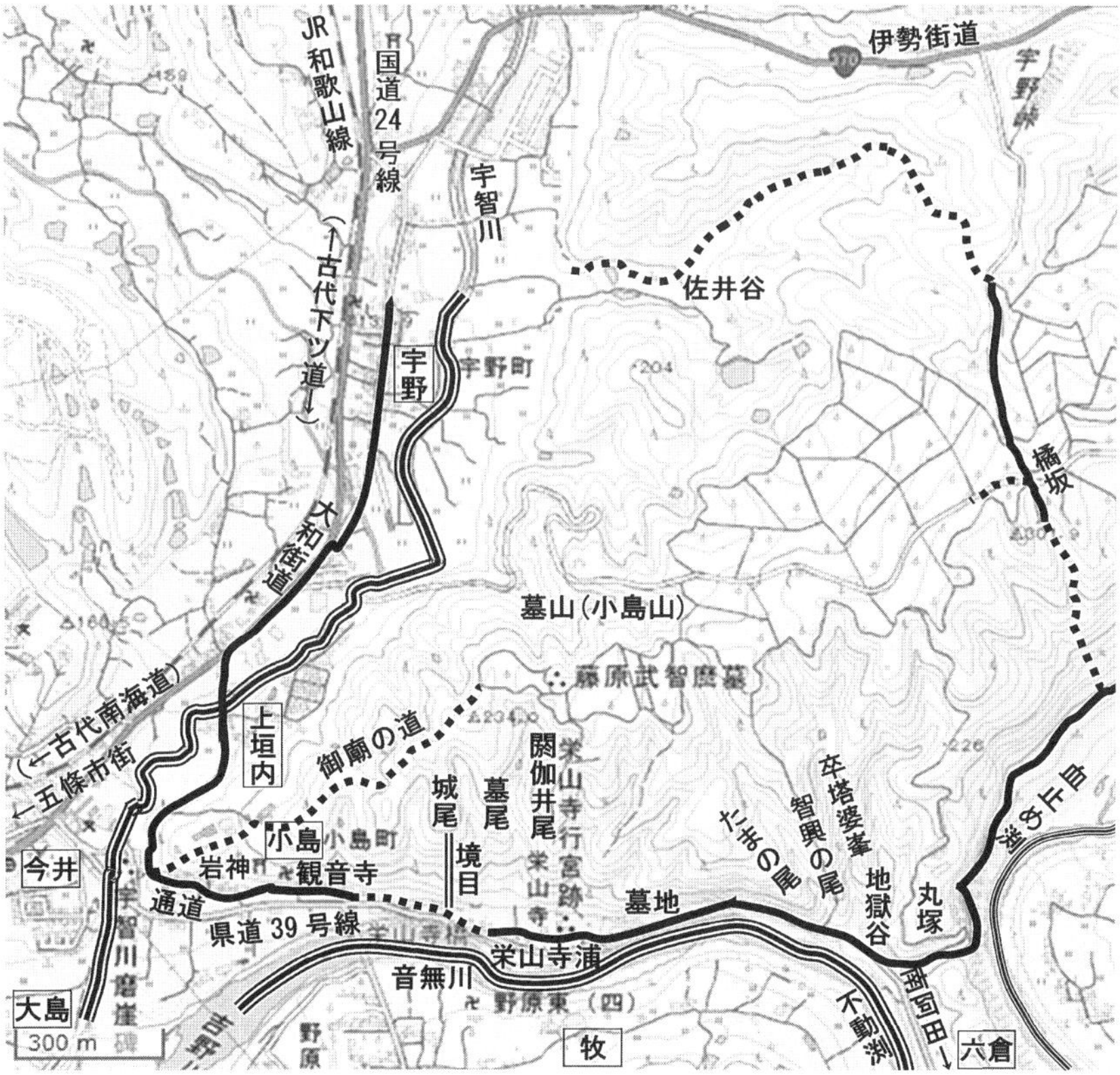

【地図1】　墓山（地理院地図に加筆）

絵図に描かれた道
同上（推定）
絵図に描かれた川

【写真1】　小島村

やはり絵図に見える村堂である。この辺りが小島村の中心で、今も付近に栄山さんがお住まいである。およそ観音寺の前を境に灌漑体系が異なり、東は山腹の溜池から、西は宇智川上流から水を引いている。

通道を東に進むと、尾根（檜か尾）が迫ってくるところで通道が一度途切れて南側の県道に合流する。元来このまま東進する道が栄山寺まで続いていたと思われる。なお、宇野から墓山を貫通する栄山寺トンネルの出口がこの檜か尾付近に設けられ、吉野川にかかる栄山寺橋と接続する予定である。

【栄山寺境内】　県道を進むと、程なくして栄山寺（学晶山榮山寺）の境内入口に至る。近世に六あった坊は、近代には梅室院一つとなり栄山寺自体の寺務を担っている。拝観者受付の奥、現在庫裏がある場所は坊舎群の一角である。

栄山寺の境内前では吉野川を音無川と呼ぶ。空海が修行の邪魔になるからと流水の音を消した逸話による。東から流れてきた吉野川は栄山寺を抜けると平地に流れ出て川幅を広げるので、かつて門前は栄山寺浦と呼ばれる船泊であった。一九五六年、吉野川の水が大和盆地に引かれたことで水量は大幅に減少しており景観は変化している。

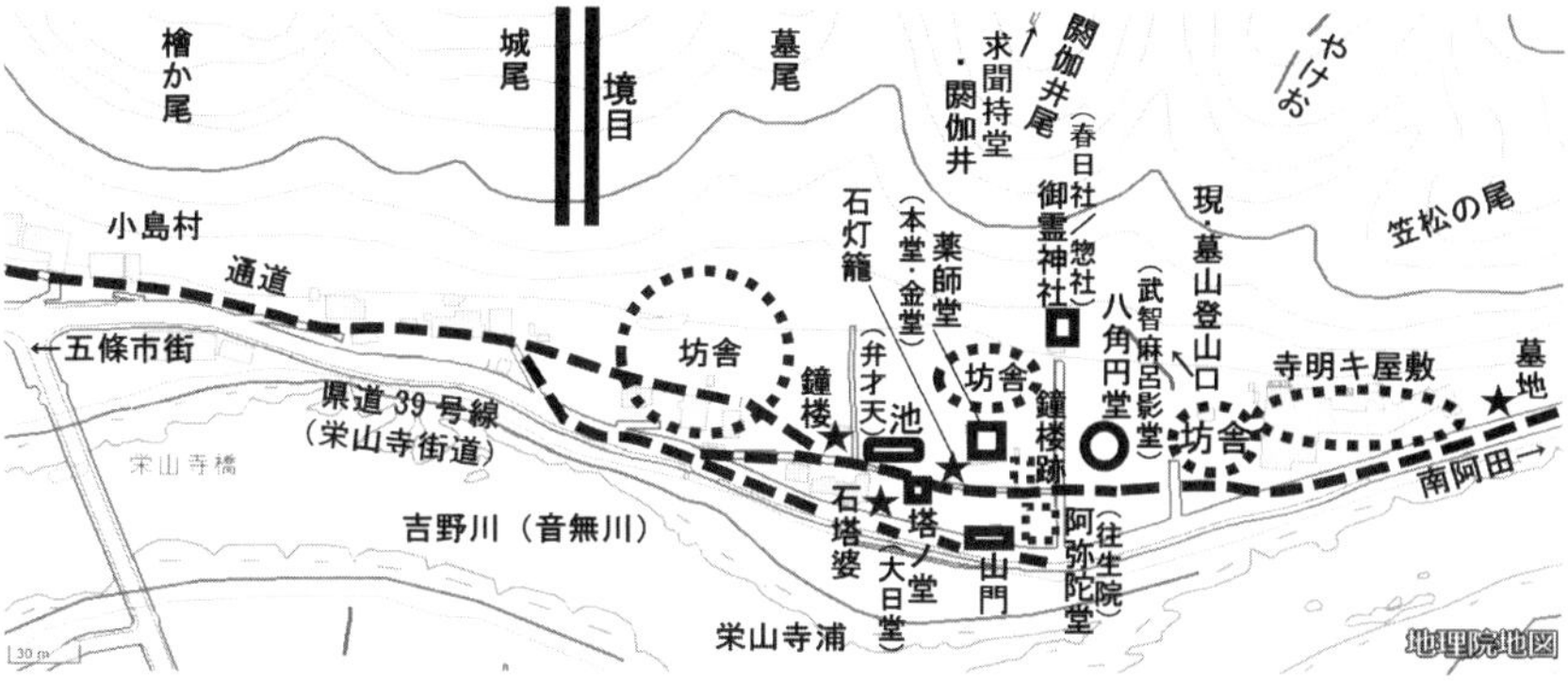

【地図2】　栄山寺境内（地理院地図に加筆）

薬師堂（金堂）・七重石塔婆・塔之堂（大日堂）・八角円堂（武智麻呂影堂）は、現在と近世の絵図とで位置は変わらない。延喜十七年銘の梵鐘（国宝）と奈良時代の八角円堂（国宝）および内陣装飾画（重要文化財）は文化財として著名である。

本堂の薬師堂（重要文化財）は永享三年（一四三一）頃の建築で、本尊の薬師如来坐像（重要文化財）も同時期の造立と見られる。本尊は秘仏で正月三箇日と春秋大祭に開帳される。本尊を守護する十二神将像（重要文化財）は、うち六体の台座裏に享徳三年（一四五四）と翌康正元年の紀年銘がある。室町中期に本堂の大規模な再興があったことが知られる。本堂前に立つ弘安七年銘の石灯籠（重要文化財）も見逃せない。

【藤原武智麻呂墓】　墓山の山頂部にある藤原武智麻呂墓への登山口は元来、本堂裏にあったようだが、現在は境内の外にある。受付を出て県道を栄山寺沿いに二〇〇mほど東進し、通常閉門している山門を過ぎるとアウトドアショップがある。その手前の駐車場に登山口がある。中世にはこの辺りにも境内が広がっていたろう。武智麻呂墓までは三十分ほどで山道はやや険しい。

小島山は近世末には周辺各大字の入会地で、明治初年に国有地に編入される(『五條市史　上巻』)。一九七六年以降、国営総合農地開発事業五條吉野地区小島団地として山頂に大規模な柿園が造成された。樹木が生い茂る山道を登り切ると視界が開け柿園が広がる。その一隅に墓への階段がある。現在の墓石が建てられたのは元禄六年(一六九三)で、栄山寺が小島村に帰属した時分である。寛永年中に小島村により「碑銘」が破壊されたのを受けてのことだろう。

【墓山の四至】　墓山の四至を巡る場合は、駅前の観光案内所でレンタサイクルを利用しよう。レンタカーであれば奈良市や和歌山市で借りると良い。京奈和自動車道の整備が進みアクセスが向上した。道幅の狭い山道を通るので、自転車は電動、車は小型を推奨。

先程の通道の丁字路から左へ折れ、墓山先端部の山際を回り込むと、西と北の境をなす宇智川を渡る。この辺りが上垣内の集落である。通道に沿って水路があり、小島の観音寺前まで灌漑している。

一旦、国道24号線に吸収されるが、ほどなく右手に旧街道が分岐する。近世の街道筋の雰囲気を残す家並みが宇野の集落だ。自転車であれば、東側の路地を抜けて再び宇智川に出られる。何本か橋が架かるので渡ると、北の境である佐伊谷が大きく口を開いている(【写真2】)。谷には山からしみ出る水で沢が形成されており水便が比較的良い。現在も複数の溜池がある。平安期に栄山寺が寺領を確保する上で重視したことが、岡田隆夫氏により指摘されている。

現在、佐伊谷から山頂に登る道を辿ることは難しい。佐井谷の北六〇〇mほどのところにある国道370号線(伊勢街道)の宇野峠から柿園まで敷かれた自動車道を行こう。宇野峠から五〇〇mほど入ると尾根に出る。この辺りから東の境である橋坂の道筋と一致すると思われる。さらに四五〇mほど登ると、墓山の頂き付近

（標高三〇〇ｍほど）に達する。墓へ向かう東西道が分岐していたはずだが、柿園の造成で比定は難しい。園内の道を使えば車や自転車で墓まで行くことができる。

橘坂から南の境である吉野川へ下りる道も辿るのが難しい。栄山寺の受付から県道三九号線を八五〇ｍほど東へ行くと、山側にそれる道がある。これが南阿田へ向かう本来の道（通道）で、吉野川沿いの崖上を進むが、こちら側から橘坂へ上がる口も特定しがたい。

【写真2】　佐井谷

【御霊信仰と南朝行宮】　車なら五条駅から北へ四kmほど、葛城山地の丘陵地帯にある市立五條文化博物館にも寄りたい。ガイダンス施設として好適で、栄山寺の延喜の鐘銘の鋳造方法を再現した展示も興味深い。

また、五条駅から二kmほど南に御霊神社本宮がある。神仏分離以前は霊安寺御霊大明神と称した。小島村が祀る栄山寺境内の御霊神社（近衛家本で春日明神）は、近世にこの御霊大明神を宇智郡内の各村に分祀したものである。長禄四年（一四五八）の年紀を持つ御霊大明神縁起によれば、正長の土一揆の際、鎮圧にあたった畠山氏によって本地堂や本尊が焼かれたという。御霊信仰の原点となった井上内親王と他戸親王の陵墓は、いずれもここから一kmほど西にある。

中世の栄山寺で忘れてはならないのが、南北朝内乱末期に南朝の長慶天皇の行宮だったことである。山門の境内側に一九四二年に建てられた「行宮趾」の石標がある。車で広域を巡ると、栄山寺の地政学的な意味も理解しやすい。宇智郡は吉野川や大和街道が交差する水陸交通の結節点だが、北は河内国、西は紀伊国、南は吉野郡に接する。河内との境をなす葛城山地も、南方の吉野や熊野も修験道のメッカで、このこと自体が交通網の存在と表裏である。宇智郡の北部は峠を挟んで楠木氏の千早城と繋がるが、同じく南朝の行宮となった河内の金剛寺や観心寺、吉野や賀名生、これらの真ん中に栄山寺は位置している。

【地図3】　栄山寺周辺広域（地理院地図に加筆）

紀伊国神野・真国荘の立券と在地の動向

高木徳郎

はじめに

中世荘園および荘園制の成立をめぐる研究は、二十世紀末における立荘論の提起によって、従来の寄進地系荘園概念を骨格とする議論は見直しが図られ、それに対する批判（立荘論批判）ともあいまって、近年再び議論が活発化しつつある。そもそも立荘論とは、院・摂関家などがその近親者や近臣らの私的な縁故・ネットワークを通じて公験となる文書を入手し、その積極的な働きかけによって荘園化を図る「立荘」という手続きによって荘園の成立を説明しようとするものであった(1)。その後、元となる小規模な本免田に対し、その周辺の国衙領などが加納などの形で編入されることによって、元の本免田とは似ても似つかない大規模な領域型荘園が成立する様相が明らかにされ(2)、荘園制成立の具体的過程を説明する新たな学説として一定の支持を集めるに至っている。

しかし、こうした立荘論に対しては、その提起の当初から、在地の実態や地域社会の動向を議論の枠組みから捨象したものであるとの批判が根強くある。こうした批判を克服するため、近年では、荘園制の成立における在地領主の役割を重視し、地域社会の動向を議論のなかに組み込んだ地域社会論的な荘園制成立史の研究が進められている。本稿もそうした立場を受け継ぐものではあるが、ここではもう少しミクロな問題にこだわって、個別の私領が一個の領域型荘園として成立する局面に焦点を当て、その局面で生じたいくつかの問題について論じることにしたい。というのも、立荘論の議論は、院政という当時の政治形態と、荘園および荘園制の成立という社会経済史の問題を直接結びつける点に大きな特徴があると言え、それゆえある意味で政治史上の議論ともリンクしているが、立荘論批判に応える議論にこれを昇華させていくためには、もう少し個々の荘園の成立過程を緻密に検証し、事例研究を積み重ねる必要があると考えるからである。

そうした問題関心から、本稿では、領域型荘園の典型例のひとつでもあり、寄進地系荘園の一例でもある紀伊国神野・真国荘の成立の問題を検討する。神野・真国荘は、(3)十二世紀半ばの鳥羽院政期に王家領として成立した荘園として知られ、領家は鳥羽上皇に本家職を寄進した藤原成通・泰通から神護寺、さらには高野山へと変遷し、鎌倉時代中期以降は一円的な高野山領として推移していく荘園である。後述するとおり、王家領としての成立とほぼ同時に制作され、その現地の景観や、領域の四至牓示を示した荘園絵図(4)の存在によっても著名な荘園である。

一　立券と在庁官人

1　牓示打ちと在庁官人

紀伊国神野・真国荘は、康治元年（一一四二）十一月、地元の豪族と思われる長依友(5)なる人物の寄進を受けた院近臣・藤原成通から鳥羽上皇に寄進されることによって成立した王家領荘園である。紀伊国那賀郡の山間部に位置し、四周を深い山々（標高四〇〇〜八〇〇m）に取り囲まれていることは、寄進の数ヶ月後の立券に際して制作された絵図（【図5】）の表現からもよくわかる。まずは、同荘の立券と牓示打ちを命じた次の史料(6)から検討をはじめることにしたい。

【史料一】

院庁下　紀伊国在庁官人等

可早使者相共、堺四至打牓示、立券言上神野真国山地弐箇処事

在管那賀郡

壱処神野

四至 東限岫峯　南限志賀良横峯
西限佐々少河西峯　北限津河北峯

壱処真国

四至 東限加天婆峯永峯　南限津河北峯
西限伯父　北限高峯

使

右、権中納言兼皇后宮権大夫侍従藤原朝臣家去十一月三日寄文偁、件所領者、当国住人長依友先□相伝私領也、往年之比、依有事由緒、寄進高野山、弁済仏聖料、其後偏従停廃、猥致収公、民烟逃散、田畝荒廃、而今為省非道之妨、所寄与当家也、謂次第文書、謂調度公験、全無相違、誰致異論、爰以件庄永寄進院庁之後、為御領、以其地利米拾斛、毎年致弁進高野山、是則一者為奉禅定仙院万歳之宝算、一者資弘法大師三蜜之教法也、臣有一善女、献其君、蓋是謂歟、永不可入国使幷寺使、至毎年貢者、敢不可有懈怠、於預所者、永任領家附属、可被補者、任申請旨、為御領、使者相共堺四至打牓示、可立券言上、至于御年貢能米拾斛者、毎

年運進高野御山、於預所、任彼家譲状、可令執行之状、所仰如件、在庁官人等宜承知、不可務失(違)、故下、

康治元年十二月十三日　主典代散位中原朝臣□□(擦消)

別当権大納言藤原朝臣

(以下略)

これによると、冒頭の四至によって示された神野・真国二ヶ所の山地は、本来、「当国住人」である長依友の「相伝私領」であったが、いつの頃か高野山に寄進され、仏聖料を納めていたものの、その後国衙に収公され荒廃してしまったという。そこで依友は、国衙による「非道之妨」を取り除くため、白河・鳥羽の院近臣であった藤原成通に寄進し、成通はさらに本家職を鳥羽上皇に寄進して、鳥羽上皇を本家、成通を預所(領家)とする王家領荘園が成立することとなった。ただし、この成立の経緯のなかでやや特徴的なのは、「爰以件庄永寄進院庁之後、為御領、以其地利米拾斛、毎年致弁進高野山」とある部分で、この所領がかつて一度高野山に寄進されたことがある点に配慮してか、毎年十石の「地利米」を高野山に弁進することが定められている点である。この記述によるならば、神野・真国荘は、王家領荘園としての成立の当初から、本家・領家に加えて高野山からも一定の負担を課された荘園であったということになる。

この点に関して服部英雄氏は、この下文は、高野山が真正な原本を参照しつつ一部の文言を書き換えて作成されたものであると指摘している(7)。たしかに氏が述べるように、この下文を、荘園の立券を命じた他の院庁下文と比較すると、本家である鳥羽上皇へ納入するべき本年貢の内容や額が明記されていない一方、高野山に納めるものだけ「地利米拾石」ときわめて具体的かつ明確に記されており、荘園の立券と牓示打ちを命じた立券文としてはやや不自然な印象を受ける。こうした点などをふまえて服部氏は、高野山に伝えられた神野・真国荘関係文書

のなかには、その内容に検討を要する文書が一定数含まれており、それらの文書が、鎌倉時代以降、神野・真国荘の領有を主張して領家（事実上の一円領主）となった高野山によって、改竄・偽作されたものであったと結論づけている。(8)

ただ、服部氏も同時に述べているとおり、【史料一】の文書は、高野山が現実に存在した真正な鳥羽院庁下文に、一部の文言を書き加える形で作成されたものであって、文言の一部には当初の真正な鳥羽院庁下文の内容が反映されているものと思われる。それは、冒頭の事書や両荘の四至を記した部分、さらには長依友から藤原成通、鳥羽上皇への寄進に関する部分や領家となる者（成通）を預所に任じることを記した部分などであり、本文書全体の主旨を述べた部分はほぼ原型をとどめているとみてよい。すなわち、康治元年十一月に成通から鳥羽上皇への寄進が行われ、翌十二月に上皇により立券と牓示打ちが命じられたこと自体は事実と考えてよいのである。

ところで、鳥羽院庁から紀伊国の在庁官人等に通達された【史料一】の下文の内容は、在京していた国司からも現地の留守所に対して施行された。それに関わって最近、次のような新出文書の存在が明らかになった。(9)

【史料二】

留守所符　那賀郡司

可令早任　院庁御下文旨、御使相共、堺四至打牓示、立券言上神野・真国山地弐箇処事、

御使

国使　成長朝臣　基定朝臣

右、去年十二月十三日　院宣、今年二月十六日到来云、権中納言兼皇后宮権大夫侍従藤原朝臣十一月三日寄文偁、件所領者、当国□□（住人）長依友、先祖相伝私領也、者任寄文之旨、御使相共行向地頭、堺四至打牓示、可

令言上立券之状、依御庁宣、所仰如件、宜承知依件行之如符、

散位□□朝臣（花押）
散位□原朝臣（花押）
執行散位□□（花押）
散位紀朝臣（花押）
目代散位藤原朝臣（花押）

康治二年二月十六日

これは紀伊国の留守所（国衙）から那賀郡司に対して、【史料一】の内容の執行を命じたものである。「去年十二月十三日　院宣」とあるのが、【史料一】を指しているものと思われる。「院宣」とはあるが、事書には「任　院庁御下文旨」とあるので、院庁下文の書き誤りであろう。成通からの寄進や、「神野・真国山地」が「当国□□（住人）長依友、先祖相伝私領」であることも記されており、【史料一】の内容が、実際に存在した真正な原本の主旨部分の原型をほぼとどめていることもここで確かめられる。この文書はこれをふまえて、那賀郡司に対し、院の御使らとともに現地に向かい、牓示打ちを行って立券の言上をするよう命じたもので、国衙の在庁官人四人と目代の署判が据えられている。

ここで注目しておきたいのは、この四人の在庁官人のうち最後に署判を据えている「散位紀朝臣」で、【図1】はその花押部分を拡大した写真である。一方、鎌倉時代になって神野・真国荘の領家となった神護寺に伝えられた著名な紀伊国神野・真国荘絵図には、八ヶ所にわたって荘園の牓示の記号が記されており（うち一ヶ所には「荒河御庄古牓示」の注記があるので、神野真国荘の牓示としては七ヶ所。図4参照）。そのそれぞれの裏に次のような裏書があ

ることが知られている。

【史料三】（【図2】）

東境猿首牓示　御庄公文僧（花押）

下司僧（花押）

国使郡司散位秦朝臣（花押）

散位紀朝臣（花押）

御使公文左史生秦（花押）

ここでは「東境猿首牓示」を例に掲げたが、署判は八ヶ所すべての裏書で共通しており、牓示の名称のみがそれぞれで異なる。この署判は、それぞれの牓示を現地で確認したとおぼしき使者たちのもので、そのうちの一人、「散位紀朝臣」の花押部分を拡大したのが【図3】で、その形が【図1】と同一であることは明らかである。さ

【図1】「紀伊国留守所符案」
散位紀朝臣の花押

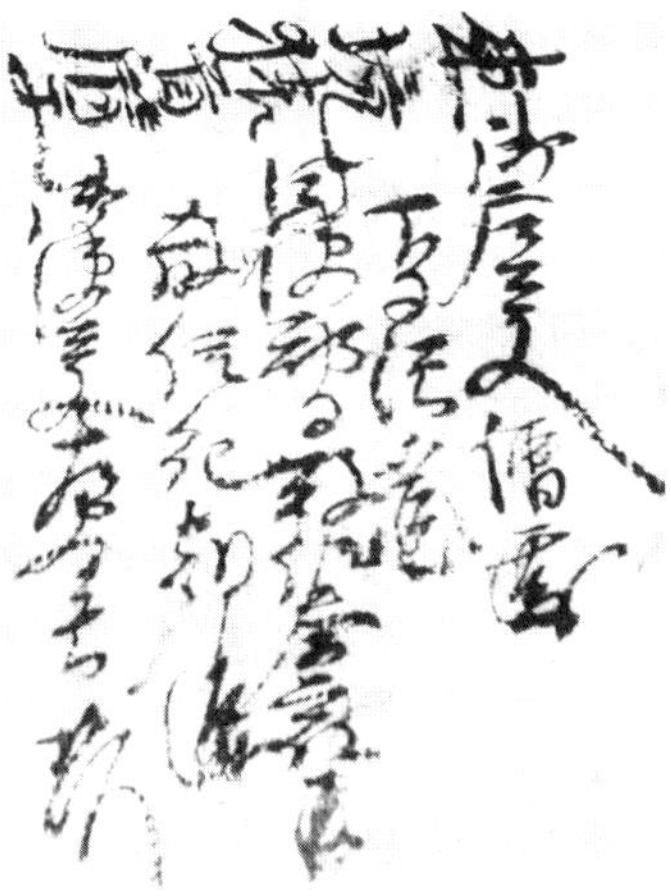

【図2】紀伊国神野・真国荘絵図
「東境牓示」部分の裏書

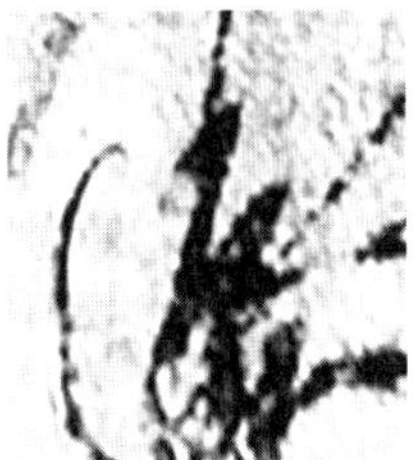

【図3】【図2】散位紀朝臣
署判部分の拡大

らに、この史料の書きぶりからみて、この「散位紀朝臣」は国使であり、そのことから【史料二】の冒頭に名前のある成長朝臣もしくは基定朝臣のいずれかであることも判明する。つまり、院庁から立券の指示を受けた留守所の在庁官人のうちの一人は、この時早速現地に赴き、荘園の境界八ヶ所に牓示を打ち、作成された絵図の裏書にも自らの署判を据えて、現場を確認したことの証左とした。在庁官人たちは、領域型荘園の成立にあたって、ただ単に院庁や在京の国司から送られてきた下文や庁宣を郡司に伝達しただけではなく、自ら現地に赴いて牓示打ちなどの領域確定の作業に従事するなど、積極的にこれに関与していったのである。

2　在庁官人の生業活動と荘園の立券

では、このように在庁官人が領域型荘園の領域確定に積極的に関与した背景には、どのような事情があるのだろうか。

【史料四】(10)

注進　神野・真国杣山造下材木日記事

合

七月二日下　神野山下材木

御門柱四本　　　　　　　　　榑敷四枚

中門板敷板廿三枚　　　　　　七月廿七日下　檜大榑二百寸

同度樋二支　　　　　　　　　八月廿三日　四五榑幷七十支

九月廿三日八九寸廿支　　　　同廿六日　垂木卅支

十月一日八九寸四十五支　　七八寸八十支　裏板廿枚
已上、肆佰玖拾捌支、
右、注進如件、
天養元年十月七日　　杣行事紀朝臣真国

【史料五】[11]

注進　賀天婆木津曳出御材木目録
合
戸板八十枚　正目榑七十三寸　かふ木百支
三寸半板五十六枚　鼠走卅六支
裏板四十一枚　七八寸木十六支　保(帆)立板七枚
四五寸木七支　御宿所料借給板廿枚
榑十一支　正□(目)木三支
右、御材木、任現在員、注進如件、
天養元年十月十二日　御庄山守真上安時在判
定使牛賀吉定在判
杣行事散位紀朝臣(真国)在判
已上四百五十一支　又借給板榑正月已上卅四支

これらの史料は、王家領神野・真国荘の立券の翌年に作成されたもので、「神野・真国杣山」から伐り出され、建造物などの部材用に製材された材木や板材などの数量を記し、たしかに出荷したことを報告する報告書のような文書と考えられる。このうち【史料四】には、「御門柱」「中門板敷」などとあることから、これらの材木・板材が、この時期さかんに造営されていた御願寺の用材として調達されたものである可能性もあるだろう。ちなみに槇道雄氏によれば、[12]これらの史料が作成された天養元年（一一四四）十月には、鳥羽上皇の御願により、仁和寺仏母院が建立されている。

ふたつの史料を見比べてみよう。冒頭に「造下材木日記事」とある【史料四】は、「四五榑」「八九寸」「七八寸」などと規格化された材木ではあるものの、用途がそれほど限定された材のようにはみえないものが多いことから、杣山の現地で伐り出し、製材を行う場所まで運搬した木材の目録と考えられる。これに対し、冒頭に「木津曳出御材木目録事」とある【史料五】は、【史料四】に比べて、「かふ木《冠》」「鼠走」「保立板《帆》」など、用途が限定され製品化の度合いがより高い材が記されていることから、「賀天婆木津」と呼ばれる木材積み出しの川湊から消費地に向けて出荷された木材の目録と考えられる。[13]同じ注進状の形式をとってはいるが、記されている材木や板材の書かれ方は異なっており、これらの生産（伐り出し）から出荷の過程がうかがえる史料として大変興味深い。

ここで注目しておきたいのは、両史料に差出人として名前のみえる「杣行事紀朝臣真国」「杣行事散位紀朝臣」で、両者が同一人物であることは明らかである。[14]この「紀真国」は、「朝臣」「散位」とあることから官人であることはまちがいなく、その名乗りからみておそらくは紀伊国の国衙の在庁官人で、この真国地域に活動の基盤をもつ人物と考えられる。紀伊の国衙には、杣（山林）を管理する専門の部署が設置されており、「杣行事」はその杣での生産活動を監督・統括していたと考えられる。山間部に位置し、山林資源が豊富なこの地域に基盤をもつ紀真国が、一部では自らも生業として杣での活動に携わりつつ、この役職に就いていたものと思われる。

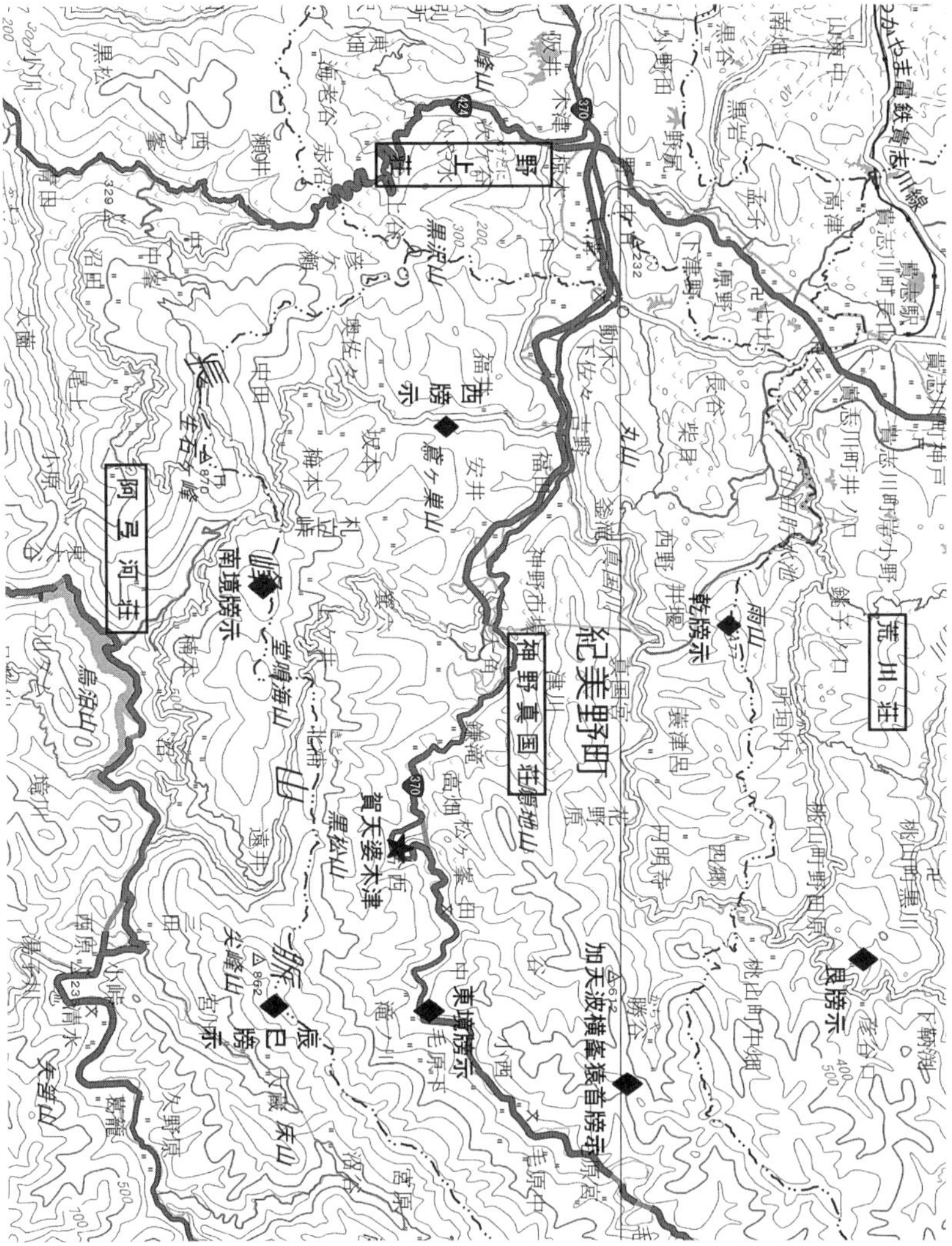

【図4】 神野真国荘の牓示(◆)と「賀天婆木津」(★)

一方、【史料五】には、紀真国の他に「御庄山守真上安時」「定使牛賀吉定」という二人の人物が連署している。このうち「御庄山守」という役職は、荘園領主（王家）が設置した荘官のひとつで、「杣行事」と同様、山林での生業活動を監督・統括する立場であったと考えられる。ちなみに、この時、御庄山守であった真上安時なる人物についての詳細はわからないが、真上を名乗る一族は、長寛二年（一一六四）七月の神野荘住人等請文、[15]正治元年（一一九九）六月の神野真国荘百姓等言上状[16]に複数人が名を連ねており、長賀（長）氏と同等もしくはそれに準じる郡司級領主であったと考えられる。このような人物が、杣行事の紀真国とともに【史料五】に連署しているということは、この荘園の立券に際して、荘園領主も、在地の山林に関する生業活動をある程度把握・編成しえたということであろう。この賀天婆木津という川湊では、国衙の在庁官人と荘園の荘官が共同で材木の積み出しの管理にあたっていたのである。

しかしこれに対して、【史料四】には在庁官人一人の名前しかない。このことはいったい何を意味しているだろうか。その点と関わって気になるのは、【史料四】に「神野・真国杣山」とあって「神野・真国庄杣山」とは書かれていない点である。【史料四】の時点では、既に神野・真国荘の立券の手続きも完了しているから、在庁官人と考えられる紀真国がこのような表記をすることには問題があろう。しかし、このことは、材木積み出しの木津（川湊）という流通の要衝において在庁官人と荘官の共同管理が成立した一方で、材木の伐採とその搬出の現場となる杣においては、荘園の成立以前からこの地を活動の基盤としていた紀真国の私的な差配権とでもいうべき権益がまだ残存していたことを意味しているのではないか。【史料四】のように、「庄」とは表記せず、紀真国単独での署名となったのは、そのような事情によるものなのであろう。

もちろん、この紀真国は、【史料二】の「散位紀朝臣」とは同一人物ではない。前述したように、【史料三】の

「散位紀朝臣」が国使であり、【史料二】の国使としてその実名が記されているからである。しかし、両者が同一人物でなくても、利害を共にし、強固な地縁的ネットワークのなかにいる同じ在庁官人の同僚のなかに、その活動基盤となる領域が荘園としての立券対象となった者がいたことの意味はけっして小さくないであろう。彼らが在庁官人として、現地の牓示打ちに同行し、その現場に立ち会うなどの積極的な関与を行った背景には、立券の対象となった地域が、まさに自らが属する在庁官人集団の日常的な生業活動の領域のなかであり、その牓示の打ち方如何によって、彼らの生業活動は大きく影響を受けると思われるからに他ならなかったのである。

二　荘園の立券における公験の有効性

1　荘園の立券と公験

以上のように、荘園の立券は、地域に活動の基盤を置く在庁官人をはじめとする在地領主の生業に大きな影響を与えるものであった。しかしその一方で、立券をめざす荘園の側がかならずしも一方的に立券を推し進められたわけでもなかった。次にその点を、同じ神野・真国荘の西側の境界地域の景観に刻まれた痕跡から具体的にみていこう。

神野・真国荘の立券に際しては、前述したようにその領域と牓示の位置を示した一幅の絵図が作成され、現在に伝えられていることはよく知られている。牓示は八ヶ所記されており、そのうちの七ヶ所までには、たとえば「加天波横峯猿首牓示」など、牓示の位置を示す簡単な地名表記が、牓示の記号とともに記されている。しかし、「西牓示」のみは、そうした地名表記がなく、牓示の記号も他の七ヶ所に比べてやや小さく、窮屈な印象で

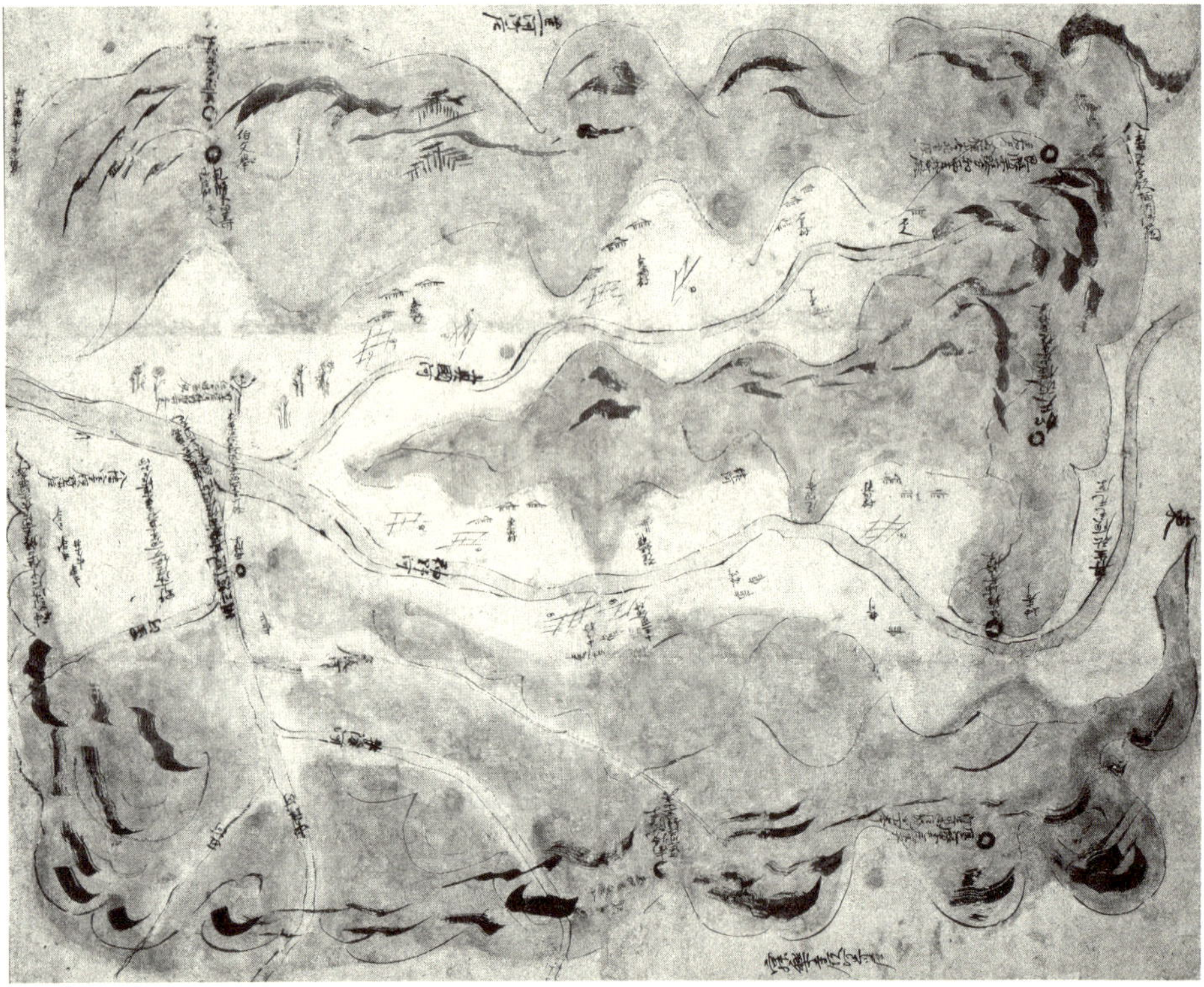

【図5】　紀伊国神野・真国荘絵図（神護寺蔵、写真提供・和歌山県立博物館）

描かれていることが指摘されている(17)（【図5】）。

この神野・真国荘の「西膀示」の東側には、石清水八幡宮領の野上荘が隣接していた。石清水八幡宮は、いわゆる延久の荘園整理令が出された際、「応如旧領掌庄」として二一ヶ荘の領有が認められており、野上荘はそのうちの一ヶ荘であった。次の史料は、その延久の荘園整理に際して石清水八幡宮宛てに出された太政官牒の一節である(18)。

【史料六】

太政官牒　石清水八幡宮護国寺

　宮寺所所庄園参拾肆箇処事

（中略）

一　応如旧領掌庄弐拾壹箇処事

紀伊国陸箇処

壹処　字野上庄　那賀郡

那賀郡河南田参拾弐町壹段

四至東限佐佐小河幷星河　南限津介乃高岑幷在田
　　西限玉乃河幷名草郡　郡北限鷹栖蓮華宮堺

壹図壹里拾肆坪弐段　拾伍坪伍段　拾陸坪弐段　拾柒坪弐肆拾肆歩

（中略）

右、同符偁、同勘奏偁、治安二年十月九日国司高階朝臣成章牒彼宮寺状云、件庄宮寺建立之後、為根本庄、以地利充用毎年行幸於下院、奉修放生大会日三所大菩薩御服也、然則以往代代不准他所、免除官物地利者、国司解状云、件庄国司不入勘、仍不知田畠之数者、事已起請以前也、可被裁許者、同宣、奉　勅、件庄宜仰彼国、依万寿五年七月十三日宣旨、令免除田参拾弐町壹段者、

（後略）

これによると、野上荘は治安二年（一〇二二）、国司高階成章によって、毎年行われる石清水放生会における三所大菩薩の御服料所として認可された国免荘で、万寿五年（一〇二八）七月の宣旨により三二町一段が免除されたという。【史料六】として掲げた文書の中略部分には、この三二町余に該当する水田の一覧が、四ブロックに分けて条里の坪付とともに記されている。この坪付で示された条里は、貴志川が曲流する野上谷の河岸段丘面にその遺構面が残されており、千鳥式の配列によって免除された水田の位置の比定も可能となっている。(19)

ただここで注目したいのは、そうした条里を取り囲むようにして設定された四至である。とくに東に隣接する神野・真国荘との関係を考える上では「東限佐佐小河幷星河」とある点が重要である。神野・真国荘側の史料である【史料一】に神野荘の四至として「西限佐々少河西峯」とある記載と齟齬するからである。すなわち、神

野・真国荘側では、同荘の西境は「佐々少河」と呼ばれる河川の西側に連なる山々の稜線と認識しているのに対し、野上荘側では、「佐佐小河」そのものが両荘の境界と認識しているのである（【図6】）。おそらく、神野・真国荘の領家であった藤原成通家、および本家であった鳥羽上皇（鳥羽院庁）は、私領主であった「当国住人」長依友が所持していた「次第文書」「調度公験」に記されていた「神野」「真国」それぞれの山地の四至に基づいて【史料二】の四至を記したものと思われる。それはとりもなおさず。本来的には長依友の私領の四至であったはずである。しかし、そのことを知ってか知らずか、石清水八幡宮が野上荘の免除を国司に求めた際、長依友の私領の領域に一部食い込む形でその四至を設定し、国司もその四至を認めてしまったため、両者の認識の齟齬が神野・真国荘の立券を契機に明るみになったわけである。

この点に関し、神野・真国荘絵図には、「西牓示」付近に「野上御庄延久四年官符云、東限佐佐小河」、「神野御庄申往古牓示所佐佐小河西峯」との註記があり、神野・真国荘が主張する境界が、野上荘の主張する境界をはみ出して設定され、両荘の間で相論となっている様相が描かれている。しかし、絵図では、神野・真国荘が主張する「佐々少河」西側の峯にではなく、「佐佐小河」のほとりに牓示を示す記号を記しており、この相論では石清水八幡宮領野上荘側の主張が認められたことがうかがえる。(20) 絵図は康治二年（一一四三）五月、神野・真国荘の立券に際して制作されたものとされており、前述したように八ヶ所の牓示の記号とそれを現地で確認した在庁官人らの花押が据えられていることから、王家領神野・真国荘はその成立の当初から、最初に領家藤原成通家が「当国住人」である長依友から寄進を受けた私領の全体、すなわち公験に記された領域の全体を完全な形で領有できたわけではなかったのである。

このことは文献史料からも跡づけられる。

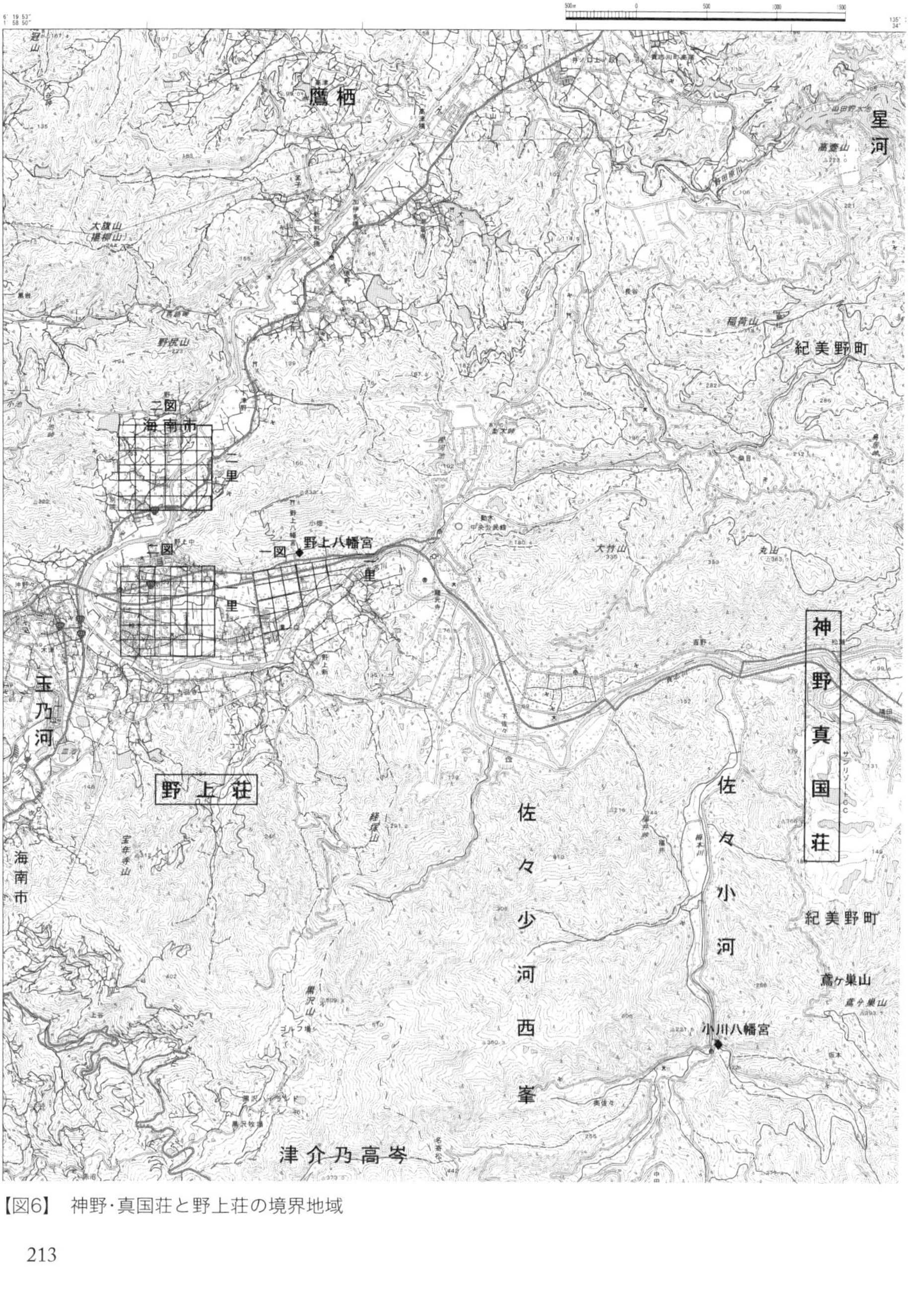

【図6】 神野･真国荘と野上荘の境界地域

【史料七】

左弁官下　紀伊国

雑事参箇条

一応同免除鳥羽院御領同郡内神野・真国庄事

神野

四至東限岫峯　南限志賀良横峯
　　西限佐々少河西峯　北限津河

真国

四至東限加天婆峯　南限津河
　　西限伯父　北限高峯

右、同前勘状偁、件庄者、当国住人長依友相伝私領也、寄入藤原大納言家、後彼家去康治元年十二月所寄進鳥羽院庁也、以其地利米拾石、毎年可弁進高野山云々、可為不輸租田、永不可入国使之由、所被成庁御下文也、任件状、可裁許歟、但神野西方佐々小河西峯云々、而依石清水宮領野上庄相論、以彼廻依為堺、可除佐々小河村之旨、同被載庁御下文畢、四至条文无異議歟者、同宣奉勅、宜任勘状令免除者、

以前条事如件、国宜承知、依宣行之、

保元二年五月廿八日　　大史小槻宿禰　在判

この史料は(21)、保元二年（一一五七）に紀伊国に下された官宣旨のうちの一ヶ条を抜き書きしたものである。これによれば、【史料一】をふまえて記されたと思われる冒頭の四至の記載のところには、おそらくは長依友が所持していた公験のとおり、神野荘の西限は「佐々小河西峯」と記されている。しかし、本文の但し書きにおいて、「而依石清水宮領野上庄相論、以彼廻依為堺、可除佐々小河村」とあって、石清水八幡宮領野上荘との相論を受

けて、佐々小河村（絵図では「佐々小村」）は立券の対象から除外されたことが明記されているのである。王家領神野・真国荘は、長依友の私領を完全に包摂する当初の目論見どおりの立券を断念せざるをえなかったのである。

2　公験と在地の実態

では、このように王家領神野・真国荘の立券から、佐々小河村（実際には「佐々小河」から西の領域）が除外された要因を、現地の景観から探ってみよう。

まず注目されるのは、現在、梅本川と称される「佐々小河」の上流部に鎮座する小川八幡神社の存在である。同神社は天平年間以来の大般若経六〇〇帖を伝える古社で、[22]石清水八幡宮の別宮として、「一条院の御宇」（九八七〜一〇一〇）に勧請されてきたと伝えられている。[23]同神社が立地する梅本川上流域は、この頃からある程度の開発は進んだと考えられる。とは言え、野上荘全体のなかではその開発はまだまだ副次的であったと考えられ、【史料六】の中略部分に示された条里地域（【図6】）の開発が先行して進められたものと思われる。その開発は、【史料六】で引用されている治安二年（一〇二二）十月の国司高階成章の牒の段階まではおおむね済んでいたものと思われる。その後、【史料一】で王家領神野・真国荘の立券手続きが進められ、石清水八幡宮と鳥羽院庁との間で、両荘の境界に関する認識の齟齬が明らかになるまでの間に、小川八幡神社が立地する梅本川流域の佐々小河村をはじめとする荘園の境界地域の開発が進んだものと考えられる。

では次に、その水田開発の実態をみてみよう。【図7】に示したように、「佐々小河」＝梅本川の流域には、現在、八本の用水路が機能しており、そのうちのいくつかは中世以来の利用が想定される。とくに注目されるのは、左岸（西岸）＝野上荘側を灌漑する大溝・小溝と呼ばれる用水路と、右岸（東岸）＝神野・真国荘側を灌漑す

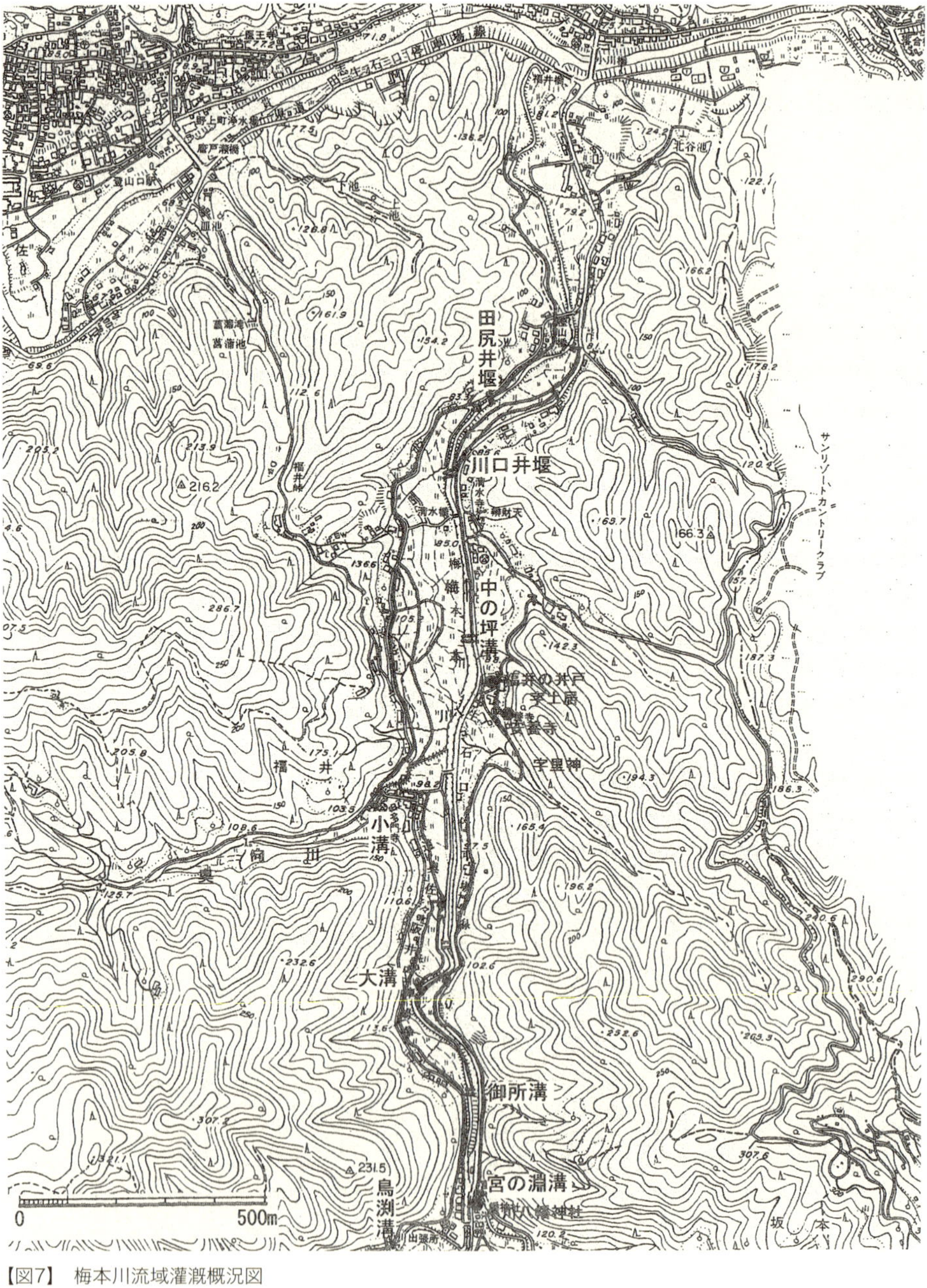

【図7】　梅本川流域灌漑概況図

る御所溝と呼ばれる用水路である。この地域の水利灌漑の現況を中心に現地調査を行った成果をまとめた『紀伊国神野・真国荘地域総合調査』によれば、(24)大溝は梅本川に取水し、流域では最大の灌漑面積（七町二段余）を誇る基幹的な用水路であった。この大溝は、途中で奥向川（神野・真国荘絵図で「星河」と記されている梅本川支流の小河川）を小規模な水路橋で渡り、同川に取水する小溝の余水も合わせながら、約二キロを流れ下る長大な用水路である。その築造年代は不明ながら、築造の主体が石清水八幡宮勢力であることに疑問の余地はなく、上記した小川八幡神社の勧請以降、この地域では最も早い時期に築造された用水路のうちのひとつであることはまちがいなかろうと考える。

一方、この大溝より約三〇〇mほど上流で梅本川から取水し、約三町余を灌漑するのが御所溝である。「御所」の由来は定かではなく、近くの鳶ヶ巣山に山城を築いた土豪(25)（山麓には「土居」の小字もある）による築造や、高野山による築造ではないかとの伝承もあるようだが、いずれもはっきりとした根拠があるわけではない。土豪の屋敷を指すのに「御所」の語はそれほど似つかわしいとは思われず、むしろ、鳥羽上皇や領家となった藤原成通・泰通にゆかりの者に結びつける方が自然なのではなかろうか。

ただ、ここでの問題はこの大溝・小溝と御所溝の関係である。たしかに、御所溝は大溝よりも上流にあり、聞き取り調査では、大溝に対して強い水利権を持つのだと主張する話者もみられた。(26)しかし、一方の大溝側での聞き取り調査では、御所溝に対してそのような強い対抗意識をもつ話者がみられなかったのが逆に印象的で、なおかつ大溝は、上流の御所溝で梅本川の水を堰いたとしても、御所溝の倍以上の面積の水田を実際に灌漑する能力をもっていることによる余裕すら感じられた。

この大溝・小溝と御所溝のどちらが先に開削されたのかを明確に物語る史料はない。通常であれば、上流に取水堰を設けている用水路の方が先に築造されたと考えるのが一般的であるが、前述したように王家領神野・真国荘の立券対象から佐々小河村が除外されたことと合わせて考えるならば、その立券の時点では石清水八幡宮勢力が築造した大溝・小溝を中心とした佐々小河＝梅本川流域の灌漑体系が確立されており、それに基づく石清水八幡宮の実効支配が在地に根づいていたと考えられる。そのため、私領主・長依友が所持していた「次第文書」「調度公験」に基づいて、そこに記されていた四至の範囲内を王家領の領域型荘園として立券しようとした藤原成通および鳥羽院庁は、その完全な実現は困難と判断し、公験ではその領域内に含まれていた佐々小河村を除外する形で立券を進める他なかったのではなかろうか。御所溝は、その後、大溝・小溝を中心とした灌漑秩序を打破する狙いで神野・真国荘側の勢力（おそらくは鳥羽院庁ないしは藤原成通家）によって築造されたが、地形の制約もあって灌漑面積を拡大するには至らなかったとみられる。王家領神野・真国荘は、こうした現地の実態との間で一定程度の妥協もしくは調整を経て成立していったのである。

注

（1）川端新『荘園制成立史の研究』（思文閣出版、二〇〇〇年）、鎌倉佐保『日本中世荘園制成立史論』（塙書房、二〇〇九年）

（2）高橋一樹『中世荘園制と鎌倉幕府』（塙書房、二〇〇四年）

（3）神野・真国荘は本来、神野荘・真国荘という別個の荘園であったと考えられるが、荘域が隣接していることから、既に平安時代後期の史料でも一体の荘園として史料上にみえる。「神野」「真国」という地名は、この地域を流れる神野川（現在の貴志川の上流にあたり、神護寺所蔵の紀伊国神野・真国荘絵図にも「神野河」と記されている）・真国川という河川の名に由来している。

（4）神護寺所蔵（重要文化財）。図版は東京大学史料編纂所編『日本荘園絵図聚影　四　近畿三』（東京大学出版会、一九九九年）に収録されている。文字注記を含めたトレース図は、現在のところ、小山靖憲「紀伊国神野真国荘絵図」（吉田敏弘・小山靖憲・下坂守編『中世荘園絵図大成』所収、河出書房新社、一九九七年）に掲載されているものが比較的正確である。

（5）上横手雅敬氏は、この長氏はその名乗りが郡名の那賀に通じることから「郡司級領主」と評価している。同「武士団の成立」（同『日本中世政治史研究』所収、塙書房、一九七〇年）

（6）鳥羽院庁下文案（「高野山文書又続宝簡集」、『和歌山県史　古代史料二』平安時代（四）二六二号。以下、同書に所収の史料については『和』（四）―二六二などのように略記する。）

（7）服部英雄「未来年号の世界から」（『史学雑誌』九二―八、一九八三年）

（8）服部氏の指摘に対しては、五味文彦氏の批判がある（五味文彦「保元の乱の歴史的位置」（同『院政期社会の研究』所収、山川出版社、一九八四年））。

（9）紀伊国留守所符案（「早稲田大学図書館所蔵文書」）　なお、本文書は二〇一三年度に同館が購入した資料のうちの一点で、翻刻は二〇一八年三月二三日～四月二六日まで開催された同館展示室「新収資料展――縁ありて早稲田に集いしものたち――」で館内配付された解説資料による（一部誤字を修正している）。

（10）紀伊国神野真国杣山材木日記（坂本亮太・末柄豊・村井祐樹編『高雄山神護寺文書集成』（思文閣出版、二〇一七年）一号文書（以下、『神』一などと略記する）　なお、本文書は、古典籍を収集し『丹鶴叢書』を編纂した紀伊新宮城主・水野忠央の子・忠幹の旧蔵文書であるが、ほぼ同内容で若干字句に異同のある文書が早稲田大学図書館に所蔵されている。こちらは摂津吉田聆濤閣旧蔵のものを荻野三七彦が収集し早稲田大学図書館に寄贈した文書である（『神』二）。

（11）紀伊国賀天婆木津曳出材木目録（『神』三）　この文書も前掲注（10）と同様、水野忠幹旧蔵文書であり、同じく若干字句の異同があるほぼ同文の写がある。

（12）槇道雄『院近臣の研究』（続群書類従完成会、二〇〇一年）

（13）「賀天婆木津」については、『紀伊国神野・真国荘地域総合調査』（平成二三～二五年度科学研究費補助金研究成果報告書〈研究代表者：高木徳郎〉、二〇一四年）に収載した「紀伊国神野・真国荘の成立と絵図」にて言及した。現在の紀美野町桂瀬地区に比定され、近世において材木の積み出しが行われていたという。

(14)【史料四】では「杣行事散位紀朝臣」と記されているが、前掲注(10)に記したように、【史料四】とほぼ同文の写には「杣行事散位紀真国」と記されており、同一人物であることはまちがいない。

(15) 神野荘住人等請文(「高野山文書又続宝簡集」、『和』(五)―一三八)

(16) 神野・真国荘百姓等言上状(「高野山文書又続宝簡集」、『和歌山県史　古代史料二』鎌倉時代三四四)

(17) 小山靖憲「紀伊国神野真国荘絵図」(前掲注(4))小山氏はこの「西牓示」について、「(八ヶ所の牓示記号の中で)最後に記入された可能性が高い」と指摘している。至当な見解であろう。

(18) 太政官牒(「石清水文書」、『石清水八幡宮史　史料第五輯』社領編　宮寺領)

(19) 中野榮治「石清水八幡宮領野上荘の条里」(同『紀伊国の条里制』古今書院、一九八九年)

(20) この相論の決着を示す裁許文書などが残されているわけではないが、後に神野・真国荘の領家となった神護寺に伝えられた【図5】の絵図に、このような形で牓示が記されており、それが修正や改竄を受けていないことから考えて、本文のように考えて問題ないと思われる。

(21) 官宣旨案(「高野山文書又続宝簡集」、『和』(五)―二五)

(22) 野上町誌編さん委員会編『野上町誌　下巻』(和歌山県野上町、一九八五年)第九編第三章「小川八幡宮寺大般若経六百巻」の項。これによれば、巻四一三など六帖に天平十三年、十四年の奥書があり、これらを含む約一〇〇帖が天平写経であるといい、残りの五〇〇帖が平安~室町時代までの写経という。

(23) 野上町誌編さん委員会編『野上町誌　下巻』(前掲注(22))第六編第一章第二節「小川八幡神社」の項。

(24)『紀伊国神野・真国荘地域総合調査』(前掲注(13))

(25) 鳶ヶ巣山の山城については、『和歌山城郭研究』六(二〇〇七年)の「紀美野町の城館跡」のなかに白石博則氏が「鳶ヶ巣城」として調査報告と考察を載せている。築城時期など明確なことはわからないが、白石氏は、文明二年(一四七〇)七月八日付室町将軍家御教書案(「間藤家文書」、『和歌山県史　中世史料二』所収)にみえる「鵄巣城」をこの城に比定している。

(26)『紀伊国神野・真国荘地域総合調査』(前掲注(13))

【現地ガイド】

紀伊国神野・真国荘を歩く

紀伊国神野・真国荘は現在の和歌山県紀美野町の中部から東部に広がる荘園である。紀美野町は二〇〇六年、旧野上町と旧美里町が合併して成立した町で、王家領（その後の神護寺領・高野山領）神野・真国荘のうち神野荘が旧美里町域に、真国荘と石清水八幡領野上荘が旧野上町域にほぼ相当すると考えてよい。

これら野上荘および神野・真国荘へアクセスするには、ＪＲ海南駅から大十バス（オレンジバス）が運行されているが、運行本数も少ないので、海南駅もしくは和歌山駅などからレンタカーを利用するのがよいだろう。

【野上荘から小川八幡宮へ】 野上荘の荘鎮守は、紀美野町小畑《しょばた》に鎮座する野上八幡宮である。現在でも、かつての野上荘域をおおむねその氏子圏とする神社で、永延元年（九八七）に石清水八幡宮の別宮として勧請され、放生会その他の神事をすべて石清水に準じて行うため、神領二一〇町が定められたという。その後、戦国時代の戦火によって衰退したものの、慶長六年（一六〇一）、浅野長政によって社領の寄進や神輿の奉納、放生会の復活などが果たされた。本殿・拝殿などが国の重要文化財に指定されている他、「真長」の銘を切る赤銅鳥頸太刀（重要文化財）が伝来している。野上荘および神野・真国荘を歩く際は、ここを起点に貴志川沿いの国道三七〇号線を遡り、下佐々で福井橋を渡って支流の梅本川流域へと入っていくのがよいだろう。

梅本川は、紀伊国神野・真国荘絵図（以下、単に絵図とする）や本論の史料一および史料六で「佐々少河」「佐佐小河」などと記された言わば境界の川である。上流で五本の河川が合流する様相も、絵図の表現やその絵図に記された「源に五名あり。それより五川一流に混じりその末、佐佐小河と云う」という注記とほぼ一致している。この川の西側（左岸側）を西福井といい（近世の紀州藩領西福井村）、中世では石清水八幡宮領野上荘に含まれる領域であった。梅本川にほぼ並行して走る県道一八〇号線（野上清水）からみると、本論で述べた大溝・小溝で灌漑される広々とした棚田が広がる景観が美しい。その大溝・小溝は、県道からそれて、清水橋を渡って細い里道を進むと、やがて突き当たる山裾の付近で見ることができる（本論の図7参照）。

梅本川をさらに遡っていくと、県道はやがて二股の分岐に辿り着く。その分岐点に鎮座しているのが小川八幡宮である。一部に天平十三・四年（七四一・二）の奥書を有する大般若経六〇〇帖を伝える古社で、石清水八幡宮より勧請された神社である。この神社の境内を左手に見つつ登っていく細い道が、信仰の山として地域の人々から崇められる生石山（生石ヶ峰）への登山道である。生石山の周辺には弘法大師伝承が色濃く分布しているが、この地域は、荘園領主としての自立を強める高野山がいわゆる「御手印縁起」と呼ばれる根本縁起を根拠に拡張を目論んだ寺領の西限にあたり、そうした伝承やゆかりの史跡の数々は、高野山が必死にその寺領の境を守ろうとした痕跡でもある。

【写真1】　中田の棚田

なお、この登山道をしばらく登っていくと中田地区の公民館に出るが、その付近から眺めることができる「中田の棚田」は絶景である。地区住民の高齢化により耕作放棄が進んではいるが、急斜面に百枚以上に及んで開かれた水田群の一部は、遅くとも応永年間までには開発されていたと考えられ、それらの棚田を灌漑する竜王水と呼ばれる用水路、およびその水源に立つ竜王社の旧社もその頃までには成立していたと考えられる（和歌山県立博物館特別展図録『中世の村をあるく』）。

【神野荘から猿川郷へ】　いったん貴志川沿いの国道三七〇号線まで戻り、東へ向かうと、左へと分岐する道が現れる（ちなみに現在では、国道に平行して広いバイパス道が整備されているが、こちらを通るとこの分岐はないので要注意）。これを左へと曲がると真国荘域へと入っていくが、まずはまっすぐ進んでいこう。絵図に「粟田村」とある福田集落を抜け、美里中学校へと入る信号を右折すると、中学校の裏手に神野荘の荘鎮守・十三神社がある。絵図では「十三所大明神」と表記されている神社で、本殿とその左右に立つ摂社・丹生神社、若宮社の社殿が国の重要文化財に指定されている。なお、中学校から現在の十三神社へと曲がらずに、そのままっすぐ南進すると御旅所と呼ばれる場所があるが、十三神社の旧社地とされており、社地の移転があったものと考えられる。国道へと戻り、さらに東へ進むと神野市場へと入っていく。神野荘の中心集落があった地域であり、現在でも紀美野町美里支所（合併前の美里町役場）や美里郵便局、駐在所、ＪＡなどがあり、かつては多くの商店が軒を連ねていた面影があちこちに残る。郵便局の東を右に入る路地を進んで行くと、十三神社の神宮寺であった満福寺に出る。中世の大般若経・六〇〇帖を伝える真言宗寺院で、境内に宝篋印塔（相輪を欠く）が立つ。なお、絵図にみえる「熊野新宮」はこの神野市場に所在していたものと考えられるが、現在、伝承も含め、その旧地を知る手がかりは残されていない。

神野荘はこの神野市場からさらに東へと広がっている。国道の平成大橋北詰の交差点を左折し、トンネルを抜けてすぐの分岐を右へ曲がると、細い山道を津川集落へと入っていく。絵図に「津河」とある中世以来の集落で、若干の中世文書と南北朝時代の絹本著色弘法大師像を伝える遍照寺がある。国道をさらに東へと進み、鎌滝集落へと入る手前、手拝峠と呼ばれる峠から右折すると、三尾川集落へと入っていく。玉泉寺という寺院の前に美しい棚田が広がっているが、集落は絵図で「津河」の南方に描かれている「神野」に比定される可能性がある。さらに国道を東へ進むと、いよいよ神野荘の東限、絵図でも「東境岫峯牓示」の記号および「猿川村」との注記が記された猿川地区へと入っていく。ここでの注目は田集落の熊野神社（国吉熊野神社）境内にある巨大な石造宝篋印塔である。坂上田村麻呂が蝦夷遠征の前に当地に立ち寄った際、戦勝祈願のために造立されたとの伝承があるが、塔そのものは南北朝時代頃までの造立が想定されている。絵図にみえる東境の牓示はまだここより東ではあるが、荘園の東の境界を象徴するモニュメントというにふさわしい石塔である。

【写真2】　国吉熊野神社の石造宝筺印塔

【真国川の流域】　貴志川に合流する真国川沿いに広がる真国荘は、石走村・真国村・志賀野村によって構成されていた。ちなみにこの三つの村名は絵図にもみえ（志賀野村のみは単に「志加野」とのみみえ、村名にはなっていない）、平安時代後期以来、集落が営まれていたことがわかる。このうち真国村の宮（真国宮）集落には荘鎮守である真国丹生神社とその神宮寺としての観音堂がある。鎌倉時代末期に、石走村の公文職をめぐる高野山の鎮守・天野社と現地の荘官・志賀野氏の争いの舞台となった「真国堂」と考えられている場所である。また、眼病平癒の利益で知られる志賀野村の釜滝にある金剛寺（通称・釜滝薬師）には、本尊の薬師如来坐像やもと志賀野丹生神社の本地堂にあった大日如来坐像などが伝わる。

以上、主だった史跡を駆け足で紹介したが、両荘をゆっくり巡検・調査をする場合は、紀美野町菅沢にある美里の湯・かじか荘への宿泊をお奨めしたい。清流・貴志川のせせらぎを見下ろす立地、ぼたん鍋・地鶏鍋などの美味な料理に天然の露天風呂は、日中の疲れをまちがいなく癒やしてくれる。なお、両荘の詳細な現地調査報告書（頒価一〇〇〇円）もあるので、著者まで問い合わせて欲しい。

〒一六九-八〇五〇　東京都新宿区西早稲田一-六-一
早稲田大学教育・総合科学学術院　高木徳郎研究室

鎌倉期における若狭国府中域の構造と太良荘

大澤　泉

はじめに

太良荘は若狭国遠敷郡、現在の小浜市に位置する東寺領荘園で、東寺百合文書等に豊富な史料を有する。(1) 北川・南川が流れる平野部からは、幾つもの谷が伸びており、そのうちの三つの小さな枝谷が中世の太良荘の中心地である。

網野善彦氏の『中世荘園の様相』(2) 以来、太良荘は中世荘園の典型と考えられてきたが、実は公領的な性格を多分に持つ荘園であった。本来は「太良保」と呼ばれており、「太良荘」の呼称は、東寺領となった直後、太良荘の現地支配を任された僧定宴が、東寺領であることを示すために、積極的に用いたものである。そもそも太良荘は三つの小規模な枝谷を中心に、公領である西郷と東郷の田畠から集めた所領であった。若狭国の国衙は公領として認識し続けており、在庁官人や御家人等は、「太良保」の呼称を継続的に使い続けた。そのため、若狭国の国主が交替する度に、太良荘は公領へと顛倒されたのである。

この太良荘特有の性格は、その所在地の環境に大きな影響を受けている（【地図】）。太良荘がある遠敷郡の平野部は、古代より国府が置かれた土地であった。平野部から伸びる各枝谷には、若狭国の一宮や神宮寺、明通寺、谷田寺等がある。また平野部には若狭国の国分寺や太興寺等の寺院跡の他、発掘調査等から古代の国庁等官衙地域の存在も想定されている。この国府関連施設が広がる府中域に隣接した立地こそが、太良荘の性格を規定するものであったのではないだろうか。府中の周辺に所在し、かつ荘園と公領の両面性を持つ太良荘を検討することによって、中世荘園と公領のあり方や、それらを取り巻く地域社会との関係性を、より具体的に知ることができると考える。

「荘園公領制」概念(3)が提唱される以前、中世は荘園制を中心に論じられていた。しかしながら荘園と公領が本質的には同質であるとした網野善彦氏の「荘園公領制論」の提起によって、国衙領の研究(4)や荘園公領制における国衙機能の重要性も指摘されるようになった。そのなかで海老澤衷氏は、国衙が国の物流を抑え、国衙が一括してそれらを掌握することで浦・津が機能したことを指摘し、これが荘園公領制を維持するシステムであると評価した(5)。また本郷恵子氏は、国衙が保有する国衙文書が、国務の遷替性を補うものであったことや、荘園領主にも利用されるものであったことを指摘し、国衙が国内支配のための事務センターとして機能していたことを明らかにしている(6)。このように、国衙は荘園や公領の単位を超えて、地域社会の流通や行政を支える機能を有していたのである。

従来の研究では、鎌倉期以降これらの機能は幕府勢力によって吸収され、国衙自体は衰退していくという理解が一般的で(7)、若狭国はその典型例とされてきた。これに対し近年では、幕府の地域支配に占める守護の意義を問い直す研究も多く見られる(8)。国衙機構や国衙領は、変質・減退していったため、それらが幕府・守護による掌握

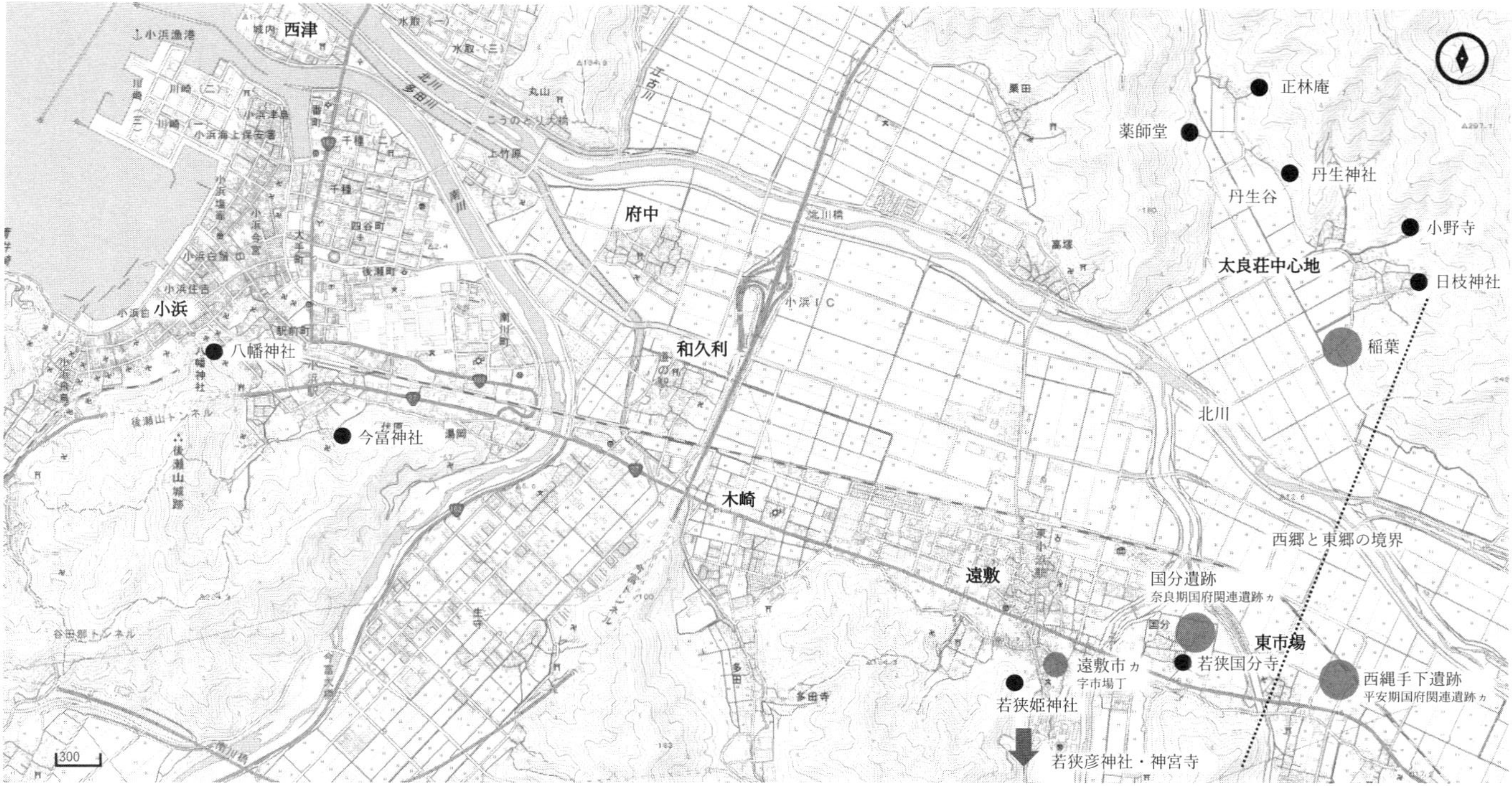

【地図】　小浜地図（この地図は、国土地理院の電子地形図に地名等を追記し使用したものである）

の対象ではなかったとする小原嘉記氏の指摘や[9]、鎌倉幕府支配の基幹は、国衙機構の掌握でも守護を主たる媒介とする一国単位の支配でもなく、幕府独自の職制を介した多様かつ複線的な地域支配にあったとする指摘も重要である[10]。よって若狭国の場合、国衙の地域社会を支える機能が、どこまで機能していたのか。また幕府勢力がその機能にどこまで関わり、いかに地域支配を展開していたのかという点を、あらためて考え直す必要があるだろう。それこそが、太良荘を取り巻く地域社会を正確に把握することに繋がるのである。

また鎌倉佐保氏は、国衙周辺域では圧倒的に公領が優勢であり、国衙を中心とした在庁官人による再開発があったことや、国衙周辺域での荘園形成の抑止の傾向があったと明らかにしている[11]。まさに、太良荘の所在地は、この国衙周辺域にあたり、遠方にある地域よりも国衙との関係はより強固なものであろうと推測されるのである。本論では、このような府中を中心とした地域社会の中に太良荘を位置付けることによって、太良荘の新たな一面を描き出したい。

※なお鎌倉期については、国衙による直接支配から離脱して、知行国主に連なる中央貴族たちに経営が委ねられていた公領の存在も指摘されている[12]。よって本論では、鎌倉期の公領のうち、国衙機構の直接的な基盤となっていた公領については「国衙領」と呼称することとする。

一　太良保の成立と国衙機能

1　太良保と郷司

若狭国の主要な寺社や官衙は、北川の左岸に集中している。一方、太良荘のある右岸の開発は左岸地域に比べると遅れていた。この太良の地を開発し、所領としたのが丹生氏であった[13]。太良保の初見となる治承二年（一一七九）の太良保公文職補任状案で[14]、公文職に任じられている出羽君雲兼（厳）もまた、丹生氏の出身である。補任の主体は、知行国主や国守から補任されたと考えられる太良保司源某で、ここで初めて太良保は一つの国衙領として史料上に現れる。さらに雲厳は養和二年（一一八二）四月にも公文職の補任状を得ているが[15]、これは国主の交替に伴って、改めて補任を求めた故に出されたものであろう。

下
　太良保公文職事　　大宮内大臣家御領之時
　出羽君雲兼（厳）
右、任先例補任如件、住人等宜承知、依件用之、不可違失、但於背郷司之命者、可令改定其職也、為向後下
知如件、故下、
　　建久三年十月十日
　散位藤原朝臣在判

右の史料は後に太良荘預所代として現地に下向した定宴が写した「太良保公文職補任状案」[16]である。ここで重要なのは「但於背郷司之命者、可令改定其職也、」という記述で、先の治承二年及び養和二年の公文職補任状にはいずれも見られない文言である。また後の建暦二年（一二一二）に出された稲庭時国に対する補任状にも同様の文言は記されていない。よって「郷司之命」なる文言は、建久年間当時、国衙領であるところの保に対し、郷司が強固な権限を持っていたことを示している。太良保は郷の下に重層的に位置付けられた国衙領だったのである。

太良保の保域を多く含む西郷の郷司には、建久三年当時稲庭時定が任じられていた[17]。稲庭氏の場合、西郷に内

包される所領単位の職の改替をも左右する存在であり、その立場を国主や国守等も認めていた点が重要である。稲庭時定は若狭国税所今富名領主代々次第で知られているように(18)、在庁職の一つである税所でもあり、また税所職に附する今富名の領主でもあった。今富名は、遠敷郡のうちの富田郷・志万郷・東郷・西郷等の北川・南川流域の郷に散在する田地からなり、他郡に散在する田地を含めると、五五町に及ぶ若狭国最大の在庁名である。税所職は国衙が官物進未状況の把握や所領の認定作業を行うための文書管理等の重要な機能を持ち(19)、他の国においても税所職にあった在庁官人が筆頭となる事例が多く見られる。それに伴って税所職に付随する在庁名も、在庁官人の中でも最大級であることが多く、例えば常陸国税所氏の場合、最大在庁名稲久名を領有していたことが知られている。建久年間の稲庭氏は、国衙の在庁職や国衙領を基盤として、周辺地域にも勢力を伸ばす一方で(20)、太良保内に久珍名をもっており、太良保は国内の最有力在庁官人稲庭時定の強い影響下のもとで歩みを進めていたのである。

2　太良保の経営と国衙機能

以上のように、国衙領として郷司の進止下にあり、さらに国内の最有力在庁官人稲庭氏の所領をも内包していた太良保では、どのような経営が行われていたのだろうか。その一例として、次の史料をみてみたい。

　一、不出旧《古》帳事
右、如定宴申者、以古帳糾明坪々者例也、而以能荒《膏》田、立替■《薄》田之間、可□□□（出古帳）之由、雖申之、令拘惜云々、如定西申者、当保内無図師無古帳、往古自国衙図師・書生等令入部□□（所遂カ）検注也、可被尋百姓等云々、爰如百姓勧心・時沢・真利等申者、嘉禎二年検注之時、定西付公文帳云々者、地頭恪惜古帳之条勿論、而如六波羅

□□□□□□□（寛元々年十二月）廿一日下知状者、於国□〔召〕古帳遂坪合、立替〔之〕有無可令注申云々、而守護代遂其節否事、不進散状之間、非無不審、被尋問、可有左右矣、

右の史料は宝治元年（一二四七）の関東下知状である。(21) これより遡る建保二年（一二一四）、京都では七条院によって、新御堂「歓喜寿院」が建立され、太良の公文職は歓喜寿院修二月雑事と領家役を宛てられることとなった。(22) ここにはじめて「太良庄」として史料上に現れる。その後承久の乱を経て国衙領に顛倒されるものの、式乾門院が若狭国の国主となると、仁治元年（一二四〇）十一月、道深の寄進によって東寺領として改めて立荘されることになる。(23) 太良荘現地においては、没落した稲庭時定に替わって勢力を伸ばしていた若狭氏が太良保地頭となり、その権益を拡大していた。東寺領荘園太良荘の預所代として現地に入った定宴は、経営の安定と権益確保のため、地頭若狭忠清及びその代官定西に対し、訴訟を起こした。そのうちの一箇条が右の一文である。定宴は、現地支配のために簡要となる「古帳」を地頭が「拘惜」していることを訴えたが、地頭代定西は東寺領となる以前の太良保の状況について、保内には図師もおらず、古帳もないこと、また国衙から図師や書生が入部し、検注を行っていたことを述べた。これは先に見た公文職補任状において、太良保が在庁官人であり郷司であった稲庭氏の支配を強く受ける状況であったことをふまえれば、太良保が国衙の行政機能を借りて経営を行っていたことは容易に想定できよう。

さらに六波羅探題は一端「於国□〔召〕古帳遂坪合、立替〔之〕有無可令注申云々、」という判決を出しており、国つまり国衙がもつ国衙文書をもとに、その実態を明らかにしようとしていたことも伺える。定西の「無古帳」という弁明について、事実であるか否かは明らかではないが、経営の根幹に関わる土地の台帳についても、国衙の行政機能に依存する、もしくは共有する形をとっていたことがわかるのである。

このような鎌倉中期頃までにみられる太良保（荘）と国衙の関係は、太良保が国衙領であったために国衙行政に組み込まれていただけではなく、その地理的な条件に規定されているところが大きかったのではないかと考える。よって当該期の太良周辺地域がどのような景観であったのかを検討した上で、太良荘の性格を考え直してみたい。

二　若狭国府中の発展と太良荘

1　中世府中域の構成

先述したとおり、太良荘が位置する北川・南川周辺には古代国府があり、中世においても国衙の所在地として、中世の地方都市として発展を遂げていた。中世に入ると古代の国庁は廃絶し、国衙機能はそれぞれ「所」が負うところとなる。これらの「所」では、在庁官人が実務を担当し、在庁たちはそれぞれの屋敷を府中に構え、国衙行政を分掌していた。斉藤利男氏は、府中を中世的な都市として位置付け、その構造を明らかにしている。(24)中世の府中には、政庁地区とそれを囲むように分布する国衙関係寺社群、同じく周辺地域には国衙の工房群があり、交通の要所には津や市が置かれ、商工業者が居住していた。府中の中心となる政庁地区は在庁の屋敷地の集合体で、これが国衙と呼ばれていた。また常陸国の場合も同様に、在庁官人の屋敷地が点在し、私宅が役所の機能をもっていたことが指摘されている。(25)さらに在庁官人の所領である在庁名は府中域およびその外周部に位置し、「国衙一円進止地」として、鎌倉期においても国衙の強い支配下にあったことが明らかとなっている。(26)たとえば常陸国の場合、延元元年八月三日の平岡家成譲状案には「いらんさまたけ候ハヽ、ふしてきたいとして、大掾殿・税所殿申、同府中在庁位僧ゑ彼露申て、府中をつい出せらるへく候」[27]という記述がある。これは在庁官人平岡氏の譲与にあたって違乱や妨げが生じた場合、筆頭在庁官人である大掾・税所氏に申し出た上で、府中の在庁や僧等の合議の許に府中を追放するという文脈である。このように筆頭在庁を中心とする在庁官人・僧らの紐帯は強く、その合議のもとで府中に対する支配を行っていたことがわかる。

また小川信氏は、中世の府中には複数の中核的な部分があったことを指摘している。[28]その中核的な要素は、一つは国衙機構にある目代・在庁の屋敷群で、今ひとつは守護・守護代の拠点であるとする。中世の府中は中心核を複数持つことによって、古代の国府域を超える範囲に拡大していったのである。

2　若狭国惣田数帳にみる府中の様相と領有構造

では、若狭国の府中とは、どのような場所であったのだろうか。若狭の国府及び府中域については発掘調査が進んでおり、特に古代の景観があきらかになりつつある。平成十七年度から十八年度にかけて行われた西縄手下遺跡の発掘調査では、築地塀や掘立柱建物とともに、官衙系遺物が出土し、平安期の国府関連施設との指摘がなされているほか、国分遺跡からは、奈良期の国府関連施設の存在がいわれている。[29]この二箇所は太良荘からみて北川を挟んだ対岸にあたる地域で、太良荘からは直線距離にして二キロに満たない極めて近い場所に位置している。また平安後期から中世前期の段階では、府中の政治拠点が小浜や西津地域に移動したことが想定されているが、未だ発掘調査事例から裏付けられてはいない。少なくとも西縄手下遺跡の平安後期から中世前期に至る面では、白磁碗等の鎌倉前期の遺物も出土しており、中世前期にも政治的な拠点があったことを裏付けている。では、史料からは中世前期の当該地域をどのように描き出せるであろうか。

鎌倉期の様相を知ることのできる史料に、若狭における最も基本的な土地台帳とされる文永二年の若狭国の惣田数帳案がある(30)。惣田数帳には元亨年間頃に記された朱注があり(31)、朱注が付された時期の国衙領をめぐる領有状況、訴訟状況を詳細に知ることができる。惣田数帳案は国衙側によって作成された帳簿であり、荘田の記述に比して、圧倒的に国領に関する情報量が多いのが特徴である。この惣田数帳は国領の確定が目的だったと考えられ、国主主導のもと、在庁によって作成されたと考えるべきであろう。

朱筆が付記されている箇所は二パターンあり、一つは郷・名・保名の右肩に書かれるもの、今ひとつは各所領単位の最後に追記される記述である。前者は「国領」といった記述や「領家国衙与円満院雑掌相論、当時雑掌沙汰、」「領家東寺　観喜寿院領御寄進、」等の領家に関する情報で、後者は地頭・地主職の所有者、及び相論の経緯に関わる記述である。惣田数帳が作成された文永年間以降、各所領がいかなる変遷をたどり、変化したのかという元亨年間ごろの実情を書き加えたものであるといえよう。

荘園として確定している所領を除き、郷・保・名の状況を挙げたのが【表】である。これを見ると、「地頭得宗御領」「地頭税所分」という記述の多いことに気がつく。これは、若狭国国領の得宗領化が進んでいたこと表している。しかしながら詳細に見ていくと、得宗領や税所領となっていない所領も多く見られるのである(末尾【表】参照)。

まず太良保の田地を多く含む西郷を見ると、その文末には「地頭若狭兵衛入道《忠季》公文御家人和久利兵衛大夫伝領之、《跡脱カ》」とあり、地頭若狭忠季の跡は、西郷の公文である和久利兵衛大夫が伝領していたとしている。ここでいう公文とはいかなる職であろうか。小原嘉記氏は安芸国田所氏の事例から、郷司職と公文職が同一異名であったこと、さらに公文職と地頭職が対置して記されていることから、公文職は国衙領に対する国衙側の権益を表したものであり、公文職保有者が国主に対して正税・公事を請けおうことによって、国衙領を所領として知行していたと指摘している。[32] 若狭国の惣田数帳の外の箇所にもいくつかの「公文職」に関する記述がある。「国領」とされている三方新御供田の注記には、「地頭給先年国衙与前河庄地頭相論、当時地頭沙汰、公文職先年国衙□□（与地頭カ）相論、当時地頭沙汰、」とあり、公文職が地頭職とは異なるものであること、また地頭沙汰となる以前は、国衙の沙汰であったものであったことがわかる。また千代次名や武延名についても、「留守所分　公文職先年国衙与税所相論　当時税所沙汰、」なる記載があり、公文職が国衙に由来するものであることがうかがえる。よって、若狭国においても安芸国と同様に、国衙領の公文職は、正税の請負・公事の役を請負った職であったと考えられる。

一方で、この国衙由来の公文職は、その経緯によっては地頭が兼帯する場合もあった。それを示しているのが太良保の事例である。建保年間、当時若狭国の国主となったと思われる源兼定によって太良保は太良荘となり、その息であった源家兼は領家となっていた。太良荘地頭中条家長の代官であった中原時国は領家源家兼の家人となり、太良荘の公文職を得ている。しかしながら若狭忠季が地頭となると、承久の乱の混乱を経て、公文職は「地頭兼帯」となっていった。つまり惣田数帳の文末朱筆で太良荘同様に地頭領となっている所については、公文職のような国衙由来の職も、兼帯となっていた可能性があるのである。

以上、太良荘のように、固有の伝領の経緯によって公文職と地頭職が兼帯になることはあったが、若狭国の場合においても、公文職の淵源は国衙に対し正税の請負・公事の役を請負ったところにあったと考えられる。先の惣田数帳案で地頭領ではない国衙領において、公文職が記載される場合には、国衙由来の職であると考えられるのである。よって西郷の公文であった在庁官人和久利氏は、得宗や税所の地頭職を通した介入を受けることなく、国衙に対する西郷の正税・公事の役を負っていたと考えられる。また同じく遠敷郡にある志万郷についても、惣田数帳に「領主御家人和久里兵衛大夫跡、同又三郎伝領之也、」とあることから、得宗や税所の影響を受けない郷であったと考えられるのである。よって西郷と志万郷は、在庁官人が公文職につくことによって、国衙の直接的な進止を保持する一円進止的な郷であったといえる。ではこの二郷は、なぜそのような状況を維持することができたのであろうか。

西郷と志万郷の構造　惣田数帳に見える西郷の構成をみると、国分寺や一宮の寺田・神田の多くが設定されている。国分寺の寺田二五町五十歩のうち、西郷は十八町八反二八〇歩をしめる。また一宮の神田の四六町一反二六〇歩のうち、西郷が二四町一反二六五歩、志万郷に二十町一五一歩となっており、この二郷が突出している。また惣社宮の三反は西郷に、同八幡宮の六反六十歩は西郷に五反、雑色名に一反六十歩で構成されている。西郷については、若狭国中手西郷内検田地取帳案(33)に詳細な条里の記述があり、西郷の所在地や内包される別名の分布状況が明らかになっている(34)。西郷は基本的には領域をもつ所領単位であったと考えられ、一宮や国分寺のある地域を含んでいる。太良保も西郷に約二四町、東郷に約一町の田地を持っているため、その荘域の中心は西郷にあったといえるだろう。一方、志万郷についてはその場所が比定されていないが、西郷と共に記載されることが多いこと、惣田数帳の掲載順、総社の所領を多く含んでいることからも、西郷に隣接する地域を含んでいる可能性が高いように思われる(35)。

以上のように、西郷及び志万郷は在庁和久里氏の進止下にあり、その中には国分寺や一宮、総社等の田地が含まれており、両郷の地域が国衙の所在地であったと推測できる。

人給田の構造　次に惣田数帳の記載から、国衙機構の構成員に関わる人給田の構造について考えてみたい。在庁資宣給五町が設定されている是光名は、西郷から五町六反二三〇歩、志万郷から一町一反三一〇歩、富田郷から一町九反二二〇歩を募った別名で、その多くが西郷に属している。続いて在庁尚康給三町のある岡安名については郷の記載がなく、郷と並列する領域的にまとまった名であったと推測される。惣田数帳の朱筆には、もと岡安氏が領主であり、鎌倉末期には佐分郷地頭代の押領により岡安氏と佐分利地頭代の間で係争中であったことが記されている。よって佐分に近く現在の岡安の地名が残る、おおい町の佐分利川沿いが岡安名の所在地であろう。つぎに在庁兼氏給は利枝名のうちで、利枝名は富田郷四町三二〇歩、西郷五反二四〇歩、志万郷三十歩と、富田郷に田地が多く分布している。在庁知武給は清定名のうちにあり、清定名も富田郷から六町七反三〇〇歩、志万郷から一町四反三二〇歩、西郷から三町一反二二〇歩、東郷から一九〇歩、三方郷から二反となっている。尚義給三丁が設定されている細工保も富田郷・西郷・東郷・青郷・志万郷等に亘る別名である。資尚給は西郷内に設定されているほか、また田所給の吉松名は主に西郷と志万郷からなり、わずかに富田郷を含む。また文所給も志万郷を主な所在地としつつ、富田郷・西郷から構成されている。数ある在庁給の中でも最も広大な在庁給を含んでいたのが今富名である。富田郷・志万郷・西郷・東郷・三方郷、青郷に散在し、税所の在庁名であった。稲庭時定が没落した際に没収された在庁給は十三町に及び、鎌倉末期には得宗家が税所職にあったことから「地頭得宗御領」とされるようになっていた。

以上のことから、若狭国の在庁給の多くは、府中に近い西郷・志万郷・富田郷を中心に散在していたことがわかる。中でも富田郷は「地頭得宗御領」となっている上、おなじく得宗領であった今富名の田地を最も多く含んでいるのも富田郷であるから、得宗勢力が富田郷・今富名にその基盤を置いていたことはまちがいない。その一方で、西郷・志万郷・富田郷に散在する名については、在庁と得宗勢力による争いが続いていた。たとえば、惣田数帳の清貞名の朱筆には「領主御家人安賀兵衛(時景)大夫跡、多田弥太郎伝領之、但於公文所、塩飽修理進与多田弥太郎、当名・同富田郷散在相論之間、元亨元年八月、限彼散在分雖被付修理進、就多田弥太郎歎申、重被経御沙汰最中也、」と記されている。清貞名は在庁の多田氏が伝領していたが、同名の田地が富田郷・志万郷・西郷等に散在していたことから、富田郷散在分について塩飽修理進と相論になっていたのである。これは和久里氏の是光名や木崎氏の利枝名も同様であった。しかし翻せば、これは名田が得宗領となっている富田郷に散在していたから係争地となったのであって、西郷および志万郷の散在分については、相論の対象にはなっていなかったといえる。在庁資尚給のある西郷は、在庁和久里氏が公文職を伝領していたし、同じく細工保や利枝名も在庁木崎氏が伝領していた。その他、国雑色給の設定されている雑色名や、御厩名はその多くが志万郷にあったが、これらは「国衙分」として保持されていた。在庁給や国衙に関連する給田が設定される名は、得宗・税所領化されずに、「国衙」の差配下として比較的維持されていたのである。それは国衙に関わる給分の多くが、在庁和久利氏が伝領していた国衙域、すなわち西郷・志万郷にあったからである。

一方、海側の小浜地域は北条得宗の進止下にあり、海上ルートの拠点として発展した。『若狭国今富名領主代々次第』によれば、弘安八年以降、税所職には得宗被官が任じられており、税所の在庁名であった今富名は、「地頭得宗領」となっていた。今富名は散在する別名であるが、富田郷に最も多く田地を持っており、小浜地区にある小浜八幡宮の田地も富田郷に多くあることなどから、小浜に地域的なまとまりをもった今富名の領地があったと推測される。現在も小浜駅近隣には今富神社があり、今富名主となった山名時氏の又代官が政所屋を「問」に置いていることなどから、小浜は今富名の中から形成されたと考えられている(36)。南北朝期には、町の中に小路が生まれ、そこには商工業者が居を構え、経済的にも発展した地域であった。

このように府中周辺にあった富田郷・志万郷・西郷のうち、富田郷は得宗勢力の進止下にあったが、その一方で志万郷や西郷は国衙・在庁官人の進止下にあったと考えたい。その二郷に散在する在庁名や、国衙に関連する給分は保持され、国衙の基本的な機能を支える最小限の基盤は保持されていたのである。

富田郷に含まれる海側の小浜や今富等は得宗勢力の中心地となっていた一方で、西郷や志万郷など内陸の総社や一宮、国分寺のある地域については、国衙による強い進止下にあったと推測される。若狭国は先行研究において、幕府（守護）勢力による国衙機能吸収の典型例として示されてきたが、中世若狭国の府中域の実態は、両者が併存する状況にあったと考えられる。在庁官人の強い支配権を維持している地域と、得宗・税所が支配する小浜のような地域を含む、複合的な拠点・求心力を内包する中世都市として発展していたのではないだろうか。

三　府中の都市的な広がりと太良荘

1　細工保と太良荘

以上のように若狭国には、在庁を中心とする国衙支配の強い地域と、得宗・税所の支配下にある地域が併存しながら、府中という中世都市として拡大を続けていた。太良荘はそのような地域に挟まれた場所にあり、さらにいえば複数ある核のうち、国衙支配の強い地域に面していたのである。太良荘の荘民は、このような府中域と日常的に接する環境下にあったのではないだろうか。むしろ府中の拡大に伴って、府中の経済圏に含まれる副次的な地域になっていた可能性が想定される。

その一例として、細工保についてみていきたい。細工保は富田郷・西郷・東郷を中心に、志万郷・青郷等にも散在する国領で、在庁官人木崎氏が伝領していた。太良荘が所在する西郷には六町六反六十歩の細工保の田地が含まれている。西・東郷については、須磨千穎氏の研究によって、検田帳から両郷の条里を復元されている(37)。そ

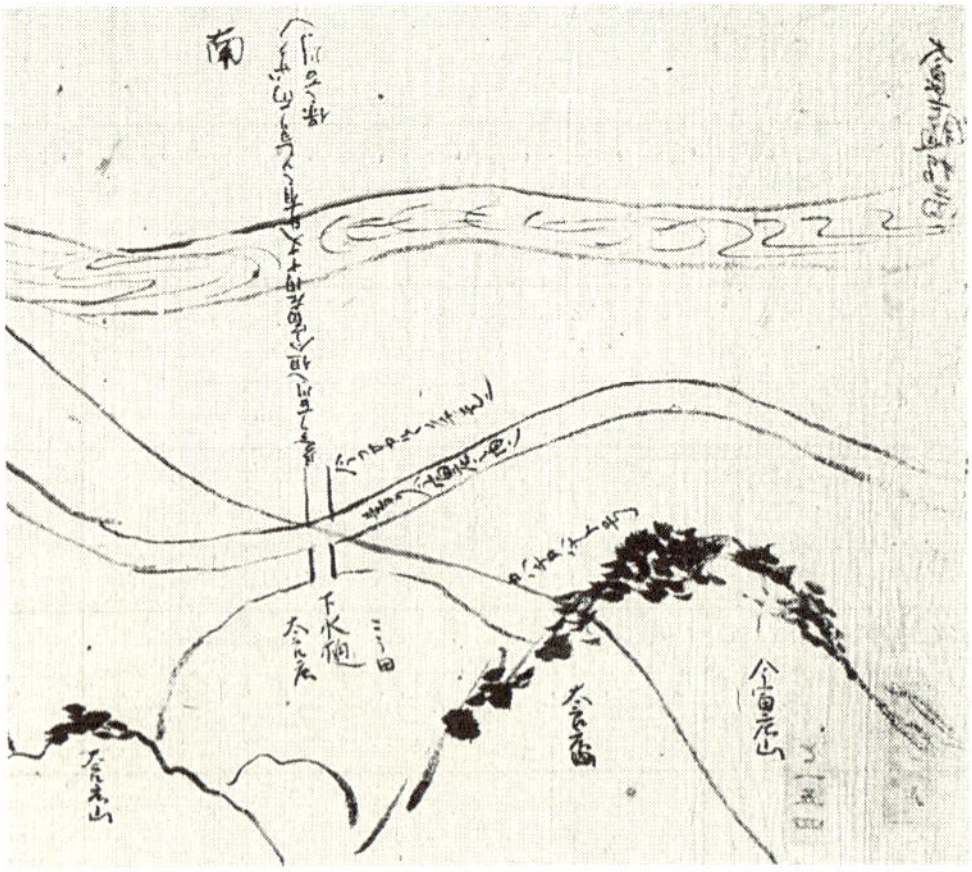

【図1】若狭国太良荘樋差図（東寺百合文書と函154）拡大
（京都府立京都学・歴彩館東寺百合文書Webより）

の成果に基づくと、太良荘に隣接する西郷の川上里五里と六里、志味里四里には、細工保の田地が集中して見られることがわかる。また東郷で太良荘に近い粉若里三里や四里、黒田里三里四里にも集中していることから、太良荘の近隣や川を隔てた地域には、多くの細工保の田地が所在していたのである。これを示すのが、若狭国太良荘樋差図(38)である。十五世紀中期に記されたもので、太良荘と今富荘の用水相論の中で作成された絵図である。この中央部には「是ヨリ古川也、但今富庄内十丈計有之、ソレヨリ南ハサクノ保ノ古川也、」とある。須磨氏は西郷の細工保のほとんどが指図で記される「太良庄内」にあり、一部がその南西部に近接し、北川を挟んで存在していたとし、この絵図の細工保は、北川を挟んで存在した一定領域を指していると指摘した。つまり太良荘は国衙領である細工保に接する荘園だったのである。

細工保には、番匠給や鍛冶給、檜物給などが除田とされており、様々な職掌の手工業者を含んでいたと思われる。先述したとおり、細工保は在庁官人の木崎氏が伝領しており、このような手工業者は、国衙によって「細工保」の給分を与えられ、その存在を一程度公的に把握される存在であったと推測される。交通の要所にあり、各地からモノが集まる場所であった府中域には、それらを加工し、改めて流通させるような手工業者達が多く集まっていたのである。太良荘の近隣に細工保の田地が集まっていた背景には、近隣に市場があったことと無関係ではないだろう。西郷と東郷の境界には、東市場という地名も残っているが、その近隣にあたる枌若里三里や四里には、細工保が集中しているのである。東市場は若狭姫神社の正面で開かれた遠敷市に対する東の市場であったとも考えられ、府中域の中で開かれた市の一つであろうか。細工保を基盤とする手工業者も、中世的な都市として発達した府中の構成員であり、都市民であったといえる。

このような細工保が近隣にあることによって、太良荘は大きな影響を受けることになる。文保三年の太良保所当米弁畠地子銭徴符には、(39)「しんさいく」「さいく大夫」「すみさいく」等の名前がみえる。この「さいく」は「細工」のことであろうと思われる。文保三年以前の太良荘帳簿類には、細工を名乗る人物は見られない。彼らは鎌倉後期になって太良荘内に田地を持つようになったのである。名前から直ちに職掌を判断するのは難しいが、網野善彦氏も指摘しているように、彼らは細工人であったであろうと推測される。(40)このような細工人が太良荘内へと流入したのは、太良荘周辺に細工保が存在していたことが関係していると考えられる。府中が発展すると、周辺地域が受け皿となり、太良保への人的な流入へと繋がっていったのではないだろうか。

太良荘民と周辺地域との関係は、細工人だけではない。太良荘の地頭職が得宗領となっていた際、給主代官には覚秀なる人物が任じられていた。(41)覚秀は網野善彦氏や山本隆志氏が論じているように、高利貸「はまの女房」の子息で、小浜の住人であった。(42)覚秀は太良荘薬師堂の別当職にも補任されているが、それは薬師堂修造時に覚秀の経営を期待したからこそである。また正安四年の地頭方の太良荘検注帳(43)には「小浜平十郎」や「小浜四郎太郎」なる人物がおり、彼らもまた小浜住人であったと推測される。得宗下の小浜の発展は、その住人等の周辺地域への流入、基盤の確立という傾向をもたらし、当然ながら太良荘にもその影響を強く及ぼしていたのである。

2　太良荘の経済基盤と府中

このような府中域と太良荘の関係は、府中域からの流入だけではない。先述したように、北川を挟んで対岸に位置する若狭姫神社の門前には遠敷市があり、太良荘の荘民も日常的に足を運んでいた様子が史料にうかがえる。

(端裏書)「草案」
　東寺領若狭国太良荘雑掌謹言上、
　欲早被経御　奏聞、被成下綸旨《御牒》当国守護代右衛門尉信景以下悪党人等、任御事書旨、被処重科、於所運取御年貢以下資財物等者、任員数、不日被糺返、当国田中掃部助入道不知法名今月廿一日夜、無是非以子息四郎以下、数多人勢、差遣当庄百姓角大夫寺家倉本許、運取所納置御年貢以下色々資財物等間、即訴申処、於守護代信景者、令引級(汲)彼悪党人、不及罪科沙汰、結句於遠敷市、奪取当庄百姓新検校并孫次郎以下所持銭貨以下資財物等、剰搦捕其身等、無謂子細事、
副進
　一通　於遠敷市庭奪取守護使等、銭貨以下贓物等注文
　一通　訴状并贓物注文、同交名注文等案
右如載彼訴状、当庄地頭職者、為御祈禱料所、参当時一円御寄附之間、知行無相違、仍被致精誠御祈禱之処、件掃部助入道、以子息四郎以下大勢、押寄寺家倉本角大夫之許、運取若干御年貢以下資財物等之間、訴申守護所并目代方之処、於守護代信景者、乍為一国之奉行人、令引級彼悪党人、不及罪科之沙汰、結句擬召捕無咎角大夫、同廿六日、令放入日野新兵衛尉并新八三郎太郎、貫首弥三郎以下大勢於当庄内之間、怖畏余角大夫令逐電了、爰翌日廿七日為遠敷市日之間、当庄新検校并孫二郎以下百姓等、為売買立出彼市之処、伺此折、

差遣件日野兵衛以下大勢於彼市場、奪取新検校等所持銭貨幷所買持絹布以下色々資財物等、剰搦捕其身等之条、為等白中事之間、往行市人等驚耳目之者也、（中略）

建武元年――

建武元年十一月二一日、田中掃部助入道は大勢を引き連れ太良荘の倉本角大夫のもとへ押し寄せ、年貢等の資財物を押領した。[44] これに対し、太良荘側は守護所と目代に訴えたが、守護は田中等を組み入れ、二六日には大勢を太良荘に送って角大夫を逐電させた。ここで登場する田中掃部助入道は、十一月二四日付の注文から[45]、在庁官人であったことがわかる人物である。在庁田中は一族以下大勢を引き連れて、太良荘に乱入したのである。在庁田中の出自は明らかではないが、先述したとおり、太良荘の周囲には在庁等国衙の強い支配下にあった地域が広がっており、その地域を基盤とした人物であったと考えられよう。鎌倉期、度々国衙領となっていた太良荘であるから、在庁官人が何らかの権益を主張した行動ともとれるかもしれない。またこの時に奪取した資財物には、「銭五貫文、米七石、直垂三具、小袖四、大刀一振、刀二腰、布小袖七、籾俵十、粟俵五、大豆六石、弓一張、矢二腰」があり、角大夫の財力が伺えよう。

また話はここで留まらず、翌日の遠敷市場に来た太良荘百姓等が所持していた資財物とその身を絡め取られたことについても記されている。まずここで知られるのが、先述した府中の遠敷市庭の存在である。「遠敷市日」とあることから、決まった日付に開かれていたのだろう。太良荘百姓等は売買のため遠敷市へ赴くが、守護代信景によって所持していた資財物を奪取される。その細目は、「銭貨参貫二百五十文、絹□、縫小袖一、紺布三□、白布二□、綿五両、抽出綿一、刀五腰、布小袖二」といった内容であった。[46] 守護代はこの日、太良荘百姓等が市場に赴くことを認識した上で使者を送っているから、太良荘百姓等が遠敷市へ赴くのは定期的もしくは日常的なものであったと思われる。また所持品の布は、銭納のための売買を目的としたものであった可能性もあるが、一方では余剰物を商品として流通させていたものかもしれない。(47) いずれにしても、荘民の生活が府中域の交換経済を前提にしていたことは特筆すべきことであろう。

角大夫の資財、百姓等の資財をみれば、太良荘民の生活が都市的な様相を帯びていることは明確である。また百姓層であっても、角大夫のような富裕層は、荘経営に欠くことのできない存在だったのである。太良荘は府中に隣接した立地のもと、人的構成もまた経済基盤についても、府中域と不可分の関係にあったと考えられる。

おわりに

以上のように、太良荘は中世都市として発展した府中に隣接しており、その経済圏内にあった。若狭国の府中には二つの中心地があり、一つは得宗・税所を中心とする小浜地域、今一つは国衙による一円進止下にあった西郷・志万郷を中心とする一宮や国分寺を内包する地域である。後者には在庁名や構成員の給田が含まれており、国衙機構の基盤となる地域であったことがわかる。一方、得宗領である富田郷に散在する在庁名など、両者が複雑に入り組む所領については、得宗勢力と在庁の間で相論が続けられていた。

若狭国の府中は二つの中心地を内包しながら、都市的な広がりを見せていた。その近隣地域にあたる太良荘には、手工業者や富裕層が流入し、荘経営にも影響を与えるようになっていく。また荘民が府中への往来を日常的に繰り返すことによって、府中の経済圏へと内包され、次第に太良荘は都市府中の一角を担う場所となっていったのである。

注

（1）太良荘史料を検討するにあたっては、「京都府立京都学・歴彩館 東寺百合文書ＷＥＢ」及び『若狭国太良荘史料集成』（若狭国太良荘史料集成編纂委員会編、二〇〇一年～）を利用した。

（2）網野善彦『中世荘園の様相』（塙書房、一九六六年）。

（3）網野善彦『日本中世土地制度史の研究』（塙書房、一九九一年）。

（4）高橋一樹『中世荘園制と鎌倉幕府』（塙書房、二〇〇四年）。

田中健二「大覚寺統分国讃岐国について」（九州大学国史学研究室編『古代中世史論集』吉川弘文館、一九九〇年）。

（5）海老澤衷『荘園公領制と中世村落』（校倉書房、二〇〇〇年）。

（6）本郷恵子「常陸の国衙文書をめぐって」（『茨城県史研究』八一、一九九八年）。

（7）石井進『日本中世国家史の研究』（岩波書店、一九七〇年）。鎌倉期の国衙を、幕府による全国支配の確立の前提に国衙支配の吸収や克服があったとする石井進氏の論考が研究史上の一つの到達点であるといえる。

（8）熊谷隆之「鎌倉幕府支配の展開と守護」（『日本史研究』五四七、二〇〇八年）「鎌倉期若狭国守護の再検討」（『日本史研究』五八六、二〇一一年）。

（9）小原嘉記「西国国衙における在庁官人制の解体――安芸国衙関係史料の再検討――」（『史林』八九―二、二〇〇六年）「南北朝期の尾張国衙と「国衙一円進止之地」」（『日本史研究』五三九、二〇〇七年）。

（10）前掲注（8）論文。

（11）鎌倉佐保『日本中世荘園制成立史論』（塙書房、二〇〇九年）。

（12）前掲注（4）論文。

（13）乗蓮所帯証文案（「東寺百合文書」ぬ函一）。

（14）治承二年二月二三日　太良保公文職補任状案（「東寺百合文書」は函一〈一〉）。

（15）養和二年四月二一日　太良保公文職補任状案（「東寺百合文書」は函一〈二〉）。

（16）建久三年十月十日　太良保公文職補任状案（「東寺百合文書」ア函五）。

（17）網野善彦氏は『中世荘園の様相』（塙書房、一九六六）において、この記述を重視した上で、「いわば彼は、時定の従者（郎従）であった。」として私的な主従関係を重視したのに対し、河音能平氏（『中世封建制成立史論』東京大学出版会、一九七一年）や錦織勤氏（『中世国衙領の支配構造』吉川弘文館、二〇〇五年）は、太良保が郷司の進止下にあった。つまり西郷と太良保は並列的なものではなく、重層的なものであることを指摘している。

(18) 若狭国税所今富名領主代々次第（『群書類従』第四輯　補任部）。

(19) 梶木良夫「中世前期における国衙税所の歴史的意義」（『ヒストリア』一一八、一九八八年）。

(20) 網野善彦氏はこの稲庭時定の存在を、守護的なものと位置付けるが、国衙との関係を示唆したように、荘園等にもその勢力を及ぼせつつも、国衙在庁を基盤として勢力を伸ばしたのであり、それを守護的な立場と置き換えることは難しい。

(21) 宝治元年十月二九日　関東下知状（「東寺百合文書」ェ函二）。

(22) 建保四年二月日　太良荘公文職補任状案（「東寺百合文書」は函一〈四〉）。

(23) 仁治元年十一月二十日　官宣旨案（「東寺百合文書」ィ函八）。

(24) 斉藤利男「荘園公領制社会における都市の構造と領域――地方都市と領主制」（一九八四年度歴史学研究会大会報告「都市民衆の生活と変革意識」、『歴史学研究』五三四、一九八四年）。また中世府中について、小川信氏は『中世都市「府中」の展開』（思文閣出版、二〇〇一年）において、在地を支配する領主の集合拠点としても重視している。

(25) 義江彰夫「中世前期の都市と文化」（『講座日本歴史　中世一』所収、東京大学出版会、一九八三年）「中世前期の国府――常陸国を中心に――」（『国立歴史民俗博物館研究報告書第八集』国立歴史民俗博物館、一九八五年）。

(26) 前掲注（9）論文。

(27) 延元元年八月三日　平岡家成譲状案（「税所文書」一四、『茨城県史料　中世編一』所収）。

(28) 前掲注（24）参照。

(29) 杉山大晋「若狭国遠敷郡における官衙・集落遺跡――福井県小浜市西縄手下遺跡の解釈をめぐって――」（『条里制古代都市研究』二四、二〇〇八年）、『西縄手下遺跡発掘調査報告書』（小浜市教育委員会、二〇〇九年）。

(30) 文永二年十一月日　若狭国惣田数帳案（「東寺百合文書」ュ函一二）。
大山喬平氏は「国衙領における領主制の形成」（『史林』四三―一、一九六〇年）のち『日本中世農村史の研究』（岩波書店、一九七八年）において、郷型記載の所領と別名型記載の所領があり、単位所領間には重層的な関係があることを指摘している。

（31）田中稔「鎌倉幕府御家人制度の一考察――若狭国の地頭、御家人を中心として――」（『中世の法と国家』東京大学出版会、一九六〇年）。のち『鎌倉幕府御家人制度の研究』吉川弘文館、一九九一年）。

（32）前掲注（9）論文。

（33）文永二年三月日　若狭国中手西郷内検田地取帳案（「東寺百合文書」に函一）。

（34）須磨千穎『荘園の在地構造と経営』（吉川弘文館、二〇〇五年）。

（35）志万郷に含まれる一宮領の所在地は堅海村と記述されているため、志万郷は内外海半島に及んでいたと推測される。

（36）山本隆志『荘園制の展開と地域社会』（刀水書房、一九九四年）。

（37）前掲注（34）参照。

（38）若狭国太良荘樋差図（「東寺百合文書」と函一五四）。

（39）文保三年二月二九日　太良保所当米弁畠地子銭徴符（後欠）（「教王護国寺文書」二八九〈前・後〉／ヤ函一五〈一、二〉〈中〉）。

（40）網野善彦『海の国の中世』（平凡社、一九九七年）。

（41）建武元年二月日　若狭国太良荘内御堂別当僧覚秀申状（「東寺百合文書」ユ函三一）。

（42）前掲注（36、40）参照。

（43）正安四年　太良保地頭方実検取帳案（「東寺百合文書」リ函二七〈二〉）。

（44）建武元年　若狭国太良荘雑掌申状案（「東寺百合文書」は函九〇〈一〉）。

（45）建武元年十一月二四日　若狭国太良荘寺家倉本打入悪党人交名并捜取年貢以下雑物等注文案（「東寺百合文書」は函八七〈二〉）。

（46）建武元年　悪党人贓物等注文案（「東寺百合文書」は函九〇〈二〉）。

（47）永原慶二『苧麻・絹・木綿の社会史』（吉川弘文館、二〇〇四年）では、個人の農家が思い思いに作り出したものを売っているとする。

【表】　若狭国惣田数帳案の朱注一覧（主に国領部分のみ）

	郷・保等名	朱筆
1	青郷	地頭近江前司、恒岡、則行、則信等、御家人青七郎（兼綱）跡関谷三郎伝領也、
2	妙法寺	地主職関谷三郎伝領之処、被付青郷之地頭之由候、属越訴、致訴訴（訟）最中也、
3	重国名	領主御家人青左衛門尉跡、同源次伝領也
4	佐分郷	地頭得宗領
5	本郷	地頭美作左近大夫入道（源朝親）跡、同美作三郎伝領也
6	岡安名	領主御家人岡安馬大夫（時久カ）跡也、而佐分郷地頭職御代官被押領之間、岡安孫二郎訴申最中也、
7	加斗加納	下司御家人虫生五郎（頼基）跡、永重二郎太郎伝領之、公文御家人同小二郎弥九郎伝領之、
8	富田郷	地頭得宗御領、
9	志万郷	領主御家人和久里兵衛大夫跡、同又三郎伝領之也、
10	西郷	地頭若狭兵衛入道（忠季、跡脱カ）　公文御家人和久利兵衛大夫伝領之、
11	東郷	地頭得宗御領、
12	秋里名	地頭得宗御領、
13	千代次名	留（守脱カ）所分　公文職先年国衙与税所相論、当時税所沙汰歟、
14	武延名	留守所分　公文職先年国衙与税所相論　当時税所沙汰、
15	今富名	地頭得宗御領、
16	武成名	地頭若狭兵衛入道（忠季）跡、集（隼）人三郎左衛門入道（光範カ）御家人尼□□
17	常満保	元国衙進止、当時税所沙汰、
18	細工保	下司御家人木崎七郎大夫（基定）跡、同二郎太郎伝領也、
19	開発保	地頭得宗御領、
20	清貞名	領主御家人安賀兵衛大夫（時景）跡、多田弥太郎伝領之、但於公文所、塩飽修理進与多田弥太郎、当名・同富田郷散在相論之間、元亨元年八月、限彼散在分雖被付修理進、就多田弥太郎歎申、重被経御沙汰最中也、
21	是光名	子細同前、和久里与塩飽沙汰也、
22	正行名	領□（主）御家人和久利六郎兵衛門（ママ）入道（政氏）跡、木崎兵衛太郎（資政）伝領之、但以是光名・利枝・細工保等内之地、構正行名、爰富田郷給主塩飽修理進与是光名惣領和久利又太郎幷利枝名惣領同又六、（於脱）公文所富田郷散在分相論之間、元亨元年八月、雖被付修理進、後日沙汰、
23	利枝名	領主御家人木崎七郎大夫（基定）跡、子細同前也、
24	沢方名	子細上同前、木崎四郎歎申、重被経御沙汰最中也、
25	光里名	得宗御領、税所分、
26	得永名	得宗御領、税所分、
27	吉松名	税所分、但先年国衙雑掌与税所御代官相論候也、
28	時枝名	名主職先年国衙与税所相論、当時税所沙汰也、
29	栗田保	※上下宮彼岸田の記載「四反百歩地主職本所進止、五反八十歩地主御家人和久利又太郎、」※掃除田の記載「一反百四十歩地主職本所進止、六反二百四十歩地主職御家人和久利又太郎、」※別当田の記載「国衙分、当時税所沙汰」地頭若狭兵衛入道（忠季）跡、同又太郎伝領、
30	雑色名	
31	御厩名	
32	国掌名	名主職先年国衙与税所相論、当時税所沙汰、
33	七郎丸名	名主職先年国衙与税所相論、当時税所沙汰、
34	宮同松林寺	地主職国衙与税所相論、当時税所沙汰、
35	八幡宮	禰宜職国衙与税所相論、税所沙汰、
36	日吉社	子細同前遍（篇）目、

37	賀茂社	子細同前、
38	相意名	子細同前、
39	是永名	子細同前、
40	安行名	□(名)主職先年国衙与西郷地頭相論、当時税所沙汰也、
41	四郎丸名	子細同前、
42	織手名	地頭得宗御領、
43	太良保	地頭得宗領、
44	東出作	名主職御家人虫(生脱カ)五郎跡、藤原氏伝領之処、於公文所、付東郷地頭分畢、
45	吉末名	名主職御家人宮河二郎入道跡、小野氏伝領也、
46	宮河保	地頭備前守殿御跡、
47	新保	地頭備前守殿御跡、
48	鳥羽上保	地頭得宗領、下司松田左衛門大夫入道跡、後家伝領、
49	多烏田	七反領主松田九郎左衛門大夫後家尼伝領也、一反領主多田弥太郎伝領也、
50	鳥羽下保	地頭得宗御領、下司公文御家人安賀兵衛大夫跡、多田三郎太郎小跡(ママ)等伝領、
51	三方郷	地頭若狭兵衛(忠季)入道跡、若狭又太郎伝領也、
52	犬丸名	子細同前、
53	佐古出作	地主職先年国衙与税所相論、当時税所沙汰、
54	三方新御供田	地頭給先年国衙与前河庄地頭相論、当時地頭沙汰、公文職先年国衙(与地頭カ)相論、当時地頭沙汰、
55	恒貞浦	地頭職税所分
56	友次浦	地頭職税所分
57	賀尾浦	地主同前、
58	阿納浦	同前、
59	志積田	子細同前、
60	能登浦	子細同前、
61	三方浦	□時跡、
62	日向浦	地頭伊賀式部大夫(光宗)入道跡、伊勢前司(伊賀兼光)跡、
63	馬背竹波	税所領
64	丹生浦	

【現地ガイド】

若狭国太良荘を歩く

「荘園」と聞くと、どのような景観を思い浮かべるだろうか。豊かな自然と田畠、荘域には水路や川が流れ、その背景には山々を臨む。あるいは潮風が吹き渡る海辺か、都市化の中で少しずつ失われた記憶の中の風景か。いずれにしても、荘園と呼ばれる土地は、その歴史や環境、役割に応じて、豊かな個性を見せてくれる。

では太良荘の個性は何か。太良荘はその眼前に北川を臨み、豊かな田畠の背景には山が迫る。一見するとイメージどおりの「荘園的な景色」が広がるのであるが、特筆すべきはその狭さである。太良荘の中心地は、三つ小さな枝谷の集落からなる。字は西の谷が太良、中央と東の谷が太良庄で、中央の谷の集落は鳴滝、東の谷は谷、もしくは定国などと呼ばれていた。一時間もあれば徒歩でもまわれてしまうほどの広さであるが、その中には中世から続く歴史が凝縮されている。

【福井県立若狭歴史博物館】　太良荘に向かうには、小浜駅の一つ隣の東小浜駅が最寄りだ。小浜駅が海に近いのに対し、こちらの東小浜駅は丹波街道を内陸にあがったところにある。国府をはじめ若狭国分寺や一宮などが点在するのも、この内陸部・いわゆる遠敷と呼ばれる地域である。

東小浜駅を降りて十分も歩けば、福井県立若狭歴史博物館があるので、この地域をまわる前に立ち寄ることをお勧めしたい。ここで展示されている若狭地域の仏像は圧巻で、古代から中世にかけて造られた優れた仏像に数々に出会うことができる。その洗練された佇まいを見れば、この地域が古くから文化的にも経済的にも豊かな地域であり、かつ京都との関わりを持ちながら発展してきた先進地域であったことが自ずと受け入れられよう。それを裏付けるのが、同じく展示されている木簡をはじめとする出土品の数々である。中世の太良荘を取り巻く地域社会が、このような古代の延長上にあると想像すれば、太良荘そのものは狭くとも、その環境がいかに豊かなものであったかを知ることができるだろう。

【太良荘へ】　ここから太良荘までは徒歩四〇分。北川の土手にあがれば、すぐ目の前に見える谷が太良荘だ。しかしせっかくここまで来たのだから、太良荘に立ち寄った後、ぜひ遠敷の中心部にも足を伸ばして欲しい。とすると、便利なのは自転車である。東小浜駅にはレンタサイクルがあり、自転車を借りることができる。自転車さえあれば、少し欲張って、国分寺や一宮、神宮寺や明通寺、多田寺などを巡った後、小浜地域にまで赴くことも可能である。

太良集落　いよいよ、駅から北へ進むと太良荘の中心地へと入って行く。太良荘の三谷のうち、最も西にあって、南北に延びる谷が丹生谷（字太良）だ。

まずは、太良荘発祥の源流となった丹生氏ゆかりの地を訪ねる。丹生谷の入口の北側にあるのが丹生神社で、丹生氏が居を定めたのもこの辺りかと推測されている。平師季の息丹生二郎隆清は東郷丹生村・西郷太良畠等を嫡子の太郎忠政に譲り、忠政はこれらを中心とした地域を太良保として成立させた。まさしく丹生の

【写真1】　丹生神社

名は、太良荘をめぐるスタートに相応しい場所である。

さらにこの谷を隈無く回ってみる。丹生神社の正面、対面の南側の山裾にあるのが薬師堂である。現在は近くまで立ち寄ることはできないが、太良荘の重地として是非訪ねてみたい。なぜならばこの堂こそが、太良荘を歴史の表舞台へと押し上げるきっかけとなった場所だからである。忠政の息若丸は叡山にのぼり出羽房雲厳を名乗った。雲厳の師凱雲は、雲厳の所領である太良の地に、念願の薬師堂を建立した。凱雲が荒野を開発して薬師堂の仏聖燈油料田とし、六斎の講筵を勧修する一方で、雲厳も太良保公文職に任じられるなど、後の太良荘へと繋がる基盤ができあがったのもこの頃だった。それを象徴するのがこの薬師堂である。

さらに谷の奥へと上がって行くと、正林庵がある。本尊は如意輪観音像で、重要文化財にも指定されている奈良時代の造立である。同庵の縁起によれば、この仏像はもと京都の東寺に安置されていたが、太良が東寺領となった際に迎えたものであるという。この由来が伝説の域を出ないにしても、東寺と太良を繋ぐ言い伝えが、現地に残されているのも感慨深い。

太良庄集落　続いて三谷のうち、中央と東の谷へと足を運ぼう。中央の谷は三谷の中でも最も小さいが、集落は大きく、鳴滝と呼ばれる地域がこれにあたる。また東の谷は、かつて谷や定国などと呼ばれた地域で、現在も若宮神社の周辺に定国の地名が残る。

この東の谷の中心には、旧村社でもある日枝神社が鎮座する。建長六年（一二五四）の太良荘実検取帳（「教王護国寺文書」五九）等の中世文書に登場する十禅師がこれにあたるとされ、室町期には山王と呼ばれていたことが確認できる。南を向いた大きな鳥居があり、その参道の大きさを見ても、この集落の中心的な神社であったことがわかる。

またこの谷の奥に位置する小野寺も、すでに建長六年の実験取帳に見える寺院で、薬師堂の一丁二反に並んで小野寺免田一反が記されている。薬師堂の免田には及ばないものの、鎌倉中期にあってすでに荘内の主要な社寺であったことが窺われる。

この谷をまわる最後には、ぜひ太良の南東端に立ち寄ってほしい。現代は何もない丘陵と田地であるが、このあたりは稲葉と呼ばれ、「東蔭稲葉」「蔭稲葉」という地名が残っている。稲葉と聞いて思い浮かばれるのが、若狭国最大の在庁官人であった稲庭氏である。建久七年（一一九六）に若狭国在庁官人が鎌倉幕府に差し出した御家人交名には、稲庭時定、時通をはじめとして、佐分氏や和久利氏など、「時」を通字とする人々が数多く記されている。これらの人々は、稲庭時定を中心とする中原氏一門であった可能性が高い。彼らはいずれも国衙と繋がりを持ち、その中心にあった人々であったが、建久七年に突如源頼朝によって時定の所領が没収され、一族の所領も没収された。これらの中には、その後も国衙との関係を持ち続けた人々も多かったが、時定自身は後に変換された西津荘で最期を送ったとされる。いずれにしても、どのような関係から、この太良の地に「稲葉」の地名が残ったか、その詳細は不明であるが、最有力の在庁官人であった稲庭氏ゆかりの地がここにあったとすれば、太良荘に対する国衙在庁の影響力を表す名残であるように思われてならないのである。

【写真2】 太良荘全景

【写真3】　太良荘稲葉

遠敷と太良荘　太良荘の集落と、北川の間には広い田地が広がる。この辺りを描いているのが、寛正二年（一四六一）頃に作成された太良荘の樋指図である。ここには太良荘に隣接する今富名の水路が描かれているが、この水路は太良荘内を通っていたため、太良荘からの下水樋は、埋樋によってこの水路をくぐらせていたという。現在でもこの水路の名残と目される水路が残っており、埋樋的な施設が残っている。

さらに北川の土手に上がってみると、景観が一望できる。太良荘を背にして南側、北川の対岸を望むと、広い田地が広がった先に、町が広がっている。先の絵図によれば、太良荘から北川に向かって流れる下水樋の先、北川の向かいには寛正年間の時点で、細工保があったことがわかり、北川に南接地域がこれにあたるのだろう。さらにその奥の町は国分寺・一宮・神宮寺・市場、一時は国府などがあった遠敷地域だ。ここから眺めれば、太良荘とこの若狭国の中心地がいかに近接しているか、一目で感じられる。太良荘に住む人々が、この目と鼻の先の政治・経済・文化の中心地に、日常的に接していたことは想像に難くない。

その他にも、周辺地域には魅力的な寺社が多く枚挙に遑が無いが、遠敷を訪れた後には、小浜に足を運ぶと、遠敷と小浜の違いを感じることができるだろう。遠敷地域は海浜地域と結びつきながらも、街道沿いに発展したため、その道の先にある京都との結びつきを強く感じる。一方で、小浜は海に開け、海と外の地域を繋ぐ玄関口であり続けた。

陸の道に通じる遠敷と、海の道の拠点となった小浜。この二つの地域との関係性の中で、太良荘は大きな展開を遂げて行く。それこそが太良荘の個性であると、この地を訪れる度に感じるのである。

第Ⅲ部　西国
――切り拓かれる大地――

播磨国矢野荘における下地中分と名体制

赤松秀亮

はじめに

鎌倉中期から南北朝期の荘園では、荘園領主と地頭による支配権争いを解決する一手段として、山野を含めた土地の分割をおこない、それぞれが一元的に支配する契約が結ばれた。この契約を下地中分という。

下地中分の研究は戦前からの蓄積がある。(1) 戦後歴史学では、在地領主である地頭の勢力がどのように拡大し、またどのような制約が伴ったのかという領主制論の視角から議論され、(2) その後は荘園絵図や検注帳などを活用した実態面での事例研究が進んだ。(3) なかでも、下地中分の形態が坪分中分から一円的中分へと段階的に発展したことを指摘した安田元久氏の研究や、鎌倉幕府法の分析から下地中分が領主制の進展を妨げる障壁になったと位置づけた島田次郎氏の研究は、下地中分への一般的理解を形づくってきた。

近年では、似鳥雄一氏が荘園経営からみた下地中分の歴史的意義について論じている。(4) そこでは、①法的にはともかく、現地での領域設定は地頭がかなり優位にあったことや、②一円的中分こそが下地中分の理想形態であり、現実には権利関係が錯綜するなかで一部に入組地が発生したことなどが明らかにされた。下地中分が地頭の権利伸長を抑制したとする島田氏の理解や、坪分中分から一円的中分への発展という安田氏のシェーマに批判が加えられたのである。

似鳥氏の論考は、従来の研究に再考を迫るものであり、下地中分研究の現時点での到達点と位置づけられる。そのうえで、今後は荘園領主・地頭の定めた線引きが在地社会にどのように影響したかについて、さらに検討を深めていくべきと考える。これについて同氏は、一円的中分後も荘園領主側と地頭側との間で道路や市場などのインフラを共有していたとする重要な指摘をしている。こうした指摘をふまえ、本稿では下地中分と名《みょう》体制との関係について改めて検討を加えたい。

名体制とは、荘園内の徴税単位として編成された名による年貢の収取システムであり、名の耕地は荘園内に散在するのが一般的であった。(5) 名の散在性については、かつての下地中分研究でも注目され、一円的中分をすると名が荘園領主側と地頭側とに分断され、また名ごとに坪分中分をすると一円性が失われることが指摘されてきた。(6) 最近、榎原雅治氏は紀伊国和太荘（現和歌山県和歌山市）を事例に、荘園領主・地頭間の取り決めでは名ごとに中分をした一方、現地では荘官が領域的に年貢を徴収した上で、名ごとに振り分けて納めていたという収取の実態を明らかにしている。(7) こうした指摘は上級領主による領域設定と在地社会との関係を探る上でも重要であり、地域ごとに強い個性があらわれる中世荘園の性質をふまえるならば、さらなる個別事例の検討が必要であろう。

本稿では、播磨国矢野荘（現兵庫県相生市）を検討の素材とする（【地図】）。正安元年（一二九九）に当時の領家藤原氏と地頭海老名氏との間でおこなわれた矢野荘の下地中分は、ながく坪分中分であると考えられてきたが、榎原氏によって中分の範囲が比定され、一部の入組地を除いて概ね一円的な中分であったことが明らかにされた。(8)

こうした一円的中分を基本としつつ、一部で入組地が発生した矢野荘の事例は、近年の研究成果をふまえるならば典型的な下地中分のありかたと位置づけることができ[9]、下地中分と名体制との関係を検討する上で最適なフィールドである。

矢野荘の名体制は、正和二年（一三一三）に新たに荘園領主となった東寺の下、領家方では室町中期まで年貢収取システムとして機能し続け、永享年間以降、解体へ向かったことが指摘されている[10]。その一方で下地中分との関係については、一円的中分をした結果、名の多くが領家方・地頭方を横断し、名主・百姓は耕地の所在に応

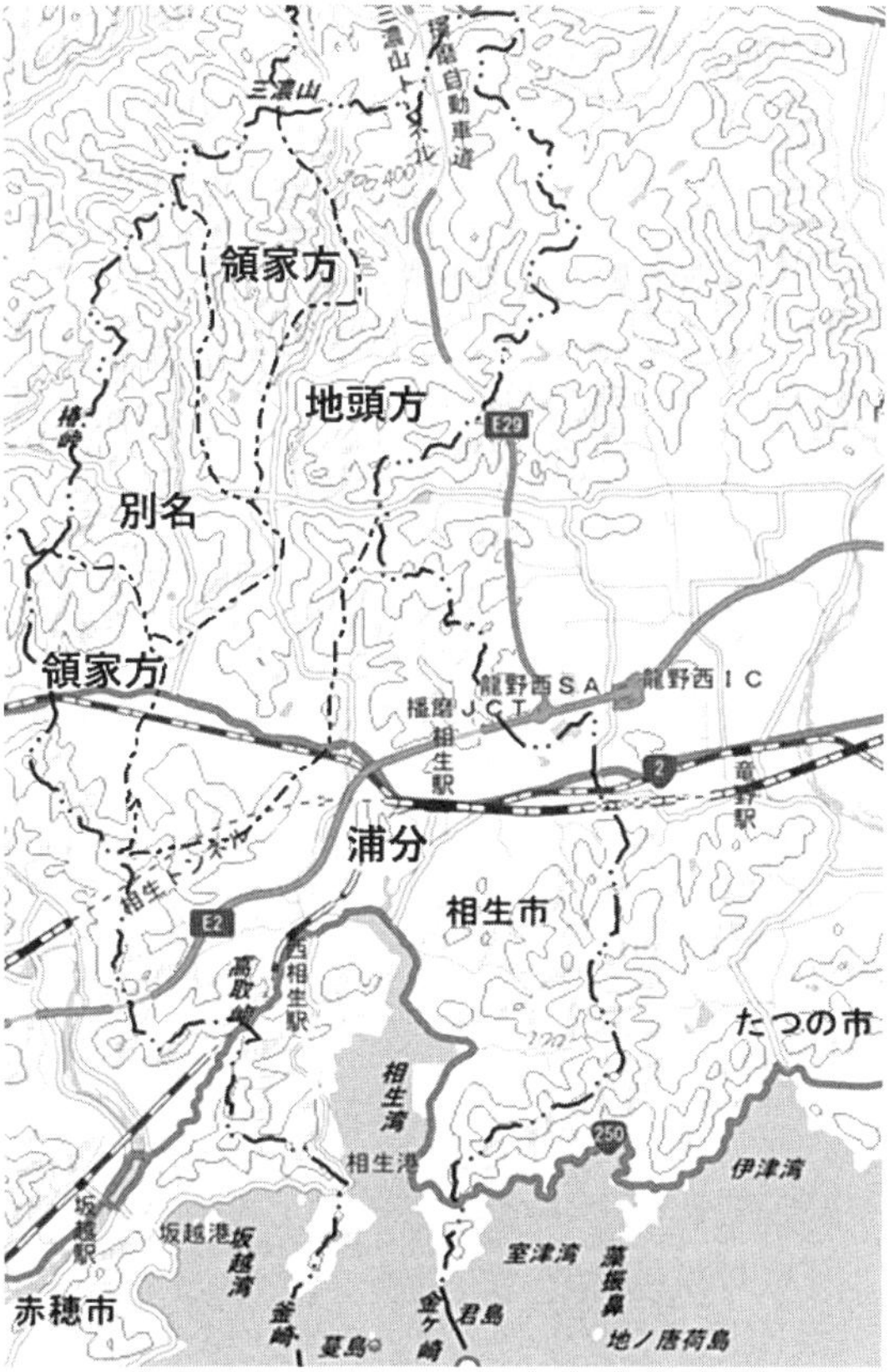

【地図】　矢野荘概略図
（本図は、国土地理院標準地図を基図に作成した。なお、荘内の地域区分は注8榎原氏論文図3を参考にした。）

じて両方に年貢を納める両属状態になったとされている。(11) しかしながら、こうした横断的な名が、その後どのような展開をしたかについては論じられてこなかった。以下では、下地中分の結果、矢野荘の名体制がどのように変容・展開したのか考察を加えたい。

一　下地中分と百姓名の再編

本章では、まず矢野荘で下地中分が実施されるまでの経緯を確認する。続いて、一円的中分の結果、荘内に散在する名が領家方・地頭方をどの程度横断して分布したのか実態を把握する。そのうえで、下地中分時に作成された検注帳と南北朝期に作成された検注帳とを比較することで、中分後の矢野荘における名体制の再編について考察を加えたい。

1　下地中分にいたる経緯

保延三年（一一三七）、矢野荘は藤原得子（のちの美福門院）の所領として立荘された。(12) その荘域は、現兵庫県相生市域とほぼ重なる広大なものであり、仁安二年（一一六七）には小河《おうご》川沿岸の谷間に展開した地域が美福門院の御願寺である歓喜光院に寄進され、別名が成立した。(13) この別名を荘域全体からさし引いた地域が例名である。例名のうち瀬戸内海に面した浦分は、治承・寿永の内乱を契機に東国武士の海老名氏が地頭となって開発を進めた地域であった。(14) また鎌倉中期には、領家藤原氏のなかで別相伝されたことも相まって、独自の歴史的な展開を遂げた。この浦分を例名からさし引いた地域を「例名」(15) と呼ぶ。「例名」には、承久の乱後に海老名氏が新補地頭として進出し、これ以降海老名氏の矢野荘での活動が活発化していく。その結果、荘務権をもつ領家藤原氏や「開発領主」の系譜を引く公文寺田氏との間で紛争が頻発し、鎌倉中期以降、たびたび相論をおこなっていた形跡がある。

永仁五年（一二九七）、藤原氏と海老名氏との間で和与が成立し、翌永仁六年末から正安元年（一二九九）にかけて検注がおこなわれ、下地中分が実現した。その際、在京の藤原氏に代わって海老名氏との中分にあたったのは寺田氏であり、その所領である重藤名の集中した地域が領家方となる形で領域設定がおこなわれた(16)。中分の結果、重藤名約五十町のうち三割程度が地頭方となり、寺田氏はそれとほぼ同面積となる複数の百姓名を重藤名に編入した。これは寺田氏と海老名氏が現地で対立・競合する関係にあったことから、寺田氏が地頭方にまたがる自領を放棄し、海老名氏との棲み分けをおこなったためと考えられる。しかしながら、こうした他の百姓名を編入することで失った土地を補填する行為は、寺田氏が荘官・御家人の顔をもつ在地領主で、海老名氏との紛争を避けるという条件のなかで実現したものであった。もし、すべての名で権利関係の整理が一斉におこなわれ、名の耕地を奪い合う事態となれば、下地中分は紛争の解決策どころか新たな紛争を招きかねない。とはいえ、実際に紛争が起きた形跡はないことから、一般の百姓名では耕地が領家方と地頭方を横断したとしても、それぞれの耕地が領家方と地頭方のいずれに所在するかによって、年貢の納入先が決まっていたと推察される。次節では、こうした百姓名の横断状況の実態を明らかにしたい。

2　百姓名の横断状況

下地中分の結果、現地はどのように分割されたのだろうか。その実態は、下地中分時に作成された二つの検注帳から明らかにされている。一つは中分前の「例名」全域について記した正安元年十一月五日　例名実検取帳案

（以下、実検取帳案）であり、[17] いま一つは下地中分後の地頭方耕地を記した正安元年十二月十四日　例名東方地頭分下地中分分帳案（以下、地頭方分帳案）である。[18] 先行研究では、実検取帳案から地頭方分帳案の耕地をさし引いた部分が領家方の耕地であると考えられており、[19] 本稿でもその理解を踏襲する。

実検取帳案では、たとえば「一《一条》坪二反《常勝谷》卅（三十）（代脱）守友」のように耕地の情報が記載されている。一条一坪は荘内の本田に付された地番であり、このほか「新」（新田）や「畠」といった地目が記されている。常勝谷は耕地が所在する地名、二反卅は面積、守友は所属の名を示している。耕地の所属先については、名を中心に全部で一二六種類確認できる。名の名前は守友や重藤などの実名形式でつけられるのが一般的だが、荘内最北部の「ホソヲ分」「黒サウ分」では所属の欄に実名ではなく、弥平二や紀清入道のような通称形式で記載されている。[20] また耕地のほとんどが荒地で、見作は狭小であり、名が編成されていたとは考えにくく、検討の対象から除外した。このほか領主名である重藤名や佃、寺社の免田なども除外した結果、全部で一〇〇の百姓名が検出された。これらの百姓名が領家方・地頭方にそれぞれどの程度含まれていたのか面積ベースで集計し、また名全体に占める地頭方・領家方の割合を算出したのが【表1】である。

【表1】によれば、一〇〇名中二四名は領家方にのみ、三二名は地頭方にのみ耕地を有しており、合わせて五六の名が両属状態を免れていたことが判明する。そしてのこる四四名では、領家方・地頭方をまたいで横断的に分布した。このうち、領家方・地頭方両方に同程度の割合で分布（領家側・地頭側それぞれ四十％～六十％台）する名は十五名にとどまり、のこる二九名では耕地の七十％以上がどちらか一方に偏在していた。以上の結果は、六十％近い名が領家方と地頭方に両属したと述べた島田氏の集計とは大きく異なる。[21] また、横断的な名のなかでも七割弱の名では耕地が一方に集中しており、同氏が想定していたよりも名の横断状況が限定的であったことを示している。

【表1】 実検取帳案における百姓名の横断状況

No.	名	領家方面積(反)	名全体に占める割合(%)	地頭方面積(反)	名全体に占める割合(%)
1	守友名	0	0.0%	22.1	100.0%
2	依真名	0	0.0%	10	100.0%
3	常得名	6.2	25.3%	18.3	74.7%
4	得力名	0	0.0%	18.7	100.0%
5	国元名	2.6	7.5%	32	92.5%
6	吉守名	27.3	100.0%	0	0.0%
7	延時名	4.8	14.9%	27.5	85.1%
8	貞次名	14.8	41.1%	21.2	58.9%
9	貞武名	0	0.0%	21.3	100.0%
10	延真名	5	56.8%	3.8	43.2%
11	西善名	16.8	58.3%	12	41.7%
12	末清名	18.8	47.8%	20.5	52.2%
13	延永名	8.8	59.5%	6	40.5%
14	弘真名	1.8	26.5%	5	73.5%
15	助真名	2.1	42.0%	2.9	58.0%
16	増得名	7.4	33.5%	14.7	66.5%
17	弥平三名	0.1	100.0%	0	0.0%
18	楽蔵名	0.1	100.0%	0	0.0%
19	金力名	2.3	10.0%	20.8	90.0%
20	守恒名	1.8	6.4%	26.3	93.6%
21	行成名	2.1	13.4%	13.6	86.6%
22	実万名	0	0.0%	10.1	100.0%
23	末遠名	0	0.0%	7.7	100.0%
24	常智名	0	0.0%	2.2	100.0%
25	京明名	0	0.0%	0.6	100.0%
26	乗智名	0	0.0%	1.8	100.0%
27	宗武名	0	0.0%	0.5	100.0%
28	得円名	0	0.0%	0.2	100.0%
29	光安名	0	0.0%	22.3	100.0%
30	宗重名	0	0.0%	10.5	100.0%
31	良命名	0	0.0%	4.8	100.0%
32	近永名	0	0.0%	4.2	100.0%
33	延包名	0	0.0%	9.7	100.0%
34	吉宗名	0	0.0%	6.8	100.0%
35	永利名	0	0.0%	12.3	100.0%
36	為末名	0	0.0%	11.2	100.0%
37	是藤名	25	41.4%	35.4	58.6%
38	貞光名	9.3	40.1%	13.9	59.9%
39	吉正名	3.1	34.4%	5.9	65.6%
40	秋次名	5.7	11.1%	45.6	88.9%
41	重清名	2.4	7.7%	28.9	92.3%
42	真貞名	7	41.9%	9.7	58.1%
43	藤二郎名	6.9	35.0%	12.8	65.0%

44	国貞名	1.4	13.6%	8.9	86.4%
45	貞弘名	0	0.0%	6.8	100.0%
46	友房名	0	0.0%	17.7	100.0%
47	有光名	18	41.3%	25.6	58.7%
48	真殊名	0	0.0%	0.6	100.0%
49	武貞名	0	0.0%	9.9	100.0%
50	国岡名	4.2	37.5%	7	62.5%
51	得善名	4.7	45.2%	5.7	54.8%
52	光貞名	0	0.0%	17.1	100.0%
53	是貞名	7.8	72.9%	2.9	27.1%
54	種近名	9.4	35.3%	17.2	64.7%
55	清光名	0	0.0%	0.5	100.0%
56	近元名	12.8	82.6%	2.7	17.4%
57	友方名	0	0.0%	0.3	100.0%
58	末方名	3.4	66.7%	1.7	33.3%
59	末松名	8.2	78.1%	2.3	21.9%
60	安枝名	7.5	17.4%	35.5	82.6%
61	国近名	4.3	89.6%	0.5	10.4%
62	国延名	7.4	35.7%	13.3	64.3%
63	恒末名	38.7	100.0%	0	0.0%
64	恒末末行名	5.4	100.0%	0	0.0%
65	恒末末重名	3.9	100.0%	0	0.0%
66	包真名	20.1	100.0%	0	0.0%
67	西光貞名	2.8	100.0%	0	0.0%
68	時延名	12.8	100.0%	0	0.0%
69	延里名	14.7	100.0%	0	0.0%
70	国松名	0.6	100.0%	0	0.0%
71	清元名	7.4	100.0%	0	0.0%
72	貞延名	13.9	97.2%	0.4	2.8%
73	吉真名	30.4	84.7%	5.5	15.3%
74	真蔵名	25.8	100.0%	0	0.0%
75	成恒名	22.4	100.0%	0	0.0%
76	末高名	4.8	100.0%	0	0.0%
77	包延名	13.4	100.0%	0	0.0%
78	包貞名	17.7	100.0%	0	0.0%
79	包末名	8.5	82.5%	1.8	17.5%
80	清延名	1.2	100.0%	0	0.0%
81	権三郎名	1.1	100.0%	0	0.0%
82	西貞光名	1.6	100.0%	0	0.0%
83	真用名	2	100.0%	0	0.0%
84	末行名	3.5	46.1%	4.1	53.9%
85	恒清名	0.5	1.4%	34.1	98.6%
86	貞恒名	3.3	100.0%	0	0.0%
87	末弘名	0	0.0%	6.7	100.0%
88	京九郎名	0	0.0%	2.1	100.0%
89	真近名	0	0.0%	27.9	100.0%

90	宗正名	14.1	87.0%	2.1	13.0%
91	行宗名	5.6	54.4%	4.7	45.6%
92	正万名	0	0.0%	36.1	100.0%
93	守次名	0	0.0%	65	100.0%
94	清久名	0	0.0%	8.1	100.0%
95	近守名	9.2	91.1%	0.9	8.9%
96	重行名	4.7	48.5%	5	51.5%
97	行貞名	19.3	94.6%	1.1	5.4%
98	行守名	2.1	87.5%	0.3	12.5%
99	近貞名	12.3	100.0%	0	0.0%
100	行弘名	8.1	100.0%	0	0.0%

本表は注17実検取帳案および注18地頭方分帳案をもとに作成。

以上、一円的中分の結果、百姓名がどの程度横断的に分布したのか改めて検討した。半数以上の名は領家方・地頭方のいずれかに属し、のこる約四割強の名が両方を横断する結果となった。とはいえ、両方を横断するといっても、どちらか一方に耕地が集中し、もう一方にはわずかな耕地しかもたない場合も多い。そうした場合、名体制に何か変容はみられるのだろうか。

3　名体制の変容

下地中分後の名体制の展開については、中分時に作られた検注帳とその後に作られた検注帳とを比較することで変容の有無を検証することができる。現存する矢野荘の史料は、大半が東寺に伝来した領家方に関するものであるため、領家方分の検注帳と先に検討した実検取帳案の領家方部分との比較をおこないたい。

現存する領家方の検注帳は、およそ二つの時期に集中する。一つは東寺が公文寺田氏を追放し、斗代を定めて支配体制を確立していく南北朝期に作成された検注帳群であり(22)、いま一つは東寺が名体制を解体し、作人の直接把握を進める室町後期に作成された検注帳群である(23)。南北朝期の検注帳に記載される情報は、室町後期にもかなり引き継がれている。また、本稿の主眼は、中分の結果、名体制がどうなったのかを探ることである。そのため、ここでは時期の近接する南北朝期の検注帳群と実検取帳案の領家方部分との比較をおこないたい。

【表2】は、南北朝期領家方検注帳における百姓名の記載状況である。実検取帳案において領家方に耕地を有した百姓名は六八名であった。これに対し、実検取帳案が作成された正安元年からもっとも近い時期に作成された建武二年帳では六六の名が記載され、(24)新たに五つの名（末重・秦五・智善・権太・王四郎）が設定されている。これらの名の呼称は、いずれも実検取帳案では請作単位として記載され、下地中分後に独立した名として設定されたことがわかる。その一方で、七つの名（弥平三・楽蔵・金力・行成・国松・清延・真用）の消滅を確認できる。このうち、弥平三・楽蔵・国松・清延・真用の各名は〇・一～二反程度と小規模だったことから、他の名に統合されたと推定される。また、金力名・行成名は耕地のほとんどが地頭方に属し、領家方の耕地は乏少だったため、下地中分後に領家方の名に吸収されたか、もしくは中分後に領家方と地頭方との間で細かな耕地の移動があったものと思われる。

さて、再び【表2】に目を転じてみると、建武二年帳段階から貞和二年帳段階にかけて一見して名の記載に揺れがあり、東寺が支配体制を確立していく上で名の再編が進められていたことがうかがえる。

名の統合　【表2】を一見して目につくのは名の統合である。建武二年帳段階では名の統合はみられないのに対し、貞和二年帳までには名が統合している事例を七例（①延真・弘真、②増得・国元、③権太・安枝、④真貞・国貞・王四郎、⑤行守・行宗、⑥末行・行宗、⑦近守・恒清）確認できる。これらの名が統合した要因として、いずれも一方の名の領家方耕地が著しく少ないことが挙げられる。たとえば延真・弘真名では、延真名が領家方五反（五六・二％）、地頭方三・八反（四三・二％）であるのに対し【表1】No.10）、弘真名は領家方一・八反（三六・五％）、地頭方五反（七三・五％）であった（【表1】No.14）。近守・恒清名では近守名が領家方九・二反（九一・一％）、地頭方〇・九反（八・九％）であるのに対し（【表1】No.95）、恒清名は領家方〇・五反（一・四％）、地頭方三四・一反（九八・六％）であった（【表1】No.85）。このように、領家方にわずかしか耕地を持たない名が領家方に一定の耕地を

【表2】 南北朝期検注帳群における百姓名記載

支配区分	建武2年帳(田)	暦応2年帳(田)	貞和元年帳(田)	貞和2年帳(田)	康永4年帳(畠)	貞和元年帳(畠)	貞和2年帳(畠)
公田方	貞次	貞次	貞次	貞次	貞次	貞次	貞次
	延永	延永	延永	延永	延永	延永	延永
	末清	末清	末清	末清	末清	末清	末清
	助真	助真	助真	助真	助真	助真	助真
	西善	西善	西善	西善	西善	西善	西善
	延真	延真・弘真	延真・弘真	延真・弘真	延真・弘真	延真・弘真	延真・弘真
	弘真						
	国元	増得・国元	増得・国元	増得・国元	増得・国元	増得・国元	増得・国元
	増得						
	延時	延時	延時	延時			
	守恒	守恒	守恒	守恒			
	常得	常得	常得	常得		常得	常得
	国岡	国岡	国岡	国岡			
	種近	種近	種近	種近	種近	種近	種近
	貞光	貞光	貞光	貞光			
	国延	国延	国延	国延			
	是貞	是貞	是貞	是貞			
	恒末	恒末	恒末	恒末	恒末	恒末	恒末
	末重	末重	末重	末重	末重	末重	末重
		同末重					
	智善	智善	智善	智善	智善	智善	智善
	同末行	同末行	同末行	同末行			
	末松	末松	末松	末松	末松	末松	末松
	真蔵	真蔵	真蔵	真蔵	真蔵	真蔵	真蔵
	成恒	成恒	成恒	成恒	成恒	成恒	成恒
	吉真	吉真	吉真	吉真	吉真	吉真	吉真
	包貞	包貞	包貞	包貞	包貞	包貞	包貞
	是藤	是藤	是藤	是藤			
	藤次郎	藤次郎	藤次郎即	藤次郎即			
		同藤次郎	藤次郎	藤次郎又三郎			
	重清	重清	重清	重清			
	権太	権太・安枝	権太・安枝	権太・安枝			
	安枝						
	有光	有光	有光	有光			
	権三郎	権三郎	権三郎	権三郎			
	秋次	秋次	秋次	秋次			
	得善	得善	得善	得善			
	真貞	真貞・国貞・王四郎	真貞・国貞・王四郎	真貞・国貞・王四郎			
	国貞					真貞	真貞
	王四郎						
	末行	正末行	正末行	正末行	末行・行宗	末行・行宗	末行・行宗
	行宗	行守・行宗	行守・行宗	行守・行宗			
	行守						

公田方	行貞	行貞(含末高)	行貞越前房	行貞　越前	行貞　源大夫跡	行貞　越前	行貞　越前
		同行貞	同行貞　伊賀房	行貞　伊賀	行貞　即伊賀房	行貞　伊賀	行貞　伊賀
	行弘	行弘	行弘	行弘		行弘	行弘
	近貞	近貞	近貞	近貞	近貞	近貞	近貞
	近守	近守(含恒清)	近守(含恒清)	近守(含恒清)	近守・恒清	近守	近守
	恒清						
	重行	重行	重行	重行			
	宗正	宗正	宗正	宗正	宗正	宗正	宗正
	西貞光	西貞光	西貞光	西貞光			
	末高		末高(十六名)	末高(十六名)	末高(重藤名)	末高(十六名)	末高(十六名)
重藤方	近元	近元	近元	近元	近元	近元	近元
	国近	国近	国近	国近		国近	国近
	西光貞	西光貞	西光貞	西光貞	西光貞	西光貞	西光貞
	時延	時延	時延	時延	時延	時延	時延
	延里	延里	延里	延里	延里	延里	延里
	秦五	秦五	秦五	秦五	秦五	秦五	秦五
	包末	包末	包末	包末	包末	包末	包末
	清元	清元	清元	清元	清元	清元	清元
	包真	包真	包真	包真	包真	包真	包真
	包延	包延	包延	包延	包延	包延	包延
	吉正	吉正	吉正	吉正	吉正	吉正	吉正
	貞恒	貞恒	貞恒	貞恒	貞恒	貞恒	貞恒
	貞延	貞延	貞延	貞延	貞延	貞延	貞延
	末方	末方	末方	末方			
	吉守	吉守	吉守	吉守	吉守	吉守	吉守
	末重	末重	末重	末重	末重	末重	末重

南北朝期検注帳群の書誌情報は、注22を参照。

持つ名と統合している。加えて、行宗名は田では行守名と、畠では末行名と統合しており、名の統合が柔軟になされていたことがうかがえる。

名の分裂　実検取帳案から建武二年帳の間に、名が新たに設定されたことはすでに指摘した。こうした現象は、建武二年帳以降にも確認される。まず、藤次郎名・行貞名では同じ名の名前を冠しながらもそれぞれ二つの名に分裂している。また実検取帳案の時点では恒末名・恒末末行名・恒末末重名・末行名だったものが【表1】No.63・64・65・84)、恒末名・同末行名・末重名・正末行名と名称に変更がみられる。とくに末重名は、暦応二年帳の時点で分裂しているのを確認できるが、その後すぐに統合されている。このように、領家方の百姓名は未だ再編の途上にあり、統合の事例よりは少ないものの、名の細分化も一定数確認できる。このほか、横断的な名のうち、領家方に属することになった耕地の乏少さから他の名に統合されたとしても不思議ではない名もある。では、再編されなかったそれ以外の横断的な名は、その後どのような展開を遂げていくのだろうか。

二　横断的名の歴史的展開

本章では、下地中分の結果、領家方・地頭方を横断することになった百姓名のその後の展開について、史料に恵まれる名の事例を挙げながら考察する。

1　両属状態が継続した名——貞次名の場合——

貞次名は、西奥を中心に莇野、長井、ホリマチといった荘域北部の集落に耕地を有していた百姓名である。中分の結果、領家方(西奥)一四・八反(四一・一%)、地頭方(莇野・長井・ホリマチ)二一・二反(五八・九%)に分割された(【表1】№8)。(25)この名をめぐっては、応安から永和年間に名主小林一族のなかで名主職相論が展開され、このとき東寺に提出された公験が豊富にのこされている。ここでは貞次名を事例に、中分後、両方を横断した名の歴史的な展開に考察を加えたい。

貞次名の名主職をめぐる相論は、応安四年(一三七一)に名主小林明証が死去し、甥である岡彦次郎信家が名主職を継いだことに端を発する。(26)信家は恒常的に年貢の未進を続けたため、応安六年十月に東寺によって名主職を解任された。(27)それから二年がたった永和元年(一三七五)五月、東寺は貞次名からの年貢や没収した名主職の得分が納入されないことを問題視し、[28] 貞次名の未進年貢を納入するよう命じる書下を現地に下した。これに対して信家側は、事情を弁明するとともに名主職知行が認められるよう東寺に求めている。[29]

こうしたなか、明証の義弟である書写山実相坊の住侶快真が、明証の息子である孫一・孫犬への貞次名主職補任を主張して東寺に訴え出たのである。快真の主張によれば、明証の父で、孫一・孫犬の祖父にあたる小林覚証は、みずからの名田（貞次名・友房名）を息子である明証ののちは、孫である孫一・孫犬に譲ることを決めていた。明証は、覚証から引き継いだ文書を妻の弟である快真に質入れしていたが、快真のところから文書を借り出した上、そのまま甥である信家に譲渡したという。[30] これに対して信家は、本来なら孫一・孫犬が名主職を継ぐべきであったが、二人は盗賊や密懐の罪で荘内にいられなくなり、甥である自分が名主職を継いだと主張した。[31] 同年九月、東寺は地頭方の友房名をめぐる相論で地頭海老名氏が快真側の主張を認め、五郎・六郎（＝孫一・孫犬）の友房名支配を安堵したことをふまえ、また信家による貞次名の年貢未進を重くみて快真側の勝訴とした。[32] こうした相論の過程で信家・快真双方から提出された公験には、下地中分後の名体制を考える上で重要な史料が含まれている。

公験の種類は概ね二つに分類できる。一つは小林氏内での貞次名・友房名の譲状であり、いま一つは東寺からの補任状である。前者では単に「貞次名」とされる一方、後者では「例名西方貞次名」と表記され、とくに後者については例名西方の貞次名なのか、貞次名の例名西方部分であるのか、解釈が分かれるが、これについて考える手がかりとして次の史料が挙げられる。

【史料一】[33]

譲渡

矢野庄例名貞次名田畠事

右於貞次名者、云西方、云東方、依為明証(小林覚証)重代相伝所帯、子息与一大郎(小林明証)仁、相副次第証文、永代譲渡畢、又無男子上者、全可(不)有他妨、但、彼名之内畠弐段ヲ、女子弐人ニ壱段宛譲与者也、但、有限公方地子、秋畠分ヲ、毎年無解怠、可弁、此外者、不可懸万雑公事・課役等、守此旨、明証一後(期)之後者、可被領知者也、仍為後□(日)、譲状如件、

嘉暦参年戌辰二月廿四日　沙弥明証在判

これは、永和元年八月に信家側が公験として提出した具書のうちの一通である。小林氏は代々「明証」を名乗ってきたことが【系図】から看取され、【史料一】は【系図】の覚証が明証に貞次名を譲渡した際のものと思われる。ここで注目すべきは、この史料の正文が作成された嘉暦三年（一三二八）の時点で貞次名は東方（地頭方）・西方（領家方）ともに重代相伝と記されている点である（傍線部）。すでに述べたように、貞次名は中分の結果、領家方・地頭方を横断して分布していたが、東寺に公験がのこされた「例名西方貞次名」だけでなく、「例名東方貞次名」の存在がうかがえる。つまり一円的中分の結果、名が横断的に分布することになった場合、ただちに権利関係の整理はおこなわれず、耕地の所在によって「西方〇〇名」「東方〇〇名」という形で領家・地頭それぞれに年貢を納める形態がとられたと考えられる。

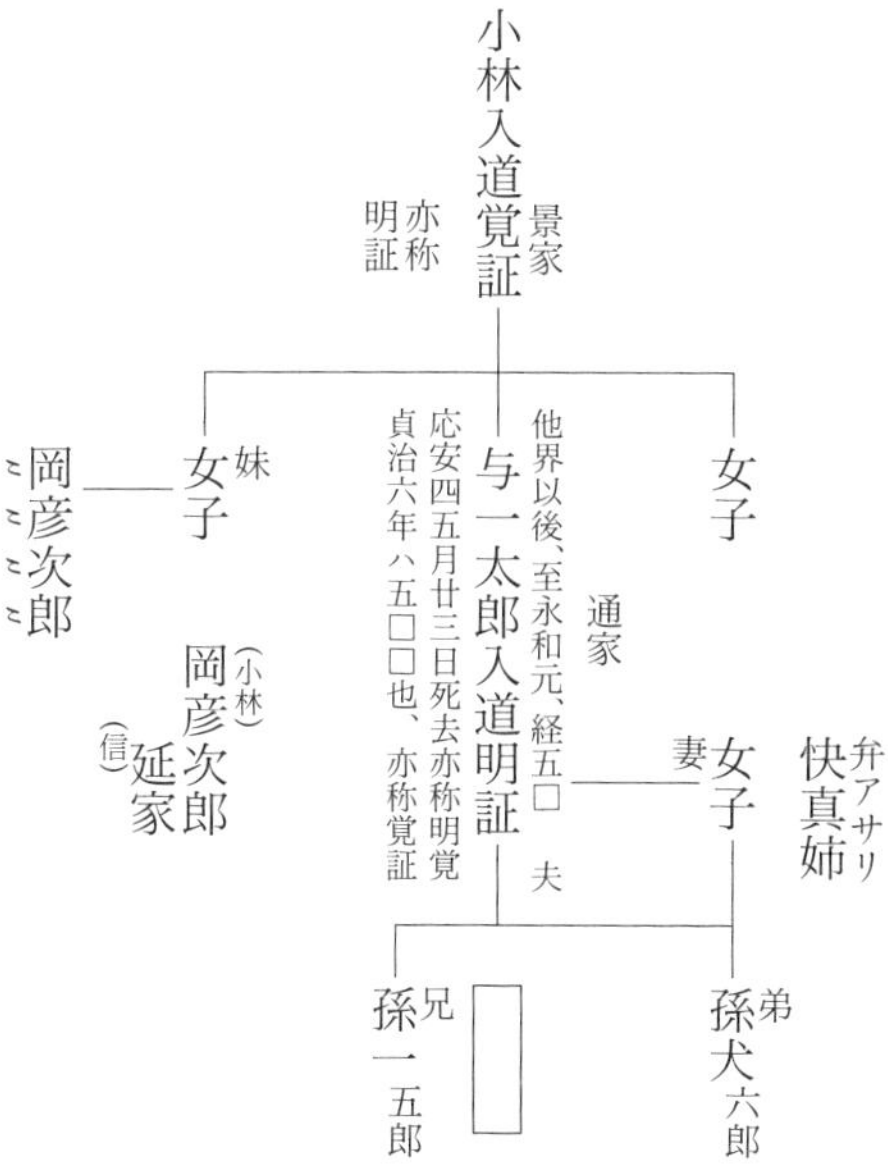

【系図】「貞次名相伝系図案」（永和元年）7月24日「祐尊書状」紙背（「東百」フ函43、『相生』編年366）

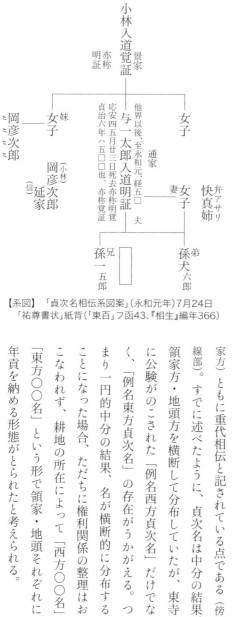

こうした体制は、その後どのように展開するのだろうか。同じく貞次名の名主職相論に関わって、快真が東寺に提出した二度目の申状の記述に注目したい(34)。この史料のなかで快真は、自身の主張を正当化する根拠の一つに、「次至友房名者、自地頭方、任道理、去月十五日孫一丸預下知訖」と、小林氏が貞次名とともに所持した友房名の支配を地頭海老名氏から認められたことを挙げている。実検取帳案および地頭方分帳案によれば友房名は全ての耕地がホリマチ・霜田・寺田・玉井といった地頭方の集落に耕地を有した名であり、領家方には耕地を一筆も有さなかった。東寺に伝来した史料には地頭方にのみ耕地を有した名の記載はほとんどない。また、快真と信家の相論のなかで友房名については地頭方において裁定が下されていることから(35)、地頭方名主職の安堵・補任権は地頭海老名氏に帰していたのではないだろうか。ここで興味深いのは、貞次名は耕地の半分以上が地頭方にまたがっていたにもかかわらず、海老名氏が名主職を安堵したのは友房名のみであり、快真は貞次名名主職の補任を東寺に求めていることである。また、東寺が快真を勝訴とした下知状には「貞次領家方」・「友房地頭方」と記され、貞次名は領家方、友房名は地頭方として扱われていたことがわかる。

では、なぜ貞次名は領家方として扱われたのだろうか。これについて考える手がかりとして、矢野荘の検注帳で地名の欄に出てくる「住」記載に注目したい。この「住」については、名主や百姓の居住地を指すと考えられてきた(36)。そして、貞次名の「住」は領家方の西奥に所在していた。また、集落別で貞次名の面積を算出すると、西奥の耕地面積がもっとも大きいことから、貞次名の中心は領家方の西奥にあったとみていい。このように、集落を越えて名の耕地が散在するなかで、名主は名の核ともいうべき存在であり、その居住地がどこに位置するかで、その名が領家方と地頭方のいずれに所属するかを決定づけていたと考えられる。

以上、貞次名名主職相論に注目して、下地中分と名体制の関係について考察してきた。一円的中分の結果、領家方・地頭方を横断した名は、西方〇〇名・東方〇〇名として領家方・地頭方を横断して存在した。とくに貞次名の場合では、耕地が一方に偏在しなかったため両属状態は継続したと考えられるが、名主の補任は領家・地頭が西方貞次名と東方貞次名でそれぞれ決めるのではなく、名主の所在によって補任権が一元的に決められていたことがうかがえる。加えて、小林一族のように一円的中分後も名主が領家方・地頭方双方の名主職を所持している点は、在地の実態と下地中分との関係を考える上で興味深い。次節では、他の百姓名の事例を通じて、下地中分後の名体制の展開についてさらに検討を加えたい。

2　有力名主による集積対象となった名——国岡名・秋次名の場合——

前節で検討した貞次名では、名主の居住地は領家方にあったが、耕地面積は領家方と地頭方の比率が四：六とかならずしも偏りがない。こうした名ではどちらか一方のみに属するのは困難であり、両属せざるをえない状況にあったと考えられる。他方、前章でみたように、名の耕地がどちらか一方に偏っていた場合、名が統合されて整理が進められていた。

続いて検討する国岡名は、実検取帳案の時点で霜田・寺田・宮尾・コウノス・田井・若狭野に耕地を有していた。名主秦清真は下田九郎と称し[37]、また実検取帳案によれば国岡名の耕地が「霜田ヤシキ」にあり、他の国岡名耕地が所在した地名と比べても、ここに国岡名主が居住していた可能性が高い（【表3】）。また、現若狭野町大字八洞には小字として「国岡」地名が現存しており、実検取帳案の時点で国岡名が八東（八洞）に耕地を有していた形跡はないものの、国岡名が地頭方を中心に展開していったことがうかがえる[38]。この国岡名では、中分から二七年を経た正中三年（一三二六）に、この名を代々相伝してきた名主下田九郎（秦清真）が如浄房なる人物に四反

【表3】　実検取帳案における国岡名耕地

No.	地域区分	村落	地名	合計面積（反）
1	地頭	霜田	霜田ヤシキ	1.8
2	地頭	寺田	真貞住北クホ	2.5
3	地頭	寺田	同所（真貞住）二所合上下	0.4
4	領家	田井	ロト	3.1
5	領家	若狭野	カタフケ	1.1
6	地頭	宮尾	ミヤヲノ馬ハ	2.1
7	地頭	コウノス	コウノス	0.2
合計				11.2

領家方4.2反（37.5%）＋地頭方7反（62.5%）＝11.2反（100%）

十代の耕地を売却した（【表3】）。この四反十代の耕地とは、若狭野と田井にある領家方に属した国岡名耕地のすべてである。その後、「西方国岡名」は、初めて売却された正中三年から貞治四年（一三六五）までのおよそ四十年間で売買されること五回、[39] その後は東寺が派遣した代官快秀の手を経て、[40] 永享年間までに守護被官島津氏の所有に帰すなど、所有者のめまぐるしい遷移を確認できる。[41] このように霜田を中心に耕地が分布していた国岡名では、中分の結果、領家方となった耕地の所有権はめまぐるしく変動し、さながら有力名主による名田集積の草刈り場となっていく。[42]

同様の事例として秋次名がある。矢野荘の前身久富保が開発される経緯を記した「開発相承文書」において、開発領主秦為辰の従者として登場する「秋次」の名を冠したこの名は、[43] 中分以前は六町近い面積を擁する荘内では大規模な名の一つであった。中分の結果、地頭方に五町余が属し、領家方に組み入れられたのはわずかに五反であった。

永和二年、代官快秀らが東寺の補任を経ずに国岡名と秋次名を所持しているのが問題となっており、[44] その後応永から永享の間に田所本位田氏が所持するところとなる。[45] 室町期の検注帳を参照すると、この時期の本位田氏は名田の集積を進めていたことを確認できるが、[46] 同氏が入手した秋次名に地頭方の秋次名五町余を含むとは考えにくいことから、先にみた国岡名同様、領家方の秋次名もまた売却後は、名主が転々と変わり集積の対象になっていったと考えられる。

おわりに

これまで下地中分と名体制の関係は、名の耕地が荘内に散在したことから、一円的中分をすると名の多くが領家方・地頭方に両属することが指摘されてきた。本稿では播磨国矢野荘を事例に、下地中分によって矢野荘の名体制がどのように変容したかをみることで、下地中分の在地社会への影響を探った。以下、成果をまとめ総括をおこないたい。

第一章では、まず矢野荘で下地中分が実施されるまでの経緯をまとめ、そのうえで下地中分時に作成された検注帳の分析を通じて、矢野荘の百姓名がどの程度領家方と地頭方を横断したか実態の把握をおこなった。島田論文では矢野荘の百姓名の六十％近くが領家方・地頭方を横断するとされていたが、実際には横断しない名の方が多く、両方を横断する名は四割強であった。また、横断的な名のなかでも約七割はどちらか一方に耕地が集中し、両方に同程度ずつ分布する名は少数であり、下地中分の影響が限定的であったことが判明した。続いて、中分時の検注帳と南北朝期の検注帳群を比較し、矢野荘の名体制の変容について考察を加えた。具体的には名の統合・分裂のいずれも確認でき、とくに名の統合については東寺による支配体制が確立していくなかで進展したことが明らかとなった。ただし、統合が進められた名は、下地中分の結果、いずれも領家方にわずかな耕地しか持たなくなったことを遠因としていた。

第二章では、両方を横断する名がその後どのように展開したかについて、貞次名および国岡名・秋次名に注目して検討を進めた。まず中分の結果、領家方・地頭方双方に一定の耕地を有した貞次名では、下地中分の結果

「例名西方貞次名」と「例名東方貞次名」が成立していたことが判明した。貞次名では地頭方に属する面積の方が広大であるにもかかわらず名主職の補任は東寺の専権事項であった（同じく小林一族が名主職を有し、すべての耕地が地頭方にあった友房名では地頭海老名氏が名主職を安堵していた）。名主職の補任・安堵は名主が領家方・地頭方のいずれに住むかによって異なり、貞次名の場合には名主屋敷が領家方に所在したことが、貞次名が領家方の名として扱われた理由であったと考えられる。続いて、地頭方の霜田（下田）を中心に耕地が分布した国岡名では、正中年間に名主下田九郎が領家方分の耕地を売却して以降、「例名西方国岡名」は売買が繰り返され有力名主による集積の対象となった。耕地が地頭方を中心に分布した結果、領家方分の耕地が売却されて集積の対象となった名は国岡名だけではなく、秋次名においても同様であったことが確認された。下地中分の結果、領家方・地頭方の一方に耕地が集中した場合、もう一方に所在する耕地は売却され、名の体裁をとりつつも集積の対象と化していく傾向にあったものとみられる。

以上より、中世後期における矢野荘の名は半数以上が下地中分の影響を受けずに中世前期以来の形を継承したと考えられる。他方、領家方・地頭方を横断する名のなかには、両方に年貢を納める状態が継続した名もあったが、一方に耕地が集中した名では、もう一方の耕地は統合・売却されて再編が進められた。一円的中分の結果、収取面での一円化はただちに実現しなかったものの、徐々に権利関係が整理されることで収取面でも一円性が実現していったと考えられる。一方、これは名という徴税単位をベースにみた場合であり、領家方の名主職と同時に地頭方の名主職をもった小林一族の事例や地頭海老名氏の被官が領家方に居住していた事例もあることから(47)、名としての両属性は解消される傾向にあったとしても、現地で生活を営む名主・百姓にとっての線引きはかならずしも厳密ではなく、そのことは下地中分の結果、南北に分断された領家方が「惣荘」として往来していたことからも明らかである。

本稿では、下地中分と名体制との関係を検討するに留まったが、ここで得られた成果をもとに下地中分が在地社会に及ぼした影響を明らかにすべく、さらに考察を進めていきたい。

注

（1）石井良助「所務沙汰の研究」（『法学協会雑誌』四九―一二・五〇―一～三、一九三一年・一九三二年）、同『中世武家不動産訴訟法の研究』弘文堂書房、一九三八年）、江頭恒治「地頭権の伸張と所務の和与」（同『高野山領荘園の研究』有斐閣、一九三八年、初出は一九三二年）、平山行三「地頭領家の下地分割」（『歴史地理』六二―一、一九三三年）、同「所務沙汰における和与と地頭制度の変遷」（『社会経済史学』三―九、一九三三年）、同「所務沙汰における和与の考察」（『社会経済史学』四―一二、一九三五年）、牧野信之助「所務和与と下地割分」（『岩波講座日本歴史』「荘園制の崩壊」岩波書店、一九三四年）他。

（2）稲垣泰彦「日本における領主制の発展」（同『日本中世社会史論』東京大学出版会、一九八一年、初出は一九五一年）、安田元久「下地中分論」（同『地頭および地頭領主制の研究』山川出版社、一九六一年、初出は一九五三年）、島田次郎「下地分割法の形成」（同『日本中世の領主制と村落 上巻』吉川弘文館、一九八五年、初出は一九六二年）。

（3）荘園ごとの事例研究については、似鳥雄一「下地中分と荘園経営」（同『中世の荘園経営と惣村』吉川弘文館、二〇一八年、初出は二〇一四年）において網羅的にまとめられている。

（4）前掲注（3）似鳥論文。

（5）稲垣泰彦「中世の農業経営と収取形態」（前掲注（2）稲垣著書、初出は一九七五年）、黒田俊雄「鎌倉時代の荘園の勧農と農民層の構成」（同『日本中世封建制論』東京大学出版会、一九七四年、初出は一九六二年）、安田次郎「百姓名と土地所有」（『史学雑誌』九〇―四、一九八一年）。

（6）前掲注（2）島田論文。

（7）榎原雅治「荘官家の帳簿からみる荘園の実相」（春田直紀編『中世地下文書の世界』勉誠出版、二〇一七年）。

（8）榎原雅治「汎・矢野庄の空間構成」（同『日本中世地域社会の構造』校倉書房、二〇〇〇年、初出は一九九九年）。

（9）前掲注（3）似鳥論文。

（10）榎原雅治「十五世紀東寺領矢野庄の荘官層と村」（前掲注（8）榎原著書、初出は一九八五年）。

（11）前掲注（2）島田論文。島田論文では一円的中分の結果、名が両属した事例として矢野荘を位置づけている。しかしながら、島田論文が著された時点で矢野荘の中分形態は確定しておらず、またあくまで事例としての指摘にとどまり、本格的な検討は課題としてのこされた。

（12）とくに断りのない限り、本節で述べる矢野荘や下地中分にいたるまでの経緯の概略は、『相生市史 第一巻』（一九八四年）に拠る。

（13）別名の所在については、前掲注（8）榎原論文を参照。

（14）浦分の開発および海老名氏については小川弘和「播磨国矢野荘海老名氏考」（『日本歴史』六三二・『地方史研究』二九四、二〇〇一年）を参照。

（15）馬田綾子「矢野荘」（『講座日本荘園史　第八巻』吉川弘文館、二〇〇一年）。

（16）重藤名および寺田氏については、拙稿「鎌倉末期播磨国矢野荘の領域構成」（『鎌倉遺文研究』三五、二〇一五年）を参照。

（17）正安元年十一月五日　例名実検取帳案（「東寺百合文書」テ函八、『相生市史』編年文書二一、以下「東百」、『相生』編年と略記）。

（18）正安元年十二月十四日　例名東方地頭分下地中分分帳案（「東百」み函八―一、『相生』編年二三―一）。

（19）前掲注（8）榎原論文。

（20）百姓名として検出した一〇〇名のなかには藤二郎名など仮名形式のものもあり、すべての名が実名形式であったわけではない。ただホソヲ分と黒サウ分では耕地の状況など名が編成されていたとは考えにくい判断材料が複数あり、その一つとして耕地の所属先の名称に注目した。

（21）前掲注（2）島田論文。

（22）建武二年十月日　例名西方内検名寄取帳（「東百」サ函六、『相生』編年一〇六）、暦応二年八月日　例名西方田畠斗代定帳（「東百」ロ函四、『相生』編年一二三）、康永四年三月三十日　西方秋畠名寄帳（「東百」ト函二八、『相生』編年一三三）、貞和元年十二月八日　例名西方田地実検名寄取帳（「東百」み函二五、『相生』編年一三七）、

同　西方畠并栗林実検名寄取帳（「東百」ロ函六、『相生』編年一三八）、貞和二年四月十日　例名西方実検并斗代定名寄帳（「東百」ロ函七、『相生』編年一四二）、同　西方畠実検名寄帳（「東百」ト函四〇、『相生』編年一四三）。

（23）永享五年十月二一日　供僧方内検帳（『教王護国寺文書』一一六〇―一、『相生』八二六―一、以下『教王』と略記）、同　学衆方内検帳（「東百」オ函一三八、『相生』編年八二七）、永享十二年十月二六日　内検帳（「東百」れ函五四、『相生』編年八七二）、嘉吉三年十月日　供僧方年貢内検帳（『教王』一三七一、『相生』編年九一六）、同　学衆方年貢内検帳（前欠）（『教王』一三七〇、『相生』編年九一七）、文安二年十月日　年貢内検帳（「東百」れ函七〇、『相生』編年九三二）、文安三年十一月日　供僧・学衆両方内検帳（「東百」れ函七四、『相生』編年九三八）、宝徳三年十一月日　供僧・学衆両方田地内検名寄帳（「東百」ト函一〇六、『相生』編年九九二）、長禄元年十月二三日　内検名寄帳（前欠）」（「東百」ら函五八、『相生』編年一〇三二）、長禄四年十月二二日　東寺方内検帳（「東百」ま函一三―一、『相生』編年一〇六五）。

（24）南北朝期の検注帳群は、耕地が名ごとに記載される名寄帳であり、前半に公田方、後半に重藤方の名が記される。公田方には鎌倉期以来の百姓名が、重藤方には領主名重藤名の解体により生じた小規模名および寺田氏によって重藤名内に取り込まれた十六の百姓名が記載されている。ここで検出した百姓名の数は、公田方の名および重藤方の十六名の合計である。

（25）実検取帳案に記載される耕地がどの村に所属するかの判断基準は次のとおりである。地頭方については、前掲注（18）地頭方分帳案で集落ごとに所属する耕地がまとめられていることから、その記載に従った。領家方については前掲注（8）榎原論文で各村の範囲が比定されており、氏の見解は現存の地名と照らしても妥当と考えられることから、同論文の比定に拠った。以下、耕地の分布に関する記載も同様である。

（26）学衆方評定引付　永和元年九月十日条（「東百」ラ函八、『相生』引付集三六、以下引付）。

（27）学衆評定引付　応安六年十月二五日条（「東百」ム函四九、『相生』引付三三）。

（28）学衆評定引付　永和元年五月七日条（前掲注（26））。

（29）永和元年六月日　西方貞次名名主小林信家申状（「東百」よ函五五、『相生』編年三六五）。

（30）永和元年七月日　弁阿闍梨快真申状（「東百」ノ函六一―一、『相生』編年三六七―一）。

（31）永和元年八月日　小林信家陳状（「東百」よ函五七―一、『相生』編年三七一―一）。

(32) 学衆方評定引付　永和元年九月十日条（前掲注（26））。
(33) 嘉暦三年二月二四日　小林明証貞次名田畠譲状案（「東百」フ函四四―七、『相生』編年三六九―七）。
(34) 永和元年九月日　弁阿闍梨快真重申状（「東百」ノ函六二、『相生』編年三七四）。
(35) 学衆方評定引付　永和元年九月十日条（前掲注（26））。
(36) 松岡秀夫「矢野庄の「住」について」（『播磨』二七、一九五四年）、北爪真佐夫「中世矢野庄の農民」（『歴史学研究』三一九、一九六六年）、黒田智「帳簿に現れた村の拠点」（『史観』一三八、一九九八年）、前掲注（8）榎原論文。
(37) 正中三年三月二日　秦清真田地売券案（「東百」ッ函五九―二、『相生』編年二八一―二）、暦応二年三月十七日薬師女田地売券案（「東百」ッ函五九―三、『相生』編年二八一―三）。
(38) 相生市内の小字は『相生市史　第六巻』（一九八六年）地区誌を参照。
(39) 国岡名相伝文書案（「東百」ッ函五九、『相生』編年二八一）、学衆評定引付　貞治六年八月十二日条（「東百」ム函四四、『相生』引付二九）。
(40) 学衆方評定引付　永和元年五月七日条（前掲注（26））。
(41) 前掲注（23）学衆方内検帳。
(42) 永享五年の時点で島津氏は国岡名に加えて、貞延名・成円名・中三郎名の計四名を荘内で所持していた（前掲注（23）学衆方内検帳）。嘉吉の乱後、島津氏は矢野荘の検注帳・散用状から姿を消し、代わって国岡名を所持したのは「八幡方」（詳細は不詳）である。「八幡方」は島津氏が所持した貞延名・成円名・中三郎名などに加え、是藤半名・真蔵半名などを集積していた（前掲注（23）に掲げる室町後期の検注帳群）。なお、応仁・文明の乱後には島津氏から東寺に国岡・成円・中三郎名を名主職とするよう求める書状が出されている（廿一口方評定引付　文明十二年八月十七日条「東百」ち函二三、『相生』引付一四九）。
(43) 延久三年六月二五日　播磨大掾秦為辰解案（「東百」ヰ函五一―一、『相生』編年七―一）。
(44) 学衆方評定引付　永和元年五月七日条（前掲注（26））。
(45) 前掲注（23）供僧方内検帳。
(46) 拙稿「在地荘官からみた室町期荘園制の変容」として近日公開予定。
(47) 学衆評定引付　永和三年八月二八日条（「東百」ム函五二、『相生』引付三八）。

【現地ガイド】

播磨国矢野荘を歩く

播磨国矢野荘は、荘域が現在の兵庫県相生《あいおい》市域とほぼ一致する広大な荘園だ。南部の湾岸地域から中部の平野に広がる条里地割、北部の山間地域まで、さまざまな顔を持つこの荘園には、何気なくあるいた場所に、中世の痕跡があたりまえのようにのこされている。その一つ一つに心を動かされていると、一日ですべてを回りきることはとても難しく、またガイドにも載せきれない。今回は、矢野荘を巡るならココ!!というオススメスポットを南から順に紹介する。

【矢野荘へのアクセス】　JR山陽本線（or山陽新幹線）に乗って相生駅で下車すると、そこは矢野荘である。地頭海老名氏ゆかりの南部（那波浦・佐方浦＝浦分）へは徒歩、または駅前で自転車を借りて行くのをオススメしたい。南部を回る道すがら、相生湾に面した那波本町に市立図書館があるので、まずはそこを訪れて『相生市史』や郷土資料（写真帳）を閲覧してみてはいかがだろうか。東寺ゆかりの中部・北部へは駅前から出ているバスやレンタカーで行くのがオススメ。

【地頭海老名氏の痕跡】　南部の湾岸地域は地頭海老名氏が拠点とし、同氏ゆかりの三つの神社が現存する。まず旭三丁目にある弁天神社（現厳島神社）。海老名氏系図によれば、文治三年（一一八七）に居城大島城の鎮護のため弁財天を勧請したとされる。現在は同じ瀬戸内海にあって弁財天を祭神とする「安芸の宮島」でお馴染みの厳島神社の社名が付けられているが、神社の由緒には海老名氏の故郷、相模（現神奈川県）にある江ノ島の弁財天から勧請されたとある。次に、那波本町にある那波八幡神社。ここは文治二年に海老名氏が源氏の氏神である八幡神を鎌倉の鶴岡八幡宮から勧請したとの由緒をもつ神社だ。三つ目が、相生《おお》一丁目にある天満神社。建久二年（一一九一）に海老名氏初代家季が陣中で拾った菅原道真の木像を安置したのが始

【地図】　本ガイドで紹介するオススメスポットの所在

まりとの由緒をもつ。地頭海老名氏に関する文献史料は少ないが、矢野荘を訪れた際には海老名氏がもたらした関東の文化をぜひ感じてみて欲しい。ちなみに、相生の地名は、海老名氏が相模生まれであることに由来するとされている。

【大避神社と大避山古墳】 矢野荘のランドマークとしてもっとも有名なのは、若狭野町下土井にある荘鎮守、大避神社である。矢野荘の成立とも密接に関わる秦氏の祖、秦河勝を祭神とするこの神社は、佐藤和彦氏によって紹介された「十三日講事件」の現場として一躍有名になった。現在の社殿は江戸時代後期の建築だが、社殿前の広場に立ってそっと目を閉じれば、そこには名主・百姓らが寄合を開く情景が思いうかぶ。

大避神社をあとに、神社すぐ裏手の溜池に沿ってのびる道を進むと、間もなく小高い山に行きつく。ここが大避山古墳群（一号墳～三号墳）だ。前方後円墳と推定される一号墳の後円部分は、現在では、木が切り払われて地表を確認でき、航空写真で見ると恰好の目印となる。一号墳後円部分の周囲は木に覆われているが、かつては麓の下土井、奥野山の集落を始め条里地割の広がる平野部を一望できたものと思われる。また一号墳周辺には、後円部分を中心に南北で古墳の周溝とは異なる堀切のような溝が尾根と垂直に確認でき、簡易な防御施設にもみえる。こうした遺構から想起されるのは東寺と悪党寺田法念との合戦である。「御要害於大僻殿山上仁被構、為度ゝ御合戦之所、亡父実円為御寺御方人、捨身命、仕昼夜合戦、加之、城仁兵粮成無者、兄弟信阿実円廻種ゝ秘計、自奥山、入御兵粮、」（「東寺百合文書」よ函六六号、『相生市史』編年文書四〇七号）。これは荘内の有力名主である実長という人物が東寺に亡父実円の功績を主張した申状の一部である。寺田氏との合戦に際し東寺側が構えた城郭として、これまでは大避神社社殿すぐ裏の小高い丘がイメージされることが多かったが、それでは城郭の規模としてあまりに小さい。そう考えてみると、大避山古墳群のあるこの山こそが、兵糧を搬入したとされる奥野山との位置関係を含めて史料の記述と合致する場所ではなかろうか。

【三濃山とその周辺】　次に紹介したいのがココ、三濃山だ。この山には貞観六年（八六四）に秦内麻呂が先祖秦河勝を偲んで建てたとされる求福教寺がある。中世には、「三野寺」として山麓に免田が設定され、三野寺の僧が東寺の夏衆になることを望むなど、東寺文書にも時折顔をのぞかせる。山頂からは荘域全体を一望でき、谷間に集落や耕地が営まれたこの荘園の地理的な特徴が一目でわかる。三濃山には求福教寺を中心に大避神社や山王神社が祀られており、山王神社そばには五輪塔が一カ所に集められている。十七世紀以来、ここには三濃山村があったが、昭和三十年代から過疎化が始まり、昭和四八年（一九七三）に廃村となった。のこされた住居や耕地の跡は、廃村から半世紀近くが経とうとしている今日においても往時の人々の暮らしを伝えている。三濃山へ登るには、矢野町瓜生にある羅漢の里から登る比較的なだらかなコースが一般的だが、矢野町能下のテクノライン下の旧道から登る道や新宮町の播磨科学公園都市から登るルートもある。矢野町能下や瓜生、新宮町二柏野《ふたつがいの》など三濃山との繋がりが深い麓の集落の探索とともにぜひ訪れてほしい。とくに、矢野町能下には中世にさかのぼると

【写真1】　三濃山と能下集落

推定される犬塚五輪塔がテクノライン下の旧道にひっそりとたたずんでいる。犬塚五輪塔がある小字三本卒塔婆は、正安元年作成の検注帳に「三本ソトハ」として、その地名を確認でき、地名の由来として、秦河勝がこの地を狩猟に訪れた際、大蛇からその身を守った猟犬を供養するために自らの弓を折り、卒塔婆としたとの伝承をもつ。能下は、公文寺田氏がその開発に関わった場所であるとされ、寺田氏は矢野荘の「開発領主」秦為辰の後裔と称していた。こうした事実から、矢野荘の北部地域と秦氏・寺田氏との密接な関係がうかびあがってこよう。なお、相生市内の山中では冬季を除いてヤマビルが大量発生し、そのうえイノシシ・シカ・ヘビなどの野生動物が生息しているので、立ち入る際には登山の装備を欠かさないでほしい。

【写真2】　犬塚五輪塔

以上、雑駁ながら矢野荘のオススメスポットを紹介した。このほかにも正安元年（一二九九）の下地中分時におこなわれた検注のスタート地点で、夏にはホタルが美しく飛び交う矢野町釜出の集落や、荘域北部を中心に人々の崇敬を集めた矢野町森の磐座神社にも足をのばしてほしい。また、近年ようやくその所在が明らかにされた別名《べつみょう》の故地である矢野町小河《おうご》集落、東寺が派遣した代官祐尊らが争奪を繰り広げた真蔵名屋敷至近の地に近世建てられ、札座がいまものこる旗本浅野家の若狭野陣屋跡、播磨灘の美しい風景が見渡せる万葉岬など、見どころは他にもたくさんある。このガイドを参考に、山から海までさまざまな顔をもつ矢野荘へぜひ足を運んでみてほしい。

検注帳の反復記載と開発・景観

――備中国新見荘の帳簿と現地――

似鳥雄一

はじめに

検注とは中世荘園の現地状況に関する基礎的な調査であり、年貢を代表とする収取実務の土台となる作業である。そしてその結果を記録した根本的な帳簿が検注帳である。検注帳が残されている荘園では、それらを活用した開発過程や現地景観についての研究が現在でも盛んであり、生み出された成果も枚挙に遑がないほどである。しかし検注帳そのものの史料としてのあり方に関する研究は、かつて富澤清人が包括的な検討を行って以来(1)、長らく本格的に取り組まれていないといってもよい。

そのような状況を打開するための糸口として、近ごろ筆者は土地の所在をどのように記録しているかという点に着目して検注帳の大まかな類型化を試み、それを前提に若干の考察を加えた(2)。そこで提示した類型は、方形区画を基盤にして条・里・坪という形式で表記する「条里地番タイプ」、現地住民の間で通用している地名によって土地を把握する「固有地名タイプ」、前二者の「折衷タイプ」、の三つである。そして条里地番タイプの事例として、鎌倉期に作られた美濃国大井荘の検注帳を取り上げ、実際の耕地の状況とは齟齬した異常な数値がみられることについて、検注の具体的な実施方法に即して説明を行った。整然とした地割の維持という運用コストを背負う条里地番タイプは、長期的には放棄されていく傾向にある。大井荘の検注帳でも、荘域の周縁部に新たに取り込まれた部分などでは「所」という単位で土地を記録する固有地名タイプの特徴を見出すことができる。先の論考ではそれを条里地番タイプの限界の露呈と位置付けた。

そこで、本稿で考えたいのは固有地名タイプの検注帳である。検注帳は極めて重要な史料だが、一見した限りでは単調で退屈な記録の羅列に過ぎない。本稿では、そのような検注帳の性格が最も強く表れた例として、同じ地名・地目・名・作人に属し、面積が異なる以外はほとんど同じようにみえる耕地が、何筆かにわたって繰り返し記載されるケース（以下「反復記載」）に注目する。主に用いるのは、固有地名タイプに該当し、高い頻度で反復記載が観察される備中国新見荘の検注帳である。本稿では検注帳の反復記載と、現地における開発や景観との関係性について考察することにしたい。(3)

一　検注帳の反復記載

1　新見荘の検注帳とその様式

まずは本稿で分析する新見荘の検注帳について、旧稿をもとに概要を整理しておこう。(4) 新見荘では文永十年（一二七三）に領家の小槻氏と地頭（新見氏か）の間で下地中分が行われているが、それに先立つ文永八年、前年末から行われていた荘域全体を対象とする検注のまとめとして、検注帳が作成されている。(5) 検注帳は荘域南部の里村と北部の奥村、そして田地と畠地とに分かれているが、本稿では基本的に田地のみを取り扱うことにしたい（以下、里村・奥村の分を合わせて「文永八年帳」とする）。その記載様式について一例を左に示そう。

【史料一】文永八年帳（一部を抜粋、合点は省略）

谷内里

二月十八日

一、（所）〔定カ〕ゝ卅（代略）　成松　宗清

一、ゝ十五、（代）　成松　宗清

一、ゝ五、　同　宗清

（中略）

一、ゝ一反十五、　得永　友清

一、ゝ二反廿　油地新卌 古乍一反卅　成松　心法

一、ゝ十五、　新　延国　包安

このように検注が実施された地名や日付がまず記され、一筆（一件）ごとに面積・地目・名・作人といった情報が並ぶのが基本的な様式となっている。面積の単位は一反＝五十代＝三六〇歩である。「谷内」は現地の固有地名の一つであるが、文永八年帳ではこのような「〇〇里」という形の地名がほかにも数多くみられる。条里地番の痕跡と考えられるが、方形区画とはあくまでも無縁のものである。地目に関しては「古作」「新田」「油地新田」という三種がある。[6] 単に「古作」である場合は何も記さず、ほかの二種が関係しているときに限り注記が施されている。ここで掲げた田地はそれぞれ成松、得永、延国といった名に属しており、その下段には一人あるい

は複数の作人が記されている。

そして中略の前にある二筆が、本稿で問題としたい反復記載の実例である。最初の一筆も加えた三筆の間には、面積以外の相違をみることができない。すなわち谷内にある古作で、成松名に属し、作人も同じである。このようなケースで、三筆の関係はどのように理解すべきであろうか。

次に、下地中分からおよそ五十年が経過した正中二年（一三二五）、おそらく地頭が得宗家に代替わりしたことを契機として、地頭方のみを対象とした検注が実施された。(7) このときも田地・畠地の両方に関して検注帳が作成され、(8) 耕地を名ごとに並べ直した名寄帳も作成されている。(9) そのうち田地の検注帳（以下、「正中二年帳」とする）は、おおよそ以下のような様式で記述されている。

【史料二】正中二年帳（一部を抜粋、合点は省略）(10)

三月十二日取

片樽 新下	一所十代	貞清	
ノ田 新中	一所十五代	是次	問十郎
温屋サコ 新中	一所十五代	友貞	惣源二
同所 新下	一所五代	同	石見

（中略）

（四月一日）

根嶋谷	一所廿代	大上	紀藤二
同所 新上	一所十代	同	
同所	一所半	同	
同所	一所一反	同	

文永八年帳との違いを挙げると、まず一筆ごとに地名を記すことが格段に多くなり、より詳細な地名の情報を得られるようになった。例えば「片樽」「ノ《(野)》田」「温屋サコ」「根嶋谷」などの類である。前筆と変わりがない場合には「同所」と記し、あるいは「同原」や「同岡」などといった書き方をすることもある。地目は「本田」と「新田」とに分かれ、そのうち「新田」に限って「上田」「中田」「下田」という三等級での評価を加えている。ここで「新上」「新中」「新下」とみえるのがそれである。地目の記載がない箇所もあるが、それらが「本田」であることは、名寄帳との突き合わせからも明らかである。

そして最後の一筆が、直前の一筆を反復記載したものと言える。このような単調な反復記載はなぜ存在するのであろうか。見方を変えれば、どの程度まで実際の景観を反映しているのだろうか。もしこれらの田地が隣接して立地しているのであれば、一つに合筆してしまってもよいはずである。あえて別筆に書き分けられている理由を考えねばなるまい。

またこの問題は、固有地名タイプの検注で用いられている「所」という単位とも関係してこよう。【史料一】・【史料二】でも示したように、新見荘の検注帳を通覧すると一筆につき一所というのが普通なのだが（文永八年帳で九五％、正中二年帳で九八％）、少数ながら二所や三所といったケースもみられる。[11] よってこれらは単なる形式的な数値ではなく、何らかの現地の実態を反映した有意な単位とみるべきである。筆者は以前、「所」という単位は一〜十枚程度の田地が集合した規模と考えられること、一所あたりの面積は地目によって差がある（古作・本田が大きい）ことを指摘し、「所」とは開発の単位なのではないかと見通しを述べたことがある。[12] つまり反復記載と開発のあり方との関わりをどのように説明するか、ということが本稿の具体的な課題となる。

2　検注帳の類型と反復記載

新見荘の検注帳において、反復記載はどのぐらい検出されるだろうか。まずはその総件数を把握しておこう。直前の一筆と比較して、地名・地目・等級・名・作人といった基本的な情報、および給免田などの付帯的な注記が全て一致する場合、その一筆を反復記載とみなすこととする。一筆に複数の地目や作人が記載されている場合は、それらの構成も前筆と一致していることを検出の条件とする。

文永八年帳でその件数をカウントしてみると、全一〇三四筆のうち、反復記載は一〇四筆、割合にして一〇・一%となる。正中二年帳では、(13) 全六四二筆のうち四十筆、六・二%が反復記載となる。先にみた通り、この両帳はそもそも記述の精粗に格差があるため、これらの数値を単純に比較することはできない。

ここで「はじめに」でもふれた永仁三年（一二九五）の大井荘の検注帳を用いて、(14) 同じ条件で（固有地名ではなく条里地番になるが）反復記載を抽出してみると、全一二九七筆中わずか十筆、一%未満が該当するのみである。やはり反復記載は条里地番タイプではみられにくい事象であり、固有地名タイプの特性として考えるべきだろう。すなわち反復記載の有無は、検注および検注帳のあり方とも関わる重要な問題なのである。条里地番タイプの検注は面積一町歩の一坪という限られた空間を単位として行われるため、同じ坪のなかで同じ名・作人の耕地が散在していることは少ないだろうし、仮に散在していても合筆して記載されることが多いのではなかろうか。例えば大井荘の検注帳でも、そのような合筆の結果とみられる「二所合」「三所合」などの注記が七五件ある。旧稿でも整理したが、(15) 条里地番タイプは大和盆地を典型として平野地域に多い。検注の実施者は、一つの坪に所在する耕地を一望しながら作業を進めることができたはずで、その点でも合筆がされやすい条件下にあったと言える。

一方、固有地名タイプは山間地域に多くみられるものだが、当然ながら一つの固有地名に対応する領域の面積は一定ではなく、そのなかに地形の起伏もあるだろうから、領域全体を容易にみわたせるとは限らない。検注帳をみると、ある地名が別の地名を挟んで複数回現れること、つまり検注路が行ったり戻ったりしていることもしばしばある。

よって坪単位でまとめることが意識される条里地番タイプとは違って、固有地名タイプでは眼前に現れる耕地を一つ一つ、逐次的に検注していく姿勢が強くなる。また耕地の位置を特定する上で、記載の順序が重要だということもあろう。そのため合筆は行われることが少なく、結果として反復記載が現れるものと解釈しておきたい。

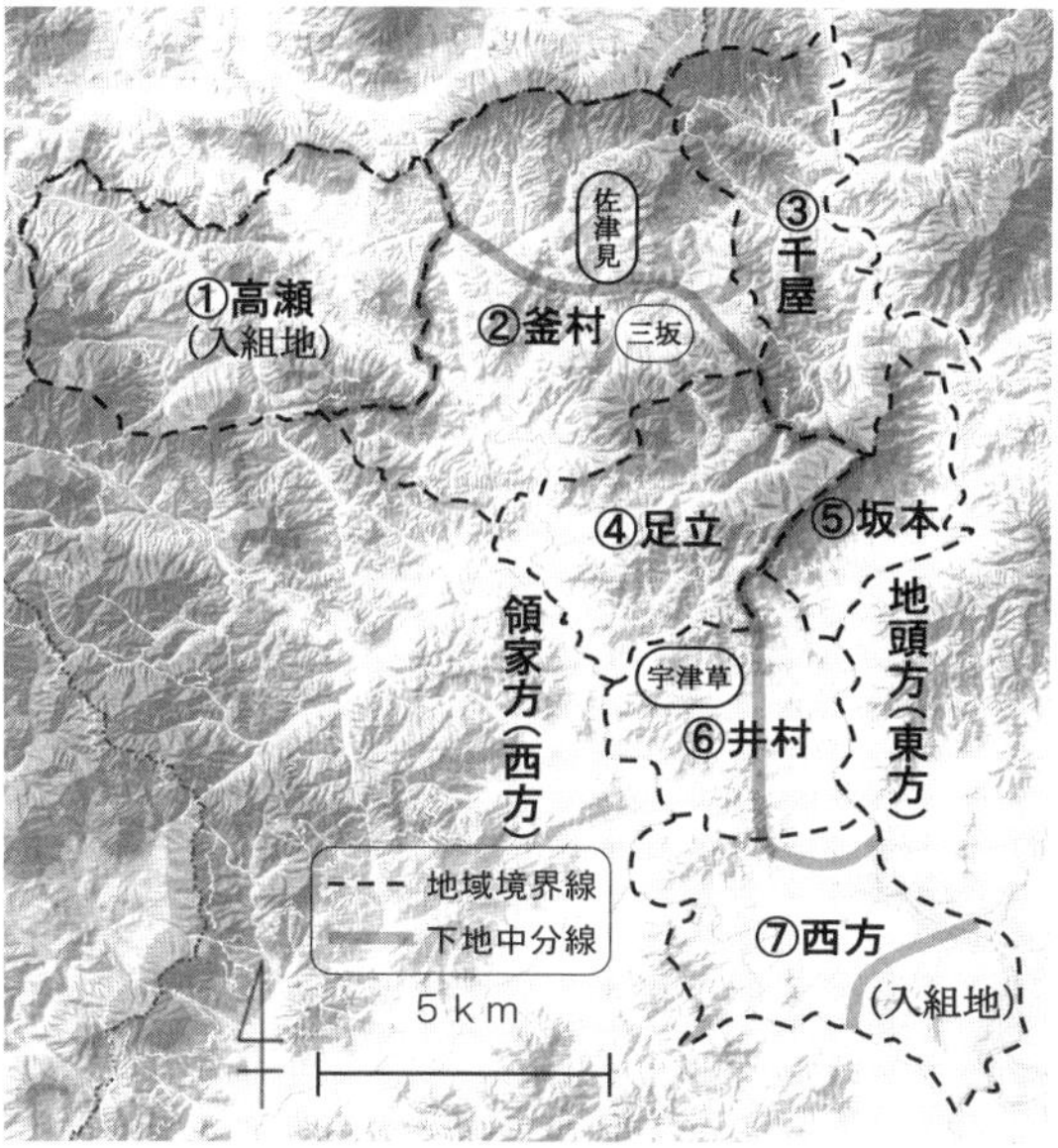

【図1】　新見荘地図(国土地理院の基盤地図情報((数値標高モデル)をもとに作成)

3　新見荘の地域区分と反復記載

次に、新見荘をいくつかの地域に分割して、反復記載の状況にどの程度の差異があるかをみてみよう。新見荘では鎌倉期にみられた里村・奥村という区分の下部に、現在の大字に継承されるような村落があったことが史料から知られる。本稿ではそれをもとに、①高瀬、②釜村、③千屋《ちや》、④足《あし》立《だち》、⑤坂本、⑥井村、⑦西方という七つの地域に荘域を区分することにしたい（【図1】）[16]。

この七地域の区分をもとに、文永八年帳と正中二年帳における反復記載の件数と全体に占める割

【表1】　文永8年帳の反復記載の地域別状況

	全筆数	反復記載	反復率
①高瀬	158	18	11.4%
②釜村	153	14	9.2%
③千屋	71	2	2.8%
④足立	39	1	2.6%
⑤坂本	79	15	19.0%
⑥井村	187	29	15.5%
⑦西方	347	25	7.2%
地域別計	1,034	104	10.1%
奥村	505	50	9.9%
里村	529	54	10.2%

【表2】　正中2年帳の反復記載の地域別状況

	全筆数	反復記載	反復率
①高瀬	90	11	12.2%
②釜村	100	13	13.0%
③千屋	104	9	8.7%
④足立	—	—	—
⑤坂本	76	3	3.9%
⑥井村	223	2	0.9%
⑦西方	49	2	4.1%
地域別計	642	40	6.2%
奥村	390	36	9.2%
里村	252	4	1.6%

合（反復率）を示したのが【表1】と【表2】である。この両表では七地域別に加えて、(17)里村・奥村の二地域での集計結果も添えておいた。(18)まず文永八年帳に関してだが（【表1】）、地域によって反復率にかなりの差がみられる。全荘平均（一〇・一%）を大きく上回るのが、坂本（一九・〇%）と井村（一五・五%）の二地域である。

このうち坂本に関して具体的にみてみると、検出された反復記載十五件のうち、十一件は名の記載はあるものの、作人の欄が空白になっている。一例を示すと、【史料三】のような状況である。

【史料三】文永八年帳（検注日正月二一日、合点は省略）

一、〻卅　同（宗友）　助安

二、〻五、　同

一、　〻五、十八歩　　同
一、　〻十　　同
一、　〻五、　　同
一、　〻五、　　同
一、　〻五、　　同
一、　〻卌　　同

二筆目以降の七筆分が全て反復記載である。これらには地目の注記がないため、全て古作だと判断される。文永八年帳で地域別および地目別に面積を集計してみると、坂本という地域は全部で五八・一反の田地があるが、古作の割合が七地域のなかでもとりわけ高く（九一・九％）、逆に新田はほとんどない（一・六％）という特徴がある。しかし正中二年帳では、全田地八〇・二反のうち、新田が二六・三反（三二・八％）を占めるに至る。よって坂本では下地中分までに開発が一段落していたが、その後に再び開発が進んだことがわかる。その要因として、正中二年までに荘内でも有数の用水路が開削されており、それが新田開発に寄与した可能性を指摘できる。(19) 坂本は農業用水にはあまり恵まれない地域だったのだろう。

一方、井村については二九件の反復記載が検出されたが、実にそのうち十七件が宇津草《うつのくさ》という集落に集中している。その一部を【史料四】として示そう。

【史料四】文永八年帳（検注日二月二十日、合点は省略）

一、　〻五、　新　成松
一、　〻十　　新　同

一、　〻十八歩　新　同
一、　〻五、　新　同
一、　〻廿　新　同
一、　〻十五、　新　同
一、　〻十五、　新　同
三、　〻五、十八歩　新　同
一、　〻十、十八歩　新　同
一、　〻十　新　同

これらも【史料三】と同じく、作人の記載が欠落している。文永八年帳では宇津草の田地は全部で十八筆あり、ここで掲げたのは最初の十筆分だが、反復記載が十七筆ということは、地目や名には一切変化がないということである。すなわち地目は全て新田、名は全て成松名である。宇津草は荘内で最も新しく開発された集落であり、この時点では作人を確定、あるいは把握しきれていなかったのではないかと考えられる[20]。

以上の通り、いったん開発が停滞した坂本、新たな開発の途上にあった宇津草と、両地域の状況は必ずしも一様ではないが、いずれも文永八年の時点で開発の余地をかなり残していたということには留意しておきたい。

これらの事例では、およそ一反に満たない小規模な田地が、一筆ごとに書き分けられて数多く並んでいる。その一方で、坂本では二所で五代、宇津草では三所で五代十八歩といったように、合筆された田地もみられる。このような至って単調な反復記載のなかでも、合筆の有無では区別があることから、やはり「所」という単位は実体を伴った単位であったと推測される。一所一所の田地は実際にも互いに接触はしておらず、多くの場合はそれが一筆と等しかったが、ある程度近くにある場合は数か所が合筆されることがあった、と考えるのが自然ではないだろうか。

正中二年帳の文永八年帳との大きな違いとして、反復率の荘域南北での格差がかなり拡大していることも挙げられる（【表1】・【表2】）。奥村の九・二％に対して、里村は一・六％にまで下がっている。里村の数値が下がった要因を考えると、地頭方で里村に該当するのは大部分が井村であるが、ここは地頭にとって政所や市庭のあったいわば本拠地である。井村では散田による請作も多く行われており、それによって荘域北部よりも名・作人の細分化が進む形となったのは確かだろう。また地頭の膝下であるために情報が詳細に把握され、検注帳の記述が精密になったということもあろう。これらのことにより、反復記載の出現率が低下したものと考えられる。

二　集落の水田規模の復元——佐津見を事例に——

さて目下の課題は、このように検注帳に記載された一筆と一筆、現実の耕地の一所と一所の間には空間があるのか、それぞれ独立していると考えて本当によいのか、ということである。そこで本章では新見荘のなかから一集落を例にとり、右の点について、より具体的な検討を行ってみることにしたい。条件として、ほどほどの大きさがあり、反復記載もみられ、地名の比定も可能ということを考慮し、ここでは釜村にある佐津見《さづみ》という集落を選択した[21]。

佐津見は南北方向に長く伸びた谷にあり、南端の入口からの奥行はおよそ二〇〇〇m、東西方向の幅は最大で二〇〇mほどの規模である（【図2】）。標高は入口付近で四八〇m、谷奥では五八〇mほどあり、冬場には積雪も

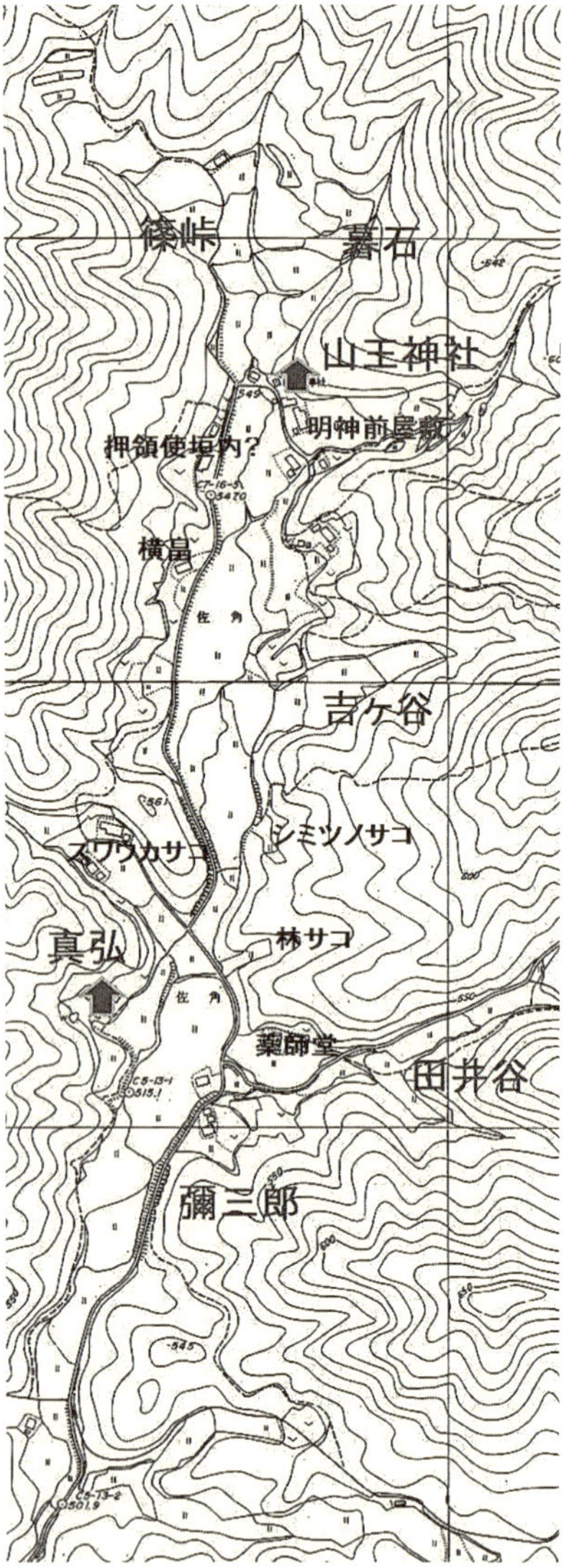

【図2】　佐津見地図
（注22飯分・海老澤論文より引用）

見込まれる寒冷な気候となる。[22] 文永八年帳では二四筆、計二三・一反の田地が検注されているが（検注日正月三十日）、そのうち十四筆、一〇・五五反を占めるのが真弘名である。真弘名は荘内でも佐津見一帯のみに分布する名で、現在も谷の中程には「サネヒロ」の屋号が残っている。佐津見は下地中分で地頭方に組み込まれたため正中二年帳にも記載があり、このときには全ての田地が真弘名に属している（検注日四月一日）。谷の北部にある「シノカタハ（篠峠）」だけは別日に検注されていて（検注日三月二三日）、この二日分を合計すると二四筆、二一・五反となる。反復記載に関しては、文永八年帳で六件、正中二年帳でも一件が検出される。

文永八年帳の佐津見に関する記載部分をまとめたものが【表3】である。網掛けしたのが反復記載にあたる箇所で、最上段の番号は検注帳の記載順に筆者が割り振ったものである。1番から10番までの前半部は複数の名が混在している状況だが、11番からの後半部は全て真弘名となり、作人にもほとんど変化がみられなくなる。前半部にみえる宗貞名・恒守名は、この直前に検注が行われた三坂という集落にも分布している名である。三坂は佐津見の南東にあって両者は近接しているから、佐津見での検注は谷の南側から開始され、北上する形で進められたのであろう。

【表3】文永八年帳の佐津見の田地

番号	所	面積(反)	注記	名	作人	記号	半径(m)
1	2	1.6		宗貞	重貞		
2	1	0.25		宗貞	久光		
3	1	1.4		成松	正		
4	1	0.5	新	宗貞	正		
5	1	1.4		恒守	教アミ		
6	1	1.9		宗貞	宗真		
7	1	1.1		宗貞	永房		
8	1	1.2		恒守	教アミ		
9	1	1.8		成松	正		
10	1	1.4		宗貞	藤三郎		
11	1	1.6		真弘	依助	A	24.6
12	2	0.3		真弘	依助	B	10.7
13	1	1.1	油地新	真弘	依助	C	20.4
14	1	0.2		真弘	依助	D	8.7
15	1	0.1		真弘	依助	E	6.1
16	1	0.2	油地新	真弘	依助	F	8.7
17	1	0.7		真弘	依助 源三郎	G	16.3
18	1	1.6		真弘	依助	H	24.6
19	1	0.5		真弘	依助	I	13.8
20	1	1.6		真弘	依助	J	24.6
21	1	1		真弘	依助	K	19.4
22	1	1.2		真弘	依助	L	21.3
23	1	0.05	油地新	真弘	依助	M	4.3
24	1	0.4	常荒也	真弘	依助	N	12.3

以上のことから、佐津見の北部、つまり谷の奥は真弘名主によって開発されたという気配が濃厚である。そして先述の屋号を根拠に、真弘名の名主屋敷は谷の中心付近にあったと比定されている（【図2】）。だとすれば、その周辺よりも北側に、【表3】で示した検注帳の後半部が立地していたとするのは、さほど無理のない推定であろう。

そこで本稿では、佐津見の北部に対象を絞ったうえで、このような帳簿上の田地が、どの程度まで地図上の土地と対応するのか、実際の面積をどれほどカバーするものなのか、ということを視覚的に確認するため、次のような作業を行ってみた。まず【表3】の下部に示したように、真弘名の田地一筆ごとにA～Nの記号を割り振り、仮にそれらの田地が円形だったとした場合の半径を求めた。その際、メートル法に換算するため、一歩＝三・三㎡、三六〇歩＝一反＝一一八八㎡との前提を置いた。

次に、国土地理院のウェブ地図サービス『地理院地図』（https://maps.gsi.go.jp/）を使用して、一九七六年の空中写真をレイヤーとして選択した。佐津見の谷の中央部から北部に向かって、先ほど検注帳の一筆ごとに求めた半径を持つ円を、写真上で確認できる田地の上に置いていった。その結果が【図3】である。

なお、これら一筆一筆の配置に史料的な根拠があるわけではなく、ただ検注帳のおおよその記載順に沿って、バランスよく、無理なく地図上に配したにすぎない。それでも明確に言えるのは、検注帳に記された田地は、田地として耕作可能な土地を覆いきる程の規模では到底ありえないということである。右の作業は文永八年帳で行ったわけだが、田地の面積が微減している正中二年帳ではなおのことであろう。同帳のうち畠地の検注帳に記載された地名をみると、佐津見の谷は北から南まで全域が検注の対象になっているので、水田の分布密度という点ではおよそ【図3】のような程度だと考えてよいのだろう。すなわち一筆一筆の田地は、相互の間に空間を挟みつつ、断続的に並んでいるものと理解せざるをえないことになる。

もちろん、それらの空間は畠地によっても埋められているはずである。新見荘の畠地の検注では里畠・山畠という二種類の地目があるが、山裾の斜面を切り開いたものが山畠、住居近辺の平地を耕作しているのが里畠であろうから、水田との関係性においてみるべきは里畠の数値である。文永八年帳では里畠一〇・八反（山畠は一一・一反）、正中二年帳では里畠一〇・三反（山畠は二〇町強）が検注されている。田地のおよそ二分の一の面積があるが、それでも【図3】をみる限りでは、耕地と耕地の間にはかなりの未墾地・荒廃地がなお残ることになろう。

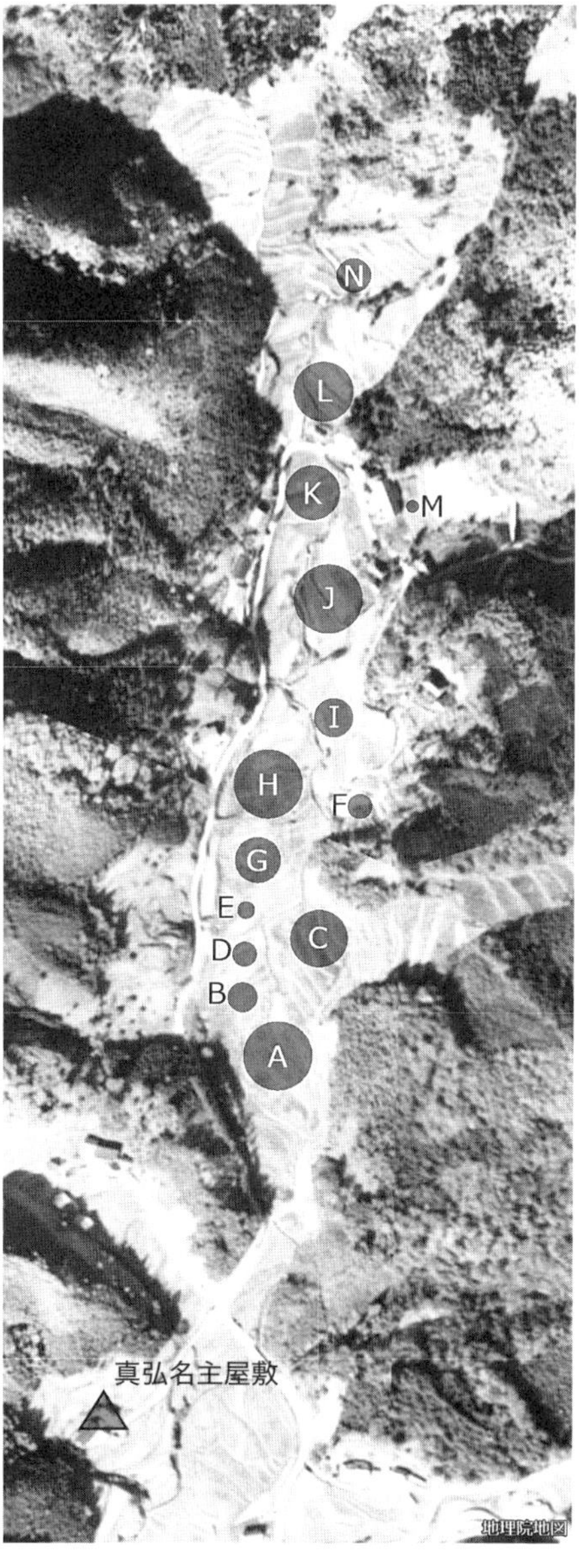

【図3】　佐津見空中写真
（国土地理院『地理院地図』をもとに作成）

三　荘園絵図と開発・景観――陸奥国骨寺村絵図――

右の通り、検注帳において変化のみられない内容が続き、反復記載がなされているような場合でも、それら一筆一筆の間には隙間があって連続してはいないことを現地の状況からも指摘した。次なる問題は、それらの田地はどのように耕作されていたか、特に用水がどのようになっていたか、ということである。この点に関しては、検注帳から直接に知ることはできない。

そこで、いったん新見荘から離れて、一つの荘園絵図を参考にすることとしたい。それは陸奥国骨寺村の絵図である。(23) 中世の骨寺村は中尊寺経蔵領であり、現地に関する絵図も中尊寺に所蔵されているが、現在二枚、三種の絵図が残されている。簡略絵図（仏神絵図）、詳細絵図（在家絵図）、詳細絵図の裏側に描かれた紙背絵図の三種である。ここで検討を加えたいのは、そのうちの詳細絵図である（【図４】）。

この絵図の作成時期は鎌倉末期とされるから、新見荘の検注帳、特に正中二年帳とは時期的に近接したものである。その作図上の特徴は、何といっても水田の形状が明確に描かれていることである。これを畦畔と言えるかは措くとして、これほどはっきりと水田の輪郭線を描写した荘園絵図は稀有といってよいだろう。本稿のテーマに即して注目されるのは、水田と水田が明らかに独立していること、その間に空白のスペース（「田」との記述はみえるが）を伴って描かれていることである。

描かれた水田の形状をみると、円形と方形が混在・交差しているようにみえるが、詳細絵図に関しては後筆は少なく、水田については全て原筆ということらしい。(24) これら絵図に描かれた水田の現地比定も行われており、(25) そ

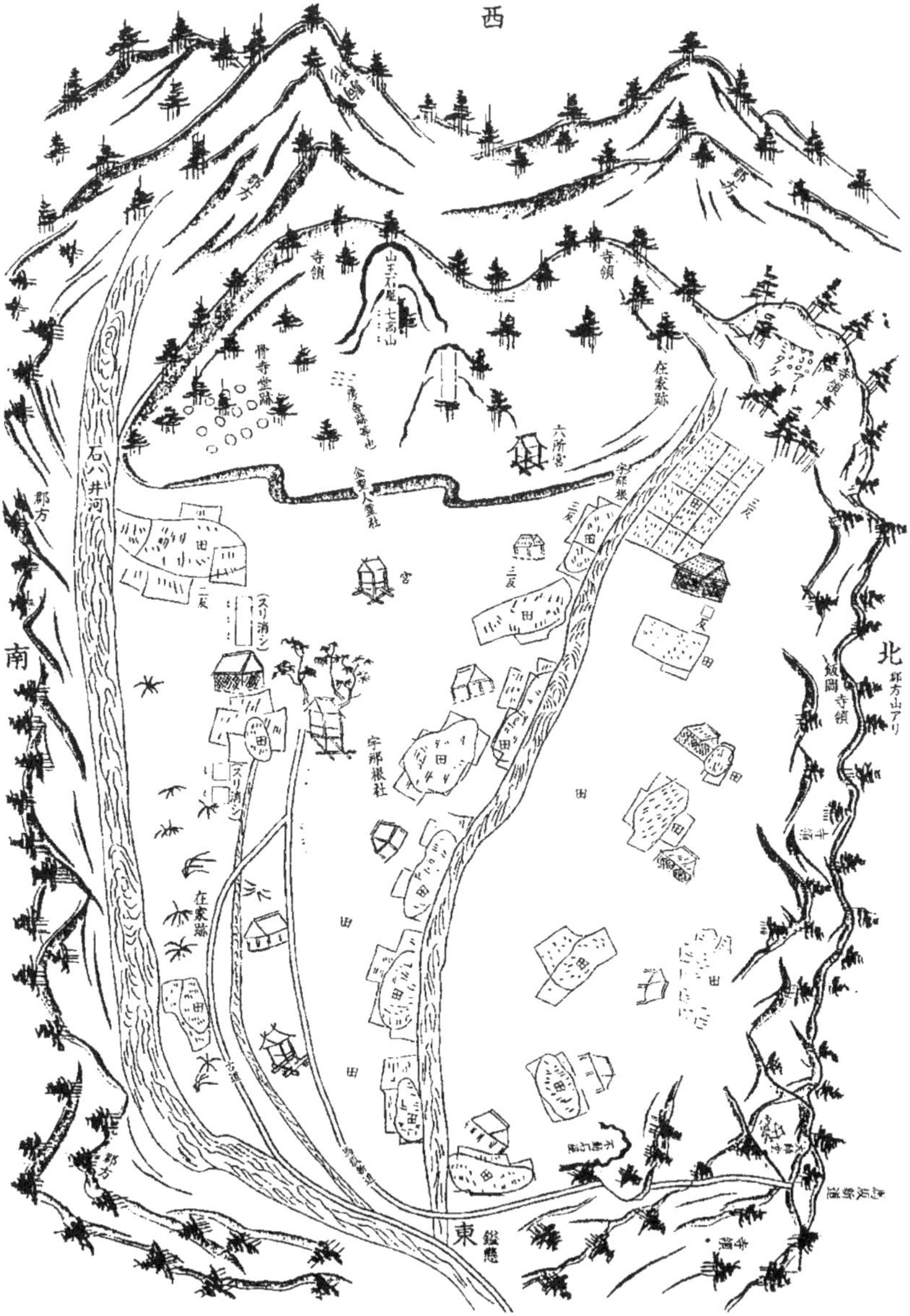

【図4】 陸奥国骨寺村絵図 詳細絵図トレース図
（注23『骨寺村荘園遺跡村落調査研究総括報告書』より引用）

れによると、絵図の水田の相対的な位置関係が正しいとの仮定で作業した結果、推定に頼る部分も大きいながら、それらを現在の地図上に破綻なく配置することが可能であったという。この絵図の景観の描写は、それなりに信頼がおけるものだということになる。

この絵図を新見荘の検注帳と比較するため、その規模について簡単に検討しておこう。現在の地図に照らすと、絵図に描かれた水田が分布している領域は、南北に最大で六〇〇m、東西に一〇〇〇mほどとなる。骨寺村の荘域自体はこれよりはるかに広いが、鎌倉期に水田があった範囲としてはこの程度で、佐津見と比較して考えることも可能な規模といってよかろう。

それでは実際に耕作されていた中世の水田はいかほどの面積であったのか。関連史料から概算を試みよう。骨寺村から中尊寺に貢納された品目を列記した文保二年（一三一八）三月日 骨寺村所出物日記[26]という史料がある。この史料に記された貢納品の明細は、前半の米納分（四件）と後半の銭納分（十件）に大別される。先に銭納分からみると、これらは「作田分」や「佃分」とあるから、公事を免除され、その分だけ斗代の高い一色田と思われ、合計貫高は十貫文ちょうどである。そのうち「十郎太郎父作田分」をみると、額面は「一貫文」で、「四段田」と注記があるから、反別二五〇文と計算される。これら銭納の「作田分」の斗代が全て均一であるとすれば、田地の面積は全部で四町歩ということになる。

次に米納分をみると、いずれも「田屋敷分」とあり、それらの合計石高は「籾」で五石七斗、その内訳として「所当籾」が四石八斗、「口物」が九斗という数値が確認できる。「口物」については「口米」のこと、すなわち付加税の一種であるとすると[27]、残りの「所当籾」の数量が面積推計の対象となる。籾摺り前の籾に対する玄米の容積比（籾摺り歩合）は、約五十％が普通だという[28]。それに従えば、四石八斗の籾は二石四斗の玄米となる。肝心の斗代については不明なのだが、一色田の反別二五〇文よりは低いと考えられる。鎌倉期の公定米価に則って一石あたり一貫文として換算すると、[29]二斗代といったところではないか。そうすると「田屋敷分」の田積は一町二反となる。よってあくまで概数ではあるが、当時の骨寺村の田地面積は全体で五町二反と推計される。

ごく大雑把に計算して、六万㎡強（一町＝一一八八〇㎡）の水田があり、それが六〇万㎡（六〇〇m×一〇〇〇m）の領域に分布していたわけであるから、当所の土地の十分の一を水田が占めていたことになる。[30]絵図に描かれている水田は十八か所あり、単純に平均すれば一所あたり三反弱となる。新見荘の正中二年帳で言えば、一所あたりの面積は新田よりも大きい本田で平均一・五九反であり、一所で三反となると、かなり上位に位置する数値である（上位一二%）。新見荘の佐津見の水田をイメージするのであれば、骨寺村の絵図に描かれた水田をやや小さくしたサイズを思い浮かべればよいだろう。

そして骨寺村の農業用水は、排水不良の低湿地では湧水、山裾では斜面から流れる沢水、河川沿いでは井堰による取水、という少なくとも三種が併存したと推定されている。[31]佐津見の場合は沢水が基本だったはずであるが、沢水は水源の数や水量に強い制約がある。骨寺村の絵図で北側の山裾に描かれたように、沢水が得られるところで点々と水田が開かれていったのだろう。その結果、本稿でみてきたような反復記載に代表される、変化の乏しい情報の連続が検注帳に現れることになったのである。このことを裏返せば、点在する水田一所と一所の間には、さらなる開発の余地がある未墾地・荒廃地が横たわっていた、と理解されるのである。

おわりに

本稿では、検注帳にみられる反復記載、すなわちほとんど変化のない記載の繰り返しに着目して、まずそれが検注帳の諸類型のうち、固有地名タイプに多く現れることを指摘した。検注のあり方との関係で言えば、条里地番タイプが主に平野部でみられ、坪という規格的な空間を単位として実施されるのに対して、固有地名タイプは主に山間部で行われ、概ね現地の慣習的な地名に沿って耕地を記録していく。後者では耕地の記載順が所在地を把握する手がかりになったであろうから、前者のような合筆をする必要性は低く、単調な記載がそのまま残された。こうして反復記載が多くなったと考えられる。

次に本稿では、反復記載が現地の開発や景観に裏付けされたものであるのか、新見荘をフィールドとして検証を行った。この問いは、検注帳で用いられる「所」という単位に実体的な意味があったのか、ということと同義でもあった。結論としては、やはり一所ごとの水田はそれぞれ実際に独立しており、境を接してはいないと考えるのが無理なく自然であって、そのような意味では検注帳の記載は現実を反映したものであるということであった。それは佐津見という集落を例にとって、谷の内部に占める水田の面積を考えた結果からも妥当と言えるであろうし、そのような一所の水田のあり方については、新見荘の検注帳と時代的にも近い骨寺村の荘園絵図を想起すればよい、ということを本稿では指摘した。このような方法論をとることで、地理的には遠く隔たった西国と東国の耕地開発を、ある程度の共通性の存在を前提として議論することも可能になるだろう。

水田一所と一所の間に何があったかというと、これは改めて強調するまでもないかもしれないが、あるいは畠地であり、あるいは開発の余地がある未墾地・荒廃地であったろう。水田と畠地の混在については高木徳郎がすでに指摘しており、中世農村風景に対する「見渡す限りの美田」というイメージを否定している。[32] 本稿はそのような見解を、検注帳と空中写真、そして荘園絵図をリンクする手法によって補強したものと言える。また中世初期の農法として、戸田芳実が唱えた「かたあらし（片荒）」がよく知られる。地力回復のため一年おきに休耕するというものだが、[33] 未墾地・荒廃地に加えて、意図的な休耕地が実際にどの程度あったかについては、さらなる検討が必要だろう。

このように間隔を空けつつ水田が並んでいるという状況下で、用水については、佐津見に関して言えば山裾の所々から流れ出てくる沢水によって確保していたものと考えられる。骨寺村では独立した水田群が、沢水に限らず、それぞれの環境に即した用水を得て耕作されていた。つまり水田は用水があれば作れるわけであるから、用水のあり方によっては、このような水田の小ブロックが点々と散在する形が生まれることになるのである。

ところで筆者もかつて新見荘の荘園調査があった際、佐津見でのヒアリングに同行したことがある。そのとき現地の方から聞かされたのは、当地の沢水で作った米の食味が、近年かなり高い評価を得ているということで、実際にそこでご馳走になったおにぎりはかなりの美味であったと記憶している。高梁川流域の最上流に位置し、清冽であろう沢水で水田を耕作することは、現代では温暖化のためかメリットになっているようだが、中世においては必ずしも有利な条件ではなかったはずである。このような用水の形態と開発の進展との関係性については、また機会を改めて考えたい。

また検注論というカテゴリーで考えると、筆者は先に大井荘を取り上げて条里地番タイプの原則を逸脱した異常な数値について分析し、今また新見荘では固有地名タイプでときにみられる単調な羅列の内実について検討した。これらのほかにも折衷タイプや、固有地名タイプのなかでも一大所蔵者と言える高野山領の検注帳など、現地の開発・景観との関わりのなかで詳細にみるべき帳簿は数多い。また東国で言えば香取社領の検注帳なども重要な存在である。(34) いずれにしても個別的な成果の蓄積を踏まえて、包括的な議論の構築へと歩を進めることが求められているように思うが、本稿でなしうる範囲のことではない。今後の課題として挙げるにとどめ、擱筆することにしたい。

注

（1）富澤清人『中世荘園と検注』（吉川弘文館、一九九六年）。

（2）似鳥雄一「検注と条里――美濃国大井荘検注帳の分析を中心に――」（海老澤衷編『中世荘園村落の環境歴史学――東大寺領美濃国大井荘の研究――』吉川弘文館、二〇一八年）。検注帳に関する研究史については、こちらの論考で多少の整理を行った。

（3）以下、本稿では『岡山県史第二十巻 家わけ史料』を『岡』と略記して文書番号を付し、「東寺百合文書」の函番号を記して示した。

（4）似鳥「下地中分と荘園経営――備中国新見荘を中心に――」（同『中世の荘園経営と惣村』吉川弘文館、二〇一八年）。

（5）新見荘領家方里村分正検田取帳案（ク函一、『岡』一九三）、新見荘領家方奥村分正検田取帳案（ク函二、『岡』一九四）、新見荘領家方里村分正検畠取帳案（ク函三、『岡』一九五）、新見荘領家方奥村分正検畠取帳案（前半はク函四、『岡』一九六、後半はク函五、『岡』一九七）。

（6）似鳥「中世山間荘園の水田開発――備中国新見荘の帳簿分析から――」（注（4）似鳥著書）。

（7）似鳥「二人の代官による荘園の分割支配――備中国新見荘地頭方の事例から――」（注（4）似鳥著書）。

（8）新見荘地頭方東方田地実検取帳（ク函一一、『岡』二〇二、案文がク函一二）、新見荘地頭方東方畠地実検取帳

（後欠）（前半はク函一三、『岡』二〇四、後半はク函一四、『岡』二〇五、案文がク函一五）。

（9）新見荘地頭方東方田地実検名寄帳（ク函一六、『岡』二〇七、案文がク函一七）、新見荘地頭方東方畠地実検名寄帳（ク函一八、『岡』二〇八、案文がク函一九）。

（10）正中二年帳では、正文では朱筆で記されていた箇所が、案文では墨筆となっているケースがまま見受けられるが、ここで掲げた部分に関しては内容に異同がないため、特にそれらの箇所を明示することはしなかった。

（11）文永八年帳では一筆だけ「七所」という極端な数値もみられる（検注日二月十五日）。

（12）注（6）似鳥「中世山間荘園の水田開発」。

（13）正中二年帳のデータ化に際しては、検注帳と名寄帳を一筆ごとに突き合わせ、検注帳の情報を名寄帳によって補完・訂正した。この点については、そもそも検注帳と名寄帳の情報に相違がみられるとき、どちらを採用すべきか、という問題が存在している。正中二年帳をみる限り、検注帳では名や作人の記載が脱落していて、それを名寄帳で修正しているような場合もあるため、本稿ではこのような方針を取った。

（14）『岐阜県史 史料編 古代・中世三』大井荘古文書二八一～二八三号。

（15）注（2）似鳥「検注と条里」。

（16）これは著者が新見荘の研究で普段用いているものだが、詳しくは注（4）似鳥著書を参照されたい。なお井村に関しては、現在の大字は「上市」となっているが、中世の名称に準拠した。また西方には大字「金谷」の一部も含まれている。

（17）正中二年帳で④足立の数値が欠けているのは、同地域が下地中分によって一円に領家方となったからである（注（4）似鳥「下地中分と荘園経営」）。

（18）文永八年帳に記載された地名をみる限り、おおよそ奥村には七地域のうち①高瀬から⑤坂本までの五つが、里村には⑥井村と⑦西方の二つが属したようである。ただし井村のうち、八谷・木戸という二つの集落だけは里村ではなく奥村の検注帳に所見する。よって本稿でもその区分を踏襲して奥村・里村を集計した。

（19）注（6）似鳥「中世山間荘園の水田開発」。

（20）似鳥「備中国新見荘にみる名の特質と在地の様相」（注（4）似鳥著書）。

（21）現在の表記は「佐角」となっているが、検注帳には「佐津見」と記されている。

(22) 飯分徹・海老澤衷「高瀬・釜村の信仰・水利・下地中分――氷室神社と亀尾神社――」(海老澤衷・酒井紀美・清水克行編『中世の荘園空間と現代――備中国新見荘の水利・地名・たたら――』勉誠出版、二〇一四年)。以下、佐津見の地名・屋号については本論文を参照した。

(23) 『骨寺村荘園遺跡村落調査研究総括報告書』(一関市博物館、二〇一七年、以下『報告書』)。

(24) 鈴木弘太「『陸奥国骨寺村絵図』を復原する――大石直正氏の研究成果をもとに――」(注(23)『報告書』)。

(25) 広田純一・菅原麻美「骨寺村荘園遺跡における田越し灌漑システムの実態と骨寺村絵図(詳細絵図)に描かれた水田の推定」(注(23)『報告書』)。

(26) 注(23)『報告書』「史料編」中世史料20号。

(27) 永松圭子「鎌倉時代の年貢付加税――口米・莚付・数(員)米の検討――」(同『日本中世付加税の研究』清文堂出版、二〇一〇年)。

(28) 星川清親「籾摺り」(『日本大百科全書』小学館、ジャパンナレッジ版、検索日二〇一八年七月二日)。

(29) 保立道久「平安末期から鎌倉初期の銭貨政策」(悪党研究会編『中世荘園の基層』岩田書院、二〇一三年)。

(30) 印象論ではあるが、十分の一という数値は絵図をみたときの感覚的な理解と近い。

(31) 注(25)広田・菅原論文。

(32) 高木徳郎「紀ノ川流域荘園における混作と出作」(同『日本中世地域環境史の研究』校倉書房、二〇〇八年)。

(33) 「かたあらし」の実態については、現在も服部英雄・保立道久らによる論争が続いている。詳しくは伊藤寿和「近江国の「野洲渡の片荒し」の和歌と「アラシ」農法に関する再検討」(『日本女子大学紀要 文学部』六五、二〇一六年)を参照。

(34) 鈴木哲雄「香取社領の検注帳について」(『国立歴史民俗博物館研究報告』一〇四、二〇〇三年)。

附記　本稿は日本学術振興会科学研究費16J06721の助成による成果の一部である。

【現地ガイド】

備中国新見荘を歩く

【交通手段】　備中国新見荘は、東寺文書を代表とする質量ともに豊富な文書群に裏打ちされた、中世荘園研究の一大スポットだ。現在の岡山県新見市の北西部にあたり、鳥取県・広島県との県境、すなわち伯耆国・備後国との国境地帯に位置する（島根県・出雲国も遠くない）。

南部は新見市役所やＪＲ新見駅もあって比較的宅地化されているが、北部は荘域外に少し足を延ばせばスキー場もあるような山深い地域である。それだけ荘域は広く、端から端までがおよそ三十㎞ある。現地を色々とみてまわりたいのなら、「歩く」だけでは現実的に厳しいものがある。公共交通機関としてバスもあるようだが、筆者は利用したことがない。やはり行動の自由度を考えると、基本的には乗用車をおすすめすることになる。

加えて、なにしろ中国山地の中心部にあるため、現地をどう「歩く」かもさることながら、まずは現地にどう「行く」かが悩みどころとなる。筆者のように関東から行く場合、およそ三つの選択肢がある。第一は、新幹線で岡山駅まで行き、そこで伯備線の特急やくもに乗り換え、新見駅で降りて駅前でレンタカーを借りる方法である。高梁川沿いの景色を車窓に眺めながら行く、オーソドックスなルートだ。何を隠そう、新見駅は伯備線・姫新線・芸備線という三路線の乗換駅であり、鉄道ファンにはその点も魅力だろう。さらなる旅の強者であれば、東京駅発の寝台特急サンライズ出雲の利用を視野に入れてもよい。これが思ったほど高くはなく、新幹線より三千円ほど余計にかかるだけだ。

第二が、空路をとって岡山空港へ行き、そこからレンタカーで一時間ほど走って現地を目指すコースで、中国山地ならではの起伏の数々を体験することができる。もちろん新幹線よりもお値段が張るが、東京からであれば一時間ほど短縮できる。第三に、同じ飛行機代を払うのなら米子空港からレンタカーという手もある。新見荘も関係の深い製鉄関係のみどころが近いことと、季節によって日本海の魚介類を楽しめることがメリットで、新見市内までの運転時間は岡山空港とさほど変わらない（市街までだともう少しかかる）。

【主要施設】　新見荘の現地の状況については、すでに多くのことが明らかにされている。逐一それらを紹介することはできないので、ここでは代表的なもののみをみていくことにしよう。詳細に関しては、海老澤衷・酒井紀美・清水克行編『中世の荘園空間と現代』（勉誠出版、二〇一四年）や、拙著『中世の荘園経営と惣村』（吉川弘文館、二〇一八年）などをご覧頂きたい。また叙述には所々修正が必要だが、複数の郷土史家の手になる『新見庄 生きている中世』（備北民報社、一九八三年）も、当時の写真を多く掲載していて一見の価値がある。

政所　まずは荘園経営の中枢となる政所だが、現在も痕跡があるのは地頭方の政所である。地頭方の根拠地であった上市《かみいち》と呼ばれる集落に、「地頭方政所跡」という石碑が立っている。さらにその目の前にある水田の真ん中に、大きな岩石が横たわっていて、そこに「地頭方政所庭石」と彫られた石碑が埋め込まれている。

　領家方の政所は明確な目印が残されていないが、後述する「たまかき碑」の近くにあったことはわかっている。そこに「福本」という地字が残されていること、そして新見荘には「三職」と呼ばれた三種類の世襲荘官がいて、その一人である福本の屋敷が政所として借り上げられていたことからの推定である。

江原《ごうばら》八幡神社　次に信仰に関する施設として、荘鎮守とまでいってよいかはわからないが、荘内を代表する神社が江原八幡神社だ。ここは荘民にとっての寄り合いの場でもあった。応仁の乱の頃、守護細川氏の勢力に抵抗する荘民が「大かね（鐘を）おつき、土一き（揆を）お引ならし」（「東寺百合文書」サ函三三九）て気勢を上げたという有名なエピソードも「御八幡」でのことだった（土一揆は「引ならし」たりするものなのかという疑問はあるのだが）。

市庭　そして商業・流通の中心地として、新見荘には三の付く日に開催された「三日市庭」があった。その場所は現在の真福寺がある辺りで、門前には新見市が設置した案内板もあるので一目瞭然だ。外部に開かれた市で、商人が銭貨を持ち込んで取引をし、国衙領や隣国の住民もやってきたというから、かなりの賑わいをみせていたはずである。真福寺の裏手にはすぐ高梁川が流れていて、史料によって存在は確かながら、具体像は明らかでない舟運の様子をしのばせる。なお、地頭方政所の近くには「二日市庭」があり、三日市庭と連動していたと思われるが、こちらはこれといったランドマークは残っていない。

【祐清殺害事件】駅前銅像　新見駅を出て左手側をみると、待ち合わせスペースと思しき一画がある。そこには馬に乗った僧侶と、座って書状を認める女性の二体の銅像が並んでいる。これは寛正三年（一四六二）、現地支配の建て直しのために領主であった京都の東寺から派遣されてきた祐清（【写真1】）と、先述した福本の「兄弟」（当時は女性にも用いた）で祐清の身辺の世話をしていた「たまかき」の銅像（【写真2】）である。祐清は赴任した翌年、地頭方の住民によって殺害される。領家方の住民は報復のため地頭方政所を焼き打ちし、地頭方も領主の相国寺（季瓊真蘂）が乗り出してきて事態は紛糾する。そして、たまかきは祐清の遺品の下賜を東寺に願い出る。

これは荘園史のなかでもかなり有名な事件だ。祐清

【写真1】　祐清銅像

【写真2】　たまかき銅像

には気の毒ながら、彼の死をきっかけとして、百姓家屋の図面、家財道具の一覧、村落女性の書状（たまかき書状）など、ほとんど類例のない貴重な内容を持つ関連史料が残されることとなった（「東寺百合文書」サ函三九九、サ函一二三、ゆ函八四）。この事件を解説した書籍も多いが、古いものでは稲垣泰彦編『荘園の世界』（東京大学出版会、一九七三年）、工藤敬一『荘園の人々』（教育社、一九七八年）などが読みやすい。近年のものでは酒井紀美『戦乱の中の情報伝達』（吉川弘文館、二〇一四年）を掲げておこう。

たまかき碑　さて本ガイドでは、この事件に関係する場所のいくつかをご紹介したい。まず先にもふれた「たまかき碑」は、おそらく祐清・たまかきも住んでいた福本屋敷がその付近にあったことを示すものである。ここは記念写真の撮影スポットとしておすすめだ。

国主《くにす》神社　近年の研究成果を踏まえると、まず祐清は地頭方政所の前で襲われ、数百メートルを逃げたが、最終的に現在の国主神社の前で殺された、とするのがよいように思う。中世の国主神社は位置が若干違うとする説もあるようだが、そう考える積極的な理由を筆者はつかめていない。

祐清塚　従来、祐清は国主神社からさらに北西へ一・四㎞も行った谷内《たにうち》という集落で殺されたとするのが通説だった。そこには祐清塚と呼ばれる祠がある。しかし、これはかつて調査に来た研究者が荒神の祠をみつけ、現地での聞き取りをもとに祐清塚と命名したものだそうだ（上島有「新発見の祐清塚について」『日本歴史』三

二九、一九七五年)。そのときの聞き取りによれば、「年貢を取り立てに来」て「殺された人」(祐清)か「殺した人」(谷内)を祭ったものだというから、ひょっとしたら後者なのではなかろうか。

豊岡屋敷跡　新見駅の裏手には急な斜面が迫っており、その中腹に新見美術館がある。非常に眺望のよい場所だが、その敷地の一画に、豊岡という名主の屋敷があったことを示す石碑がある。祐清は年貢未進を理由に豊岡を「成敗」したという。祐清が殺されたのは豊岡の敵討ちだとも言われている。

善成寺《ぜんじょうじ》　祐清の葬儀は、江原八幡神社から程近い善成寺で執り行われた。善成寺の堂宇はもう残っておらず、その敷地は現在では新見公立大学・短期大学と、その脇に接した公園に変わっている。公園にはお堂があって、中世初期の作とされる、つまり祐清よりも前の時代からあるという阿弥陀如来坐像が安置されている。今はこの阿弥陀像は地元の方が管理をされているようだ。

【その他のこと】　紙幅の都合で詳しい紹介はできないが、ぜひみて頂きたいのは、本論でもふれたが、山中に意外なほどに広がっている水田の数々である。たとえば宇津草や佐津見などだが、中世以来の開発の様子をしのばせる光景である。また宝台寺五輪塔、石堂《いしどう》薬師三尊像、そして全て同じ年に作られ、朝間・昼間・夕間などの名を冠した五体の地蔵など、中世の年紀を持つ石造物もいくつかあって必見だ。

そして最後に、旅の楽しみである食事について、独断と偏見で少しばかり記そう。昼食では、荘域内に二軒ある喫茶「タイム」のカツカレーが手軽に食べられてよい。カツは細かく刻まれ、ルーの味は独特だが、私にとっては定番である。にいみプラザ一階「いんでいら」のえびめしも捨てがたい。岡山地方の名物で、見た目と味のアンバランスさが話題になる。そして夜は、ぜいたくが許されるなら、何軒かある千屋《ちや》牛の焼肉屋で一献というのが一番のおすすめだ。千屋牛は文字どおり新見荘域にもかかる千屋地域を発祥とするブランド牛で、和牛のルーツとも言われているが、流通量が少なく、岡山から遠ざかると滅多にお目にかかれない。

ほかにも紹介したいことは尽きないが、ここから先は読者の皆さんの目で直にみて頂くこととして、この辺りで新見荘の故地を後にすることにしよう。

【地図】　新見荘荘域図（地理院地図（縮尺20万分の1）をもとに作成）

「讃岐国善通寺領絵図」調査ノート

守田逸人

はじめに

讃岐国善通寺領絵図（善通寺宝物館所蔵〈重要文化財〉以下、「絵図」と呼ぶ）は、中世善通寺領のあり方を示すことに加え、日本列島に残された三〇〇点を超える中世荘園絵図のなかでも比較的早くに作成されたと考えられることなどから、中世前期の荘園景観や地域社会を考える上で重要な素材である。(1)

「絵図」と密接に関わる史料として久安元年（一一四五）の作成にかかる善通・曼荼羅寺領注進状がある（以下、「久安注進状」と呼ぶ）。(2)「久安注進状」は、讃岐国多度郡条里三条七・八里、四条七・八里に展開した寺領の地目と見作状況、作人等を書上げた注進状であり、「絵図」に示された善通寺領の領域と対応することから、両者をもとにして善通寺周辺の地域社会のあり方や水田景観の歴史過程などが検討されてきた。しかし、その基本的史料である筈の「絵図」そのものに関する研究自体は充分とは言えない研究状況である。

根本的な問題として、「絵図」はその裏書に「善通寺□□絵図、徳治二年丁未十一月　日、当寺百姓等烈参之時、

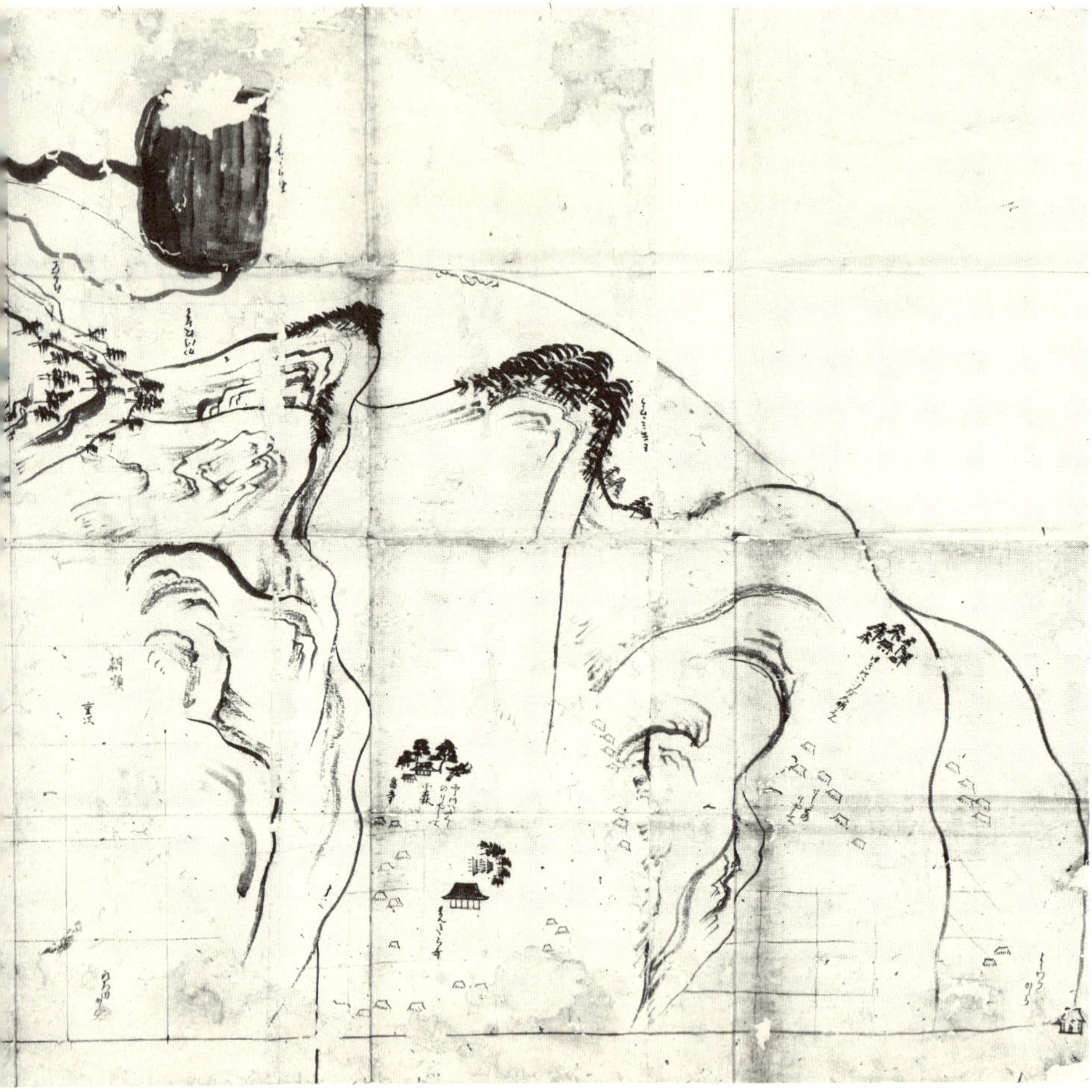

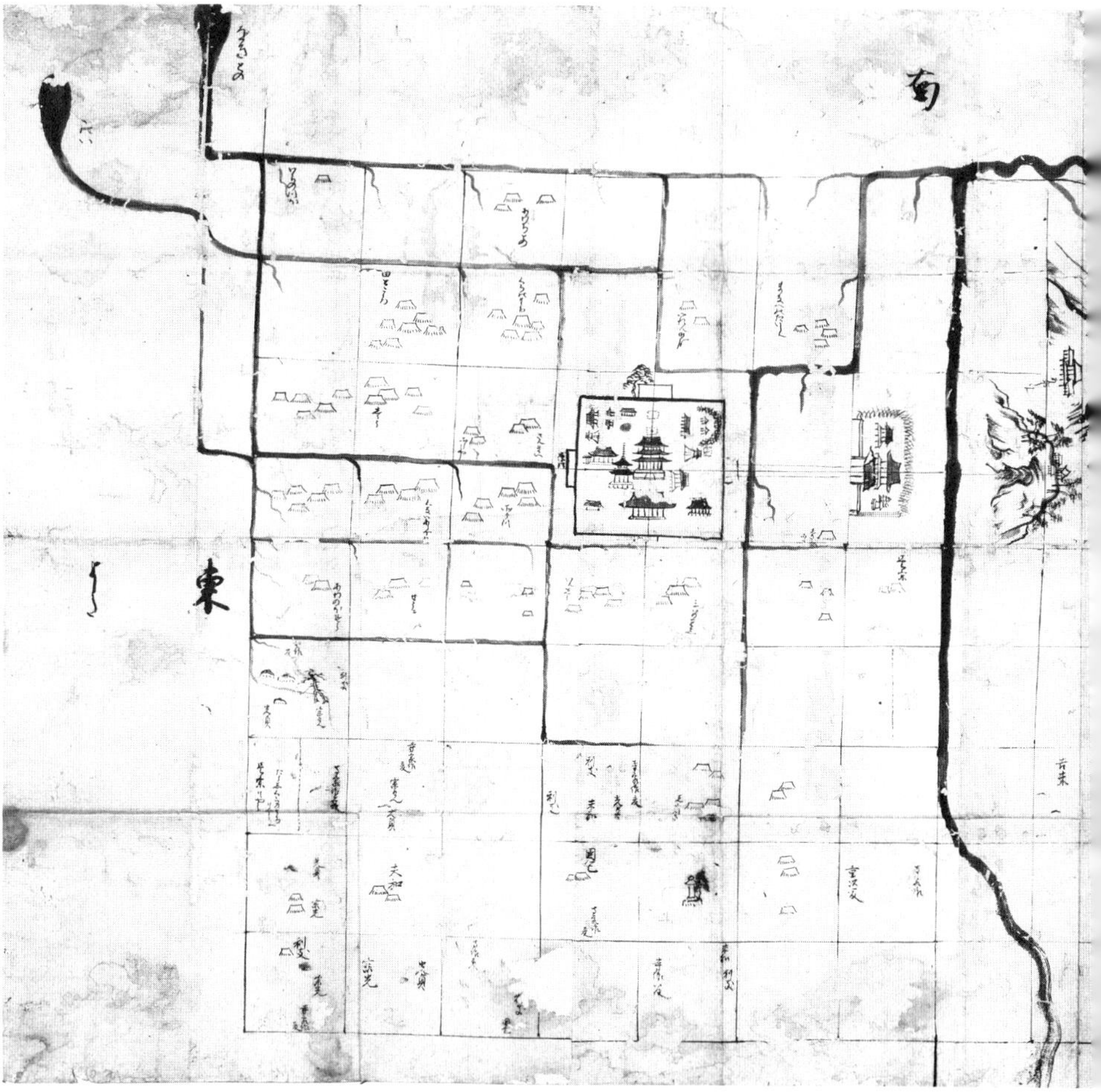

【写真1】　讃岐国善通寺領絵図（善通寺宝物館所蔵〈重要文化財〉）

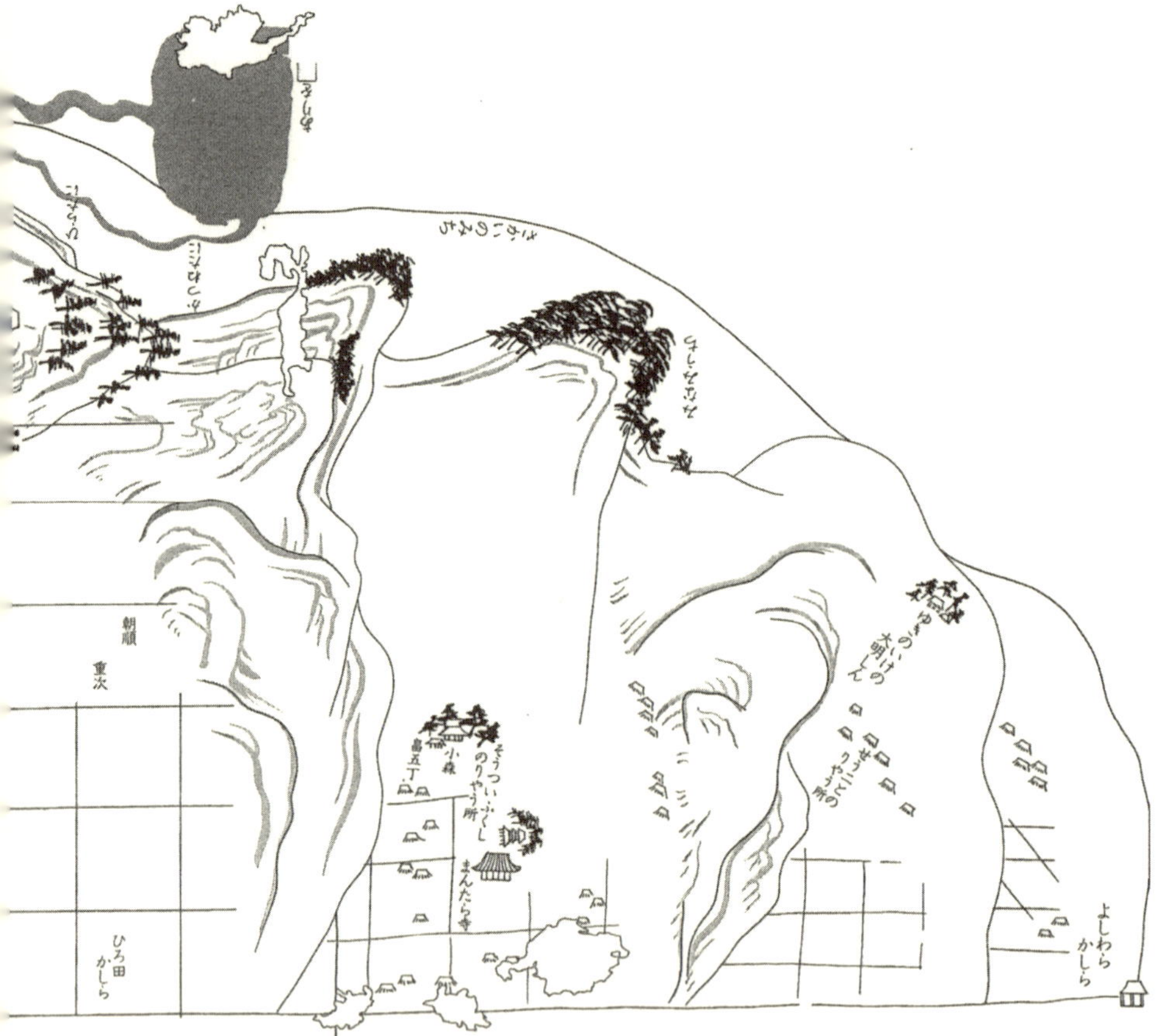
朝順
重次
ひろ田 かしら
畠五丁
小森
そうついふくし のりやう所
まんたら寺
ゆきのいけの 大明じん
よしわら かしら

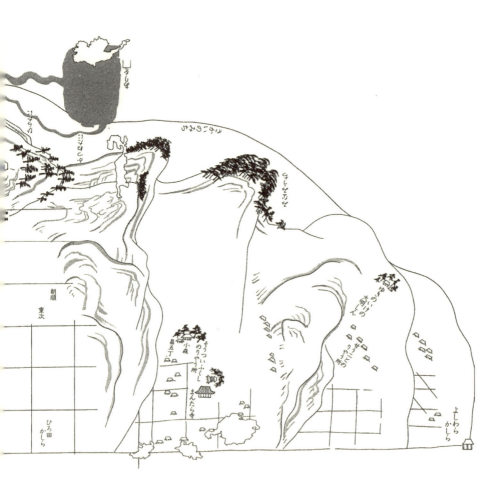

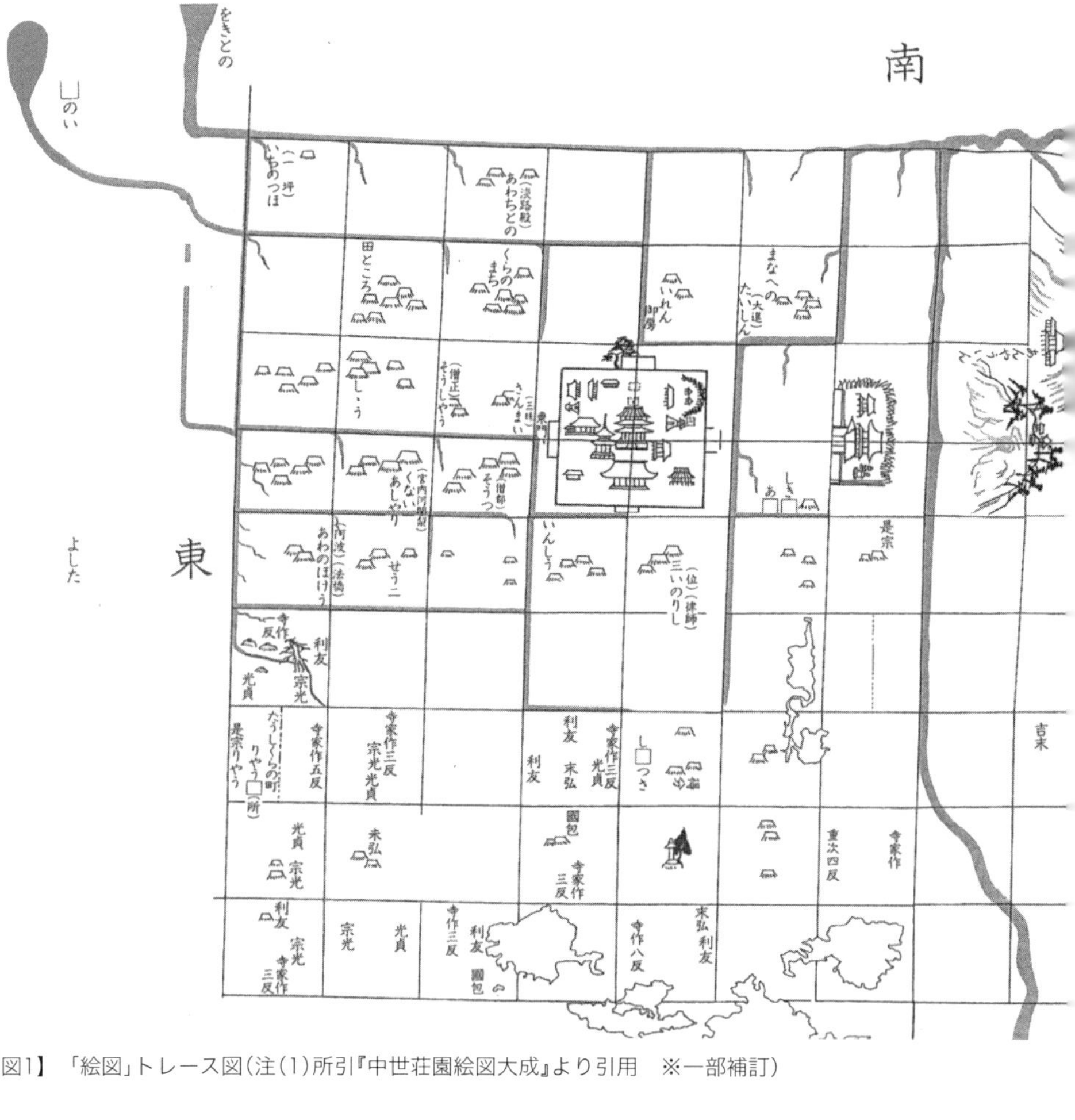

【図1】「絵図」トレース図（注（1）所引『中世荘園絵図大成』より引用　※一部補訂）

進之」とあることから、漠然と徳治二年（一三〇七）の作成にかかると考えられてきた。しかしその作成目的を説得的に説明する研究もないばかりか、具体的な作成時期や作成経緯をめぐる議論、さらには「絵図」の読解をめぐっても多くの問題が残ったままである。

「絵図」の作成時期や作成目的などは、中世の善通寺及び善通寺領に関する全ての研究と関わるだけでなく、広く中世の地域社会や荘園景観に関する議論とも密接に関わってくる。今後「絵図」を右の議論の深化に資する素材として行くためには、今一度「絵図」読解のための基礎情報を整理して、「絵図」自体の研究を進展させ、「絵図」の歴史的位置を明確にして行くことが必要な段階である。(3)

以上の点を念頭に、本稿では研究史上の課題を明確にした上で、原本調査の結果をふまえて「絵図」読解のための基礎情報を整理し、その上で「絵図」の作成経緯などその歴史的位置について考察して行きたい。

一　讃岐国善通寺領絵図の研究状況

本章ではおもに「絵図」に関する現在の研究状況について整理しておきたい。「絵図」の形態など書誌的な情報や描写の基本的なあり方については『中世荘園絵図大成』など研究史でも指摘されてきたところであるが、(4)本稿の論点と関わる範囲で示しておく。

1　「絵図」の形態

「絵図」は縦二紙、横六紙、計十二紙を貼継いでいる。明治期に施したと考えられる現在の装丁は、「絵図」を二四分割した大きさに折畳み、紺地宝つくし模様の布表紙（表表紙・裏表紙）を接続している。表紙には縦長の長方形にした金色の紙を貼り「善通寺境内并近傍之図」と墨書で表題がある。表題の筆跡は、後述する明治期の善通寺住職佐伯法遵のものと判断される。

「絵図」表面中央八紙の料紙はほぼ同じ大きさとなっているが、端の二紙と奥二紙が他とは異なった大きさとなっている。端の二紙は横幅三二センチ程度、奥の二紙は横幅が十六センチ程度で、後者は前者の二分の一程度となっている。(5)なお、高橋昌明氏は、「絵図」右上部分の料紙は他の料紙と紙質が明らかに異なることを指摘している。また同氏によると、「絵図」全体には裏打紙を施しているが、この右上部分の「裏打紙」のみ、他の部分の表料紙と同じ楮系の紙であるという〔高橋八五〕。

つづいて「絵図」の保管のあり方について触れておく。「絵図」には、天地を結ぶラインで五本、端奥を結ぶラインで三本、おおよそ等間隔の明瞭な強い折線がある。この折線は現在折畳まれている折線にも相当するが、後述するとおり欠損などの状況からこの折線に沿って折畳んで保管していた時間が最も長いと考えられる。

「絵図」には、つぎの裏書きがある。

裏書①「善通寺□□絵図

徳治二年丁未十一月　日

当寺百姓等烈参之時、進之」

裏書②「一円保差図」

裏書③「宗形入道」

それぞれカギ括弧で示した毎に筆致が異なっている。それぞれがどの段階で記されたのか、そしてこれらをど

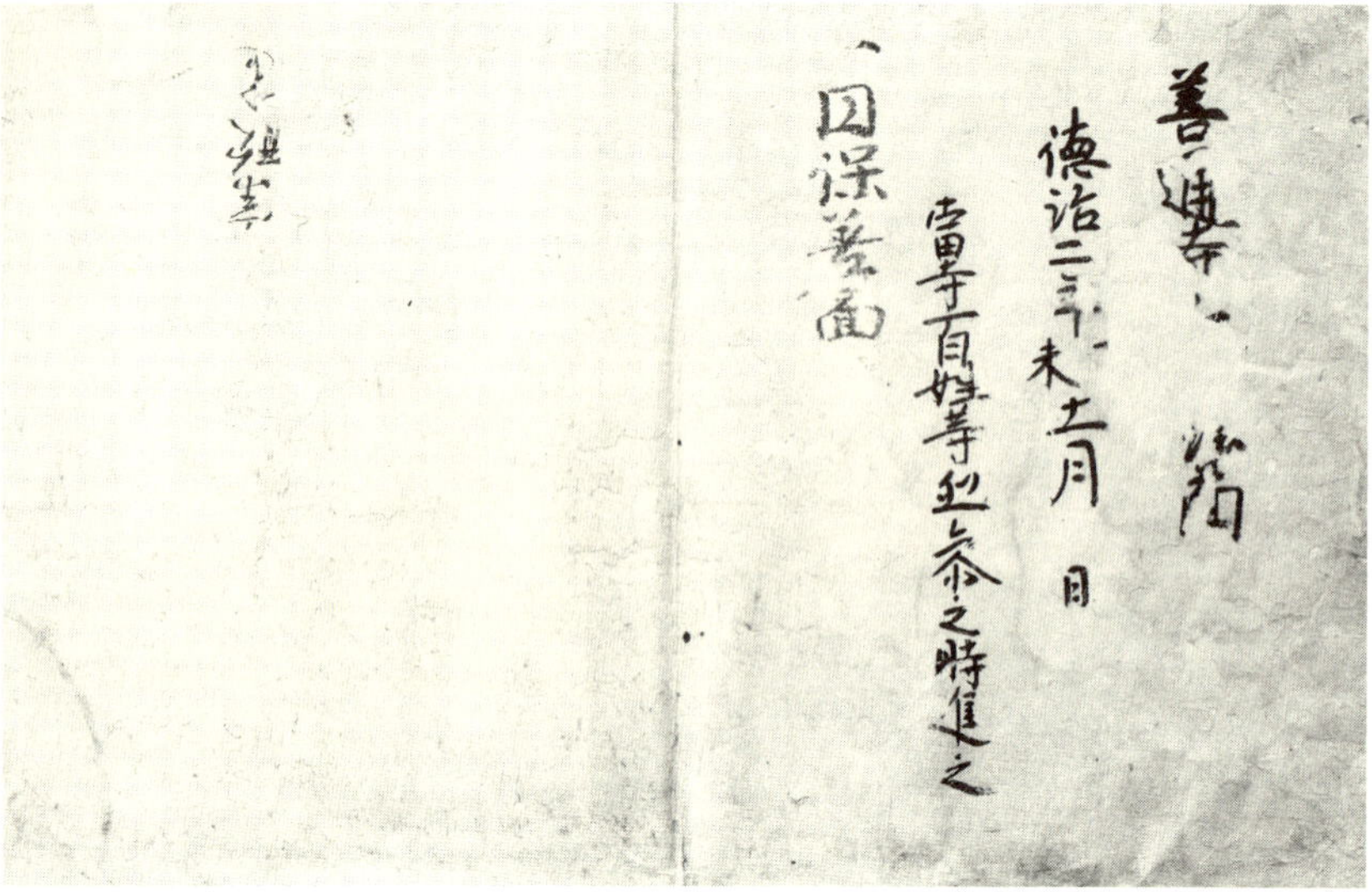

【写真2】　裏書

う読み解くかも「絵図」作成経緯やその目的を知る上で重要な論点となってきた。

裏書がある部分は、表面右上の料紙の裏面にあたり、高橋昌明氏のいう「裏打紙」に相当する。先に整理したように、この部分の表面料紙は他と紙質が明らかに異なると指摘されてきたところで、したがって裏書のある「裏打紙」は、右上部以外の表面料紙と同じ楮系の紙であると指摘されてきた部分である。さらに高橋昌明氏は、その「裏打紙」に裏書が存在することについて、この裏書部分の料紙はもともと「裏打紙」ではなく「例えば絵図を入れてあった袋に書かれてあった文字ではなかっただろうか。そしてその袋の紙を絵図補修の際に裏うち紙として使ったため、たまたま裏書のように見える結果となったのではないだろうか」としている〔高橋八五〕。裏書をどのように理解するかは「絵図」全体の理解にも関わるため、のちに検討を加えたい。

なお、裏書②に記された「一円保」とは、「絵図」に描かれた善通寺寺辺領に対する呼称の一つである。善通寺寺辺領は、単に「寺領」と表記されることが多いが、「善通寺一円」などとも呼ばれた。後述するように、平安末期に散在免田から寺辺領が「一円」化されていったことから成立した呼称であると考えられる。(6)

2　絵図の伝来について

「絵図」には右下部の裏打紙に伝来の経緯を記した由緒書が貼付けてある。高橋昌明氏によって主要な部分の翻刻が示され、その経緯が論じられてきたが（高橋八五）、翻刻されていない部分や読みが異なるところもある。そのためここで全文を掲げ、先行研究を若干補足しながら整理しておきたい。

【史料一】

此図ハ随心院ノ宝庫ニ中中〔アリカ〕反古同様ニシテ有ヲ見出シ、新ニ表装シテ善通寺宝庫ニ収ム、

考ルニ、此時代ハ兼徳○〔治〕年間ハ道範大徳[redacted]〔善——〕在山時代殊ニ山内衰微中善〔寺〕領ノ百姓等水論ノ判決ヲ請ハンカ為、此ノ図ヲ当山へ差出シタルモノ思考ス、

年号　善（通寺）——前住職　随（心院）——門（跡）　佐——————記、

此図ハ（前同）

考ルニ御影堂再建ノ時ノ図面ト思考ス、○〔伽藍へ移転ノ時〕間取ヲ変更シテ現今ノ常行堂トス、現今ノ御影堂ハ天保二年ノ再建ナリ、

宥粲（佐伯）敬白

明治四十年壱月十五日持帰リ宝庫ニ収ム、

冒頭「此図ハ」からはじまる記述によると、もともと「絵図」は京都随心院の宝庫にあり、反古紙同然の状態となっていたのを見つけ、新たに表装を施して善通寺宝庫に収めたという。この点はこれまでにも繰り返し指摘

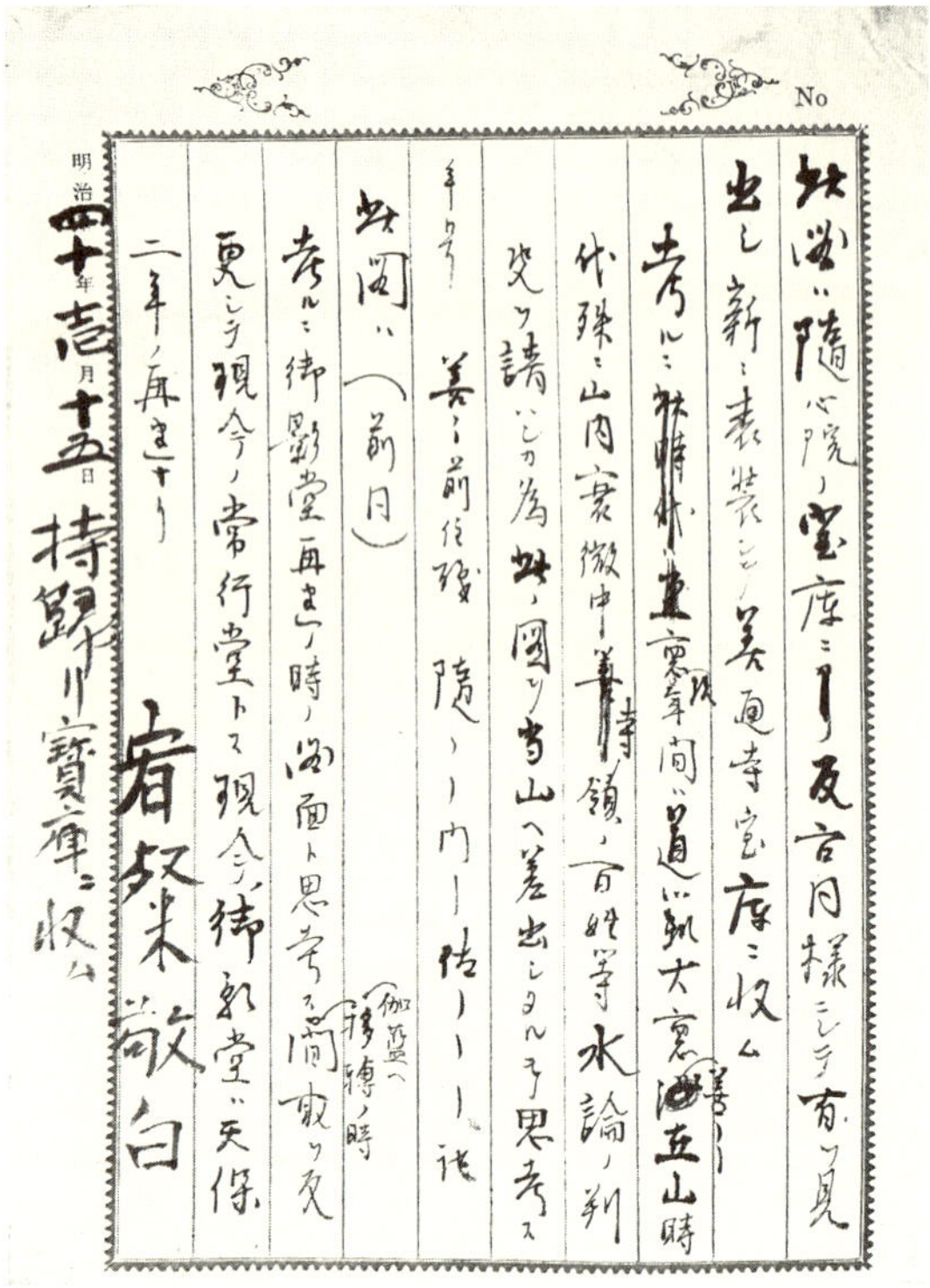
此図ハ随心院ノ宝庫ニ有反古同様ニシテ有ヲ見
出シ新ニ表装シテ善通寺宝庫ニ収ム
宥粲　敬白

【写真3】　由緒書

されてきた。

一方、中程からも「此図ハ（前同）」とあるように、この罫紙には「絵図」とは別に「御影堂再建ノ時ノ図面」とされるもう一つの「図面」についての由緒書がある。「前同」とは、冒頭の「此図ハ」に続く「随心院ノ宝庫ニ〓《アリカ》反古同様ニシテ有ヲ見出シ、新ニ表装シテ善通寺宝庫ニ収ム」の部分を指すことは疑いない。つまり、京都随心院から善通寺に持ち帰った図は二点あり、それぞれの図に関する由緒書が記されているのである。

由緒書の形式だけをみると、それぞれの由緒書の記主は、前者「絵図」が「善——《通寺》前住職随——《心院》門——《跡》佐——記」とされ、後者の「図面」が「宥粲」とされている様にみえる。ちなみに前者「絵図」の由緒書の記者となっている「前住職」「佐——」とは、佐伯宥粲の先代善通寺住職佐伯法遵にあたる。(7)

ただし、由緒書の筆致から判断すると両者は一筆で書かれている。そして、その全体の筆致は佐伯法遵のものと判断される（【写真4】宝永五年十一月　善通寺仁王門棟札銘〈明治二二年法遵筆・善通寺宝物館所蔵〉）。(8) 二点の図には、法遵

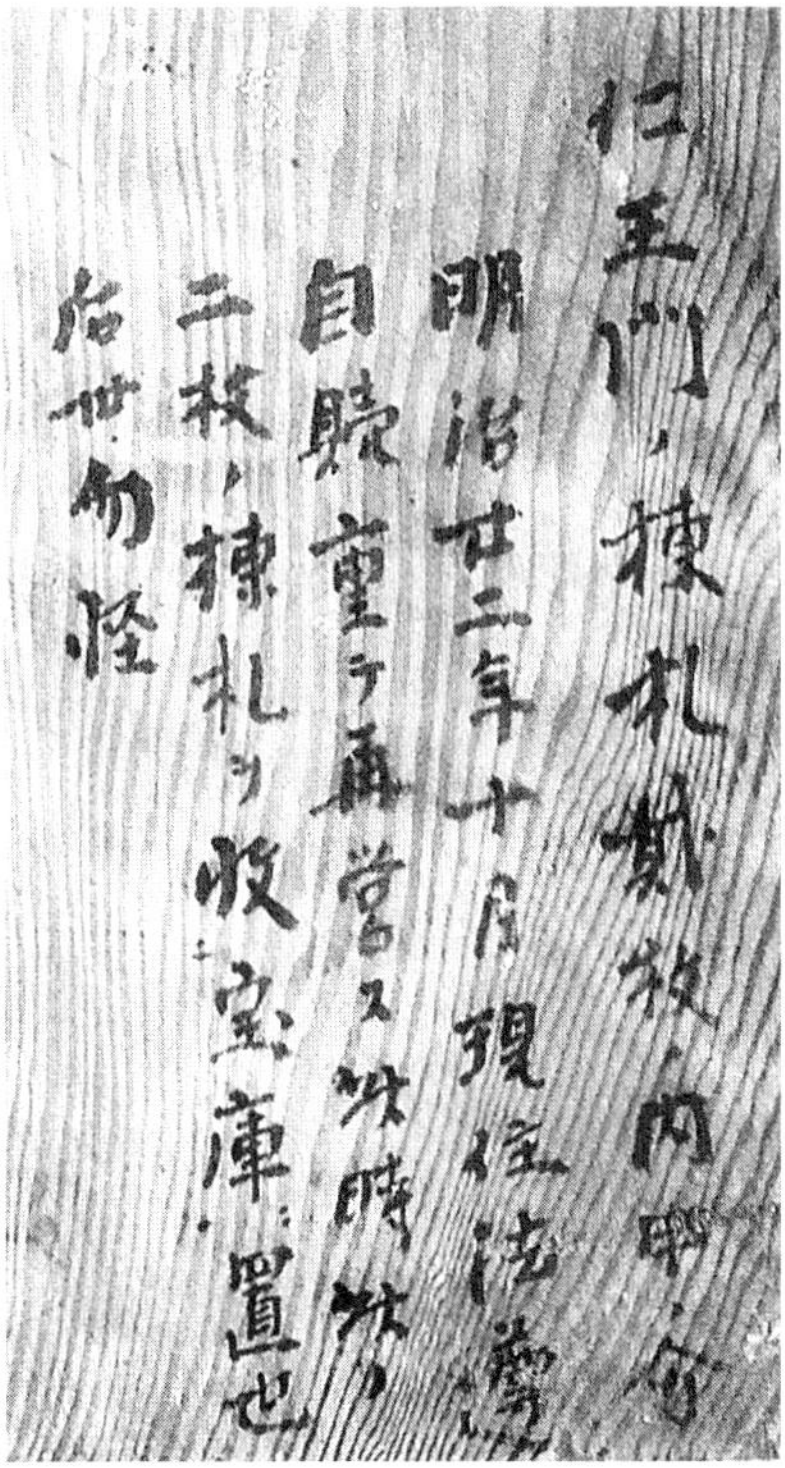

【写真4】　善通寺仁王門棟札銘（法遵筆）

と宥粲が清書した由緒書が存在したのかもしれないが、絵図に貼付けた由緒書を執筆したのは法遵であろう。法遵は、善通寺内の様々な宝物の修理や整理を行った形跡が確認されている。二点の図を含め、善通寺の文化財全体を考える上で、法遵の活動は今後検討すべき重要な論点となる。

3　「絵図」の描写・文字の筆致について

つづいて「絵図」の描写のあり方について概観しておく。「絵図」の描写は、一見して中世前期の荘園絵図に特徴的な素朴な作風、筆致となっている。「絵図」に描かれた景観と現地との関係については、「久安注進状」の存在により条里復元もふくめておおよそ明らかになっている。「絵図」には表記の誤りと考えられる部分や実際の距離と「絵図」との間での距離感の違いなどディフォルメされた部分も指摘されているが、大方現在の善通寺周辺域の状況に合致する（高橋八五・八七、吉田九七、木下一一など）。

「絵図」は南を天にし、おおよそ東西で描写が大きく二分している。中央より東側には目当てをつけながら定規等を用いて引いたと考えられる条里の方格線が描写の基礎をなしている。その中心辺りには善通寺伽藍を描き、さらに条里方格線内には「ししう《侍従》」・「そうしやう《僧正》」・「さんまい《三昧》」など善通寺僧等に関わると思しき文字表記・在家描写や、「名」と思しき文字表記が中心的な描写となっている。

一方、西側には五岳山（香色山・筆ノ山・我拝師山・中山・火上山）を中心とした描写となっている。五岳山の北側にはフリーハンドで条里方格線を引き、曼荼羅寺のほか、「小森」・「ゆきのいけの大明しん」等の社・祠の類や在家、「そうついふくし《惣追捕使》のりやうそ《領所》」・「せうニとのりやうそ《少弐殿領所》」といった各地区の領有関係などを描いている。

さらに、「絵図」の作成目的を考える上で重要な論点となってきた三つの水源について整理しておく。「絵図」南東側からは二つの水源「をきとの」・「□□のい」を描いている。これらは、年未詳讃岐国司庁宣（後述）に善通寺「寺領一円作田用水」として現れる「興殿并柿俣」に相当することが指摘されている（高重七五）。一方、南西寄りからは現在の有岡大池に相当すると考えられる大きな池と、そこから流れる水路を描いている。有岡大池から流れる水路は善通寺誕生院背部を通り絵図中心部分を南北に通貫している。これらの水源・水路の描写は、他の部分に比して明らかに粗雑で強めの筆致となっている点に特徴がある。

寺領の領域に関わる描写について触れておくと、有岡大池から北西に向かう「さかい《堺》みち」を曲線で描いている。善通寺領の範囲を示す結界線ということになるが、条里方格線が描かれる外側のラインも寺領の結界を示すものである（吉田九七など）。

その他、「絵図」はいくつかの筆致で文字が書き込まれている。高橋昌明氏は二つの筆致を想定し（高橋八七）、吉田敏弘氏は「二、三の異なる筆」を想定している（吉田九七）。これらをどのように理解するかも、「絵図」の成立を考える上でとても重要な論点となる。書き込まれた文字をすべて的確に分類することは難しいが、「絵図」の理解に際して重要となる点のみ次章で取り上げたい。

4 「絵図」の作成契機をめぐる諸見解

「絵図」の作成契機について言及してきた代表的な先行研究について採り上げておきたい。

高橋昌明氏は前掲裏書①をふまえて、「絵図」は「善通寺百姓らが徳治二年(一三〇七)本所随心院になにごとかを要求するため上洛し、その際本絵図を提出した」とし、その具体的な「要求」として善通寺百姓らの年貢損免要求を想定している〔高橋八七〕。その他の論拠を明示しない多くの研究も裏書①をふまえて徳治二年作成の立場から議論を進めてきた。

一方吉田敏弘氏は、前掲裏書②にある「差図」という表現に着目し、条里方格線内の描写を中心とした「支配系差図」としての体裁・内容に重点があった可能性が高いこと、有岡大池など一連の水源・水路が絵図作成当初の描写とは別筆である可能性が高いことを指摘した。その上で、ひとたび「一円保差図」として作成された「絵図」が、ふたたび徳治年間(一三〇六〜〇八)の百姓烈参に際して利用されたという道筋を提示し、一連の水源・水路はこの百姓烈参に際して追加補筆した可能性を指摘した〔吉田九七〕。

さらに近年木下晴一氏は、南東の二つの水源とともに「ありを□」と表記されて一際異彩を放つ形で描写された有岡大池や水路の描写を重視して新しい見解を提示した。木下氏は、「絵図」に描写された水路のうち、有岡大池から条里方格線に入り込み、南北を通貫する基幹水路を超え、さらに東に流れて行く水路に着目した。そして現地地形のあり方からすると、ここで描かれたような西から東へ流れる水路は現実にはありえないことを指摘し、こうした矛盾が存在するのは未だ有岡大池やこの水路が存在しないためであるとした。その上で木下氏は、「絵図」は有岡大池やそこから流れる水路を築造するための計画図であることを想定している〔木下一一〕。

以上、ごく簡単ではあるが、若干の補足を試みながら研究史で示されてきた「絵図」の形態と描写のあり方について、本稿に関わる範囲で整理した。いずれも「絵図」を理解するに当たって重要な論点ではあるが、見解が分かれるところも多い。可能な限り次章で検討を加えて行きたい。

なお、「絵図」の作成時期については、吉田氏の研究まで徳治二年作成説を明確に疑う研究がなかった。裏書の史料批判を行うことで徳治二年作成説を前提としない議論が行われるようになった意義は大きい。

二　「絵図」の成り立ちとその経緯

本章では、前章で整理した先行研究の成果と課題をふまえつつ、「絵図」の作成経緯をめぐる問題を念頭におきながら、「絵図」の原本調査で得られた所見や、そこから導き出すことができる点について論じて行く。

1　「裏打紙」と料紙のあり方について

既述のとおり、高橋昌明氏は裏書の施された右上部の「裏打紙」が、他の部分の表面料紙と同じ楮系であることを指摘し、この「裏打紙」がもともと絵図を入れてあった袋であった可能性を指摘した。絵図の形態、裏書をどのように理解するかは、これまでも「絵図」の理解に大きく影響を与えてきた。そこで、まずは裏書と裏書部分の料紙について検討を加えて行く。

結論から述べると、右上部裏面の裏書が記された料紙は裏打紙ではない。高橋氏が「裏打紙」とした部分は、もともとの「絵図」の料紙そのものであり、裏書はウブの状態で料紙裏面に記したものである。一方、その表面

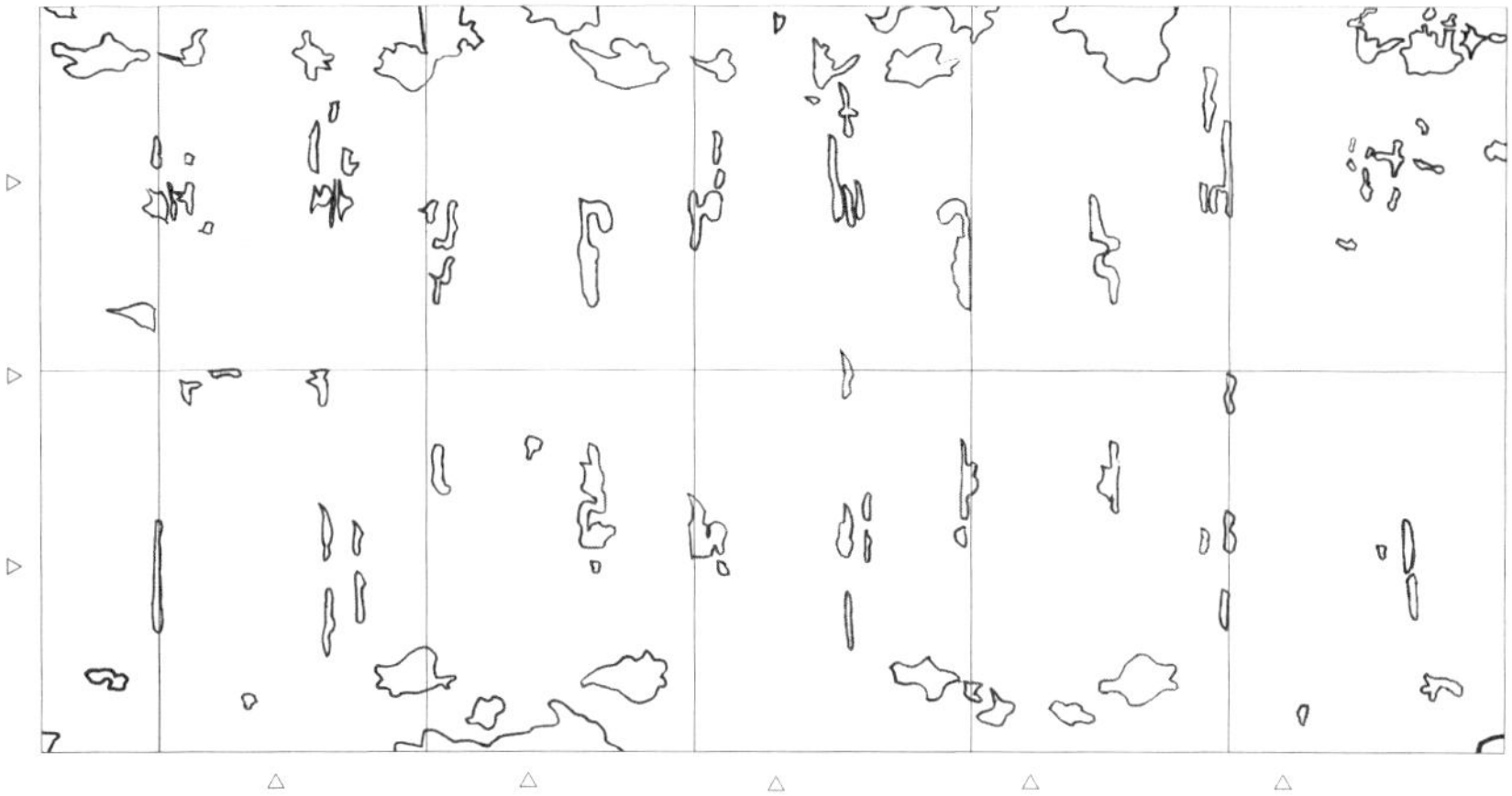

【図2】「絵図」欠損図　※△は主要な折線の位置を示す

部分が他の部分と明らかに紙が異なるように見えるのは、表面に補強紙を貼っているためである。裏面でなく表面に補強紙を貼っているのは、この部分の表面の描写がごく僅かであるのに加え、裏面の裏書を隠さないためである。補強紙は比較的新しく、随心院から善通寺に持ち帰った際に施されたものかもしれない。

表面に補強紙が貼られた「絵図」右上部の料紙には、その紙面左下部分に全体の描写と一体となる山稜線の描写がある。この部分を注視すると、山稜線およびその付近には上から紙を貼っておらず、描写の西側から南東方向にかけて山稜線の描写に沿うように曲線状に喰裂にして補強紙と紙の繊維を継ぎ合わせていることが確認できる。この部分に上から補強紙を貼っていないのは、もちろん山稜線の描写を隠さないためであろう。そのため現在もこの山稜線一帯は表裏に補強紙がないウブの状態となっている。すなわち裏書部分の料紙は、その表面に「絵図」全体の描写と一体となる作成当初の描写が存在していることから、少なくとも絵図作成当初から存在していたと考えられる。

大方虫損によると思われる「絵図」の欠損状態を確認しておきたい。「絵図」右上部分の料紙の欠損状態は、補強紙のある表面

からではなく、裏書がある裏面から確認できる。「絵図」全体の主要な欠損状態を表現すると【図2】のようになる。(9)

「絵図」の欠損状態は、「絵図」表面の天・地双方の際辺それぞれに横のラインで点々と存在する大きくて強い欠損が、折畳んだ際に表面となる裏書部分の欠損と対応関係にあることが確認できる。なお、【図2】に示した主要な欠損状態をたよりに最も基本的な「絵図」の保管形態（折畳み方）を復元してみると、まず「絵図」は天地を結ぶ折線のうち中心の折線で折り、さらに天地を結ぶ折線で蛇腹状に折畳んで縦長に全体を六分割した状態にし、端奥を結ぶ折線で右上部の裏面（裏書①・裏書②のある部分）が表になるように二回折畳んでいたと考えられる。この折り方で保管していた期間が最も長いと考えられる。

以上、料紙のあり方を整理した。「絵図」右上部の紙面はその他の部分と同様、絵図作成時から存続していること、「絵図」は右上部以外に裏打が施され、右上部の大部分には表面から補強紙が貼られているものの、全体的に作成当時の状態から連続していることを確認した。

2　裏書について

つづいて裏書の性格について触れておきたい。裏書き三筆のうち、最も内容の豊かなものは裏書①である。くり返しになるが、この裏書をもとに多くの先行研究では「絵図」の作成年代を徳治二年（一三〇七）としてきた。しかし吉田氏も指摘した様に、裏書①が「絵図」作成当初の経緯を示したものとは限らない。また漠然とした印象論となるものの、筆致の趣きからするとむしろ裏書①よりも裏書②・裏書③の筆致の方が数段古く感じられる。裏書①自体、実際に記入したのは鎌倉後期より下った時期である可能性も充分に考えられる。(10)

それぞれの裏書の配置についても整理しておきたい。既述のとおり「絵図」は長い期間にわたって「絵図」を二四分割した大きさに折畳まれていた。前掲した裏書写真の状態からもうひと折りした状態である。さらに欠損などの状況から判断すると、折畳んだ際に裏書①・裏書②の紙面が表面になるように折畳まれていたと考えられる。そうすると裏書②「一円保差図」はちょうど端裏書のような形で紙面の左端に位置する格好となる。

一方、裏書③「宗形入道」はどうだろうか。高橋昌明氏は、裏書③の筆致について「表の絵図の字と酷似している」と指摘している（高橋八五）。文字の筆致全体についてはのちに検討するが、たしかに「宗形入道」の筆致は、「名《みょう》」と思しき記載など「絵図」の主要な漢字表記群の筆致ととても似ている。たとえば、「宗」のウ冠に着目すると、左斜め下へと伸びる縦線の筆致が共通しており、これは、その他の条里方格線内の漢字表記とも共通している（【写真5】・【写真6】）。そしてさきに「絵図」の保管形態（「絵図」の折畳み方）を復元したとおり、裏書③は折畳んだ際に表面となる裏書①・裏書②の裏面となる位置に記されている。かりに同筆であるとすれば、裏書③を記したのは「絵図」の主要な漢字表記の文字を記した人物である。

【写真5】　裏書③「宗形入道」

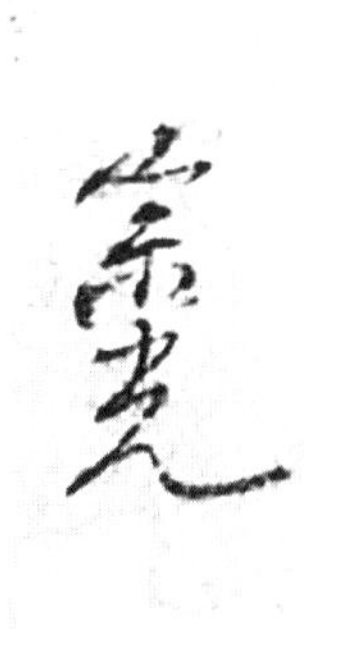

【写真6】　「宗光」（条里方格線内左下部分）

以上、裏書について検討を加えた。とくに裏書①が「絵図」作成当初のものとは限らず、したがって「絵図」が徳治二年（一三〇七）の作成であるとは直ちに判断できないことに留意したい。

3　文字表記の諸段階

「絵図」中の文字表記について検討して行く。「絵図」には七十点を超える文字表記がある。そのなかには、少なくとも三つの異なる筆致があると考えられる。すべての筆致を正確に分類することは難しいが、「絵図」の主題がどこにあるのかを考えるために、大まかな分類を行いたい。

「絵図」全体を概観したときに、一見して最も支配的と考えられる筆致は条里方格線内（フリーハンドの部分を含む）に広がっている「いちのつほ《一坪》」・「あわちとの《淡路殿》」・「くらのまち」・「まなへのたいしん《大進》」・「ししう《侍従》」・「そうしやう《僧正》」・「さんまい《三昧》」・「くないあしやり《宮内阿闍梨》」・「そうつ《僧都》」・「あわのほけう《法橋》」・「せうニ《少弐》」・「いんしう《院主ヵ》」・「あんやうゐん《安養院》」など平仮名表記群（「田ところ《所》」・「いれんの御房」・「三いのり　し《律師》」・「まんたら寺《曼荼羅》」・「ゆきのいけの大明しん《神》」など漢字交じりも含む）であろう。善通寺僧と思しき表記が多いことが特徴である。問題は、条里方格線外に存在する平仮名文字で、とくに「をきとの」・「□□のい」・「ありを□」は「絵図」の理解に大きく関わる。

高橋昌明氏は、「絵図」中の平仮名表記すべてを同一筆致と見ている〔高橋八七〕。このことを根拠として、「用水関係の部分が写真等では一見乱雑に見えるため、後の追筆を予想するむきがあるかもしれないが地名や東、南のような方位を示す絵図にとって不可欠で本来的な注記と、「ありを□」、「をきとの」、「□のい」など用水関係の文字が同筆である以上、その推測はなりたたない」としている。

筆者は、条里方格線内（フリーハンドの部分を含む）に記された平仮名表記は全て同筆であると見ている。同筆と見られる一連の表記は、多くの善通寺僧と思しき表記のほか、「あんやうゐん《安養院》」・「まんたら寺《曼荼羅》」・「ひろ田かしら《弘》」・「よしわらかしら《吉原》」など、構図上の基礎情報が多く含まれている。[11] そして墨色のあり方は、条里方格線や「東」・「南」といった方位の表記との類似性が認められる。

これらの平仮名表記群は、条里方格線や寺領の範囲を示す結界線、方位の表記など「絵図」を構成する主要な描写とともに、最も根本的な表記であると考えられる。これらの表記は、「絵図」作成目的と密接に関わるのではないか。

一方、平仮名表記のうち、条里方格線外の五岳山（我拝師山）の背部にあたる「みなみうら」は、右の平仮名表記群とは明らかに別筆である。また、「絵図」の作成経緯を考える上で重要な論点となってきた「をきとの」・「□□のい」・「ありを□」についても、同筆であることを前提に議論はできない。限られたわずかなサンプルで確定的な判断は避けたいが、あえて条里方格線内の同じ文字と比較するならば、むしろ「をきとの」・「ありを□」は別筆と判断すべきではないか（【写真7】【写真8】【写真9】）。たとえば、【写真7・9】の「との」の筆致に着目すると、字形が異なるのみならず、「の」の筆運びに差異がうかがえる。「をきとの」の「の」は斜線部を引き、そのまま筆を回転させながら曲線部を描いているのに対し、「あわちとの」の「の」は斜線を引いてから一度筆を持ちあげるように曲線を描いて行く書き方をしているようにみえる。[12] 両者は別筆の可能性が高い。なお、「をきとの」・「□□のい」は一連の水源の描写であること、ともに若干の筆の割れを反映した筆致となっていることなどから「ありを□」も含め同筆と見てよい。

【写真7】「をきとの」

【写真8】「ありをか」

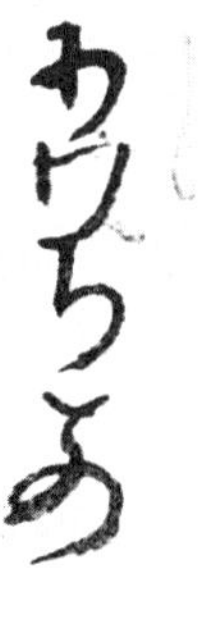

【写真9】「あわちとの」
（条里方格線内左上部分）

つづいて漢字表記の文字について検討したい。こちらも全てを正確に捉えるのは難しい。しかし善通寺伽藍の「東門」、および曼荼羅寺周辺の「畠五丁」は明らかに「名」と思しき主要な漢字表記群とは筆致が異なる。「畠五丁」の直下に描かれる二字の在家の描写は「畠五丁」と一連の描写であろう。

条里方格線内の漢字表記は、おおよそ「名」と思しき名称である。それぞれは墨色や書きぶりがやや異なるものがあるなど、いくつかのまとまりに分類できそうである。ただし、一連の表記で明らかに別筆であると断定しうるものは見出しがたく、それらは実際に書き入れたタイミングの違いを反映しているのではないか。ちなみにこれらの「名」表記は、さきに見た「久安注進状」と一致、もしくは関係すると考えられるものが見られない。これらの漢字表記群が記入された時期は、「久安注進状」の作成段階（久安元年〈一一四五〉）と時間的段階差がある可能性がある。

主要な漢字表記群は、さきに最も根本的な表記とした平仮名表記群とは筆致・墨色が異なっている。両者の表記群は、「絵図」作成当初の同時期に別々の人物が記入した可能性もあるものの、条里方格線内の平仮名表記が最も根本的な表記で、「名」の表記を中心とした漢字表記の文字は、明確な時間差を置いた後の段階で記入した可能性もあろう。

4　「絵図」の描写と主題

【史料二(13)】

一、寺領一円作田用水事

件寺領者、生野郷内興殿并柿俣受二箇所之流、若妨両方之用水、定止一円作田、然者仏聖之闕（後欠）

先に整理したように、高重進氏は「絵図」に描写された南東の二つの水源「をきとの」・「□□のい」が【史料二】に現れる「興殿并柿俣」であるとした。この指摘をうけて高橋昌明氏は【史料二】を十三世紀四十年代のものとみなし、この時期までの善通寺領の用水が「興殿并柿俣」二箇所に限られていたこと、したがってこの時期には未だ有岡大池が築造されておらず、有岡大池は鎌倉中期以降の築造であることを論じた〔高橋八五〕。

さらに木下晴一氏はこうした指摘をうけつつ、「絵図」が有岡大池築造の計画図である可能性を指摘した。有岡大池が鎌倉中期以降の築造にかかる可能性が高いという見解と、裏書①の記述が作成時期を示すものと考えることは一見して整合的である。であるからこそ、先行研究の多くは裏書①を「絵図」作成段階のものと捉え、有岡大池をはじめとする水源・水路の描写が「絵図」作成段階から存在したものとして議論してきた。

しかし、くり返し指摘しているように裏書①が「絵図」作成当初の経緯を示しているとは限らず、有岡大池の描写はその筆致の乱雑さが際立ち、他の描写との趣きの違いがはっきりしている。またすでに検討したとおり水源に付記された「をきとの」・「□□のい」・「ありを□」の文字表記も、絵図作成当初の記載であることは前提にならない。そして、木下氏は「絵図」作成の目的を有岡大池の築造計画図とするが、それでは条里方格線や五岳山の描写、寺僧等の在家や結界線がなぜ描写されているのか、説明がつかない。水源や用配水のあり方などを示した差図は、山城国桂川用水差図など他にいくつか例が存在するものの、それらはいずれも絵画的な景観描写を伴わないものが一般的であろう。

それに対し、吉田敏弘氏は「絵図が精細に表現しようとしたのは、むしろ寺領内の耕地と在家の所在に関してであった」とし、まず「絵図」が支配図として存在したことに着目した。さらに氏は、水源・水路の描写が後筆にかかるもので、「絵図」が少なくとも二段階にわたって利用されたとした〔吉田九七〕。さきにも検討したように条里方格線内の寺僧等の在家描写や寺領の範囲を示す結界線などが最も根本的な描写であるならば、寺領を構成するその根本的な情報が描写された意味を問うべきではないか。

5　善通寺領成立の諸段階と「絵図」

以上、本稿では原本調査の結果をふまえ、先行研究を再検討しながら「絵図」解釈のための基礎情報の整理を行った。最後にこれまでの行論をふまえて「絵図」作成の経緯について考察しておきたい。

本稿では、「絵図」が条里方格線内に存在する善通寺僧等の在家描写や寺領の範囲を示す結界線など、寺領を構成する基本的な描写こそが「絵図」作成の主題であると考えた。こうした「絵図」が作成される契機は、その多くが所領の領域・免除認定に関わる場面である。

ここで善通寺領の成立経緯について簡単に概観しておきたい。[14]善通寺領はもともと諸処に散在していた。十二世紀に入ると天永三年（一一一二）・永久三年（一一一五）にわたり国衙と寺家との間で国役賦課をめぐる相論がおこった。[15]ここで具体的な争点となっていたのは、寺領内の「寺家所司并三昧僧及在家住人等」に対する国役賦課であった。

保安四年（一一二三）には諸処に散在していた状態から一転して寺辺の一円寺領認定を獲得したが、久寿三年（一一五六）には一円領が国衙陥落し、[16]その後また一円免除認定を獲得するなど不安定な状態がつづいた。

十二世紀後半には再び国衙との相論がおこった。国衙から寺辺居住の所司に対して国役が賦課され、住僧たちは堪えきれずに「住僧等皆以逃去」してしまったという。[17]これを不当とした善通寺は、永暦二年（一一六一）・長寛二年（一一六四）と立て続けに本寺東寺を頼って訴訟を起こしている。

【史料三】[18]

（端書）「善通・曼荼羅両寺解状」

讃岐国東寺末寺善通・曼荼羅両寺所司等解　申進　本寺政所裁事

請早被触国衙、任経数百歳例、免除之寺辺三昧所司等在家廿五家国役公事并往古寺領志侍嶋一基兼又春田

十三町糸綿紅花等、宛懸令責堪〔勘〕愁子細之状、

右、所司等謹検案内、（中略）保延四年之比、出雲前司藤経高任ニハ以散在寺領被一薗已畢、又藤中納言任、重被一薗畢、然而此一両任一薗ヲモ乱、又散在之時ノ往古寺領志侍嶋ヲモ被押領、偏背旧例、纔寺辺ニ所居住之三昧所司等ニモ懸種々国役、有限奉免之春田ニモ、俄今付巨多之国役、被責堪〔勘〕之間、自大師御在世之時、所被始置恒例鎮護国家御願并国吏安穏祈願・仏聖燈油之勤・諸仏事等、已皆以及闕怠畢、愁中大愁也、上件条々非例事、為国衙ニハ雖不幾、為御寺ニハ経三百余歳恒例諸仏事等已闕怠之故、尤可愁可悲、望請恩裁、早任解状之旨、被致御沙汰者、弥仰大師御勢、奉祈　朝家泰平国吏安穏之由、无両寺之牢篭、期慈尊之出世、仍勒子細、以解、

長寛二年七月廿日

上座大法師（花押）

少別当大法師（花押）

権別当大法師（花押）

【史料三】は、その間の経緯を示している。国役賦課のため、多くの寺家所司は逃散してしまったが、わずかに残った「寺辺ニ所居住之三昧所司等」までにも国役が賦課され、「春田」にも巨多の国役が賦課された。これにより弘法大師在世時に定め置かれた「鎮護国家御願并国吏安穏祈願・仏聖燈油之勤・諸仏事等」が滞ってしまったという。善通寺は「寺辺三昧所司等在家廿五家国役公事」の免除認定を改めて獲得するために東寺を介し

て（朝廷に）訴えた。

院政期の荘園領主と国衙の間では、こうした免除をめぐる相論が度々起こり、両者は官物の帰属や国役勤否をめぐって激しく争っていた。善通寺と讃岐国の場合、相論の論点が官物の帰属ではなく「三昧所司等在家廿五家国役公事」や「志侍嶋」の帰属が主要な論点となっていた。ここでは、とくに国役賦課をめぐる相論に注目したい。

鎌倉期に入っても断続的に相論がおこった。建仁三年（一二〇三）には「為国衙成連々妨」とされ、国司庁宣によって「早任旧例、為東寺末寺、可停止国衙妨」としている。[19] しかしその後も善通寺領の支配は安定しなかった。貞応三年（一二二四）に訴訟が起こり、国司が「国衙妨」の停止を命じている。[20] 寛喜元年（一二二九）に改めて宣旨によって善通寺領が認定された際には、善通寺領が権僧正深厳に附された。以降、善通寺領は深厳の活動の場となった随心院に継承されて行く。[21]

その後、建長四年（一二五二）にも訴訟がおこった。ここでも「国衙使入部」は停止され、「一円」とか「一円保」と呼ばれる善通寺一円寺辺領はようやく定着して行った。[22]

以上、善通寺領成立の諸段階をみた。十二世紀前半から十三世紀半ばまで、善通寺と国衙は善通寺領の認定をめぐり断続的に争っていた。具体的な争点に着目すると、平安期までの訴訟では、寺家所司・三昧僧等の国役勤否や「志侍嶋」の帰属といった争点が明示されていた。しかし鎌倉期に入ると、相論の要因を単に「国衙妨」・「押領」・「国衙使入部」と表現しており、具体的な争点が判然とせず、この問題をこれ以上追求するのは難しい。

ここで改めて「絵図」の作成契機の問題に立ち返りたい。「絵図」は、寺領の領域と「寺辺三昧所司等」の在家等が主要な描写となっていた。一方、善通寺と国衙の相論では、寺領の認定が大きな問題となっており、とりわけ十二世紀には「寺辺三昧所司等在家」に対する国役賦課がおもな争点となっていたことが明瞭である。「絵図」の描写のあり方と一連の善通寺領成立の諸段階と照らし合わせたとき、両者のあいだには密接な関係が想起される。

寺領認定をめぐる相論は、十二世紀から十三世紀後半まで断続的に行われていた。繰り返された相論のなかで、善通寺側は免除領域の認定や「寺辺三昧所司等在家」への国役免除を獲得すべく、様々な関連文書等を作成していた筈である。[23]「絵図」の作成契機は、やはり寺領認定と寺家所司・三昧僧等に対する国役賦課をめぐる一連の相論であった蓋然性が高い。

では、十二世紀前半から十三世紀後半まで繰り返された一連の相論のなかで、「絵図」はどの段階で作成されたのであろうか。先に検討したように断続的に続いた国衙との相論のなかでも、鎌倉期に入ってからの関係史料には具体的な争点が示されておらず、その内容を明らかにすることは難しい。十二世紀を通じて争点となった寺家所司・三昧僧等寺領住人に対する国役賦課が鎌倉期にも継続して争点となっていた可能性も残されている。現在の研究状況では、長期にわたる寺領の形成過程のなかのどの時期なのか、具体的な時期を特定することは難しい。今後の研究が俟たれよう。

むすび

以上、原本調査の結果をふまえ、先行研究を再検討しながら「絵図」解釈のための基礎情報の整理を行った。その上で推測を交えながらも「絵図」作成の経緯と具体的な契機について考察した。

先行研究の多くは、裏書①を「絵図」の作成年代と捉えて議論してきた。また「絵図」の描写のなかでも、有岡大池など用水をめぐる問題に着目してきた。しかし、①～③の裏書が記載された料紙自体は絵図作成当初から存在したものの、裏書の情報のみで絵図作成の経緯を読み取ることは難しい。「絵図」を理解するためには、裏書の史料批判を深め、「絵図」に寺領を構成する根本的な情報が描写された意味こそ問わなければならない。

本稿では、「絵図」の描写は寺領の範囲と寺僧等の在家描写が基本的な主題となっていたこと、院政期以来善通寺と国衙で繰り返された「寺辺三昧所司等在家」への国役免除と寺領認定をめぐる相論が「絵図」の作成契機となっていたことなどを論じた。

その後の「絵図」の動きについて触れておく。寺領認定・国役免除申請を目的として作成した「絵図」は、当初の目的以外にも利用されていったと考えられる。「名」と思しき表記も、当初の目的とは別の目的で利用したことを示すのかもしれない。また、吉田敏弘氏が指摘したように、一連の水源・水路の描写は、徳治年間の百姓烈参の際に追加補筆したものかもしれない。しかし、裏書の表記を含めて、現在の研究状況ではこれらの点を実証的に明らかにして行くことは難しい。いずれにしても、仮に裏書①のとおり徳治二年に「絵図」が随心院に進上されたのであれば、その契機は「絵図」作成当初の目的とは異なるものであったと考えられる。

さて、「絵図」に関する研究史で見られたような作成契機をめぐる見解の対立は、他の荘園絵図研究でも見られる。たとえば、尾張国富田荘絵図の作成経緯をめぐる研究史では、やはり寺領全体を構成する基本的な情報を描写していることから寺領認定の際に作成されたとする見解と、この絵図が南北朝期に堺相論で利用されたことを根拠として、絵図が堺相論を契機に作成されたとする見解とに分かれてきた(24)。

荘園絵図は、絵図自体に作成契機を明記しない場合も多いため、こうした議論の対立が生まれがちである。しかし、近年高木徳郎氏も強調したように、荘園絵図は作成当初の目的が果たされた後もくり返し利用されて行ったことを想定しなければならない。[25] こうした視角は、本稿で検討した「絵図」や尾張国富田荘絵図の作成契機をはじめ、様々な荘園絵図を解釈する上で今後も重要な視角となるのではないか。

注

（1）中世善通寺領全般に関する代表的研究は、高重進「中世の耕地」（『古代・中世の耕地と村落』大明堂、一九七五年所収、原形初出一九六二・七二年）、「平安時代の善通・曼荼羅寺領」「鎌倉時代の善通寺領」（『善通寺市史 第一巻』善通寺市、一九七七年）、野中寛文「讃岐国善通寺領一円保差図について」（『宗教社会史研究Ⅱ』雄山閣、一九八五年）、金田章裕「土地利用と微細微地形」（『微地形と中世村落』吉川弘文館、一九九三年所収、原形初出一九八九年）、田中健二「讃岐国」（『講座日本荘園史10　四国・九州地方の荘園』（吉川弘文館、二〇〇五年）などがある。

「絵図」を中心的に検討したものに、高橋昌明・吉田敏弘「善通寺近傍絵図現地調査報告」（昭和59年度科学研究費総合研究（A）研究成果報告書 荘園絵図の史料学および解読に関する総合的研究』滋賀大学教育学部、一九八五年）、高橋昌明「善通寺近傍絵図の基礎的研究」（『条里制研究』一、一九八五年）、高橋昌明「地方寺院の中世的展開」（『絵図にみる荘園の世界』東京大学出版会、一九八七年）、吉田敏弘「讃岐国善通寺一円保差図」（『中世荘園絵図大成』河出書房、一九九七年）、木下晴一「「善通寺□□絵図」の再検討」（『条里制古代都市研究』二七、二〇一一年）などがある。

これらの研究は繰り返し言及することがあるため、〔木下一一〕などと略す。高橋昌明・吉田敏弘「善通寺近傍絵図現地調査報告」については、両氏の執筆部分が分かれているため、該当する部分により〔高橋八五〕もしくは〔吉田八五〕と略す。

なお、研究史のなかで当該絵図は、様々な呼称で示されてきた。重要文化財としての登録名称である「善通寺伽藍并寺領絵図」、あるいはそれぞれ別筆にかかる裏書をもとにした「善通寺一円保差図」、「善通寺□□絵図」、便宜的な呼称と思われる「讃岐国善通寺領絵図」などである。それぞれの呼称は、おそらくそれぞれの論者が絵図をどのように理解したか、という問題とも密接に関わって示されてきたと考えられる。本稿では、まず重要文化財登録名称は、とくに伽藍図としての性格を重んじている点において絵図の内容を的確に表現したものとするには違和感を禁じ得ず、また後に検討するように裏書は様々な段階で絵図が利用された目的と関わってつけられた呼称である可能性があり、それぞれの前後関係も明確ではない。したがって、ここでは便宜的な「讃岐国善通寺領絵図」の呼称を用いることにする。

（2）「宮内庁書陵部所蔵文書」『平安遺文』二五六九号。

（3）荘園絵図研究は、一九九〇年代以降に飛躍的に深化すると共に、東京大学史料編纂所編『日本荘園絵図聚影』（東京大学出版会、全七冊）が編纂されるなど史料集も充実してきた。また、ごく最近では同史料集の「釈文編」の刊行がはじまり、荘園絵図の史料学はもう一つ次の段階へと突き進んでいる。本稿はこうした成果にも学びたい。『日本荘園絵図聚影　釈文編二中世二』（東京大学史料編纂所編、東京大学出版会、二〇一六年）参照。

（4）「絵図」に関する基本的な情報については、〔高橋八五〕〔高橋八七〕、および〔吉田九七〕を参照。

（5）〔吉田九七〕掲載「紙面構成と見取図」参照。

（6）「一円保」という呼称自体は、残された史料上では康永二年（一三四三）が初見であり（康永二年）六月二十日　善通寺一円保算用状〈「随心院文書」、『香川県史　8古代・中世史料』「随心院文書」⑶〉）、以降中世後期に使用例がいくつかある。一方、「善通寺一円」・「善通寺一園」の呼称は、弘安三年十月二一日　随心院政所下文（「善通寺文書」、『鎌倉遺文』一四一五〇号）、延応元年二月八日　官宣旨（「高野山寂静院文書」、『鎌倉遺文』五三九〇号）などに見られる。

（7）「善通寺と歴代住職」（『善通寺市史　第二巻』善通寺市、一九八八年）。

（8）たとえば、法遵の記す「此」の字はとても特徴のある筆致であるが、由緒書と【写真4】で共通している。ところで、現在善通寺には「善通寺西院内之図」とされる指図があり、これが「絵図」と同様の表装となっており、この指図に附された表題の筆致も「絵図」と同様佐伯法遵のものと判断される。由緒書に記された「図面」とは「善通寺西院之図」である可能性が高い。「善通寺西院内之図」、および【写真4】として掲載した宝永五年十一月吉祥日　善通寺仁王門棟札銘をはじめとする法遵の筆致および関係史料については、善通寺宝物館松原潔氏に多くのご教示を得た。

（9）裏書部分の紙面は、この部分が表となる状態で保管されていたためか、虫損と思われる欠損のほか、いわゆるもけた状態にもなっており、【図】に欠損状況を正確に反映させることは難しい。

（10）この点について、すでに野中寛文氏は裏書①を「事件が決着した後の覚書的な記事」としてリアルタイムでの表記でない可能性を指摘している。同氏前掲注（1）論文参照。

（11）なお、「絵図」には近代に京都大学が作成した二点の複製本が存在する。それらの複製本には「絵図」原本にない記載が見られる。双方の複製本ともに「ひろ田かしら」には「十五丁」・「よしわらかしら」には「九丁」の記載がある。現在、「絵図」原本の該当部分には、現在摺消したと思しき痕跡が認められる。京都大学作成の複製本については、山口英男「京都大学所蔵「讃岐国善通寺領絵図（写）」の調査・撮影」（『東京大学史料編纂所報』三六、二〇〇一年）参照。

（12）この点については、東京大学史料編纂所宮﨑肇氏のご教示を得た。

（13）（年月日未詳）讃岐国司庁宣案（後欠）（「善通寺文書」、『香川県史8古代・中世史料』「善通寺文書」（72））。

（14）以下、善通寺領の形成過程をめぐる基本的な動向については、前掲注（1）「平安時代の善通・曼荼羅寺領」・「鎌倉時代の善通・曼荼羅寺領」など参照。

（15）天永三年九月二七日　東寺牒（「東寺文書」六芸　礼、『平安遺文』一七七四号）、永久三年十二月十四日　東寺政所下文（「東寺百合文書」ト、『平安遺文』一八四一号）。

（16）久寿三年五月二一日　讃岐国善通・曼荼羅両寺所司解（「東寺百合文書」め、『平安遺文』二八三七号）。

（17）永暦二年四月十三日　讃岐国善通・曼荼羅両寺所司解案（「東寺百合文書」カ、『平安遺文』三一五〇号）。

（18）長寛二年七月二十日　讃岐国善通・曼荼羅両寺所司等解（「東寺文書」六芸　楽乙、『平安遺文』三二九〇号）。

（19）建仁三年六月二十日　讃岐国司庁宣案（「東寺文書」六芸　楽乙、『鎌倉遺文』一三六三号）。

（20）貞応三年十一月日　讃岐国司庁宣案（「白河本東寺百合文書」五六、『鎌倉遺文』三三一七号）。

（21）寛喜元年五月十九日　官宣旨（「善通寺文書」、『鎌倉遺文』三八三四号）。

（22）建長四年九月日　讃岐国司庁宣（「善通寺文書」、『鎌倉遺文』七四八〇号）。

（23）たとえば前掲注（17）所引文書によると、善通寺は十二世紀後半段階の相論で、「寺領本図目録一通」の副進文書を本所東寺に提出している。ただし、この「寺領本図」とは「志侍嶋」の寺領認定に関する公験で、一円領成立以前の散在領の「本図」である。本稿で検討した「絵図」ではない。一円領成立以前の「本図」であることについては、保延元年七月十五日　讃岐国善通・曼荼羅両寺所司解（「東寺百合文書」ユ、『平安遺文』二三二七号）も参照。

(24) さしあたり、上村喜久子「冨田荘」（『講座日本荘園史5　東北・関東・東海地方の荘園』吉川弘文館、一九九〇年）、「尾張国冨田荘絵図」（前掲注（3）『日本荘園絵図聚影　釈文編二中世一』）など参照。

(25) 高木徳郎「荘園絵図の作成目的とその利用」（『早稲田教育評論』三〇―一、二〇一六年）。

附記　本稿執筆に際して、善通寺宝物館松原潔氏のご配慮により、「絵図」および多くの関係史料原本の調査を行うことができた。この場を借り、記して感謝申し上げます。なお、本稿は科学研究費基盤研究（C）研究課題18K00929「荘園景観の歴史過程に関する復元研究」の成果の一部である。

【現地ガイド】

讃岐国善通寺領を歩く

空海生誕地という所伝をもつ善通寺は、四国遍路八十八箇所の第75番札所でもあり、日々多くの観光客やお遍路さんが訪れる場であり続けている。明治四四年（一九一一）には、善通寺から三〇〇mほど南に陸軍第十一師団が置かれ、そのまま現在陸上自衛隊善通寺駐屯地へと継承された。また、「絵図」方格線内の東南部に相当する位置には、広大な護国神社も祀られた。近隣には四国学院大学・善通寺養護学校などの学校もつくられた。善通寺を中心としたこの地域は、現在までに多くの改変が加えられ市街地化した。

そのため、現在の善通寺周辺域は、直ちに中世の景観をイメージすることが難しい。しかし、様々な段階で改変が加えられた善通寺周辺においても、よく観察すると「絵図」に描かれた景観の痕跡を随所に確認することができる。

たとえば「絵図」が寺領の東堺としている条里方格線は、善通寺より東へ三坪（3町）東側である。これは、現在の四国学院大学西側を南北に走る県道二四線のラインに相当する。善通寺東門よりまさに三三〇m程の距離である。その他、一見して市街地化している善通寺門前町には、「絵図」の条里方格線に相当する多くのライン（道・水路）を確認することができ、したがって「絵図」中に示された「寺辺三昧所司等在家」跡地は、ほぼピンポイントで現在の位置を確認することができる。

さらに善通寺中心部からやや離れると、いっそう「絵図」の景観をイメージすることができる。これらの地域では圃場整備が行われたところは多くなく、今後歴史的景観の復元作業の可能性も見込まれる。ここでは善通寺境内および門前町については別に譲り、それ以外の「絵図」の故地を歩いてみよう。

なお、以下の行程はおおよそ善通寺を中心にみて南

【写真1】　有岡大池

側から反時計廻りに巡ることを想定した。

【有岡大池】「絵図」には、寺領の結界線・方格線のすぐ南側に塗りつぶす様な筆致で描かれている。大池から条里方格線に入り込み、誕生院裏を通って北へ通貫する水路（弘田川）も現在確認することができる。大池を目指して善通寺誕生院裏からこの水路を遡って自衛隊基地脇を通り、南西に進んでいくと、市街地から田園風景へと視界も変わってくる。さらに進むと大池の大きな堤が見えてくる。緑の巨大な壁のように視界に拡がる堤の迫力には圧倒される。善通寺誕生院から大池までの距離は、直線距離にしても一・五㎞程度離れており、「絵図」ではこの間の距離感がディフォルメされていることがわかる。

【香色山・五岳山】「絵図」にも描かれているように、善通寺背面から西側には五岳山（東から順に香色山・筆ノ山・我拝師山・中山・火上山）が連なって展開している。香色山は「絵図」では麓に「あんやうぃん」と記された山に相当し、現在の善通寺駐車場背面に位置する。山道および山頂から「絵図」東側を見下ろすことができる。山頂からは西の尾根づたいには、五岳山を縦走する山道が続いている。五岳山全てを登下する山道はとても険しく、踏破するには登山靴・手袋等の装備が必要である。このルートの西端火上山の下山口である鳥坂峠には茶屋「さぬき名物鳥坂まんじゅう」がある。蒸したての饅頭は地元でも有名で、五岳山を踏破した後にたべるとさらに美味しい。五岳縦走ルートを踏破するには五時間半ほどが必要である。

【犬塚】 善通寺境内から五〇〇m強ほど北の位置(緯度34°2307・経度133°7727付近)にある凝灰角礫岩製の卒塔婆で、高さ二・五m程度、四方に梵字「バン」が刻まれている。「絵図」には、条里方格線北側から二列目、東側から五列目の方格線に笠塔婆様の構造物が描かれているが、それをこの「犬塚」に当てる見解がある。ただし現在の「犬塚」の位置は、「絵図」に描かれた構造物の位置(三条七里七坪)からは一坪北(三条七里十八坪)に位置している(条里復元の成果については、さしあたり本論に引用した(木下一一)を参照)。ちなみに、本論で言及した「久安注進状」には、「犬塚」の所在する三条八里十八坪に「大師遊墓」の記述がみえる(以上「犬塚」については(高橋八五)による)。なお、ここから一〇〇mほどの距離には、地元でも著名なうどん屋、宮川製麺所がある。善通寺周辺には、美味しいうどん屋が多いので、事前に調べておくとよい。

【写真2】 犬塚

【曼荼羅寺】「絵図」には、五岳山の北側にやや大ぶりに描かれている。真言宗善通寺派の寺院で、空海の創建にかかると伝えられる。現在四国八十八箇所第72番札所で、後掲の73番札所出釈迦寺は曼荼羅寺奥院との所伝がある(『讃岐国名勝図会』(草稿本))。平安後期には善通寺と共に東寺末寺となっていたが、鎌倉期にはこれまた善通寺と共に随心院末寺となった。「久安注進状」や「絵図」においても善通寺・曼荼羅寺の寺領をはひとくくりにされており、両寺は一体のものとして存在していた。

【水分神社】　曼荼羅寺東南に位置する神社で、「絵図」に現れる「小森」に該当する。現在でも「小森さん」なる通称名は、この地区一帯で聞き取ることができる。曼荼羅寺の所在する谷間一帯の鎮守であり、谷間全体が氏子圏となっている。こうした信仰圏のあり方は、前近代に遡るのだろう。

【我拝師山】　「絵図」にも五岳山の中心として描かれている我拝師山は、五岳山のなかで最も高く険しく、空海が幼少の折に登山したという所伝を持つ。五岳山縦走ルートすべてを歩くには時間的にも体力的にもハードルが高いという場合は、我拝師山の登山をお勧めしたい。我拝師山北麓に位置する出釈迦寺に駐車場がある。我拝師山の中腹には出釈迦寺の「奥の院」があるように、我拝師山は出釈迦寺と深く関わる。出釈迦寺は登山の出発点としてふさわしい。登山道は、中腹の出釈迦寺「奥の院」から急激に険しくなる。鎖場を登って進んでいくと、空海が幼少時に飛び降りたという所伝を持つ「捨身ヶ獄」がある。絶壁の岩肌を背にして視界が広がる西方を眺めていると、たしかに足がすくみ、思わず身が空中に引き込まれそうになる。そこから山頂へはもう少し距離があり行程も険し

【写真3】　出釈迦寺奥の院山門から我拝師山頂をのぞむ

く、山頂付近は樹木に覆われて周囲の景色を眺めるのは難しい。所要時間は、麓の出釈迦寺から頂上までの行程で往復三時間程である。ただしこちらの方は、筆者は五歳の子どもと共にゆっくりと歩いており、ふつうの成人であれば往復二時間程度であろうか。

【生《いき》ノ《の》木《き》大明神】　出釈迦寺すぐ脇の尾根を西側の谷へ出て、その谷の西側傾斜部にある。場所はやや分かりづらい。緯度34°2196・経度133°7464辺りに位置する。「絵図」西側に現れる「ゆきのいけの大明しん」に相当すると考えられている。なお、ここから近く（緯度34°1334・経度133°4453辺り）には、西行が逗留したと伝えられる「西行庵」がある。

以上、「絵図」に描かれた故地を中心に現地を紹介した。善通寺境内や条里方格線内の諸所を含め、ここで紹介したすべてを徒歩で廻るのは効率的でない。登山以外は自動車か、もしくは自転車が望ましい。とくに方格線内は自転車が効率的である（JR善通寺駅ほど近くにレンタサイクルがある）。一連の行程の所要時間は、善通寺境内や条里方格線内の諸所を含めると、登山を除いたとしても一日ではやや難しい（ざっと見るだけならば可能かもしれない）。登山も含めて、少なくとも二日はかけて、ゆっくりと廻ることをお勧めしたい。

【写真4】　生ノ木明神

筑後国水田荘の開発と「村」の枠組み

貴田　潔

はじめに

問題意識　本稿では史料に表記される中世の「村」をめぐって、筑後国水田荘を事例にその歴史的意義を考える。ここで「」括弧つきにした史料上の「村」とは、荘園制下の領有・支配の単位とも言える。

一方で最近では、大山喬平氏が提起する「生活のユニット」の語をめぐり[1]、在地の多様な共同体のあり方が探られてきている[2]。但し、こうした在地の共同体が注目されつつある反面、史料上の「村」との関係をどのように説明すべきかは、研究者の間で十分な認識が共有されていない[3]。

そこで、こうした問題意識に基づき、本稿では在地の共同体との関係も視野に入れつつ、荘園制下の「村」の歴史的意義を考えてみたい。

考察の素材　筑後国水田荘は、領家を菅原氏長者とする荘園で、当初、南嶋村・北嶋村・福嶋村の三ヵ村からなっていた。たとえば、十四世紀には、大鳥居氏・小鳥居氏など天満宮安楽寺（現在の太宰府天満宮）の僧侶がこれらの「村」ごとの預所・下司として補任されている。

とくに、本稿の中心となる南嶋村は、水田荘のなかでも「本村」とも呼ばれ、大鳥居氏の領有が中世最末期まで続く。天正十八年（一五九〇）筑後国下妻郡水田本村検地帳でも多くの耕地が書き上げられたように、天満宮安楽寺の大鳥居氏にとっても重要な所領であった。

課題の設定　ところで、水田荘が位置する九州地方の北部に視野を広げてみると、近年、中世後期村落の研究が進み、畿内近国の惣村にも似た村落共同体が存在したことが明らかになっている。(4) そして、それらの多くは近世村の母体となった。

そこで、こうした研究動向と既述の問題意識を踏まえて、本稿の課題を以下のように設定してみたい。つまり、史料上に見える中世の「村」、在地の共同体、近世村の三者の関係はどのように説明されるべきか。とりわけ、いわゆる村町制に移行する以前の荘園制下の「村」については、これを中世社会のなかで捉えなおす作業が必要とされる。

本稿の構成を示すと、第一章では水田荘における開発のあり方を地理的に概観する。荘園制や村落そのものが地域の開発と深く関連していた以上、灌漑体系を中心とした景観の復元は必要な議論の前提となる。

つづいて、第二章ではそうした景観復元にもとづき、十五世紀の坪付に見える名体制のあり方とともに、十六世紀末まで存続する南嶋村という「村」の枠組みの歴史的意義を考える。そして、中世の終焉に伴う南嶋村の解体を、近世村の母体となった在地の共同体の形成とともに考察したい。

一　水田荘における開発のあり方

本章では、手がかりとして水田荘全体の景観を論じよう。そもそも現代の故地は、大きく西部のホリ水地域（クリーク地帯）と、東部の引き水地域（非クリーク地帯）に区分される。このことを前提としつつ、中世には両者がどのような景観を示していたのか確認したい。

1　ホリ水地域と引き水地域

【写真1】　井田地区の玉垂神社の周囲にめぐるホリ（クリーク）。《2013年4月27日》

筑後平野は極めてフラットな平野であり、網の目状のホリ（クリーク）がよく発達してきたことが知られる。【地図1】では圃場整備事業以前の水田荘故地の灌漑体系を示しているが、広域的な視野で見れば、筑後平野におけるクリーク地帯から非クリーク地帯への移行帯に同荘は位置していた。なお、「ホリ」とはいわゆるクリークのことであり（【写真1】）、本稿でもこうした地元での呼び方に従う。

灌漑のあり方も故地西部のクリーク地帯と東部の非クリーク地帯では大きく異なる。過去の現地調査報告では、地元の方々の「ホリ水」「引き水」という呼び方にならって、両者を【表1】のように区分した[5]。

西部のホリ水地域（クリーク地帯）は、いわゆる氾濫平野にあたる。広域

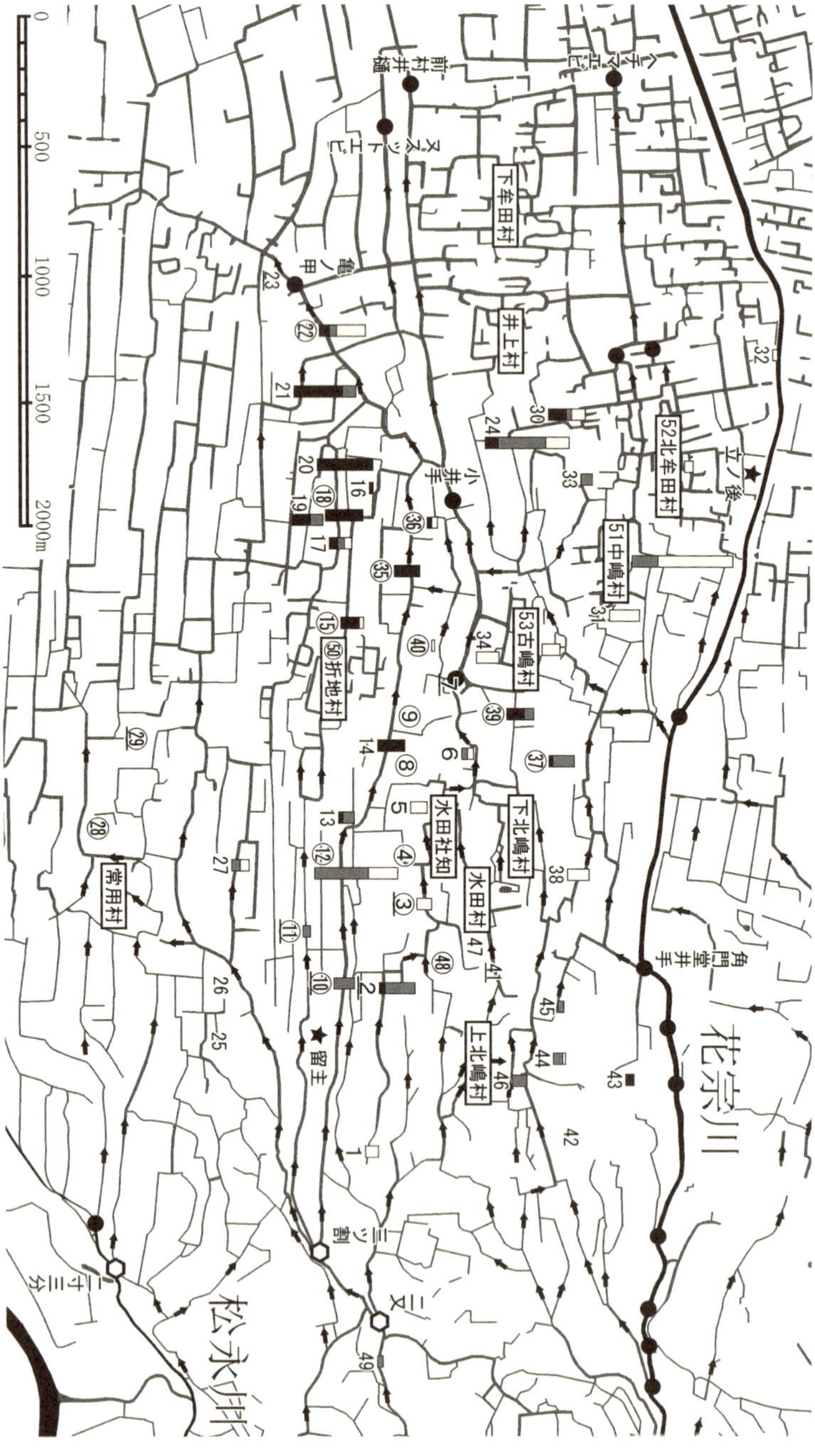

【地図1】　圃場整備事業以前における水田荘故地周辺の灌漑体系と、中世における南嶋村の耕地の比定。
●は現代の主な井堰。□内のゴシック体は18世紀の近世村。数字は【表2】の耕地の名称に対応する。

【表1】 ホリ水地域と引き水地域の概要

<table>
<tr><td>平面イメージ図</td><td colspan="2">ホリ水地域
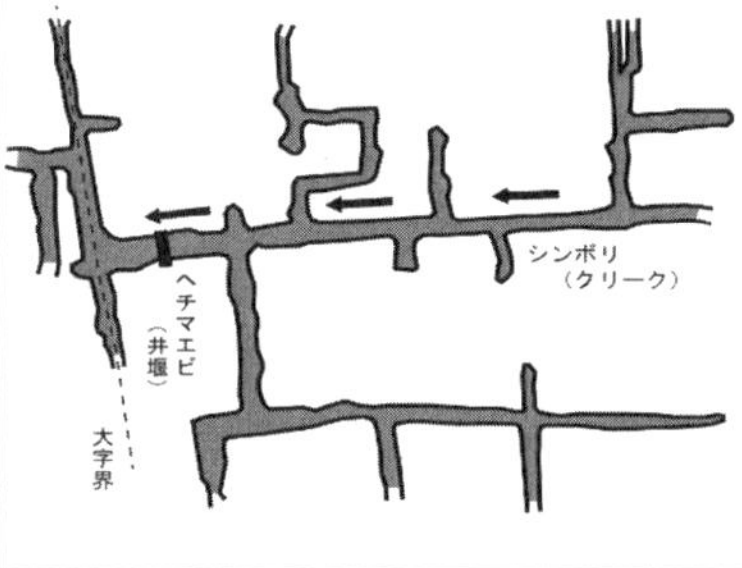</td><td colspan="2">引き水地域
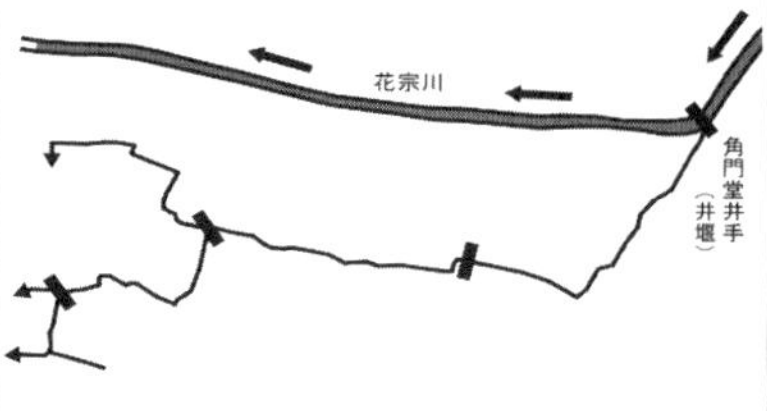</td></tr>
<tr><td>主要な自然地形</td><td colspan="2">氾濫平野</td><td colspan="2">扇状地</td></tr>
<tr><td>水田荘故地の各地区と近世村</td><td>・井田地区〈井上村・下牟田村〉</td><td colspan="2">・折地地区〈折地村〉
・古島地区〈古嶋村〉
・島田地区〈中嶋村・北牟田村〉</td><td>・水田地区〈水田村・水田社知〉
・常用地区〈常用村〉
・上北島地区〈上北嶋村〉
・下北島地区〈下北嶋村〉</td></tr>
<tr><td>田地への引水方法</td><td colspan="2">井堰を閉めてホリに貯水する。踏車を用いて貯水を汲み上げる。人力による揚水。</td><td colspan="2">地形の高低差を利用して水路に水を流す。自然の重力による田地への引水。</td></tr>
</table>

的にみて地形があまりに平坦であるため、自然の重力では田地へ引水できない。地形の高低差がほとんどないからである。そのため、下流の井堰を閉めて、一旦、周辺のホリに貯水を行う。その後、「踏車《ふみぐるま》」（「水車《みずぐるま》」とも）と呼ばれる農具を利用して、ホリに貯めた用水を汲み上げる。

対して、東部の引き水地域（非クリーク地帯）は、主に扇状地の扇端に位置する。広域的な地形に若干の傾斜があり、これは自然の重力で高所から低所に引水するに十分なものである。そのため、ホリはほとんど発達してこなかった。したがって、引き水地域の灌漑としては、河川から取水した用水を水路に流して、それぞれの耕地へ配分させていくことが一般的である。また、田地の畦畔を越して用水を分ける田越し灌漑も広く見られる。

2 ホリ水地域の開発

現代の水田荘故地のなかでホリ（クリーク）の発達が最も顕著に見られた一帯として、西部の井田地区が挙げられる。およそ中世に下牟田と呼ばれたエリアが同地区の周辺に比定される。

下牟田をめぐる最も古い史料は、次の暦応二年（北朝一三三九）北水田蓮信和与状である。内容は蓮信と大鳥居信高の相論に関わる。

【史料一】[6]

和与

筑後国北水田次郎入道蓮信申当国北水田庄福嶋村内〔Ⅰ〕下牟田幷〔Ⅱ〕買地等事、去建(任脱カ)武三年(北朝一三三六)九月十二日・同十月十一日□将軍家(足利尊氏)御下文幷左馬頭殿(足利直義)御教書、欲レ被二下地於蓮信沙汰□付一処、自二信高方一依レ支二申之一、雖レ相二番訴陳二問答一、所詮、以二和議一、〔Ⅱ〕買地幷〔Ⅰ〕下牟田内〈ⅰ〉田地四町号二楠木町一、〈ⅱ〉又六後家当住屋敷、〈ⅲ〉同荒牟田、〈ⅳ〉蓮信後々開発分、信高避二渡于蓮信一畢、此外者、雖レ為二立錐一不レ可二相綺一、若又蓮信親類之中仁自然仁有下申二異儀一族上者、可レ為二替レ面違乱一之間、蓮信相共可レ明二申之一、其段不二相叶一者、□(可カ)[7]レ避二渡彼和与知行分於信高一、如レ此申定上者、代官於二京都一不レ被レ知二此契約一、雖レ申二賜御下知・御教書等一、為二此和与状於放券一、相互和与分可レ令二知行一、背二此之旨一者、可レ被レ付二論所於一円一、次当論所領家年貢已上拾伍石、国本内所二申定一蓮信和与知行分七石五斗□、而同以二和与之儀一、信高可レ令レ究二済彼分領家方一之由、被レ出レ状畢、若信高有二未進一、蓮信知行分仁煩出来者、信高相共可レ明二申之一、仍和与状如レ件、

暦応弐年(北朝一三三九)四月九日

沙弥蓮信(北水田)（花押）

蓮信は「北水田」を名乗るように、十四世紀前半の水田荘を代表する有力な在地領主だったと考えられている。[8] 係争地として、〔Ⅰ〕下牟田にある土地と〔Ⅱ〕買得地が和与された。さらに詳しく見ると、〔Ⅰ〕の内容は、

〈i〉「楠木町」という田地四町、〈ii〉又六後家が住む屋敷、〈iii〉「荒牟田」、〈iv〉蓮信による「後々」の開発地からなる。「此外者、雖レ為二立錐一不レ可二相綺一」（この他は一切の侵害を認めない）という条件が伴うものの、和与状の趣旨は係争地の全てを蓮信が所有すべきとする。

ところで、〈iv〉「蓮信後々開発分」とは何か。「後々」の語を将来・未来の意味で捉えるならば、和与の時点において、今後開発されていく土地を指すと考えるべきだろう。〈iii〉未開発地である「荒牟田」が蓮信の所有とされたこととも関係する。つまり、蓮信は、単に現在の耕地の所有権だけでなく、「荒牟田」の開発権まで主張していたのである。

ここでの「荒牟田」とは単なる荒地でなく、広大な氾濫平野を表す。たとえば、建治元年（一二七五）成立の『名語記』は多数の語彙を収録した辞書だが、このなかに「ムタ」の項がある。「草シケ《（茂）》リタル ヌマ《（沼）》ヲ田舎ニハムタトナツケ《（名付）》タリ如何」という問いに対して、「ムタハミツチカノ反　水近歟　又ムタヲハ牟田トカケ《（書）》リ　ミツタ《（水田）》歟」と答える。(9)「ムタ」とは草の茂った沼であり、「ミツタ」とも説明する。水田荘の荘名も、現在の花宗川の南側に広がっていた後背湿地の景観から名づけられたものだろう。

現代の井田地区は、引き水が不可能なホリ地域にある。このことからすれば、北水田蓮信も「荒牟田」の開発にホリ（クリーク）を利用した可能性は高い。近隣の筑後国三潴荘では十三世紀後半に「網池」という表記でホリの存在が知られるが、(10)中世の下牟田の周辺でもホリの築造と利用が始まっていた。考古学の成果としては、井田堀越遺跡や井田古屋敷遺跡などで中世のホリと見られる遺構が検出されている。(11)

ともかくも、①当時、下牟田の一帯で湿地から耕地への開発が進行中だったこと、②湿地の開発権が大鳥居信高と北水田蓮信の間で争われたことだけは認めても良いだろう。以上のように、ホリ水地域では未だ開発途上の

【写真2】「三ツ割」と呼ばれる分水点。
水田地区、折地地区、常用地区に用水を配分する。
《2012年11月15日》

観を呈しており、十四世紀の段階に高い生産性は読みとれない。

3　引き水地域の開発

一方、引き水地域では、中世の開発はどの程度進んでいたのだろうか。前述のように、扇状地の扇端として広域的に若干の傾斜があり、地形の高低差を利用した引水が可能な地域である。

ここでは、水田地区・折地地区・常用地区および上北島地区の南部に用水をもたらす、二又・三ツ割という分水地点に注目したい（前掲【地図1】・【写真2】）。これらの地区は次章で述べるように中世の南嶋村の村域に含まれていたエリアである。

現代における南嶋村故地の灌漑体系を見てみると、二又で用水が二分割され、さらに三ツ割で三分割される。二又・三ツ割は広域的な用水配分の起点として、現代でも重要な意味を持つ。圃場整備事業以前は、松永川に設けられた松永井手（後掲【地図4】）から取水されており、ここからの用水が二又・三ツ割へと流れていた。

さて、こうした現代の灌漑体系の基礎はいつ形作られたのか。

天正十八年（一五九〇）筑後国下妻郡水田本村検地帳には「ふたまた」の地名が見え、この時期には既に分水地点としての二又が存在していたことがうかがわれる。[12] また、三ツ割からの三つの分流のうち、一つは現代でも「折地溝」と呼ばれるが、これは寛文三年（一六六三）水田村上ノ百姓中願口上書にも見える。[13] さらに、同史料に見える「堀田口」は現代の堀田溝の取水口に比定すべきである（後掲【地図3】）。これらの点からすれば、松永川からの用水が配分される二又・三ツ割周辺の灌漑体系は、少なくとも十六〜十七世紀の段階で既におよそ現代に近い概形ができあがっていたと理解される。

なお、現代の松永川は花宗川の分流にあたるが、花宗川に関しては近世以後の人工河川という伝承が知られる。(14) しかし、一次的な文献史料の裏付けはなく、決して伝承の域を出るものでない。

たとえば、考古学の成果に注目すると、松永川周辺では旧流路とみられる溝を検出した遺跡が多い。最大幅約一二・六mの溝SD001を伴う鶴田前畠遺跡、幅約一二・六mの溝SD001を伴う新溝松原遺跡、幅約一一・八mの溝1SD001を伴う久恵野元遺跡などである。(15) また、地水環境学の分野でも、矢部川中流域は乱流を起こしがちな扇状地に位置すると評価されており、一般的にこうした扇状地河川は堆積物のために無数の分流を生み出しやすい。(16)

こうした考古学や地水環境学の成果を踏まえれば、矢部川扇状地では中世の遙か以前から無数の自然分岐が作り出されており、分流河川が蛇行しながら頻繁に流路を変えていたと理解するのが妥当だろう。そして、花宗川や松永川も本来そうした自然の分流の一つであった。

但し、人間による地域の開発が進展してくると、それらの分流河川の水量を安定的に統御する井堰の構築や、流路の固定化が図られる。花宗川の取水口にあたる花宗堰や、松永川の取水口にあたる増永井手など諸所の井堰の構築を通じて水稲栽培に必要な農業用水が確保されてきたのだろう。前述したように、南嶋村故地の東部において、二又・三ツ割周辺の灌漑体系は十六〜十七世紀の段階で既に概形ができあがっていたと見られるが、こうした背景には松永川の流路の安定化を想定すべきである。

それから、本章の最後に、引き水地域における勧農の問題、すなわちこうした灌漑体系の維持のあり方についても推測を加えておこう。

文安五年（一四四八）水田荘南嶋村坪付に見える「井れう」、年未詳水田荘南嶋村坪付に見える「井料」（ともに水田地区の小字上居竜・下居竜に比定、【地図1】のNo.10）は、工藤敬一氏が指摘するとおり、中世の井料田から地名に転化したものだろう。(17) こうした井料田の設定によって、二又・三ツ割周辺の灌漑体系は維持されてきたと理解される。

なお、現代の小字上居竜・下居竜に隣接した場所には留主という小字がある。おそらく天満宮安楽寺の留守職を担った大鳥居氏に関連する地名であろうが、想像を逞しくするならば、灌漑施設の維持に宛てる井料田と領主の直営田の連関性を論じた、服部英雄氏の研究を想起させる。(18) 南嶋村の預所・下司を務めた大鳥居氏によって井料田の設定が行われ、灌漑体系の維持が努められたことも想定として考えられるだろう。

以上のように、中世後期の段階で引き水地域においては、現代に連続する灌漑体系がおよそ形作られていたと結論づけられる。

二　南嶋村における「村」の枠組み

前章で概観したように、水田荘の開発のあり方は大きく氾濫平野のホリ水地域と、扇状地扇端の引き水地域に区分される。続く本章では同荘のなかでも南嶋村を取り上げ、その具体的な耕地の分布を復元する。

さらに、こうした耕地に対する勧農の問題を視野に入れつつ、近世には解体していく南嶋村という中世の「村」の歴史的意義を捉えたい。

1　南嶋村における耕地の分布

最初に、坪付や検地帳に見える地名の比定から、中世における南嶋村の広がりを確認しておきたい。先に掲げた【地図1】では、中世史料に見える南嶋村の地名を現代の小字の位置に比定した。(19) 耕地の地名を多く拾える史料としては、いずれも既に挙げたものだが、❶文安五年（一四四八）水田荘南嶋村坪付（前欠）、❷年未詳水田荘南嶋村坪付（後欠）、❸天正十八年（一五九〇）筑後国下妻郡水田本村検地帳などがある。(20) ❷は後欠であるものの、名の名称など内容から見て❶に近い十五世紀のものと推測する。(21) また、❸の標題に見える「水田本村」とは南嶋村を示すものと見られる。

❶から❸を含む中世史料から現代の小字・集落に比定できる南嶋村の地名は、【表2】の五三ヵ所があり、これらは【地図1】の数字と対応する。

さて、【地図1】を再び眺めてみると、いくつか気づくことがある。

先ず、南嶋村の耕地の多くは、二又・三ツ割の水がかりに見事におさまる。十六世紀の段階には既に分水地点としての二又が存在していたことは前述したとおりだが、中世における南嶋村の開発は二又を起点とした灌漑体系の構築と連動したものだったと想像される。

それから、次に気づくのは、村内における上田・中田・下田の偏りである。【地図1】ではNo.1からNo.53までの地名について、積み上げ式の棒グラフを併せて示した。これは❸に見える上田・中田・下田の面積を表しており、最も薄いグレーが上田を、中程のグレーが中田を、最も濃いグレーが下田を示す。

【地図1】から理解できるのは、下田が村域の西部に集中するという傾向である。現代の故地に即して言えば、十六世紀の段階で下田が集中していた南嶋村の西部は、引き水地域からホリ水地域への移行帯に当たる。

❷年未詳水田荘南嶋村坪付（後欠）	❸天正18年（1590）筑後国下妻郡水田本村検地帳		
名田部分	上田	中田	下田
			5.19
		9.05	1.69
1.60	4.39		
2.60			
	4.94		
	1.73	1.68	
7.80			
4.40			
1.20		6.05	
1.40		2.24	
13.50	8.80	15.98	
		3.36	1.28
			8.15
5.60	1.33		5.47
			1.11
	2.20	1.96	2.49
4.00			11.10
		3.70	5.49
			16.51
		3.88	14.42
34.00	8.64	2.05	3.00
	6.94	14.18	3.85
	2.67	2.58	
1.00			
	4.08	1.56	5.23
	8.97		
	1.47		
		3.37	
	6.68		
6.00			7.61
8.20	1.71		1.32
26.20		6.32	1.17

【表2】 南嶋村における耕地の名称と田地の面積
(単位＝反、但し、現代地名に比定が可能なもののみ)

耕地の名称	❶文安5年(1448)水田荘南嶋村坪付(前欠)	
	名田部分	雑免部分
1.嶋めくり、しまめくり		
2.中八反、なかはつた、なかはつ田		
3.とた嶋まへ、とたしまのまへ、冨田嶋之前、とた	1.60	1.60
4.小榎、小ゑの木	2.60	
5.西まへむた		
6.なかいけ		
7.いてのかまち		1.60
8.鬼塚		
9.しりかま、しりかた	5.80	
10.井れう、井料	1.20	5.00
11.平れ石、平石、ひられいし	3.60	0.60
12.しやうふけ、しやふけ		
13.ねすミくらい		
14.いせのまへ、いせのうしろ、いとのわき		
15.おり口、おりくち		
16.い手ノもと		
17.道こし		
18.丁のつほ、丁の坪、ちやうの坪	8.00	
19.柳そへ		
20.水おて		
21.くす木町		
22.鯰上、なまつのへ		
23.嶋丁		4.40
24.宮司てん、神宮司てん		
25.葉須和		
26.の口		
27.道の下		
28.ふしの木、ふしのき	1.00	
29.大しま	1.80	8.00
30.しらつち		
31.かねのめん、かねノめん田、鐘めん屋しき		
32.せつくてん		
33.たうて		
34.ほりノ内		
35.ゆるき田		
36.小馬太郎、駄太郎、古田太郎、こた太郎		
37.榎崎、榎さき、ゑノ木さき		

	6.41		
		2.83	5.27
	0.87		
			2.48
	0.89	2.71	
		1.71	1.60
		4.36	
		1.69	
18.40			
	22.56	7.69	
	2.59		
	5.32		

但し、筆者の聞き書きによれば、現代では引き水地域よりも、むしろホリ地域の方が地力は高かった。水稲を栽培する夏期には大量の貯水がホリに存在しているため旱魃に強く、また農閑期の冬期にはホリの底に溜まった肥沃な泥土をかき揚げて田地に肥料として投入したという。

しかし、こうした現代の聞き書きとは全く逆に、❸のなかで、南嶋村の西部の一帯はその東部よりも評価が低い。このことは図化を行った筆者にとってもやや意外な結果であった。いったいどのような理由があるのだろうか。

一つの背景として、中世と現代を比べた際の揚水技術の差があろう。前述のように、ホリ水地域ではホリに溜めた用水を踏車と呼ばれる農具で汲み上げることで水稲栽培が行われてきた。けれども、一般的な農業史の理解によれば、畿内近国で踏車が開発されるのは十七世紀のことであり、さらにそれが改良された、いわゆる万右衛門車が筑後平野に登場するのは十八世紀後半からである。したがって、踏車が未だ普及していない中世には、打桶（【写真３】）のような単純な器具をもって、ホリの貯水を汲み上げたものと推測される。[22]

38.ほこの下、四反田ほこの下		
39.ひ溝、ひみそ	1.80	
40.かミすき	2.00	
41.まいたし		5.60
42.きつね塚		
43.しやうしり、さうしり		
44.出口、しのしまノ出口		
45.しの嶋ひかし、しのしま		
46.きやうして		
47.馬場		
48.七反田	1.00	
49.ふたまた		
50.おりち		
51.中嶋、中しまノ内、中した分、中しま、中した、なかしま、中したノ内		
52.北むたはし、北牟田、北むた田		
53.小したノ前、こしまノまへ		

とくに、中世に下田が集中していた折地地区の一帯（No.15～23、50）は、花宗川にも松永川にも接していないため、これらの河川に独自の取水源（井堰）を設けることは物理的に不可能である。そのため、上流のエリアからの余水を灌漑に用いることになるが、未熟な揚水技術でホリから用水を汲み

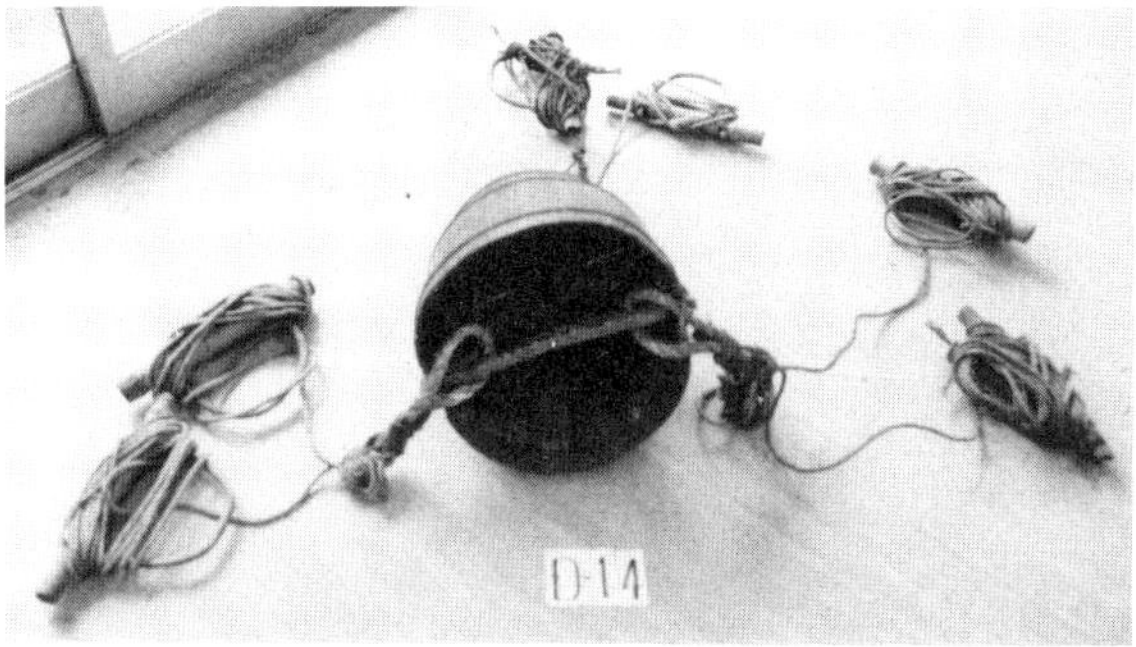

【写真3】 現代の打桶。地元の方々によれば、揚水や揚泥のために用いた。筑後市郷土資料館所蔵の民具資料。
《写真：筑後市教育委員会提供》

上げるしかない耕地も多かったはずである。

もう一つ、上記の揚水技術の問題とも関連して、ホリ水地域における乾田化の問題も考えておかねばなるまい。たとえば、水田荘の西に位置する三潴荘では、鎌倉期の段階で未だに牟田地（湿地）が拡がっており、それが荒野と渾然一体となっていた景観が想定されている。(23) 水田荘の場合も、先に史料一で触れたように、十四世紀の下牟田では「荒牟田」と呼ばれる未開発地が存在した。(24)

こうした湿地帯において湿田が乾田化されるためには、ホリの底を深く掘り下げるとともに、その掘り上げた泥土をもって耕地を嵩上げする作業が必要となる。こうした改良は、耕作面とホリの水面との間に高低差を生み出すことで、耕土の排水を良好にするという効果をもたらす。

だが、揚水技術が十分に発達していない中世において、耕作面とホリの水面の間に大きな高低差を作り出すことは、一方で用水確保の問題から相当に不利な面も生んだはずである。筑後平野の湿地帯で乾田化が大きく進展するのは、やはり近世以降のことと考えるべきかもしれない。

以上のように、❸に見える南嶋村の耕地の分布は、東部と西部の間で大きな偏りがあった。なかでも高い生産性が想定される上田・中田は、村域の東部に集中していた。引き水地域に含まれる一帯であり、この点からも二又を起点とする灌漑体系が同村の開発で重要な役割を果たしたと理解される。

一方、ホリ水地域との移行帯にあたる村域の西部の生産性が向上していくのはおそらく近世以降のことであり、十六世紀末の段階では未だに下田が集中する湿地帯の様相を色濃く残していた。

2　名の編成と「村」の枠組み

以上のように、中世の南嶋村は、二又を起点とした灌漑体系に沿って村域を形成していた。さらに、生産力の中心はこの二又から引水が可能なエリアにあった。つまり、南嶋村という「村」の存在そのものが中世の開発に大きく規定されていたと言える。

では、南嶋村の歴史的意義はどこにあったのか。この問題について、本節と次節で①名の編成と、②近世村の成立という視点から考えよう。

先ず、①中世における名の編成だが、十五世紀の南嶋村では均等名体制が採られていた。先に触れた工藤敬一氏の研究によれば、同村には十八の名と三十の小在家があったが、前者の面積は二町代でほぼ均分されており、各名には「屋敷銭」(〔地料〕)という均等公事が賦課された。

さて、本章で取りあげている❶文安五年(一四四八)水田荘南嶋村坪付と❷年未詳水田荘南嶋村坪付は、かつて工藤氏が南嶋村における名の編成を分析した際に用いた史料だった。【地図1】を改めて見よう。この地図で丸囲みの数字は、二つの坪付のなかで十八の名が耕地を保有していた場所の地名を示す。一方、下線を附した数字は十八の名に編成されない耕地、すなわち雑免部分の耕地がある地名を示す。

名の分布の一例として、黒丸名を挙げる。現代の小字に比定できる同名の耕地を見てみると、❷の坪付ではNo.3の「冨田嶋之前」、No.8の「鬼塚」、No.22の「なまつのへ」、No.28の「ふしのき」、No.35の「ゆるき田」がある。また、❶の坪付では、前欠のため黒丸名の耕地の全体が解らないものの、No.3・No.28に加えてNo.39の「ひ溝」も記される。【地図1】でこれらの分布を確認すると、同名の耕地は南嶋村の村域に広く散在している。

そして、こうした傾向は黒丸名に限られたことでなく、多くの名が散在的な耕地の分布を示す。ちなみに、中世の散在名に関しては、豊前国金田荘をめぐる服部英雄氏の研究があり、同一の灌漑体系に収まる名々の共同性が論じられた(25)。こうした他荘の研究は、現代の二又の水がかりのうちに各名の耕地が散在する南嶋村の事例を考える上で示唆に富む。

但し、仮に南嶋村で十八の名が灌漑体系を共同利用していたとしても、その共同性が下からの自生的なものだったと言えない。あくまでも名を編成し、各名の耕地がおよそ均等になるよう耕地を割り付けたのは、領主の立場にある大鳥居氏である。勧農に対する領主権力の意志を捨象させたところで、「村」の共同性は論じられない。ここでの「村」と名の関係は、領主権力と名主による二重の勧農(26)に対応するのだろう。

3　近世村の成立と南嶋村の解体

次に、②近世村の成立を考える。これまで触れてきたように、【地図1】に示したNo.1からNo.53までの地名の分布が、およそ中世の南嶋村の村域に相当していた。

しかし、南嶋村という「村」は十六世紀末に突如として消える。立花宗茂による文禄年間の検地(27)とともに、いわゆる村切りが行われたためである。南嶋村の村域は分割され、新たに複数の近世村が成立した。

この村切りによって、かつての南嶋村の一帯では、十七世紀になると水田村、折地村、常用村、古嶋村、中嶋村、北牟田村、北嶋村という新たな近世村が確認されるようになる。したがって、似た村名であるものの、中世史料に見える「水田本村」(南嶋村)と近世史料に見える「水田村」を同一の村として見ることはできない。

さらにまた、少なくとも十八世紀までに水田村は大きく水田社知と水田村に分かれ、北嶋村も上北嶋村と下北嶋村に分かれた。この段階の近世村は【地図1】にも表示しているが、これらの近世村と比較すれば、中世の南嶋村の村域がいかに広大なものだったか理解されるだろう。

ところで、領有・支配の単位として史料上に現れる前近代の「村」は、かならずしも現地の村落の実態そのものといえない。いうなれば、中世の「村」は制度的な外皮として私たちの目に映る。このことを理解しなければ、近世初頭の南嶋村の村切りは、近世大名のトップダウン的な施策としてのみ評価されてしまうだろう。

たしかに十五世紀中葉の南嶋村は、領主権力のもとで均等名を構成しつつ、「村」の枠組みを強固に保守していたように見えた。しかし、わずか一世紀半の後、近世大名の領国政策があったとは言え、突如として同村は解体し、複数の近世村に分割されていく。このことにはいささか唐突な印象を受ける。また、以降、近世を通じてこれらの村々が行政村として定着していくことの意義は、どのように理解したらよいのか。

ここで想定されるのは、こうした中世の「村」が解体する前提として、近世村の母体となる共同体が既に芽生えていた可能性である。

そこで、在地の寺社の視点からこうした共同体の存在を探ってみよう。【表3】は寛文十年（一六七〇）の久留米藩寺院開基と社方開基写から作成した(28)。あくまでも近世の寺伝・社伝に過ぎないが、水田荘故地の村落で寺社の多くは中世に遡る開基や再興を伝えていた。たとえば、折地村の正観寺は天文十五年（一五四六）の開基を伝える。同様にそれぞれの村落のなかで寺社の建立をめぐる伝承は、十六世紀前半をピークとする。

もう一つ、同じく折地村に関しては、大神宮の存在も興味深い。この神社は、現代の折地地区の中心的な集落である、「本村《ほんむら》」の集落に位置する（【地図2】）。この本村の大神宮のすぐ北側には、現在、水田地区の小字伊勢ノ脇があり、伊勢信仰を主体とするこの神社に関連した地名と理解される。そして、❸天正十八年（一五九〇）筑後国下妻郡水田本村検地帳にも「いせのまへ」「いせのうしろ」「いとのわき《（せカ）》」の耕地名（【地図1】・【表2】のNo.

【表3】 水田荘故地の寺社と、寛文10年（1670）久留米藩寺院開基および社方開基写に見える由緒

村名	寺院名	近世の寺伝	神社名	近世の社伝
水田村	光運寺（天台宗穴太流）	明徳年間（1390～1394）の再興（大鳥居信永代）。	水田天満宮	嘉禄2年（1226）の造立。
	来迎寺（禅宗五山派）	嘉吉年間（1441～1444）の再興（大鳥居信証代）。		
	浄弘寺（浄土真宗）	天文11年（1542）の開基。		
折地村	正勧寺（浄土宗）	天文15年（1546）の開基、天正15年（1587）頃の中興。	大神宮	
常用村	興満寺（浄土真宗）	天文8年（1539）の開基。	天満宮	
井上村			玉垂命神社	寛永11年（1634）の庄屋下川八郎兵衛尉による開基。
下牟田村			玉垂神社	建長6年（1254）の大鳥居法印による開基。
			御霊神社（下村）	建長6年（1254）の大鳥居法印による開基。
中嶋村	久昌寺（来迎寺末派）	天正年間までの間に大鳥居信寛による寺領2町の寄附あり。	天満神社	元和4年（1618）の開基。
北牟田村			玉垂神社	永正8年（1511）の江崎藤右衛門による開基。
			天満宮	
古嶋村	浄念寺（浄土宗）	天文2年（1533）の開基。	老松神社	寛永6年（1629）の中興。
北嶋村			天満神社	

14）が見えることからすれば、十六世紀末の段階に大神宮は現在の場所に位置し、既に本村の集落によって祀られていたのだろう。

十六世紀後半の肥前国・筑後国では村落に居住する民衆のレベルにまで伊勢信仰が浸透していた(29)。旧来より天神信仰を主体としてきた領主大鳥居氏の関与とは異なるところで、伊勢信仰の大神宮が村落の神社として勧請されたという理解が妥当である。

なお、この本村の大神宮に関しては、戦前から座組を組織することで毎年の座祭を運営してきたことが知られる。古老の方々によれば、近年まで本村の集落では内村《うちむら》、持丸《もちまる》、北方《きたがた》、西方《にしがた》の四つの組に家々を分けることで座祭を執り行っていた（地図2）。とくに注意したいのは、「モチマル」の音を持つ持丸の座組である。この組の家々は

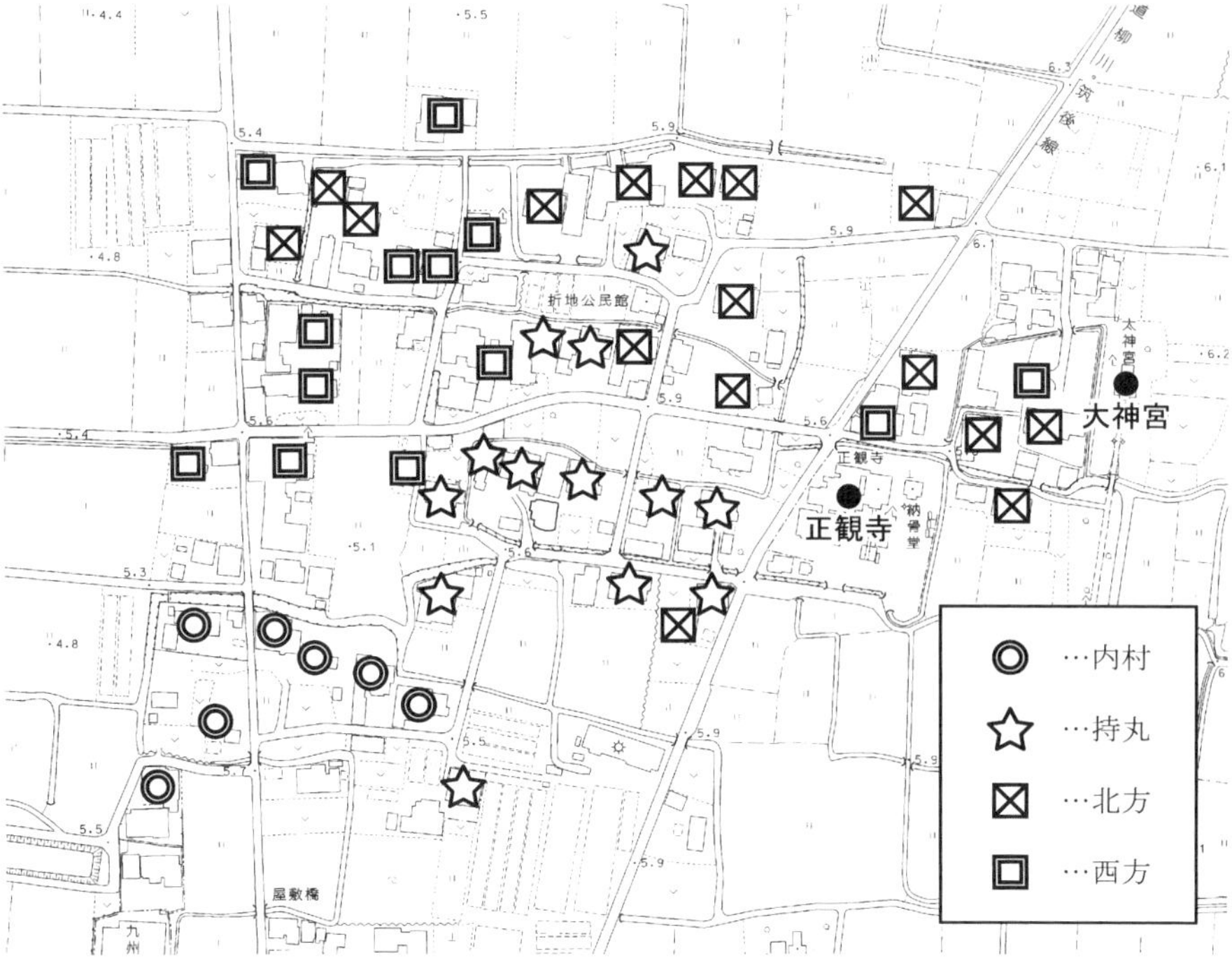

【地図2】　折地地区の本村と大神宮のかつての座組。
《原図：1/2,500地形図「古島」（筑後市役所、2002測量・2011修正）、50％に縮小》

本村の集落のおよそ中心部に位置するが、音通から考えれば、中世の用丸名に起源を持つ名称でないかとも推測される。近世の折地村へと連続する本村の集落もこの名の人々を中心に形成されたと考えるのは、行き過ぎた推測だろうか。

　いずれにしても、十六世紀には南嶋村という「村」の外皮の下で、後の近世村に連続する在地の共同体が既に形成されていた。

むすびにかえて

本稿では、近世村の成立以前に存在した荘園制下の「村」を社会的にどのように位置づけるべきか考察してきた。

　南嶋村の場合、二又を起点とする水がかりが村域と重なるように、「村」の枠

【写真4】　折地溝。三ツ割からこの溝を通じて折地地区へ用水がもたらされる。《2012年9月21日》

組みは創出された。さらに、この水がかりに包摂されながら、散在的な均等名も編成された。こうした編成には灌漑体系の共同性が必要とされたはずであり、領主権力の勧農の意志を読み取るべきだろう。南嶋村から描かれる「村」の印象は、海老澤衷氏が「開発特区」としての意義を論じた和泉国日根荘日根野村のそれとも重なる[30]。

しかし、十六世紀末の村切りにともない、中世の「村」の枠組みは解体する。代わって集村的な在地の共同体を母体に、近世村が出現した。

ところで、南嶋村の解体にともない、勧農のあり方はどのように変化したのか。筆者はこれも近世村によって担われていったと考える。勧農の問題に関して、本稿の最後に、三ツ割と呼ばれる分水地点の事例を改めて注目したい（前掲【写真2】）。ここからの用水はほぼ均等に三分割され、水田地区・折地地区・常用地区へもたらされる。

そして、この三地区は近世の水田社知・水田村、折地村、常用村に相当する（前掲【地図1】）。現在、三ツ割から分かれる水路のうち、水田地区へ向かうものが「本溝《ほんみぞ》」、折地地区に向かうものが「折地溝《おりじみぞ》」と呼ばれる（【写真4】）。前述のとおり、十七世紀の史料に「折地溝」は見える。

ここで三ツ割の事例を紹介したのは、現代の水利慣行においてこれが重要な分水地点と、地元の方々に強く認識されているからである。引き水地域のなかでも旱魃が多かったこの一帯では、三ツ割からの分水は地域の灌漑で極めて大きなウェイトを占めており、圃場整備事業の以前はしばしば三地区の間で激しい水争いが起こったという。このように、三ツ割からの分水は、各地区内の共有的な水利権として認識されてきた。

けれども、そもそもこうした水争いの本質には、中世から近世にいたる勧農の変化を考えるべきだろう。当然ながら近世村のそれぞれを単位とする水利権は、村切り以前の南嶋村で大きく表出することはない。領主大鳥居氏が勧農の単位として捉えていたのは、あくまで南嶋村という「村」と十八の名であった。同村は二又を起点とする開発の枠組みという色彩を多分に帯びていた。

だが、十六世紀には近世村の母体となる在地の共同体がたしかに形成されていた。こうした在地の共同体の形成と、それを単位とする水利権の形成は連動的に捉えられる。つまり、近世村の成立は、勧農のイニシアティヴが領主権力から在地へより深く下降していく過程の上に位置づけられる。

近世村に結実する共同体の形成とともに、かつて地域の開発を担った南嶋村という中世の「村」は、歴史的な役割をこのようにして終えていった。

注

（1）大山喬平『日本中世のムラと神々』（岩波書店、二〇一二年）。
（2）荘園・村落史研究会編『中世村落と地域社会』（高志書院、二〇一八年）。
（3）貴田潔「荘園・村落史研究会編『中世村落と地域社会』」（『民衆史研究』九四、二〇一八年）。
（4）稲葉継陽「戦国期北部九州における領国支配と村共同体」（『日本近世社会形成史論』校倉書房、二〇〇九年《初出二〇〇四年、旧題「戦国期北部九州における領国支配と村に関する覚書」》）。
（5）貴田潔編著『筑後国水田荘故地調査報告書』地誌編・史料編補遺（海老澤衷研究室・花書院、二〇一五年）。以下、故地の聞き書きは同書による。

（6）「太宰府天満宮文書」（『大宰府・太宰府天満宮史料』第十一巻―一四四頁）。以下、竹内理三・川添昭二・吉原弘道編『大宰府・太宰府天満宮史料』第一巻～太宰府天満宮史料附録（太宰府天満宮、一九六四～二〇〇九年）による。また、同史料集には史料番号がないため、該当する史料は巻数と冒頭の頁数で示す。

（7）『大宰府・太宰府天満宮史料』注（6）は「其段不相叶者、避渡彼和与知行分於信高」とするが、九州大学附属図書館文系合同図書室配架の写真帳（文　国史／一八／二八／四、以下同）では「避渡」の上に欠損が確認されるので、「□」を補った。

（8）工藤敬一「九州における均等名体制の成立と性格」（『九州庄園の研究』塙書房、一九六九年《初出一九六六年》）

（9）田山方南校閲・北野克写『名語記』巻第四（勉誠社、一九八三年）。

（10）服部英雄「筑後川下流域・クリーク地帯における荘園景観と淡水灌漑」（『景観にさぐる中世』新人物往来社、一九九五年）。

（11）『筑後市文化財調査報告書』第二九集（筑後市教育委員会、二〇〇〇年）、同第七五集（同会、二〇〇七年）。

（12）「太宰府天満宮文書」（第十七巻―二五三頁）。

（13）「太宰府天満宮文書」。貴田潔編著『筑後国水田荘故地調査報告書』史料編（服部英雄研究室・花書院、二〇一四年）に史料一として翻刻。

（14）亀崎卓爾「自然環境」および近本喜続「水利施設の開発」（ともに筑後市史編さん委員会編『筑後市史』第一巻、筑後市、一九九七年）。

（15）『筑後市文化財調査報告書』第十一集（筑後市教育委員会、一九九四年）、同第十二集（同会、一九九五年）。

（16）丸居篤・原口智和・郝愛民・中野芳輔「矢部川における農業水利の歴史的考察」（『九州大学大学院農学研究院学芸雑誌』六二（一）、二〇〇七年）。

（17）「太宰府天満宮文書」（太宰府天満宮史料附録―三七五頁）、「太宰府天満宮文書」（第十二巻―三八二頁）、工藤敬一前掲論文注（8）。

（18）服部英雄「地名による歴史叙述」（『地名のたのしみ』、角川書店、二〇〇三年《初出二〇〇〇年》）。

（19）具体的な地名の比定は、貴田潔前掲編著注（5）による。

(20) ❶・❷は前掲注(17)に、❸は前掲注(12)に同じ。

(21) かつて工藤敬一氏は、❷に記された二郎丸名が❶に見えないことから、❶と❷の間に時期の違いを指摘した注(8)。しかし、❶には「已上弐丁五段中四郎丸名」「以上二丁四反三丈四郎丸名」と四郎丸名の記載が二ヵ所に見えるのであり、何れかが二郎丸名の誤記と思われる。したがって、❶も❷も、同じ十八ヵ名が南嶋村に存在した近い時期のものと考える。

(22) 寛文三年(一六六三)水田村上ノ百姓中願口上書注(13)に「下人打桶之者」という表現が見える。十七世紀の地域社会において、揚水具としての打桶が広く普及していたことがうかがわれる。

(23) 服部英雄前掲論文注(10)。

(24) 史料一で田地四町が存在したとされる「楠木町」は、折地地区の小字楠町に比定される(【地図1】・【表2】のNo.21)。史料一に見るとおり、当初、福嶋村下牟田のうちに含まれていたが、南嶋村の村域拡大に伴い、十五世紀の中頃になると、楠木町の一帯は南嶋村に包摂されていく。

❸天正十八年(一五九〇)筑後国下妻郡水田本村検地帳にも「くす木町」の耕地が記されるが、その合計は中田二反二六五歩・下田一町四反一二七歩とされる。十六世紀末に至っても耕地の質的改良は達成されず、未だに生産性の低い湿地帯の様相を色濃く残していた。

(25) 服部英雄「豊前国金田庄故地における中世景観の復原」(同前掲著注(10)、《初出一九八五年、改訂》)。

(26) 黒田俊雄「鎌倉時代の荘園の勧農と農民層の構成」(『黒田俊雄著作集』第五巻　中世荘園制論、法蔵館、一九九五年《初出一九六二年》)。

(27) 中野等・穴井綾香『近世大名立花家』〈柳川の歴史4〉(柳川市、二〇一二年)。

(28) 古賀正美解読・古賀幸雄編集校訂『寛文十年久留米藩寺院開基』(久留米郷土研究会、一九八二)、筑後郷土史研究会編『水田村郷土史』(同会、一九五七年)。

(29) 久田松和則「西北九州における伊勢信仰の受容と展開」(『伊勢御師と旦那』、弘文堂、二〇〇四年《初出一九九六・一九九七年、旧題「九州地方に於ける伊勢信仰の受容と展開」》)。

(30) 海老澤衷「鎌倉時代の立荘と村落形成」(『歴史評論』七一四、二〇〇九年)。

附記　本稿の内容は科学研究費（特別研究員奨励費、研究課題「中世内海地域における歴史空間論の構築」、二〇一二～二〇一四年度、および若手研究（B）、研究課題「前近代の平野部地域における景観史と災害史の融合的研究」、二〇一七～二〇一九年度予定）の成果の一部を含む。

【現地ガイド】

筑後国水田荘を歩く

筑後国水田荘は、現在の福岡県筑後市の南部に位置した荘園である。降車の駅はＪＲ鹿児島本線の羽犬塚駅か、もしくは筑後船小屋駅を利用するとよい。平成三十年（二〇一八）現在の情報によると、両駅からは筑後市観光協会のレンタルサイクルも利用できる（事前に要確認のこと）。筑後平野は非常に平坦であるので、自転車でも走りやすい。さらに本格的なロードサイクルやもしくは自動車であれば、北の広河荘や三潴荘も十分に目指すことができる。

もし現地見学にゆっくりとした時間が取れるのであれば、自転車に乗って広大な筑後平野のなかで九州荘園の風を感じることを強くオススメしたい。

【水田天満宮】 故地の大部分では、昭和六二年（一九八七）から本格化した圃場整備事業によって景観が大きく失われた。そのため、現地見学の際にはポイントをしぼって、歩くことが大切だろう。

水田荘故地にはじめて訪れる人は、最初に水田天満宮に足を運んでいただくとよい。荘鎮守として位置づけられるべき神社である。中世後期には、領主の大鳥居氏の一族である角《すみ》氏が「長吉坊」ないし「東北院」と称して社僧を勤めていた。

また、戦国期には大鳥居氏自身も太宰府天満宮を離れて、しばしば水田荘に長く在荘するようになっていた。天正十五年（一五八七）には「上下水田居屋敷」が大鳥居信寛に安堵されており、それまでの荘園経営の拠点であった。近代に入ると神仏分離の影響を受けるが、本来、水田天満宮の周囲には社僧・社人たちの屋敷が存在していたほか、門前は現代まで商工業者の集住する町場としての性格を残していた。

現地を訪れる季節に恵まれれば、十月二五日には水田天満宮の神幸祭が見学できるだろう。午前には華やか衣装で地区内も練り歩く稚児風流（福岡県指定無形文化財）が奉納され、午後の神幸で下宮へ神輿が渡御する。現在、同宮に伝来する天文十年（一五四一）の火王・水王の面も、本来、神幸行列の矛に据えられたものとされる。

なお、社殿は平成三年（一九九一）の台風で被害にあったが、保存解体修理により、寛文十二年（一六七二）に建立されたことが判明している。

【筑後市郷土資料館】　水田天満宮の東門を出て、すぐ近い水田公園の木陰に筑後市郷土資料館が建つ。地域に根ざした小さな資料館ながら、水田荘近辺の考古・民俗資料も展示される。

考古資料に関しては、井田堀越遺跡からの木製品が興味ぶかい。中世の枡の木片が一部残されており、想定される容積は現代の京枡の〇・六〇二升に過ぎないという。国内で現存する中世の枡として極めて貴重である。その他、荘域内外から出土した土器や輸入陶磁器、肥前狛犬、一石一字経などが所蔵される。

さらに、民俗資料としては、踏車や打桶（前掲【写真3】）などの農具が展示されており、ホリ（クリーク）が発達した湿地帯の農耕のあり方を学べる。

もちろんこれらの常設展示の内容は変更されることもあろうから、何か見学の目的がはっきりしているのであれば、事前に館に確認した方がよいだろう。

【故地東部の耕地】　水田天満宮・筑後市郷土資料館から南東に向かうと、大規模な圃場整備事業の影響を受けていない耕地の景観を少し目にすることができる。もし次の二又・三ツ割方面に向かうのであれば、そうした耕地を観察しながら進むのもよいだろう。

たとえば、【地図3】では小字馬場・馬出シ・前田・行司田の周辺から始めるコースを示した。応永二二年（一四一五）小鳥居信満田地売券に「まへた」が、文安五年（一四四八）水田荘南嶋村坪付に「まいたし」が、天正十八年（一五九〇）筑後国下妻郡水田本村検地帳に「きやうして」「馬場」が見えるように、これらは中世に遡る地名である。

【二又・三ツ割】　再三述べたとおり、二又・三ツ割

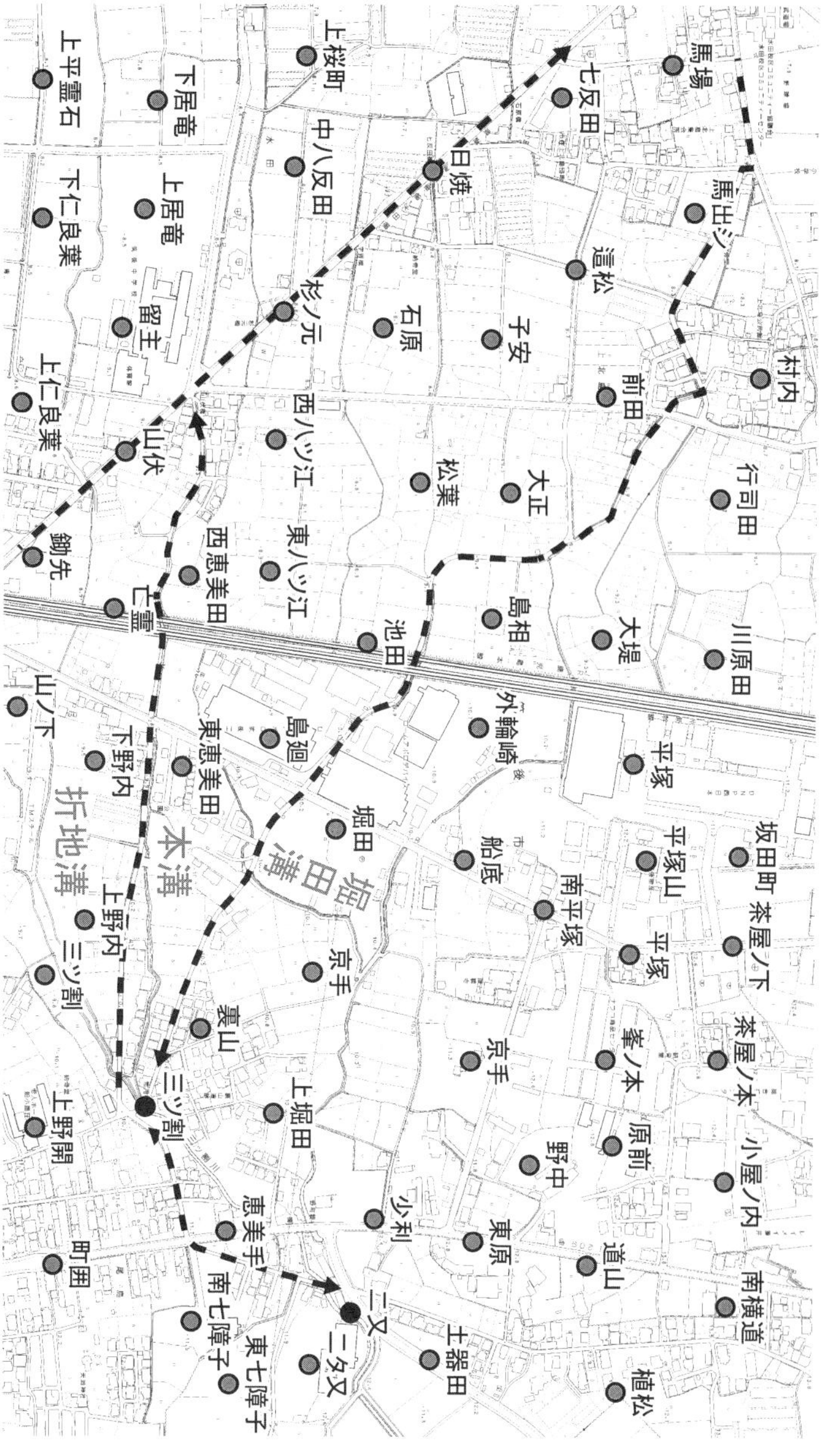

【地図3】 故地東部の見学推奨ルート(破線)。○のゴチック体は現代の小字。このルートを通った場合、小字馬場・馬出シ・前田・行司田・島廻・二タ又・中八反田・上居竜・下居竜・上平霊石・七反田付近の耕地を目にできるが、これらはいずれも中世に遡る地名である。
《原図:1/2,500地形図「上北島」(筑後市役所、2002測量・2011修正)、25%に縮小》

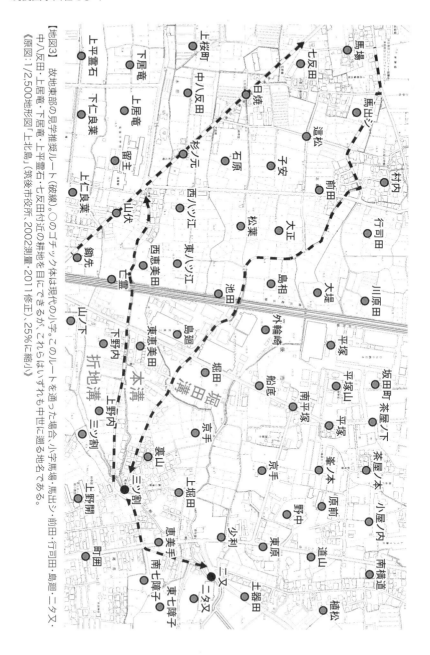

からの灌漑体系は、南嶋村という「村」の基盤であった。圃場整備事業が過ぎた現在でも、これらは地域の重要な分水地点として残る。土手はコンクリートで固められたが、旧来の水利慣行は崩れていない。

それから、五月初旬の頃には「溝さらい」がおこなわれる。南嶋村故地の水田地区・折地地区・常用地区および上北島地区の人々は総出で、同じ日に二又・三ツ割からの水路を清掃する。本来は農耕前の季節における水路の土手の修繕であった。そして、溝さらいの日程は各地区の区長同士の調整で決まるという。こうした溝さらいの慣行は、地区を超えて灌漑体系を維持するものとも言える。今も生きる広い地域の農業慣行のなかに、失われた南嶋村の共同性のわずかな残滓を読み取ることができるかもしれない。

なお、新興住宅地化した三ツ割周辺は、やや場所がわかりにくい上、駐車スペースもない。さらに、二又との間には交通量の多い国道二〇九号線が走っているため十分に注意したい。

【故地西部のホリ（クリーク）】　故地の西部に目を移すと、フラットな氾濫平野のなかで「ホリ」と呼ばれるクリークが発達してきた。この地域を代表する文化的景観といえる。

圃場整備事業によりほとんどのホリは失われてしまったが、注意深く集落の近くを歩くと、わずかながらにも残されたホリを目にすることができる。たとえば、井田地区の玉垂神社（筑後市井田一番地、前掲【写真1】）や島田地区の玉垂命神社（筑後市島田六七〇番地、【写真5】）の周囲には比較的良好に残る。

なお、島田地区の玉垂命神社は近世の北牟田村の神社であり、中世に「北牟田」と呼ばれたエリアにあたる。近くには「立ノ後」の小字もあり、在地領主の居館を想起させる。実際にその南側の島田外屋敷遺跡からは数mの幅を持つ溝が複数確認されたほか、輸入陶磁器を含む十五～十六世紀代の遺物も検出されている。

中世の北牟田は南嶋村の一部であったが、例外的に二又・三ツ割の水がかりから外れており、かつ均等名にも編成されていなかった（前掲【地図1】）。同村のなかでも周縁部といった様相を色濃くしていた。こうしたホリ水地域ではホリの貯水を灌漑の基盤に、小領主の居館や農民の屋敷を中核として開発が進められたのだろう。

【写真5】 島田地区の北牟田の玉垂命神社にわずかながら残るホリ。《2008年4月12日》

【広河荘・三潴荘へ】 およそ花宗川を越えると、熊野社領筑後国広河荘の故地である。【地図4】に示したルートをほぼ直線に北へ三～四㎞ほど進むと、広河荘の中核である坂東寺に到着する。境内で目にできる文化財として貞永元年（一二三二）石造五重塔が残る。

水田荘の関係で言えば、康暦三年（北朝一三八一）に同荘が「両庄堺牟田」に老松社を勧請しようとしたところ、広河荘の新熊野神人が発向し、相論になったことも知られる。さらに、至徳二年（北朝一三八五）に水田荘の百姓石丸・鬼丸が逐電した際には、広河荘若菜（現筑後市若菜）や三潴荘八江牟田への隠遁が疑われているので、彼らの逃亡ルートを考えるのも楽しいだろう。

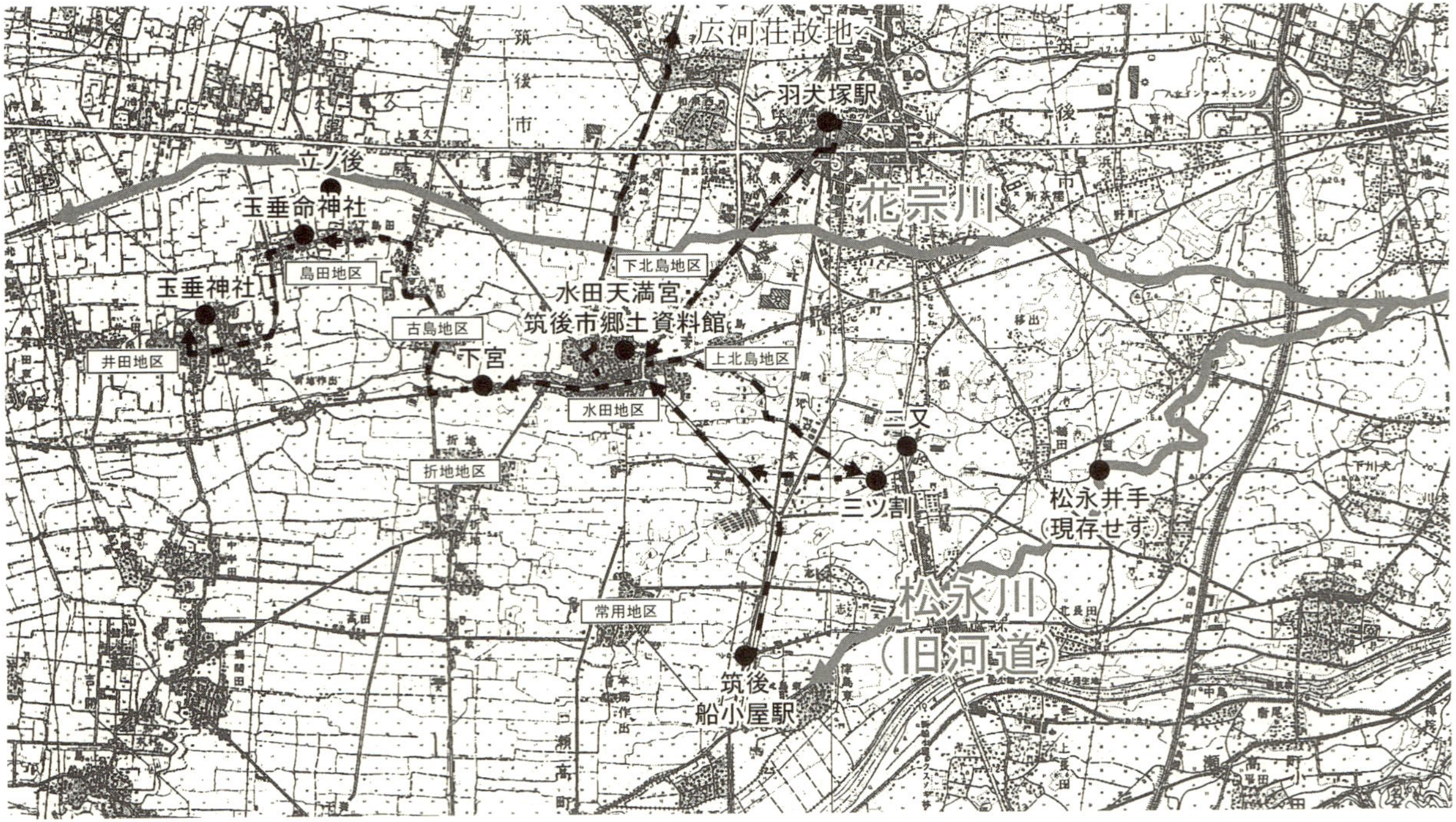

【地図4】　圃場整備事業以前の地理と、見学推奨ルート（破線）。□内のゴチック体は水田荘故地の各地区（現代の大字）。推奨するルートそのものは、圃場整備事業が過ぎた現在も基本的に変化していないので、安心して利用されたい。
《原図：1/25,000地形図「八女」（国土地理院、1976）、同「羽犬塚」（同所、1977）、150％に拡大》

重要文化的景観と豊後国田染荘

海老澤　衷

はじめに

田染荘の小崎地区に初めて足を踏み入れたのは一九八〇年五月頃のことであった。大分県の教育庁に勤務して二ヶ月程たった頃、後に田染小学校の校長になられた河野了氏に導かれてのことであったが、宇佐宮の神官であった田染氏の中世の館跡として知られる台園（集落の俗称、小字上ノ原《はる》）を歩き、延寿寺に存在する「石殿《せきでん》」という石造物を知った。この後、国東半島でいくつかの石殿を見る機会を得たがこの延寿寺の石殿がもっとも精巧なものであり、石造物としての石殿のモデルと言ってもよいものであった。全体は入母屋造りの家屋で小屋組には垂木も彫り出され、軸部には平入り部分の表裏に六地蔵が浮き彫りにされ、妻には聖観音像と一体の脇侍が彫られ、もう一方の妻には虚空蔵菩薩があり、この面に次のような銘文があった。

于時応仁弐歳丁亥八月彼岸日

大願主宇佐栄忠　謹言之

というものであった。もちろん、新たな職場に赴任したばかりの筆者には、なかなか解読できず、河野氏の助けを借りて、これが宇佐神宮の永弘家に伝わる文書群にしばしば登場する宇佐（田染）栄忠が願主となって造成されたものであることを知ったのである。中世文書と石造物をこれほど重ねることができるものであるのかと感慨にふけりつつ、延寿寺の真正面にある耶馬（溶結凝灰岩がドーム状に地表に突き出たもの）の一つである夕日岩屋に上った。岩峰の中腹まで行くと小さな金比羅の祠があり、眼前には西叡山、華ヶ岳、烏帽子岳というそれぞれ歴史を背負った山容の明確な山が立ち、その谷間に小崎の集落が眺望できた。この眺望が三十数年後に重要文化的景観に選定されるとは夢にも思わなかったが、「重要文化的景観」という概念そのものが存在しなかった当時においても、長い時間を経て作り出された人々の営みと自然の調和した姿に感動することができた。この日を境として新たな中世的世界に踏み込むこととなったのである。

一　一九八〇年七月二八日～八月一日の調査

赴任して一年間は、大分県庁の総合庁舎という建物の一角にある「歴史民俗資料館設立準備室」という部屋で執務することになった。宇佐市に建設中の「大分県立宇佐風土記の丘歴史民俗資料館」という施設に時々準備室のスタッフと出張する機会があり、ついでに宇佐郡・国東郡地域を中心として史跡や建造物を視察するのが仕事のかなりの部分を占めていた。「うさ・くにさきの歴史と文化」という館全体の展示構想はすでに固まっていて、割り当てられた仕事は「宇佐八幡の文化」を明らかにすることであった。大分県の歴史を通史的に展示するというような一般的な、官庁的な考えは採られていなかったのである。当時の大分県の文化財関係者は九州のみならず、全国的な視野に立って構想を練っていた。直接的に目標としていたのは奈良国立文化財研究所の飛鳥資料館であった。逸品・実物の展示を中心とせず、模型・レプリカを中心として地域を学ばせるというものである。エントランスホール正面には、六郷満山文化(1)の象徴的な位置にある巨大な熊野磨崖仏のうちの大日如来像を像上にある梵字曼荼羅のレリーフとともに実物大で置き、また国宝の建造物である富貴寺大堂についても小屋組の部分までは再現できないものの各柱間は原寸大にして、軸部のすべてを模型展示する方針がとられていた。これに対して「宇佐八幡の文化」コーナーでは、国宝である宇佐神宮本殿の十分の一模型が作成されつつあった。精緻にして華麗であり、学術的に貴重なものではあったが、スケールが小さい。企画展の時に宇佐神宮より借用する「応永の古図」(2)や社家の到津家、永弘家、小山田家に伝わる文書などが主な展示品で、この地から沸き上がって、全国に及んだ八幡信仰を象徴するスケールを引き出せるのは「東大寺八幡縁起絵巻」の八幡神入京の場面であろうということでスタッフの構想はほぼ一致していた。

さらに私にはもう一つの任務があった。宇佐八幡宮はたくさんの荘園を領有していたが、その実態については歴史書などの説明が難しすぎて一般の人は理解できない。誰でもがわかるように目に見える形で示すようにという注文であった。この注文に頭を悩ませる毎日であったが、八〇年五月に行った田染地区小崎の訪問が大きな転機をもたらすこととなったのである。準備室の上司であった後藤宗俊氏(文化課主幹との兼務)と主任の真野和夫氏(準備室の運営を任されていた)に小崎地区の展示としての有望性を説明したところ、たちどころに現地に宿泊して調査するようにとのアドバイスをいただいた。お二人とも埋蔵文化財を専門にしており、泊付きの調査が当時の常識だったのである。七月二八日から八月一日にかけて、梅雨明けが遅かったのであろうか、時に豪雨にも遭いながら、田染荘において最初の調査をすることになった。当時「かのう」という田染大庄屋の屋敷跡の民宿があり(3)、文化課の若手の人とともに田植えが終わったあとの谷間を歩いた。五月にお世話になった河野了氏の当時のご自宅は、小崎川の上流で空木《うつぎ》の沢と小藤《おふじ》の沢が合流する枡渕《ますぶち》というところにあって、様々なご配慮をいただくこととなったのである。この時の調査の目的は二つあった。①大字嶺崎の悉皆的な地名調査（【表1】）、②正和四年六月日　沙弥妙覚（宇佐定基）田畠等配分状(4)などを手がかりとする尾崎屋敷の復原（【図1】）、であった。この後、三十年以上にわたって続く国東半島の荘園村落遺跡分布調査の第一歩となるものであったと言えよう。二つの調査目的はその後の調査と保存との関係を考えると、若干のずれはあるもののスタートの位置として大きな誤りはなかった。まず、①であるが、二〇一〇年代に入って行われた重要文化的景観の領域策定においては大字嶺崎の半分、小崎地区のみが選定された。これには平成の大合併とともに行われた大字名称の変更が大きく関係している。明治二十年の市町村制の発足の際、この地域では近世村の統合が行われて大字が発足した。桂川の支流である小崎川の流域は大きく上流部と下流部に分けられて上流部が小崎村、下流部が横嶺村であった。それぞれに村庄屋が支配する村高三〇〇石超の標準的な近世村落と言える。それが近代に入ってそれぞれの村の一字をとって新たな大字《おおあざ》となったのである。小崎川流域が一つにまとまったのであるから、近代化のなかでの自然の成り行きとも考えられることであった。一方で、明治政府の村庄屋を廃止する政策がここでも貫徹していたことになる。したがって、大字をもって単純に伝統的な村落であるとは言えない。そこには明治政府の方針が色濃く反映していることになる。一方で、調査段階においてこの大字嶺崎を「不自然な村落」と思ったことは一度もなかった。住んでいる人たちも住所表記で大字嶺崎と書くことに何のためらいもなかったが、その一方で「小崎の人」、「横嶺の人」という意識も明治から平成に至るまで持ち続けていたのである。結果、平成の大合併(5)のなかで大字は「田染小崎」、「田染横嶺」という大字に再度分割されたのである。八〇年七月の調査成果としてこの時の文化財レポートに掲載した表「豊後高田市田染地区大字嶺崎地名一覧」は現代では作り得ない昭和という一つの時代の所産であったことになる。そこには六一箇所の小字と一四三箇所の「小字内地名」を掲載した。この「小字内地名」を網羅的に表記したことが、その後の調査を展開する上での跳躍台になったと考えられる。「明治二〇年に定められた小字の領域の中に自然状態にある地名を閉じ込めた」という批判はありうるが、(6)一つの地名の記録法はこれによって達成されたと言えるであろう。

次に②の尾崎屋敷の復原の問題に移ろう。①の表で、小字はほぼ漢字表記となっているが、これは明治二一年に作製された大字・小字台帳によるものである。それに対して「小字内地名」は現地での聞き取り調査によるもので、音による記録を重視し、すべてカタカナとした。小字と「小字内地名」で正和四年　沙弥妙覚（宇佐定基）田畠配分状の記載地名と共通するものに〔日ノ出〕（読みはヒノヅル）のようにツノ括弧を付した。このようなものが小字で五カ所、「小字内地名」で九カ所、合計一四カ所存在する。ここから現在の表記の田染横嶺と田染小崎に沙弥妙覚の所領がたしかに分布することを突き止めた。

この調査が終わって間もなく、文化庁の記念物課に勤務する服部英雄氏が公務で大分県に来訪され、筆者が公用車を運転して案内することになった。(7)結果、七月末に行った調査は服部氏が編集に加わっていた『日本歴史』三九三号の「文化財レポート」に「豊後国田染荘の復原調査」（一九八一年二月刊行）として掲載された。

このレポートでは結論として田染定基の所領構造について次のように述べている。

（一）「名《みょう》」そのものを所領基盤としたのではなく、「名」内に散在する零細な耕地とその周囲の草原（荒野）を基本的なユニットとした。

（二）上ノ原という舌状小台地に拠点を築き、小崎川流域に支配の重点を置いた。

【表1】　豊後高田市田染地区大字嶺崎（1980年）地名一覧

〈大字田染横嶺〉

	小字		小字内地名
①	〔**日ノ出**〕	1	コシノイワ
		2	ショウガツデン
		3	ザッコク
②	堀田	4	イワワキマエ
		5	ツカブサ
		6	カマグサ
		7	ソトシンデン
		8	コダケ
		9	カワダ
③	鳥免		
④	鈴ヶ森	10	ギヤギヤ
		11	ヒロブサ
⑤	園田	12	ナガヌキ
		13	フカマ
		14	フチノベ
		15	ヒロブサ
		16	ババ
⑥	江ノ元		
⑦	川原田	17	トビウサ
⑧	田中	18	リョウサンダ
		19	ナシノモト
		20	センジョガケ
		21	クチノタ
⑨	小原	22	タネンブン
		23	ジョウリュウ
⑩	〔**松尾**〕	24	ホリノウチ
⑪	恵良		
⑫	西田	25	リュウタツ
		26	フタゴザン
		27	マツモト
		28	カドゴウ
⑬	上屋敷	29	スギノシタ
		30	オオタニヤ
		31	コウジツ
⑭	平原	32	ノジ
		33	ウエノノジ
		34	シタノノジ
		35	キョウヅカ
⑮	下屋敷	36	ニイズミ
		37	センジュウ
⑯	岩脇	38	コエトウ
		39	ニナジリ
		40	ヒロブサ
⑰	古野	41	タオ
		42	イワノウエ
⑱	中フケ	43	〔**ツルカイケ**〕
⑲	中屋敷	44	ウエノクボ
		45	ヒラバル
⑳	カヲトフ	46	シショウダニ
㉑	坂本		
㉒	畑	47	ノダ
		48	カマミガキイシ
㉓	地蔵平		
㉔	高山	49	シンゲ
		50	ナカヤブ
		51	ヒデシ
㉕	サセフ	52	ハネイワ
㉖	重山		
㉗	〔**峰**〕		

〈大字田染小崎〉

	小字		小字内地名
㉘	六郎園		
㉙	上ノ原	53	ドウノマエ
		54	ナカヤシキ
		55	カドウ
		56	〔**ミスミ**〕
		57	〔**タネノブ**〕
		58	〔**ミドオ**〕
		59	〔**イイヅカ**〕
		60	フロノモト
		61	ヒガシ
㉚	六反田	62	ショウタク
		63	ニナジリ
㉛	行司田	64	トウノモト
		65	タカオサ
㉜	竹ノ下	66	ゴクデン
㉝	〔**池ノ内**〕	67	テラダ
		68	ヤバル
		69	ヤケヤマ
㉞	下ノ山	70	ミチシタ
		71	カドタ
		72	ナワシロタ
		73	ミチウエ
		74	ドベタ
		75	ビワオサ
		76	イワノウエ
		77	ワクトイワ
		78	ガキニワ
		79	カベツ
		80	カズラモリ
		81	オヤマ
		82	ソウズガモト
		83	マドタ
㉟	原	84	イワダ
		85	ハルシモノタ
		86	イワノハナ
		87	ケンノキ
		88	ナカゴウラ
		89	ナガンタ
		90	イセヤマ
		91	オカタ
		92	〔**ヤマノクチ**〕
㊱	七ツヤ	93	キレイケ
		94	ハナノタ
		95	トオバケタ
		96	ハカノシタ
㊲	ケシナ	97	シカキ
㊳	〔**合田**〕	98	ヤナガツボ
㊴	上大平		
㊵	大平	99	タノハタ
		100	イヤレミチ
		101	タフノキ
㊶	〔**多々良**〕	102	ケンノキ
		103	ババノシタ
		104	オセドウ
㊷	〔**弓切**〕	105	アサノサコ
		106	〔**マツバラ**〕
		107	オツケバ
㊸	上弓切		
㊹	合畑	108	オテ
㊺	犬ヶ迫	109	マツボリ
㊻	上犬ヶ迫	110	チシヤノキ

	小字		小字内地名
㊼	タノキ		
㊽	大堂	111	ゴマドウ
		112	ソノ
㊾	小藤	113	ウシロノサコ
		114	ウメノキワタリ
		115	ウツキハタ
		116	イマザイキ
		117	コナゴザコ
		118	ミヤノマエ
		119	ツヘガサコ
		120	シモノムカイ
㊿	米山		
51	大山		
52	上大山		
53	上空木		
54	空木	121	コシキイシ
		122	タカイワ
		123	カサノヒラ
		124	カヤバ
		125	ヌメリイワ
		126	カブトイワ
		127	ユウノキ
55	升淵	128	マルヤマ
56	タカイ	129	ウメノキ
		130	ヒラドコ
57	堂山	131	ハラエダ
		132	〔**ヤマノクチ**〕
		133	ヨンザコ
		134	ウキイシ
		135	ニシガヒラ
58	大平山		
59	門天	136	ロウガイワ
		137	ロッコウサマ
60	惣ヶ迫	138	マルガオ
61	〔**赤迫**〕	139	ノジ
		140	ギョクセン
		141	〔**アマビキ**〕
		142	デミノクチ
		143	ハチガス

【図1】 田園空間博物館事業後の田染小崎 ※【表1】の地名番号参照

以上、先ほどの地名調査だけを資料とすれば、この結論は正しいように見える。しかし、二一世紀も四半世紀に近づいてきた現在からみると、客観性を心がけたレポートではあるが、時代の研究潮流の影響を色濃く受けていたことがわかる。調査の第二の目的であった田染定基の配分状の分析について、名の下地が直接的に領主に把握されていることをもって名の経営単位としての役割を過小評価していたと言える。その端的な表れが、田染定基の段階ですでに現れていた「重安名」の分析がこの時にはほとんどできていなかったことが挙げられる。この後、中世田染氏自身の運命も二転三転して、最終的に近世の宇佐宮神官として落ち着くことになるが、その際所領支配においても重安名、末次名などが離合集散を繰り返して命脈を保つのである。現地を歩き、田染荘の中世全体の歴史を視野に収めるようになってから分析方法も進化し、様々な「名」の分析が可能となった。

ともあれ、開館時の展示においては、わずかな地区を対象として田染荘の紹介をすることができた。この時点において夕日岩屋から小崎地区を眺望したパネル写真を展示し、「尾崎屋敷」に注目して、鎌倉時代後期の社会状況を示す神領興行法の施行実態が理解できるとした。この時、展示したのは、正和二年七月十二日　鎮西下知状(「永弘文書」)である。今思えば、この裁許状が示した尾崎屋敷と重安名の問題はまだ分析できていなかったのである。しかし、この時点ではそれ以上に踏み込むことはできなかった。

二　『豊後国田染荘の調査Ⅰ・Ⅱ』が刊行されるまで

服部氏と大分県文化課の計らいによって、一九八一年から国庫補助事業「国東半島荘園村落遺跡詳細分布調査」がスタートした。事業主体は勤務した資料館となったので、田染荘の本格的な調査を進めることが可能となった。この補助事業自体は、信濃史学会が主導して出された「圃場整備事業に対する宣言」に対応して執行されたもので、条里制および荘園制に基づいて形成された水田を「広域水田遺跡」とし、農業生産の場を「遺跡」と見なして文化財保護法の及ぶ可能性を示した画期的なものであった。筆者自身の仕事がその最前線に位置づけられることとなってしまったのである。ここで、田染荘全域を調査することが可能となった。

幸いにも、考古学、美術史、民俗学、保存科学の意欲に燃えた若手研究者が集まっていたため、空理・空論に陥らない実践的な作業を進めることができ、報告書ではフローチャートをまとめることができた(8)（【図2】）。大きく二つの段階に分けたが、まず、第一段階は「圃場整備事業に伴う緊急調査」である。実際、田染荘が存在した豊後高田市田染地区は、小崎地区を除いて各地区において一九八〇年頃から一斉に県営圃場整備事業が開始され、空理・空論に終わらせることができない状況になっていたのである。その典型は条里地割りが存在した上野地区であった。この地は田染盆地内の最上流部に位置し、基幹的な井堰の一つである鍋山井堰が存在するところであった。伝統的な条里地割りがすべて改変されることとなったので、緊急調査の対象となった。圃場整備の基本計画図、実施計画図のマイラーベースを埋蔵文化財担当者がその資料性を認識して水田自体のデータを残すことを念頭に置いて調査を進めた。その際に農学部の学術分野であるプラントオパールの分析を発掘調査と連携して行ったのである。その結果、上野地域の全面において縄文時代から平安時代に至る水田状況を復原することができ、この状況をフローチャートの第一段階としてまとめることができた。この上野地域については、豊後高田市の事業として行われ、報告書が刊行されている(9)。長期にわたる水田形成の歴史が報告書にまとめられており、プラントオパールをともなう地層が詳細に分析され、とくに弥生時代から九世紀に至る頃までの水田形成の歴史が具体的に明らかとなった。このことは大きな成果であったが、当然のこととして伝統的な水田景観は一変したの

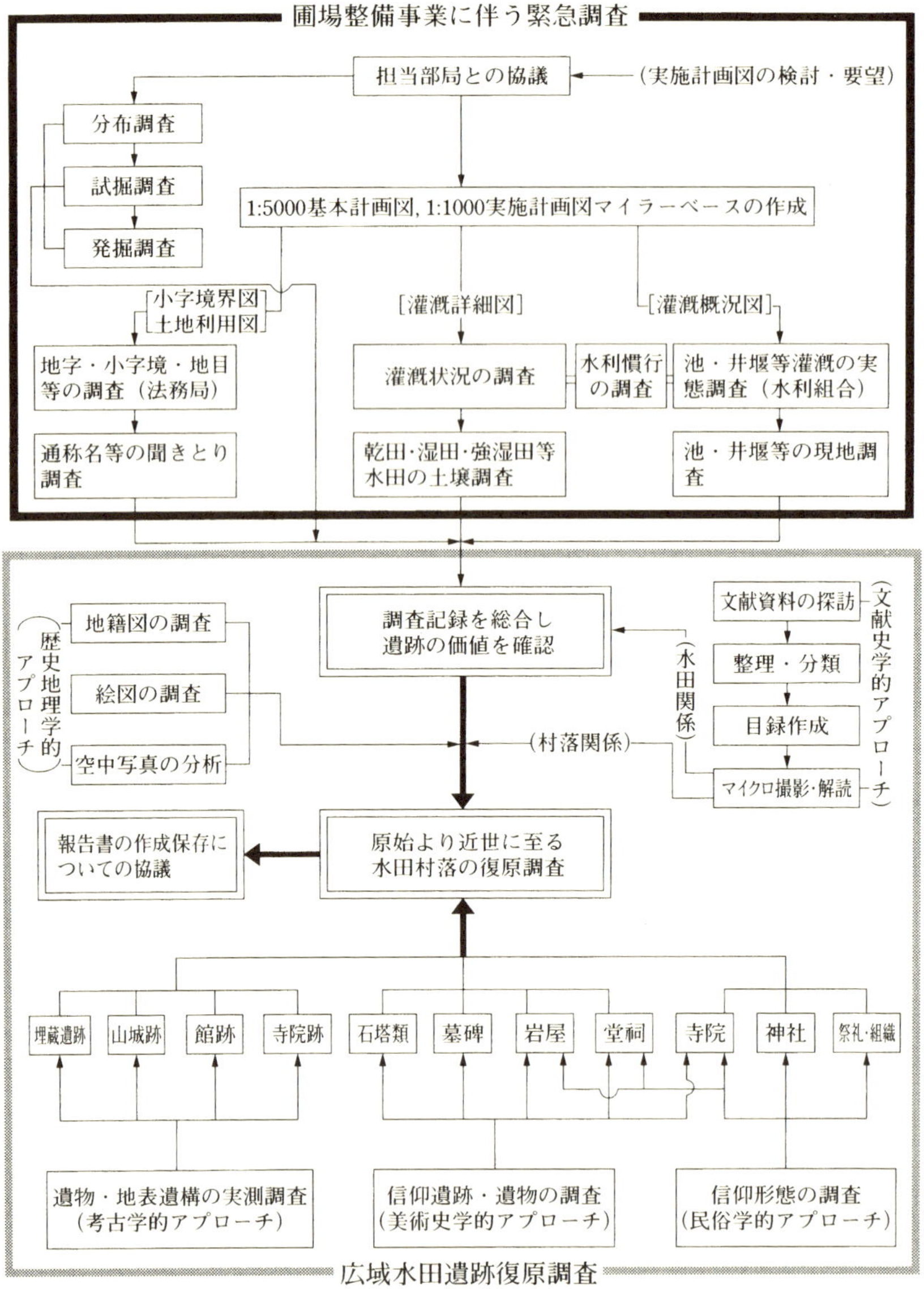

【図2】　広域水田遺跡調査のフローチャート（緊急調査と復原調査）
（海老澤衷著『荘園公領制と中世村落』校倉書房、2000年より）

であった。八〇年代の末までには、小崎地区を除いて現代的な水田景観へと変貌して行ったのである。

第一段階のフローチャートをさらに中世村落に応用したのが一九九二年に実施した豊後国田原別符の調査であった。[10] 一九八七年に早稲田大学に転任した後、海老澤研究室で行った最初の調査であり、灌漑詳細図、灌漑概況図等を作成した。[11] 大分県教育委員会文化課の小柳和宏氏が全体をまとめ、広域水田遺跡調査の一つのモデルができあがった。緊急調査であり、田染荘の調査を継承したものである。旧水田の下から居館推定地や中世の墓地などが出現し、「圃場整備事業にともなう緊急調査」ではあったが、遺跡の一部を保存することができた。[12]

次に、第二段階のフローチャートをみたい。こちらは、広域水田遺跡として景観保存されることを提起するための調査とすることができる。この場合には①文献史学的アプローチ、②歴史地理学的アプローチ、③信仰形態の調査（民俗学的アプローチ）、④信仰遺跡・遺物の調査（美術史学的アプローチ）、⑤遺物・地表遺構の調査（考古学的アプローチ）に分けることができる。これらこそ田染荘において全体的に調査できたものであり、一九八七年に『豊後国田染荘の調査Ⅰ』、『同Ⅱ・付図』としてその成果を刊行することができた。ここでは新たに編集した五千分ノ一地形図で調査し、小字の境界を記入した地図を一万分ノ一に縮小して印刷した。このようにして作製された「田染地域小字境界図」には田染荘全域となる「大字」七ヵ所の領域、「小字」四一六ヵ所の境界線、「小字内地名」四四二ヵ所を載せることができた。一九八〇年の調査と比較して規模的拡大もさることながら、小字の境界線を明瞭にできた点で大きな進歩であった。ただし、「小字内地名」については、山間部の地名については、例外的な場所を除いて収集が困難であった。その例外的な場所としてあげられるのが大字平野の東南部「㉞大迫《おおさこ》」（【図3】）である。この地はその内部に集落も耕地も存在しないところであるが、八ヵ所におよぶ小字内地名を収載している。この地は近世には大曲《おおまがり》村とよばれるところで、庄屋は不在であったが、村高六十石程度で

32
地獄石
官
行
造
林
33
宇須木
クリイワ
カンノキハラ
シライン
34
大迫
ラカンノツボ
オズエ
オオヒラ
サンジョウイン
テングイワ
シチロウクボ
イカンメ

【図3】　大曲の山間地名

一村を為していた。[13] すでに、室町期には集落と水田が開かれており、永弘文書などにも永正名大曲として存在したところであり、永享三年九月二一日 永正名大曲取帳には水田と作人の存在が知られる。実際現地には集落の中に薬師堂が現存し、文明十三年銘を有する観音像なども安置されている。「34大迫」はこのような谷の最奥部なのである。周辺に人跡はないものの近世には入会地的な利用が行われていたものと思われる。ところが、近代に入って入会地と個人所有の権利をめぐって訴訟問題が発生し、その当事者の御子孫から聞き取りができた結果であった。一九八〇年代の前半においてすでに山林利用は大幅に後退しており、山林地区では多くのところで辛うじて「小字」を聞き取るに留まった。

三　荘園遺跡史跡指定の困難性と田園空間博物館構想、重要文化的景観の選定

広域水田遺跡調査のフローチャートの下段部分（復原調査）はたしかに実践したことをまとめたものであり、『豊後国田染荘の調査Ⅰ・Ⅱ』刊行によってその価値を十分に明らかにすることができたと考えた。このころ、服部英雄氏の主導により、高名な荘園遺跡の史跡化が開始されていた。越後国奥山荘、上野国新田荘、和泉国日根荘などで、その荘園を象徴する神社、寺院、城館跡、石造物のほか用水池・用水路・湧水地点など農業生産の場にふさわしい灌漑施設も含まれた。このような機運のなかで、田染荘の保存に大きな関心を寄せていた東京大学教授の石井進氏は一九八九年三月二十日に豊後高田市長と教育長に会い、田染荘の保存を申し入れた。これを契機として指定検討委員会が開かれ、実際に指定地の線引きも進められるようになった。[14] 九二年には線引きが終了して、現地説明会が開始されたが、住民からはほぼ一点に集中して問題点が指摘された。それは八カ所の指定

地として挙げられたうちの一つ「延寿寺周辺・尾崎屋敷跡（田畑約八ヘクタールを含む）」であった。田畠約八ヘクタールは小字赤迫の水田を含むものであったが、鎌倉時代の歴史的な耕地景観を含んでおり、他にはない貴重な荘園遺跡であることが明らかなのだが、もしこれに法的な規制がかけられたら営農に大きな支障が生ずるというものであった。農家の人たちは上野地区を始め、田染盆地のなかでも圃場整備が始められるなかで、その営農的メリットにも熟知しており、歴史的景観を保存するということは農家の生存権を脅かすものではないかというのがその主張であった。

農家の主張に、有効な回答が出せないまま年月が過ぎて行った。地元の人はついにしびれを切らし、九七年四月には、小崎地区の全世帯主の署名がなされた「圃場整備事業推進の要望書」が豊後高田市教育委員会に提出された。九八年の夏には、うさ・くにさきで中世史サマーセミナーが開かれたが、主催した別府大学の飯沼賢司氏が田染地区景観保存の声明をまとめ、全会一致で決議されることとなった。圃場整備か景観保存かの全面対決となったのである。なんとか回避のみちはないものかと服部英雄氏と相談したところ、農林水産省に服部氏の大学時代の登山サークルの友人がいてその周辺では棚田などの保護活動に取り組んでいるので相談してみようということになった。フリートーキングの楽しい場ではあったが、日本がおかれている苦境を短時間で知ることができた。ウルグアイ・ラウンドの農業政策をめぐって伝統的な農業を守ろうとするフランスなどのヨーロッパ諸国とた生産効率を第一とするアメリカとの間で激しい対立があり、日本としては生産効率を最大限に挙げるべく圃場整備を進めるが、一方で伝統的な農業生産も守って行かなければならないという積極的な中庸政策が取られようとしていることを知った。

このような政策の一環として、「田園空間博物館構想」が始まったことが告げられ、そこでいただいたパンフレットのイラストは偶然の一致ではあったが、我々の目には小崎地区をモデルとしているとしか思えないものであった。以上の旨を河野了氏と別府大学の飯沼賢司氏に連絡し、地元の有力者と初当選したばかりの市長に面会する機会を作っていただき、農林水産省での新たな方針を伝えた。市長は「田園空間博物館構想」の導入を決意し、九九年八月に地元説明会でこの方針を示し、地域住民の了解を得ることに成功した。こうして小崎地区の水田約二十ヘクタールは現代農業に適合させつつ鎌倉時代から開発された水田景観を保存することとなったのである。翌二〇〇〇年からは「荘園領主」と呼ばれる遠隔地の人が会費を払って収穫された米などを受け取る土地オーナー制度が始まり、地元での受け入れ体制が徐々に整って行った。

二〇〇五年四月一日に施行された改正文化財保護法では、新たに「文化的景観」を文化財保護法の一ジャンルとして設定した。その定義は「地域における人々の生活又は生業及び当該地域の風土により形成された景観地で我が国民の生活又は生業の理解のため欠くことのできないもの」とされた。ここでのキーワードは「生活」、「生業」、「風土」と言うことになろう。従来の文化財保護法が、史跡・名勝・天然記念物など多くがモノにこだわって、そこを基点に考えていることからすると、ここで大きな転換が図られたことになる。人間の移ろい行く歴史がまずあってそれを復原する手がかりが文化的景観であると、ここでは考えておきたい。その選定基準として八つほど挙げられているが、その（1）が「水田・畑地などの農耕に関する景観地」であり、その（5）には「ため池・水路・港などの水の利用に関する景観地」とあって、これだけでも田染荘は選定地としての資格を有することになる。ただし、文化的景観は、（6）に「鉱山・採石場・工場群などの採掘・製造に関する景観地」とあるように、鉱工業生産を視野に入れ、さらに（7）「道・広場などの流通・往来に関する景観地」とあるように都市までも含み込んだきわめて大きな概念である。

この文化財保護法の改正があったとき、小崎地区では「田園空間博物館構想」による工事が行われていたが、二〇〇七年三月に完了し、翌年には第一回田染荘景観保存調査委員会が開かれ、重要文化的景観の選定に向けて本格的な取り組みがなされた。こうして、二〇〇九年十二月十六日には「豊後高田市田染荘小崎景観づくり条例」が制定された。二〇一〇年四月一日に条例が施行されるとともに「田染荘小崎文化的景観保存計画」が策定されて、重要文化的景観選定への申請がなされたのである。文化審議会の答申を経て二〇一〇年八月五日に「田染荘小崎の農村景観」として選定の告示がなされた。この時の選定範囲は約九二ヘクタールで、「大字嶺崎地名一覧」に示されたところでは、㉘六郎園、㉙上ノ原、㉜竹ノ下、㉝池ノ内、㉞下ノ山、㉟原《はる》、61赤迫の七つの小字の領域が該当する。(15)

これらは国土調査が終了しているところに限定したためであるが、鎌倉期の開発に限定しても田染小崎のすべての水田を含んでいるものではなかった。そこで、第二次選定の手続きが取られ、二〇一六年十月三日の官報告示により新たに㊱七ツヤ、㊳合田、㊶多々良、56タカイ、57堂山の水田が加えられた。この二次選定では、里山の保存に力点が置かれ、近世の小崎村全体のエリアに及ぶことになり、総面積は六一二・八ヘクタールとなった。

四　重要文化的景観の構成要素としての井堰・用水池

ここでは重要文化的景観の構成要素に注目してみたい。重要文化的景観が選定される際、その景観に関する分析がなされて「文化的景観保存計画」が策定され、報告書が作成される。これをもとに地方自治体では条例をまとめ、議会での承認を得る。以上のようなプロセスを経る点が、従来の文化財の指定とは異なるところであるが、伝統的建造物群の指定の際にもある空間の中における複数の建築物が検討され、その保存計画が立てられる。個々の単位は「構成要素」と呼ばれるが、これに似た形を踏むことになる。ただし、重要文化的景観はその種類が、無限大と言ってもよいほどに多いことに特徴がある。景観保存のためには構成要素に規制をかける必要があるが、価値判断を行って保存の線引きをしなければならない。重要文化的景観は人々の生活と一体化しているので、構成要素の現状に変更が加えられることも当然あり得るが、そのときに地方自治体との協議が必要なものを「届け出が必要な構成要素」として保存計画の中でリストアップしている。「田染荘小崎の農村景観」を代表する構成要素は水田と水利施設である。「届け出が必要な構成要素」に挙げられた水田は一次選定・二次選定あわせて二八八枚、水利施設の井堰は七カ所、溜池は三カ所である。井堰はほぼすべて一次選定内にあるのに対して、溜池は三カ所とも二次選定内にあるのが特徴である。ここに鎌倉時代以来の開発の跡を見ることができるので、井堰と溜池を中心にしてその価値に言及してみたい。

① 赤迫井堰

小字赤迫の西端の小崎川にかかる井堰である（【図1】参照）。小字赤迫の領域は東へ緩傾斜する地で約四町歩の水田があり、乾田が大部分で小崎のなかでも最も安定した水田である。宇佐定基が三反の水田を有し、また末次名とされる一反二十代もこの赤迫にあった、また永正名とされる一反の水田もあり、赤迫は鎌倉期に複数の名主が注目する開発適地であった。また、赤迫井堰の近くで、この井堰の北側の水田には堰の用水はかからないものの西叡山の麓の湧水があり、湿田となっている。永仁四年（一二九六）十月日宇佐定基安堵申状に「雨引新田」が見えており、ここも鎌倉時代の開発にかかるものである。[16] この地には雨引神社が祀られおり、一九八〇年代においても小崎の統一的な総池掛かりにも加入せずに水稲を育て収穫することができた。このようにわずかな段差が水利体系としては大きな相違を生み出すのである。

② フロノモト井堰

この井堰は西叡山の尾根が伸びた先の小丘陵地（中世史料の「尾崎」、小字上ノ原、俗称で台園と呼ばれる）にある尾骨のようなところで、岩盤が突き出ていて段差があり、小崎川が小さな滝状に流れている。このような井堰を自然頭首工と呼ぶが(17)、小規模ながら安定した用水を供給できるのである。小字上ノ原の東の縁辺部の水田に灌漑され、さらに小字六反田の水田に広く用水が供給されている。最初に尾崎の地に屋敷を構えたのは宇佐定基の妻の祖父に当たる覚妙という人物であった(18)。彼は開発の適地を探して小規模な水田開発を行う名主の一人であったが、自身は文書を残していない。子息の能重が宇佐八幡宮の御馬所検校という役職に就いて覚妙の開発地をまとめ、宇佐大宮司の安堵を得るようになった。フロノモト井堰は覚妙の時代に最初の造成が行われ、小崎川流域のなかでも重要な灌漑施設になっていたものと思われる。

③ マブ井堰

台園によって小崎川が大きく蛇行する、その西の付け根にあたるところにある。この井堰によって導かれる水路は暗渠になっており、タネノブ（小字内地名番号57）の脇を通って小字六郎園の水田を灌漑し、用水の一部はフロノモト用水と合流している。また、タネノブで分水され、この地には大きな水車があったという。近世小崎村の庄屋であった安藤家の屋敷の庭園に通水した後、その東側の水田にも利用されている。マブとは鉱山で掘られる坑道のことであり、大久保長安によって甲州流の金山採掘技術が全国に広まってから暗渠の水田も普及したと考えられてきた。一九八〇年代に『豊後国田染荘の調査Ⅰ・Ⅱ』をまとめるときにはこの説を信じていたが、その後、バリ島の調査を行い、暗渠水路が棚田（ライステラス）に広く活用されていることからこのことに疑問を持つようになった。さらに、日本においても楠木正成がすでに暗渠水路を活用し、[19]またそのヒントが河内狭山池にあったことを知って、現在ではマブ井堰を中世に遡らせることも可能ではないかと考えるようになった。庄屋安藤氏が屋敷の泉水に引いた水路は、既に存在した水路から引水したように見える。尾崎の地が屋敷群から居館になる室町時代後期であれば開鑿された可能性があるのではないか。

④ オヤマ井堰とキレイケ井堰

小崎川の支流で、二宮橋付近を合流点とする小河川に四つの井堰が確認され、それらを総称してオヤマ井堰と呼んでいる。自然河川であり、今まで名前は付されていなかったが、これら四つの井堰に共通する小字下ノ山に因んで下ノ山川と仮称しておく。オヤマ（小字内地名番号81）は鎌倉時代に見える地名で、沙弥妙覚配分状には「重安名おやま三反」とあり、尾崎屋敷から近く、制御のしやすい小河川であるので、早くから開発が進んでいたことがわかる。ところで、元禄二年小崎村絵図[20]によれば、下ノ山川は現在と同様に山裾を流れ、小崎川に合流することがわかるが、わずか上流に眼を移すとそこに用水池が存在することがわかる。現在の愛宕池はさらに上流の谷間に描かれており、明らかに別の池であることがわかる。この池から下ノ山川が流れ出していることがわかるが、池の西側に接して水田が展開しており、「上田」の記載があって愛宕池まで連続していることがわかる。小字下ノ山の西側には小字七ツヤの谷があり、その下ノ山川に近いところにはキレイケ（小字内地名番号93）がある。空中写真によれば、現在では水田になっているが、池の輪郭がきれいに残存していることが判明する。元禄二年以前から天保七年までは明らかに用水池として活用されていたことがわかる。その後、堤の決壊があって修復されず、池そのものは水田として利用されるようになったが、後述するようにその頃には小崎村全体の用水体系が新たな段階に入っていたのであった。池堤跡と推定されるところの西辺にキレイケ井堰があり、オヤマ井堰より上流部を灌漑している。

⑤ ヤマノクチ井堰とケンノキ井堰

小字原《はる》にヤマノクチ（小字内地名番号92）がある。小崎川が谷合部から扇状地に出るところで、まさに山の口に当たる部分である。アカサコ井堰から一〇〇mほど上流になるが、アカサコ井堰が左岸一体に広がっているのに対してヤマノクチ井堰は右岸の傾斜面に灌漑が及んでいる。このヤマノクチ井堰も自然頭首工とすることができ、両岸が切り立っていて比較的わずかな造作で水田面との高度差がとれるところである。鎌倉時代の名主たちにとっては小規模灌漑の適地であり、沙弥妙覚配分状によれば末次名の水田二反が存在した。また明応四年の田染荘重安名田畠坪付では一反二十代の水田があり、田染荘永正・恒任名坪付注文では永正名分として一反二十坪ほどが山ノ口に存在した。このように重安名・末次名・永正名のいずれの名主もこの地に注目し、三者あわせれば五反前後の水田が切り開かれていたのである。一方、ケンノキ井堰はわずか上流に築造されたものであるが、ヤマノクチ井堰よりは年代がやや遅れ、中世後期の造築と考えられる。こちらは原の集落とほぼ同じ高度にあり、現在田植えイベントなどが行われる台地上の水田と田園空間博物館のコア施設が建築された水田に用水が供給されていた。施設の建設に伴った発掘調査がおこなわれたが、掘立柱建物二基、溝三条、土こう、柱穴などが確認され、遺物としては瓦質土器火鉢・浅鉢などから十六世紀前半には住居群が存在したが、その後には水田化したと推定される。

(21)(22)(23)

⑥　愛宕池

④で仮称した下ノ山川の最上流部に存在する。元禄二年小崎村絵図に描かれており、正確な年代は不明であるが、近世前期から存在したことは確実である。村絵図には下流にもう一つの池が描かれており、これが④で触れたようにキレイケの地名の地に存在したものであることはまちがいない。ところで、愛宕池の背後に広がる水源地は小字弓切のほかは、多々良と上弓切の一部に過ぎない。近世においても貯水量を確保するのは容易なことではなかったと推測される。このような水量不足の懸念を払拭してくれるのが、オテイゼ(24)の存在である。空木の沢（小崎川の本流）と小藤の沢の合流点にあり、これを愛宕池へと導いたものである。おそらくこの水路は、空木池の完成後にできたものであり、日本における村落内の灌漑体系のレベルの高さを示す好事例である。これは第二次選定の「届け出が必要な要素（用排水路）」(53)に入っているが、訪れる人にその重要性を知らせる説明板があるとこの地の価値が多くの人に理解されるであろう。

⑦　空木《うつぎ》池と奥愛宕池

空木池は別名「峠の池」とも呼ばれ、小崎川の最上流部にある。西叡山（標高五七一m）から延びる尾根が華ヶ岳（五九二m）から続く尾根との接続点となるその鞍部の東側の斜面にある。このようなところは尾根に近くても両側の頂上からの水脈があり、小規模な湧水があったのであろう。(25)標高三八〇mのところであり、本稿で紹介した小崎川最下手のフロノモト井堰の地が標高九八mほどであるからその標高差は三〇〇mに近い。

小崎村の人々は早くから空木に用水池を築くことを考えていたようである。上野庄屋渡辺家文書(26)によると、安永年間（一七七二〜八二）から築堤の申請が出され、享和二年（一八〇二）には仮堤防が大雨によって決壊したとある。空木の谷は急斜面であり、難工事であったことは容易に想像できる。それでも天保七年（一八三六）春には完成した。これにより、小崎川流域は、大きく一つの灌漑体系に統一される方向へ向かうことになる。奥愛宕池は、空木集落に近く、空木池を補完する位置にあり、空木集落近くで一旦用水をプールし、水勢を弱めて配分する機能を果たしていたのであろう。

おわりに

一九八〇年七月から八月にかけて豊後高田市大字嶺崎において小字と小字内地名の悉皆的な調査を行った。目的は、鎌倉時代における宇佐八幡宮神官の所領の分布と構造を調べることであったが、それから三八年を経過して振り返ってみると、この調査が重要文化的景観の選定に向かう第一歩の仕事であったことを改めて実感する。一九八〇年代においては「荘園景観を保存する」と言うことについてまったく見通しが立っていなかった。しかし、九〇年代以降、激しく変化する世界の情勢の中で、この地の景観の重要性が社会的な認知を受けるようになったのである。現在の大字田染小崎において、かつての地名を現代の水田の上に重ね合わせることができる。その結果、たとえば「赤迫」という小字とその小字内地名である「雨引」は鎌倉時代の人間と現代の人間がその形状と灌漑体系について共通認識を持つことが可能となる。そのこと自体が奇跡的なことではあるが、そこには見えない人為の積み重ねがあって初めて「変化しない景観」が生まれたことを忘れてはならない。

二〇〇六年に産声をあげた重要文化的景観という新たな文化財保護の分野は、二〇一八年の段階で六十か所以上に展開している。その広域性が世界遺産や日本遺産のステップとなる場合もみられる。また、「田染荘小崎の農村景観」の場合には、池灌漑とシイタケ栽培の巧みな組み合わせなどが評価されて世界農業遺産（GIAHS）「クヌギ林とため池がつなぐ国東半島・宇佐の農林水産循環」の中核的なモデルとして位置づけられるに至っている。その結果、愛宕池から尾根筋に近い空木池までのゾーン（小字弓切などにクヌギ林がある）が脚光を浴びることにもなった。「田染荘小崎の農村景観」は今後もさらに何層もの意識と期待が積み重ねられて社会的な役割を果たすことになるのであろう。

注

（1）「文化」が語られるときにとくに「満山」という用語が付される。もともとは平安時代に天台宗に統括された寺院群を指す「六郷山」の寺院全体を意味する言葉である。

（2）応永年間に宇佐八幡宮を再興した大内盛見によって作製されたと言われる古図、神宮寺である弥勒寺が薬師寺式の伽藍配置をもって描かれるとともに、うさ・くにさきに展開する末社が魚眼レンズ的に収められている。

（3）当時、文化庁の委託を受けて進められていた富貴寺の壁画修理や模写にかかわる人たちも長期宿泊されていた。

（4）妙覚大間帳（『鎌倉遺文』㉝二五五五六号）。一九八四年に刊行された渡辺澄夫編『豊後国荘園公領史料集成一』に田染荘史料が集成されている。本史料を「沙弥妙覚宇佐定基田畠等配分状」（七七号）とし、史料内容の理解が得やすいので本稿中ではこれを略して用いる。

（5）豊後高田市は二〇〇五年（平成十七）に真玉町、香々地町と合併し、新たな豊後高田市が発足した。その際に、昭和の大合併まで存在した田染村を構成する大字は、田染蕗、田染池部、田染相原、田染上野、田染平野と田染を冠することになった。なお、大字真中は二つに分かれ、田染真中（近世の中村と間戸村の領域）となったところと、田染真木となったところがある。大字真中と大字嶺崎のみが近世村への先祖返りを果たしたことになる。

（6）かならずしも表立った議論とはならなかったが、以上の点を最も意識して調査をされたのは一九八〇年代に行われた丹波国大山荘の調査であったろう。

（7）この間のことは服部英雄・貴田潔編『歴史を歩く　時代を歩く』（二〇一五年）の三〇七頁～三〇八頁に執筆させていただいた「服部さんと歩んだ三十五年」参照。
（8）『豊後国田染荘の調査Ⅰ』の第三章「荘園村落遺跡の調査と保存」は甲斐忠彦氏がまとめられた。甲斐氏は一九八一年に奈良国立文化財研究所から大分県立宇佐風土記の丘歴史民俗資料館に赴任され、村落遺跡の調査と保存に関する理念的な問題を綿密に分析し、提言している。
（9）『上野遺跡　豊後高田市文化財調査報告書第1集』（豊後高田市教育委員会、一九九〇年）。
（10）「中世村落の復原」（『岩波講座日本通史　第7巻　中世1』（岩波書店、一九九三年）。後、『荘園公領制と中世村落』に再掲。
（11）前掲論文一九七頁参照。
（12）これらについては、『大田村文化財調査報告書第1集　豊後国田原別符の調査Ⅰ』（大田村教育委員会、一九九四年）、『大田村文化財調査報告書第2集　豊後国田原別符の調査Ⅱ　田原谷の中世石造物』（大田村教育委員会、一九九四年）、『大田村文化財調査報告書第3集、豊後国田原別符の調査Ⅲ　波多方の歴史』（大田村教育委員会、一九九五年）が刊行され、一部フローチャートの第二段階に進んでいることがわかる。なお、平成の大合併により、二〇〇五年、大田村は杵築市・速見郡山香町と対等合併し、杵築市となった。
（13）『荘園公領制と中世村落』二六四頁～二七五頁。
（14）この間の事情は海老澤「文化財レポート　広域水田遺跡調査の軌跡――国東半島における二十年――」（『日本歴史』六三五号、二〇〇一年）に詳しい。
（15）本来、田染小崎には㉚六反田と㉛行司田が含まれるが、「田染荘小崎の農村景観」からは除かれている。
（16）宇佐定基安堵申状（『鎌倉遺文』㉕一九一七八号）。
（17）拙稿「和名抄郷の持続性と自然頭首工」（大山喬平・三枝暁子編『古代・中世の地域社会――「ムラの戸籍簿」の可能性――』、思文閣出版、二〇一八年）で、古代において郷レベルで条里制水田が施工されるとき、安定的な用水源を得るためには河川を横断する岩脈あるいは岩盤が大きな役割を果たすことを明らかにした。田染荘の前身である田染郷においても貫流する桂川の上流部にある鍋山井堰が条里制水田を灌漑する自然頭首工であるが、桂川支流の小崎川において小規模な自然頭首工を見ることができる。

(18) 拙著『荘園公領制と中世村落』の、二六六頁・三〇五頁の系図にある。この「女」が宇佐定基の妻となり、二人の間に忠基が生まれた。能重が忠基の外曾祖父となる。

(19) 拙稿「山田ノ畔、重々ニ高シテ――水田農耕社会から見た楠木正成――」(『懸樋抄――海老澤衷先生還暦記念論文集――』(二〇〇八年)。後、「棚田と水資源を活用した楠木正成」として水島司編『環境に挑む歴史学』(勉誠出版、二〇一六年)に再録。

(20) 『豊後国田染荘の調査Ⅱ』の巻末にカラーで掲載している。この絵図については『豊後国田染荘の調査Ⅰ』のⅡ章第7節で地理分野を担当した出田和久氏が詳述している。天保七年(一八三六)当時この地を管轄していた島原藩役所が元禄二年(一六八九)に田染組の各村からに提出された明細書と絵図を差し戻し、この時までに変化があれば掛け紙をして差し出すように命じたものである。この絵図が各村には保存されていなかったので、天保年間に改めて書き写した。出田氏は精確な調査により現存の絵図が元禄二年の状況を忠実に伝えるものであることを明らかにした。そこで本稿ではこれらを「元禄二年小崎村絵図」と呼ぶことにする。

(21) 『豊後国荘園公領史料集成一』四五七号。

(22) 『豊後国田染荘の調査Ⅰ』二六九頁。

(23) 原遺跡。『田染荘小崎文化的景観保存計画』Ⅰ―五七頁。

(24) 「オテイゼ」とは「落合井堰」の方言的な表現。

(25) もちろん、その程度のことで用水池を満たせるものではない。一九八五年ごろに調査した時には。空木池の池尻の方には長く続く集水路が存在した。『豊後国田染荘の調査Ⅰ』二五六頁、写真88。

(26) 「上野庄屋家文書」二五号(『上野遺跡』)。小崎村庄屋の安藤家は一九八〇年の段階では屋敷地と石垣および泉水などの庭園は残されていたが、建造物はすでになかった。文書も残されてない。

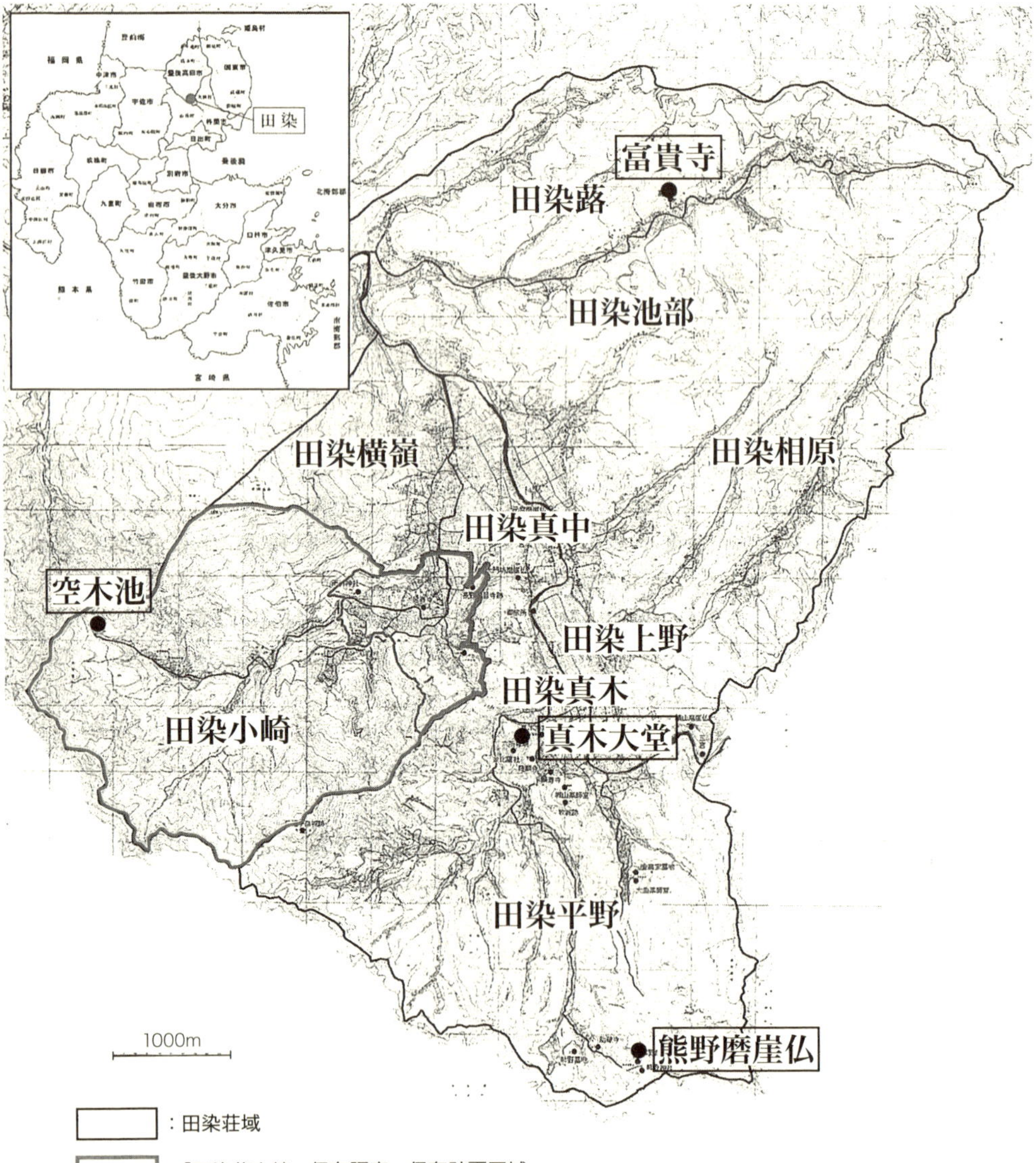

【地図】　二次選定後の重要文化的景観と田染荘

【現地ガイド】

豊後国田染荘を歩く

個人あるいは家族で訪れるのであれば、レンタカーがお勧めである。近畿以東ならば大分空港周辺で、九州・中国地方であればJR宇佐駅で予約してレンタカーを用意する。大分空港からは五十分ほど、宇佐駅からは三十分ほどである。次にマップを用意しよう。空港にも宇佐駅にも「**重要文化的景観　田染荘小崎**」を含むカラフルなマップが用意されている。もちろん豊後高田市のホームページにも様々な画像が用意され、また各種の報告書もPDFで見ることができる。ここでは、本稿の地図「二次選定後の重要文化的景観と田染荘」を見ていただきたい。二〇一六年に第二次選定がなされた領域は近世の小崎村の範囲である。荘域全体の数分の一にすぎない。国東半島の代表的な文化財として知られる富貴寺大堂、真木大堂の諸仏、熊野磨崖仏はいずれも田染荘内にあるが、重要文化的景観の領域の外にある。すべてのスポットに大型バスの駐車場があり、一日で四箇所を見学することも可能ではあるが、何にポイントを置くか十分に作戦を練ってから出発しよう。ここでは「田染荘小崎」をじっくり見学したい人を対象とした。

【夕日岩屋周辺からの眺望】 太陽を背にした方がオーソドックスな景観を楽しめる。昼前に東から巡見するのがよい。まずは夕日岩屋に上る。溶結凝灰岩のドームである。頂上には登れないが、中腹に自然の足場があり、昔は六郷山衆徒の修行場であった。車を下の道において柵の扉を開け、急な階段を登りきると、三差路になっていて平らな小径を二、三分歩くと、そこはもう天空に突き出た絶壁である。擬木の柵の外に出ないようにすれば安全。もう眼下には鎌倉時代から脈々と受け継がれた**水田景観**が広がっていて、重要文化的景観「田染荘小崎の農村景観」を堪能できる。北の尾根筋に目を移すとピークが**西叡山**という山で、かつては六郷満山で最も多くの坊が存在したという高山寺跡である。尾根筋を少し南に下ると尖った高まりとなるが、そこが華ヶ岳で南北朝時代には宮方が旗揚げした所として知られる。さらに南に眼をやるとチュウジロウという丸い山を見ることができるが、その手前に屹立して見えるのが烏帽子岳である。戦国時代の城郭であり、現在でも頂上部に畝状竪堀を残している。眼下から北方に目をやればそこには圃場整備による規格化された水田が広がっている。目の前の水田と比べればその相違がよくわかるであろう。夕日岩屋の山道をさらに上る。道は整備されていて安全だが、頭上には礫をたくさん含んだ溶結凝灰岩が迫る。心配な方はあらかじめヘルメットを用意しておいた方がよい。間もなく夕日観音という小さな霊場に到着する。ここから「田染荘小崎の農村景観」の全景が見渡せる。全国の重要文化的景観のうちでも最も優れた視点場の一つと言ってよい。手元に詳しいマップがあったら、重要文化的景観の一次選定と二次選定の性格の相違を確認しよう。ここでの眺望を堪能したら、夕日観音の裏側にある朝日観音を参拝して下山する。

【尾崎の集落と館跡】　夕日岩屋から降りて広い水田を横切ると、小崎川と山の下川（仮称）の合流点である。耳を澄ませば、フロノモト井堰の水音が聞こえる。そこが尾崎の集落で、通称ダイソン（小字上ノ原）と呼ばれる。まず集落の中に行ってみよう。鎌倉時代後期に施行された神領興行法の舞台である。とくに、正和二年（一三一三）七月十二日の鎮西下知状が著名である。この時点で、地頭の手に渡っていた重安名と尾崎屋敷二カ所、為延屋敷を宇佐宮神官に戻すようにとの裁判結果を示すものである。また、マブ井堰から延びた暗渠水路の出口もあるので、家の人に許しを得て見学しよう。水路は東に延びて一部は庄屋屋敷の泉水に繋がっているが、このあたりに近世から近代にかけて大きな水車があったことが知られる。鎌倉時代の地名が刻まれた標柱を探しながら、ダイソンのなかを南に歩くと土塁に行き当たり、現在は延寿寺という浄土真宗の寺院となっているが、ここが宇佐八幡宮若宮神主宇佐氏の系譜を引く**田染宇佐氏の居館跡**である。境内に応仁二年に宇佐栄忠が願主となって製作された**石殿**がある。造形的にも優れた作品なので必見である。集落内には民家も保存されていて、練り塀造りの作業小屋があり、この地で使用された農具なども展示されている。

【赤迫水田と雨引神社、ほたるの館】 かつて尾崎屋敷などを拠点としながら名主が切り開いて行った水田を見よう。小字赤迫の水田を見ながら西叡山の山際のプロムナードを歩いて行くと、夕日岩屋からも見えた石の鳥居が再び視野に入ってくる。ここが**雨引の水田**で、湧水があるため、小崎川からの導水がなくても水田を開くことができた。永仁年間の史料に「雨引新田」とあるので、鎌倉時代に名主が開発した水田である。雨引神社が建立されており、水源地として大切にされてきたことがわかる。ここから、**赤迫井堰**、**山ノ口井堰**、**ケンノキ井堰**など重要文化的景観の「届け出を必要とする構成要素」となっている水利施設を見ることができる。ケンノキ井堰の見学が終わったらその水路を辿りながら、**田園空間博物館事業**のコア施設として建てられた**ほたるの館**に向かい、ここで休憩をとろう。平成二十年十月には皇太子行啓があり、お休みになられたところである。夕日岩屋からは見えにくかった小字赤迫の水田などが一望にできる。**畦越しの灌漑**を知るため、水田に接近して観察したい場合には、ほたるの館周辺が最も優れた視点場である。また、広い駐車スペースがあるので、バスでの見学はここが拠点となる。お田植え祭りや収穫祭などのイベントは**ケンノキ井堰**の用水がかかる小字原（はる）の水田で行われる。夏であれば、ケンノキ用水に足をひたすと、この地の水と荘園の空気に癒やされる。流れの速いところもあるので、幼児の一人歩きは危険である。

【愛宕池から空木池へ】 山ノ口から枡渕までの谷合は**蛍観賞**のプロムナードとなっている。全国的に蛍観賞はブームとなっているが、小さな谷合でも自動車のヘッドライトに悩まされるところが多い。この地の場合には、駐車場と**西の視点場**（夕日岩屋の遠景が素晴らしい）が近接してあり、蛍観賞については細心の注意が払われている。足場を照らす誘導灯も用意されていて、急な斜面もなく沢伝いに歩くことができる。自然の中で危険を伴わず、蛍の乱舞を鑑賞できるという点で最高の地である。小字原の近くの小山に**愛宕神社**が鎮座している。一九八〇年にこの地を訪れた頃には、溝さらいなどの共同作業ののちにノロヨコイという休息行事がこの神社で行われていた。村落共同体の美風を残していたが、現在では行われていないようである。この神社の下に**愛宕池**がある。既に元禄の村絵図に描かれており、伝統のある用水池である。その池尻は**小字弓切**で、鎌倉時代の水田の開発限界地であると推定できるところである。現在では**クヌギ林**となっており、椎茸生産の要地となっている。この地には**オテイゼ**（落合井堰・水路の意）が通過しており、小崎村の灌漑体系を統一する上で最も重要な水路を見ることができる。

ここから空木の集落を通過して、別名「峠の池」とも言われる**空木池**に出る。天保七年（一八三六）に築造され、これを以て近世小崎村の灌漑体系は完成を見た。築造の奉行、島原藩の高橋正路はこの池を「永代村の宝池」と表現して『様子書』を残している。こうして東端の夕日観音から西端の空木池まで巡見してきたが、さらに余力があれば北の西叡山や南の烏帽子岳に向かって尾根伝いにトレッキングするのも良い。

あとがき

私たちがご指導を受けた海老澤衷先生は、本年三月、無事、早稲田大学文学学術院の定年退職を迎えられることとなる。

海老澤研究室では、一九八七年の先生のご着任以来、約三十年間、中世の荘園と村落を主要な研究テーマとし、全国各地でフィールドワークを展開してきた。めぐり歩いた土地は数限りないが、そのうち調査報告書として成果が公表されたもののみ、未来への記録の意味も込めて以下に列記しよう。なお、水稲文化研究所とは、二〇〇〇年度に海老澤先生が立ち上げられたプロジェクト研究所で、文化人類学などの研究者も研究所員に加わり、バリ島の調査や現地授業には、私たちゼミ生も参加している。

豊後国田原別符……大田村教育委員会編『豊後国田原別符の調査』Ⅰ・Ⅱ（一九九四年三月）

紀伊国鞆淵荘……早稲田大学大学院海老澤衷ゼミ『紀伊国鞆淵荘地域総合調査』本編・資料編（一九九九年十月）

対馬……早稲田大学水稲文化研究所『東アジアにおける水田形成および水稲文化の研究（日本を中心として）』（二〇〇四年三月）

早稲田大学水稲文化研究所『対馬内山文書史料集』(二〇〇四年三月)
早稲田大学水稲文化研究所編『アジア地域文化学叢書9　海のクロスロード対馬――21世紀COEプログラム研究集成――』(雄山閣・二〇〇七年三月)
伊賀国黒田荘……早稲田大学水稲文化研究所『講座　水稲文化研究I　古代・中世仏教寺院の水田開発と水稲文化』(二〇〇五年三月)
インドネシア・バリ島……早稲田大学水稲文化研究所『講座　水稲文化研究II　バリ島の水稲文化と儀礼――カランガスム県バサンアラス村を中心として――』(二〇〇六年三月)
早稲田大学水稲文化研究所『講座　水稲文化研究IV　バリ島研究の新たな展開』(二〇〇八年九月)
早稲田大学水稲文化研究所『講座　水稲文化研究V　バリ島ゲルゲル王朝とスバック・グデ・スウェチャプラ』(二〇一一年九月)
伊予国弓削島荘……早稲田大学水稲文化研究所『講座　水稲文化研究III　ジャポニカの起源と伝播／伊予国弓削島荘の調査』(二〇〇七年三月)
備中国新見荘……海老澤衷・髙橋敏子編『中世荘園の環境・構造と地域社会――備中国新見荘をひらく――』(勉誠出版・二〇一四年六月)
海老澤衷・酒井紀美・清水克行編『アジア遊学一七八　中世の荘園空間と現代――備中国新見荘の水利・地名・たたら――』(勉誠出版・二〇一四年一二月)
美濃国大井荘……海老澤衷編『中世荘園村落の環境歴史学――東大寺領美濃国大井荘の研究――』(吉川弘文館・二〇一八年七月)

現地調査にあたっては、そのときどきの研究室の博士後期課程の院生が主体となり、先生のご指導のもと、長期・短期の休みを活用して幾度となく現地に足を運び、水利灌漑状況の調査や石造物の計測、近世・近代文書の整理・撮影、通称地名の聞き取りなどを、いま振り返っても驚くほど精力的に行ってきた。当時の調査メンバーは現在、日本中世史学界の中堅として、それぞれの分野で多彩な活躍をしており、体力と好奇心だけを頼りに無我夢中であぜ道を駆け回った日々は、今や懐かしい青春の日の思い出となっている。ただ、たとえ政治史や寺院機構、古文書や絵画史料などを研究対象としていても、それぞれの研究のなかに、隠し味のようにさりげなく現地調査の成果が盛り込まれている点が、私たち海老澤門下生の大きな特徴なのかも知れない。それだけ若き日の調査体験が血肉となっているのだろう。

海老澤先生のご退職を前にした昨年四月、私たち三名で編集委員会を立ち上げ、中世の荘園と村落を主題に、現地ガイドまで付した論文集をまとめようとの提案を行った。その結果、多種多様な分野を専門とするメンバーが、この無理な注文に快く賛同してくれて、おのおの力作を寄せてくれた。結果的に、東は下野国から西は筑後国まで、時代も平安から江戸中期まで広がりをもち、新田荘・伏見荘・太良荘など有名どころの荘園もバランスよく網羅した贅沢な論文集をまとめることができた。ひとつの研究室の関係者で、これだけ統一感のある企画が実現できるのは、そうそうないのではないか、と私たちも自負している。もちろん、すべては海老澤先生のご薫陶の賜物であり、この場を借りて、ゼミ生一同、これまでのご指導に心より御礼申し上げたい。

最後に、私たちの趣旨にご賛同いただき刊行を実現してくれた勉誠出版と、編集ご担当の吉田祐輔さんに深く感謝申し上げる。なお本書は、科学研究費・基盤研究（A）（一般）「既存荘園村落情報のデジタル・アーカイブ化と現在のＩＴ環境下における研究方法の確立」（研究代表者海老澤衷）〈15H01893〉の成果の一部である。

二〇一九年正月元旦

黒田　智
高木徳郎
清水克行（文責）

執筆者一覧

編者

海老澤　衷（えびさわ・ただし）

一九四八年生まれ。早稲田大学文学学術院教授。

専門は日本古代中世荘園史研究、アジア水稲文化研究。

著書に『荘園公領制と中世村落』（校倉書房、二〇〇〇年）、「荘園から城下町へ――継承されるハザードへの対応と流通文化――」（海老澤衷編『中世荘園村落の環境歴史学――東大寺領美濃国大井荘の研究――』吉川弘文館、二〇一八年）、論文に「和名抄郷の持続性と自然頭首工」（大山喬平・三枝暁子編『古代・中世の地域社会――「ムラの戸籍簿」の可能性――』思文閣出版、二〇一八年）などがある。

執筆者（掲載順）

田中奈保（たなか・なお）

一九七九年生まれ。鎌倉女学院中学校・高等学校教諭。

専門は鎌倉期足利氏家政の研究、南北朝期公武関係の研究。

論文に「高氏と上杉氏」（田中大喜編著『下野足利氏』戎光祥出版、二〇一三年、初出二〇〇五年）、「鎌倉期足利氏の経済事情」（『早稲田大学大学院文学研究科紀要』第五一輯第四分冊、早稲田大学大学院文学研究科、二〇〇六年）、「貞和年間の公武徳政構想とその挫折」（阿部猛編『中世政治史の研究』日本史史料研究会、二〇一〇年）などがある。

髙橋　傑（たかはし・すぐる）

一九七四年生まれ。慶應義塾普通部教諭、早稲田大学文学学術院、教育・総合科学学術院非常勤講師。

専門は中世荘園史、村落史。

論文に「中世後期荘園における検注と検注使」（『ヒス

トリア』二六三、二〇一七年）、「下地中分再論――荘園経営の一側面――」（『日本史攷究』四二、二〇一八年）、「美濃国大井荘における景観の変遷――三塚を中心に――」（海老澤衷編『中世荘園村落の環境歴史学』吉川弘文館、二〇一八年）などがある。

植田真平（うえだ・しんぺい）
一九八五年生まれ。宮内庁書陵部研究職。
専門は中世後期東国史。
著書に『中世関東武士の研究 足利持氏』（編著、戎光祥出版、二〇一六年）、『鎌倉府の支配と権力』（校倉書房、二〇一八年）、『室町遺文 関東編 第1巻』（共編著、東京堂出版、二〇一八年）などがある。

黒田　智（くろだ・さとし）
一九七〇年生まれ。金沢大学人間社会研究域学校教育系教授。
専門は中世文化史。
著書に『乱世の王権と美術戦略』（共著、天皇の美術史3、吉川弘文館、二〇一七年）、『里山という物語――環境人文学の対話――』（共著、勉誠出版、二〇一七年）、『たたかう神仏の図像学』（吉川弘文館、二〇一九年刊行予定）などがある。

清水克行（しみず・かつゆき）
一九七一年生まれ。明治大学商学部教授。
専門は日本中世史、社会史。
著書に『喧嘩両成敗の誕生』（講談社選書メチエ、二〇〇六年）、『日本神判史』（中公新書、二〇一〇年）、『戦国大名と分国法』（岩波新書・二〇一八年）などがある。

西尾知己（にしお・ともみ）
一九七六年生まれ。聖学院大学・東海大学・東京学芸大学・早稲田大学非常勤講師。
専門は中世後期寺院史。
著書に『室町期顕密寺院の研究』（吉川弘文館、二〇一七年）、論文に「室町期東寺の寺院運営に関わる夫役と膝下所領」（東寺文書研究会編『東寺文書と中世の諸相』思文閣出版、二〇一一年）、「中世東大寺における堂舎の防災と興福寺」（『寺社と民衆』第七輯、岩田書院、二〇一一年）などがある。

下村周太郎（しもむら・しゅうたろう）
一九八一年生まれ。東京学芸大学教育学部准教授。
専門は日本中世史。
論文に「九条兼実における天文密奏と天変祈禱」（『変革期の社会と九条兼実』勉誠出版、二〇一八年）、「頼朝と征夷大将軍任官」（『征夷大将軍研究の最前線』洋泉社、二〇一八年）、「村の環境と消長」・「金井原合戦と「武蔵野合戦」」（『小金井市史　通史編』小金井市、二〇一九年）などがある。

高木徳郎（たかぎ・とくろう）
一九七〇年生まれ。早稲田大学教育・総合科学学術院教授。
専門は日本中世史、荘園・村落史、環境史。
著書に『日本中世地域環境史の研究』（校倉書房、二〇〇八年）、『熊野古道を歩く』（吉川弘文館、二〇一四年）、論文に「摂関期荘園の在地状況と気候変動」（荘園・村落史研究会編『中世村落と地域社会』高志書院、二〇一六年）などがある。

大澤　泉（おおさわ・いずみ）
一九八〇年生まれ。鎌倉歴史文化交流館 学芸嘱託員。
専門は日本中世の地域社会史。
論文に「鎌倉期常陸国における国衙機構の変遷と在庁官人」（『茨城県史研究』第九一号、二〇〇七年）、「相模国の知行体制と地域秩序の形成」（『三浦一族研究』第一九号、二〇一五年）などがある。

赤松秀亮（あかまつ・ひであき）
一九九〇年生まれ。早稲田大学大学院文学研究科博士後期課程。
専門は荘園・村落史。
論文に「鎌倉末期播磨国矢野荘の領域構成」（『鎌倉遺文研究』三五、二〇一五年）、「鎌倉末期東寺領播磨国矢野荘の成立」（『古文書研究』八四、二〇一八年）、「美濃国大井荘の中世化と「開発領主」大中臣氏」（海老澤衷編『中世荘園村落の環境歴史学』吉川弘文館、二〇一八年）などがある。

似鳥雄一（にたどり・ゆういち）
一九七七年生まれ。日本学術振興会 特別研究員ＰＤ。
専門は中世荘園史、村落史。
著書に『中世の荘園経営と惣村』（吉川弘文館、二〇一八年）などがある。

守田逸人（もりた・はやと）

一九七一年生まれ。香川大学教育学部准教授。

専門は土地制度史、社会編成史、地域社会史、文化財の保存と散逸に関する研究など。

著書に『日本中世社会成立史論』（校倉書房、二〇一〇年）、論文に「荘園制成立期の社会編成と「地域」形成」（『中世村落と地域社会』高志書院、二〇一六年）、「中世成立期の社会編成と富の生成・分配の構造」（『歴史学研究』九五〇、二〇一六年）などがある。

貴田　潔（きだ・きよし）

一九八二年生まれ。静岡大学人文社会科学部准教授。

専門は日本中世地域社会史、荘園・村落史。

論文に「地方寺社の存立と地域社会への結合――肥前国鎮守河上社の僧侶・神官たちを中心に――」（『歴史学研究』八六四、二〇一〇年）、「環有明海地域における海辺寺院の存立――肥前国藤津荘故地にみる竹崎島と観世音寺の関係から――」（『民衆史研究』八七、二〇一四年）、「筥崎宮と荘園制」（九州史学研究会編『アジアのなかの博多湾と箱崎』アジア遊学二二四、勉誠出版、二〇一八年）などがある。

編者略歴

海老澤　衷（えびさわ・ただし）

1948年生まれ。早稲田大学文学学術院教授。
専門は日本古代中世荘園史研究、アジア水稲文化研究。
著書に『荘園公領制と中世村落』（校倉書房、2000年）、「荘園から城下町へ―継承されるハザードへの対応と流通文化―」（海老澤衷編『中世荘園村落の環境歴史学―東大寺領美濃国大井荘の研究―』吉川弘文館、2018年）、論文に「和名抄郷の持続性と自然頭首工」（大山喬平・三枝暁子編『古代・中世の地域社会―「ムラの戸籍簿」の可能性―』思文閣出版、2018年）などがある。

よみがえる荘園《しょうえん》
――景観に刻まれた中世の記憶――

編　者　海老澤　衷
発行者　池嶋洋次
発行所　勉誠出版㈱
〒101-0051 東京都千代田区神田神保町三―一〇―二
電話　〇三―五二一五―九〇二一㈹

二〇一九年二月二十日　初版発行

印刷
製本　太平印刷社

ISBN978-4-585-22233-0　C3021